俄 国 史 译 丛 · 经 济
Серия переводов книг по истории России

Россия

Московская буржуазия в начале XX века:
Предпринимательство и политика

20世纪初的莫斯科企业家

〔俄〕彼得罗夫·尤里·亚历山德罗维奇 / 著
Петров Юрий Александрович

张广翔　师　成 / 译

社会科学文献出版社
SOCIAL SCIENCES ACADEMIC PRESS (CHINA)

Московская буржуазия в начале XX века: Предпринимательство и политика

Издательство объединения 《Мосгорархив》

本书根据莫斯科城市档案馆联合出版社 2002 年版译出。

本书获得教育部人文社会科学重点研究基地
吉林大学东北亚研究中心资助出版

俄国史译丛编委会

主　编　张广翔
副主编　卡尔波夫（С. П. Карпов）　　钟建平　许金秋
委　员　杜奇科夫（И. И. Тучков）　　鲍罗德金（Л. И. Бородкин）
　　　　　姚　海　黄立茀　鲍里索夫（Н. С. Борисов）　张盛发
　　　　　戈里科夫（А. Г. Голиков）　　科兹罗娃（Н. В. Козлова）
　　　　　刘玉宝　戴桂菊

著者简介

彼得罗夫·尤里·亚历山德罗维奇（Петров Юрий Александрович）史学博士，俄罗斯科学院俄罗斯历史研究所所长，俄罗斯历史研究所高级研究员，俄罗斯金融史首席专家。在俄国和国外发表学术著作 170 余部（篇），其中 12 部著作得到俄罗斯和国外学术界的高度评价。

译者简介

张广翔 历史学博士，吉林大学东北亚研究院和东北亚研究中心教授、博士生导师。

师　成 吉林大学东北亚研究院博士研究生。

总　序

我们之所以组织翻译这套"俄国史译丛",一是由于我们长期从事俄国史研究,深感国内俄国史方面的研究严重滞后,远远满足不了国内学界的需要,而且国内学者翻译俄罗斯史学家的相关著述过少,不利于我们了解、吸纳和借鉴俄罗斯学者有代表性的成果。有选择地翻译数十册俄国史方面的著作,既是我们深入学习和理解俄国史的过程,也是鞭策我们不断进取的过程,培养人才和锻炼队伍的过程,还是为国内俄国史研究添砖加瓦的过程。

二是由于吉林大学俄国史研究团队(以下简称"我们团队")与俄罗斯史学家的交往十分密切,团队成员都有赴俄进修或攻读学位的机会,每年都有多人次赴俄参加学术会议,每年请 2~3 位俄罗斯史学家来校讲学。我们与莫斯科大学历史系,俄罗斯科学院俄国史研究所、世界史所、圣彼得堡历史所、乌拉尔分院历史与考古所等单位学术联系频繁,有能力、有机会与俄学者交流译书之事,能最大限度地得到俄同行的理解和支持。以前我们翻译鲍里斯·尼古拉耶维奇·米罗诺夫的著作时就得到了其真诚帮助,此次又得到了莫大历史系的大力支持,而这是我们顺利无偿取得系列书的外文版权的重要条件。舍此,"俄国史译丛"工作无从谈起。

三是由于我们团队得到了吉林大学校长李元元、党委书记杨振斌、学校职能部门和东北亚研究院的鼎力支持和帮助。2015 年 5 月 5 日李元元校长访问莫大期间,与莫大校长萨多夫尼奇(В. А. Садовничий)院士,俄罗斯科学院院士、莫大历史系主任卡尔波夫教授,莫大历史系副主任鲍罗德金教授等就加强两校学术合作与交流达成重要共识,李元元校长明确表示吉林大学将大力支持俄国史研究，为我方翻译莫大学者的著作提供充足的经费支持。萨多夫尼奇校长非常欣赏吉林大学的举措，责成莫大历史系全力配合我方的相关工作。吉林大学主管文科科研的副校长吴振武教授，社科处霍志刚处长非常重视我们团队与莫大历史系的合作，2015年尽管经费很紧张，还是为我们提供了一定的科研经费。2016年又为我们提供了一定经费。这一经费支持将持续若干年。

我们团队所在的东北亚研究院建院伊始，就尽一切可能扶持我们团队的发展。现任院长于潇教授自上任以来的3年时间里，一直关怀、鼓励和帮助我们团队，一直鼓励我们不仅要立足国内，而且要不断与俄罗斯同行开展各种合作与交流，不断扩大我们团队在国内外的影响。在2015年我们团队与莫大历史系新一轮合作中，于潇院长积极帮助我们协调校内有关职能部门，与我们一起起草吉林大学东北亚研究院与莫斯科大学历史系合作方案（2015~2020年），获得了学校的支持。2015年11月16日，于潇院长与来访的莫大历史系主任卡尔波夫院士签署了《吉林大学东北亚研究院与莫斯科大学历史系合作方案（2015~2020年）》，两校学术合作与交流进入了新阶段，其中，我们团队拟4年内翻译莫大学者30种左右学术著作的工作正式启动。学校职能部门和东北亚研究院的大力支持是我们团队翻译出版"俄国史译丛"的根本保障。于潇院长为我们团队补充人员和提供一定的经费使我们更有信心完成上述任务。

2016年7月5日，吉林大学党委书记杨振斌教授率团参加在莫斯科大学举办的中俄大学校长峰会，于潇院长和张广翔等随团参加，会议期间，杨振斌书记与莫大校长萨多夫尼奇院士签署了吉林大学与莫大共建历史学中心的协议。会后莫大历史系学术委员会主任卡尔波夫院士，莫大历史系主任杜奇科夫（И. И. Тучков）教授（2015年11月底任莫大历史系主任），莫大历史系副主任鲍罗德金教授陪同杨振斌书记一行拜访了莫大校长萨多夫尼奇院士，双方围绕共建历史学中心进行了深入的探讨，有力地助推了我们团队翻译莫大历史系学者学术著作一事。

四是由于我们团队同莫大历史系长期的学术联系。我们团队与莫大历史系交往渊源很深，李春隆教授、崔志宏副教授于莫大历史系攻读了副博士学位，张广翔教授、雷丽平教授和杨翠红教授在莫大历史系进修，其中张广翔教授三度在该系进修，与该系鲍维金教授、费多罗夫教授、卡尔波夫院士、米洛夫院士、库库什金院士、鲍罗德金教授、谢伦斯卡雅教授、伊兹梅斯杰耶娃教授、戈里科夫教授、科什曼教授等结下了深厚的友谊。莫大历史系为我们团队的成长倾注了大量的心血。卡尔波夫院士、米洛夫院士、鲍罗德金教授、谢伦斯卡雅教授、伊兹梅斯杰耶娃教授、科什曼教授和戈尔斯科娃副教授前来我校讲授俄国史专题，开拓了我们团队及俄国史方向硕士生和博士生的视野。卡尔波夫院士、米洛夫院士和鲍罗德金教授被我校聘为名誉教授，他们经常为我们团队的发展献计献策。莫大历史系的学者还经常向我们馈赠俄国史方面的著作。正是由于双方有这样的合作基础，在选择翻译的书目方面，才很容易沟通。尤其是双方商定拟翻译的 30 种左右的莫大历史系学者著作，需要无偿转让版权，在这方面，莫大历史系从系主任到所涉及的作者，克服一切困难帮助我们解决关键问题。

五是由于我们团队有一支年富力强的队伍，既懂俄语，又有俄国史方面的基础，进取心强，甘于坐冷板凳。学校层面和学院层面一直重视俄国史研究团队的建设，一直注意及时吸纳新生力量，使我们团队人员年龄结构合理，后备有人，有效避免了俄国史研究队伍青黄不接、后继无人的问题。我们在培养后备人才方面颇有心得，严格要求俄国史方向的硕士生和博士生，以阅读和翻译俄国史专业书籍为必修课，硕士学位论文和博士学位论文必须以使用俄文文献为主，研究生从一入学就加强这方面的训练，效果很好：培养了一批俄语非常好，专业基础扎实，后劲足，崭露头角的好苗子。我们组织力量翻译了米罗诺夫所著的《俄国社会史》《帝俄时代生活史》，以及在中文刊物上发表了 70 多篇俄罗斯学者论文的译文，这些都为我们承担"俄国史译丛"的翻译工作积累了宝贵的经验，锻炼了队伍。

译者队伍长期共事，彼此熟悉，容易合作，便于商量和沟通。我们深知高质量地翻译这些著作绝非易事，需要认真再认真，反复斟酌，不得有半点的马虎和粗心大意。我们翻译的这些俄国史著作，既有俄国经济史、社会史、城市史、政治史，也有文化史和史学理论，以专题研究为主，覆盖的问题方方面面，有很多我们不懂的问题，需要潜心翻译。我们的翻译团队将定期碰头，利用群体的智慧解决共同面对的问题，单个人所无法解决的问题，以及人名、地名、术语统一的问题。更为重要的是，译者将分别与相关作者直接联系，经常就各自遇到的问题用电子邮件向作者请教，我们还将根据翻译进度，有计划地邀请部分作者来我校共商译书过程中遇到的各种问题，尽可能地减少遗憾。

我们翻译的"俄国史译丛"能够顺利进行，离不开吉林大学校领导、社科处和国际合作与交流处、东北亚研究院领导的坚定支持和可靠后援；莫大历史系上下共襄此举，化解了很多合作路上的难题，将此举视为我们共同的事业；社会科学文献出版社的恽薇、高雁等相关人员将此举视为我们共同的任务，尽可能地替我们着想，我们之间的合作将更为愉快、更有成效。我们唯有竭尽全力将"俄国史译丛"视为学术生命，像爱护眼睛一样呵护它、珍惜它，这项工作才有可能做好，才无愧于各方的信任和期待，才能为中国的俄国史研究的进步添砖加瓦。

上述所言与诸位译者共勉。

吉林大学东北亚研究院和东北亚研究中心
张广翔
2016年7月22日

目 录

前 言 …………………………………………………………………… 001

第一章 莫斯科资产阶级：社会财产结构 ……………………………… 016
  第一节　20世纪初的莫斯科 ……………………………………… 016
  第二节　作为城市居民重要组成部分的企业家 ………………… 030
  第三节　商业精英：证券交易所经纪人 ………………………… 042
  第四节　莫斯科富裕群体的个人财产状况 ……………………… 059
  第五节　莫斯科城市房产所有者的阶层构成 …………………… 066
  第六节　作为莫斯科"元老"的城市杜马企业家议员 …………… 087

第二章 企业家活动的特点与类型 ……………………………………… 105
  第一节　资本与生产性融资的结合形式 ………………………… 105
  第二节　贵族工厂主：孔申家族与谢尔普霍夫 ………………… 124
  第三节　旧礼仪派教徒——里亚布申斯基家族 ………………… 144
  第四节　"莫斯科德意志人"——克诺普和沃高 ………………… 190
  第五节　拉扎尔·波利亚科夫："莫斯科的罗斯柴尔德" ………… 214

第三章　企业家与政权 ……………………………………………… 230

　第一节　俄罗斯企业家和 19 世纪下半叶的专制制度 ……………… 230

　第二节　设立工商局的计划 ………………………………………… 241

　第三节　1905 年：政治地震 ………………………………………… 248

　第四节　"商人，前进！"：巴维尔·里亚布申斯基 ……………… 263

　第五节　通往政坛之路——亚历山大·科诺瓦洛夫 ……………… 311

结　语 …………………………………………………………………… 348

缅怀我的父亲——亚历山大·伊万诺维奇·彼得罗夫

前　言

从 1861 年的农民改革到 1917 年十月革命这半个多世纪的历史里，俄罗斯私营企业的发展相对自由。自西欧开启的资本主义现代化与工业化进程在全世界发挥了关键作用，俄罗斯也不例外。俄国的工业化进程始于 19 世纪初的棉纺织业，原材料进口与雇佣劳动关系促进了该行业的资本主义化。棉纺织业首先在以莫斯科为首的中央工业区发展起来，其是俄国 1861 年改革前整个农奴制经济中为数不多的进化出资本主义生产方式的行业。

19 世纪上半叶俄国棉纺织业的蓬勃发展主要得益于企业家这一新兴社会阶层的出现，这些企业家大多是农民出身。叶卡捷琳娜二世在 1762 年和 1775 年先后下诏允许私人开办手工工场并允许工商业自由发展，这两项政策促进了企业家阶层的发展壮大。这一新阶层逐渐取代了农奴制时代享有特权的企业家，诞生于 18 世纪的特权企业家在叶卡捷琳娜二世的工商业改革后逐渐消亡，要么破产，要么退出商业活动，单纯作为贵族阶层而存在。

1853~1856 年的克里米亚战争暴露了俄罗斯在军事和经济方面的落后，这一教训坚定了战后俄国推动工业发展的决心。但国家仍试图在经济发展中保持支配性地位，同时私营企业也更广泛地参与到推动工业经济的发展之中。除了工业和贸易领域，私人资本在铁路建设和银行业发展中发挥了显著作用，促进了必要的运输网络和商业信贷这类基础设施的形成。尽管俄罗斯依旧十分落后，但其沿用了其他西欧后发国家推动现代化的模式，即通过私营企业家阶层来建立市场经济。

这些"资本主义企业家"或"资产阶级",是本书的主要研究对象。私营企业的经营活动受法律保护,其主要从事使用自筹(或借贷)资本和雇佣劳动来赚取利润的经济活动。活动主体包括企业家即资本主义企业(独资或合资)的所有者、职业经理人以及靠利息收入为生的放贷者。

"资产阶级"一词在各类著作中被广泛使用,其既是苏联的历史学概念(对全社会中所有企业家的统称),在一定程度上也是西欧历史编纂学中的传统称谓。这一概念是在法国大革命时期出现的,相对于普通"公民"以及"公社成员"概念(法语单词"bourgeois"与"citoyen")而存在。资产阶级属于富足公民的行列,随后出现的城市资产阶级则主要从事工商业经营与管理,被称为"企业家"(entrepreneurs)。在德国,这一阶层传统上被视为"普通城市居民"(buergertum)的一部分,并被称作"企业家"(unternehmern)和"经济公民"(wirtschaftsbuergertum)。在英语学术文献中,描述该阶层的特殊称谓包括"商人"(merchants)、"企业家"(entrepreneurs)、"商业精英"(business elite)等[1]。

本书的直接研究主题是莫斯科的资产阶级——莫斯科是当时俄罗斯国内企业家阶层的主要集中地区之一。我们把莫斯科的资产阶级归类为企业家,他们的经济和社会活动与城市发展直接相关(莫斯科集中了大量工商和金融企业的董事会、城市不动产的所有者、股票交易所、城市杜马等),尽管他们的工厂往往在其他省份。集中在莫斯科的资产阶级有着整个俄罗斯中央工业区最高涨的创业热情。

研究不同地区的资产阶级,尤其是圣彼得堡和莫斯科的资产阶级,有助于阐释俄罗斯革命前的社会阶层分化、经济增长的模式与类型、20世纪初

---

[1] 西方学术界对企业家阶层的分类可参考以下著作:Kocka J. Unternehmerin der deutschen Industrialisierung. Goettingen, 1975; Cassis Y. Wirtschaftselite und Buergertum. England, Frankreich und Deutschland um 1900 // Kocka J. (Hrgb.), Buergertum im 19. Jahrhundert. Deutschland im europaeischen Vergleich. Bd II. Muenchen, 1988. S. 9 – 34; Moeckl K. (Hrgb.), Wirtschaftsbuergertum in den deutschen Staaten im 19. Und beginnenden 20. Jahrhundert. Muenchen, 1996。

俄罗斯政治危机的解决方案。本书是俄罗斯国内第一部全面研究莫斯科资产阶级的社会财产状况、经济和政治影响的历史学专著。在 19 世纪末 20 世纪初，莫斯科资产阶级是俄罗斯企业家阶层中公认的引领者。

在一定程度上，本书延续了苏联历史学界开启的对国内资产阶级社会经济和政治历史的研究。在此要对以下学者做出的贡献致敬：И. Ф. 根金、В. Я. 拉维雷切夫、В. И. 鲍维金、Е. Д. 切勒缅斯基、В. С. 佳金、Л. Е. 舍别列夫、П. В. 沃洛布耶夫、А. Я. 阿夫列赫和 В. И. 斯塔勒采夫[1]。以上学者的研究包括以下方面：对 19 世纪末 20 世纪初莫斯科资产阶级的商业和政治活动在金融资本主义方面落后于圣彼得堡的研究（И. Ф. 根金）；对纺织业垄断史、资产阶级对抗革命运动的研究（В. Я. 拉维雷切夫）；对莫斯科地区产业集群参与金融资本形成进程的研究（В. И. 鲍维金）；对莫斯科资产阶级与政权关系的研究（Е. Д. 切勒缅斯基、В. С. 佳金、А. Я. 阿夫列赫）；对"莫斯科人"对政府制定贸易和工业政策的影响以及他们与圣彼得堡资本家团体竞争关系的研究（Л. Е. 舍别列夫、П. В. 沃洛布耶夫和 В. И. 斯塔勒采夫）。

然而，必须强调的是，对苏联历史学中的一些概念仍缺乏严谨的证实与

---

[1] См.: Гнидин И. Ф. Русская буржуазия в период капитализма, её развитие и особенности // История СССР. 1963. No. 2, 3; Лаверычев В. Я. Монополистический капитал в текстильной промышленности России. 1900 - 1917 гг. М., 1963; Гнидин И. Ф. По ту сторону баррикал. Из истории борьбы московской буржуазии с революцией. М., 1967; Гнидин И. Ф. Крупная буржуазия в пореформенной России. 1861 - 1900 гг. М., 1974; Бовыкин В. И. Зарождение финансового капитала в России. Конец XIX в. —1908 г. М., 1984; Гнидин И. Ф. Россия накануне великих свершений. М., 1970; Гнидин И. Ф. IV Государственная Дума и свержение шаризма в России. М., 1976; Валобуев П. В. Экономическая политика Временного правительства. М., 1962; Валобуев П. В. Пролетариат и буржуазия в 1917 году. М., 1964; Дякин В. С. Русская буржуазия и царизм в годы Первой миоровой войны (1914 - 1917). Л., 1967; Дякин В. С. Самодержавие, буржуазия и дворянство в 1907 - 1911 гг. Л., 1978; Дякин В. С. Буржуазия, дворянство и царизм в 1911 - 1914 гг. (Разложение третьеиюньской системы). Л., 1988; Шепелев Л. Е. Царизм и буржуазия во второй половине XIX в. Проблемы торгово - промышленной политики. Л., 1981; Шепелев Л. Е. Царизм и буржуазия в 1904 - 1914 гг. Проблемы торгово - промышленной политики. Л., 1987; Аврех А. Я. Царизм и IV Дума. 1912 - 1914 гг. М., 1981; Аврех А. Я. Распал третьеиюньской системы. М., 1985; Старцев В. И. Русская буржуазия и самодержавие в 1905 - 1917 гг. (Борьба вокруг《ответственного министерства》и《правительства доверия》). Л., 1977.

审视。苏联时期的历史学著作难以摆脱意识形态教条，其信息与科学价值大打折扣。该教条使得研究者不得不采用"揭露式"的研究方法，尤其是在政治史研究方面，研究者会有意或无意地将研究对象的反无产阶级倾向归为"反动"。私营企业一直是苏联历史学界的特殊研究对象，对该主题的研究从属于对国家经济发展过程的研究，不久前才成为独立的研究对象①。

值得一提的是 И. Ф. 根金对国内资产阶级的定义与分类，这一学术贡献对俄罗斯的本国历史研究影响深远。同时，他对俄罗斯商业银行系统和沙皇政府经济政策的研究也做出了突出贡献②。总体而言，И. Ф. 根金为俄罗斯资产阶级发展史研究奠定了基础，尤其是他对俄罗斯企业家集团的分类（圣彼得堡集团、莫斯科集团和其他省份的资产阶级集团）得到了俄罗斯国内外历史学家的普遍认同。

在 И. Ф. 根金研究的基础上历史学界得出了一致结论，即俄罗斯帝国晚期资本主义经济的地区发展格局并不平衡，莫斯科和圣彼得堡地区较为发达。

据 И. Ф. 根金估计，圣彼得堡集团主要涉足垄断程度较高和资本密集的重工业，该集团的领导层与圣彼得堡地区的大型商业银行以及海外金融集团有着密切联系，同时也与政府部门保持着紧密而又多方面的联系。莫斯科集团则主要由纺织业大亨组成，他们控制着"中央工业区高度发达的纺织工业"，同时该行业存在"小垄断"状况③。

莫斯科的银行系统实质上是一种特殊的家长制商业组织。银行只是一个大规模工业资本的集中机构，并没有成长为那个时代金融资本主义性质的银行机构④。

---

① См. Первое обобщающее издание в отечественной историографии по этой теме: История предпринимательства в России. Кн. 1 – 2. М., 1999 – 2000.

② См.: Гиндин И. Ф. Русские коммерческие банки. Из истории финансового капитала в России. М., 1948; Гиндин И. Ф. Банки и экономическая политика в России (XIX – начало XX в.) // Избранное. М., 1997.

③ Гиндин И. Ф. Русская буржуазия в период капитализма, её развитие и особенности // История СССР. 1963. No 3. С. 42 – 43.

④ См.: Гиндин И. Ф. Московские банки в период империализма // Исторические записки. Т. 58. М., 1956. С. 38 – 106.

前　言

20 世纪初，莫斯科资产阶级成为俄罗斯企业家阶层在社会政治层面的引领者，但在经济上莫斯科集团的影响力远不及圣彼得堡的金融寡头（圣彼得堡金融资产阶级并不过问政治）①。И. Ф. 根金的研究丰富了该领域的学术成果，同时引起了现代历史学界对俄罗斯帝国晚期企业家群体的关注②。

В. Я. 拉维雷切夫为莫斯科资产阶级的政治和经济发展史研究做出了特别贡献，他搜集了大量档案材料。通过对纺织工业垄断状况的研究，他得出了结论：金融寡头群体的产生和发展与纺织业的发展紧密相关③。但该结论遭到了 И. Ф. 根金的质疑。

在专门研究了莫斯科银行发展史后，笔者发现，信贷机构的发展融入了工业金融资本的形成过程之中，这也证明了莫斯科的金融资本主义发展从本质上并非有别于圣彼得堡④。近年来对革命前俄罗斯国内企业经营的研究并不能证明莫斯科的资本主义工商业发展滞后于圣彼得堡，可以说，在 19 世纪与 20 世纪之交，俄罗斯国内社会等级结构与精英阶层中的企业家群体进行一体化经营的努力遭到了破坏⑤。

---

① См.: Русская буржуазия в период капитализма, её развитие и особенности // История СССР. 1963. No 3. С. 46 – 47.
② См.: Боханов А. Н. Крупная буржуазия России. Конец XIX в. —1914 г. М., 1992. С. 11 – 15.
③ Лаверычев В. Я. Монополистический капитал в текстильной промышленности России. 1900 – 1917 гг. С. 43 – 44.
④ См.: Петров Ю. А. Коммерческие банки Москвы. Конец XIX в. —1914 г. М., 1998. С. 246 – 248.
⑤ См.: Ананьич Б. В. Банкирские дома в России. 1860 – 1914 г. Л., 1991; Боханов А. Н. Крупная буржуазия России. Конец XIX в. —1914 г., Предпринимательство и предприниматели России от истоков до начала XX в. / Редкол.: В. И. Бовыкин и др. Рук. Проекта А. К. Сорокин. М., 1997; В. И. Бовыкин. Экономика и предприниматели: Москва купеческая // История Москвы, Т. 3; XX век. М., 2000. С. 30 – 36; Морозова Т. П., Поткина И. В. Савва Морозов. М., 1998; Наумова Г. Р. Русская фабрика (Проблемы источниковедение). М., 1998; Шацилло М. К. Источники по социальной структуре российской буржуазии начала XX в.; Дис. канд. ист. наук. М., 2001. О книгах Б. В. Ананьича и А. Н. Боханова, ставших заметным историографическим явлением в изучении дореволюционного частного предпринимательства, подробнее см. Наши рецензии: Отечественная история. 1992. No. 6; 1993. No. 3.

当前学术界对俄罗斯国内20世纪初资本主义企业经营的研究，日趋达成共识，即国内资产阶级主要群体之间的差异并不是由所处的不同资本主义发展阶段决定的，而是由不同区域的产业结构决定的[1]。值得指出的是，目前学术界对俄罗斯国内企业家阶层的研究正在积极从区域差异视角切入，出现了诸多对国内各地区资产阶级的专题研究与综合性研究著作，如对西伯利亚地区、顿河流域、伏尔加河流域的研究[2]。然而，到目前为止学术界还没有出现对莫斯科资产阶级的社会结构和特点进行专题研究的作品。

随着莫斯科地区资本主义经济的发展，莫斯科的资本主义发展水平在20世纪初与圣彼得堡及欧洲伙伴们基本持平，后者呈现一片繁荣的景象，并保留了本地区的产业结构特征。与此同时，在公共政治领域，莫斯科资产阶级胜过了其他地区的团体，涌现了诸多出色且具有全国影响力的政治活动家，如А. И. 丘奇科夫、А. И. 科诺瓦洛夫和П. П. 里亚布申斯基。

俄罗斯史学界对本国资产阶级政治作用的研究已明显活跃起来[3]。通过对20世纪初首都地区及各省份资本家群体的研究，史学界发现在此时期俄罗斯政治活跃中心开始向莫斯科和圣彼得堡转移，尤其是在1905～1907年革命运动后，首都地区资产阶级的政治影响力不断上升，一战前夕，莫斯科

---

[1] См.: История предпринимательства в России. Кн. 2; Вторая половина XIX в. —начало XX века / Рук. Проекта Ю. А. Петров. М., 2000.

[2] См.: Мосина И. Г., Рабинович Г. Х. Буржуазия Сибири в 1907 - 1914 гг. (Из истории буржуазии в России) Томск, 1982; Самарина Н. В. Донская буржуазия в период империализма (1900 - 1914). Ростов - на - Дону. 1992; Семенов Н. Н. Саратов купеческий. Саратов, 1995; Бойко В. П. Томское купечество в конце XVIII - XIX вв. Из истории формирования сибирской буржуазии. Томск, 1996; Предпринимательство Поволжья. Истоки, традиции, проблемы и тенденции развития. Материалы научной конференции / Редкол.: Г. А. Николаев (отв. ред) и др. Чебоксары, 1998, и др.

[3] 这些研究在很大程度上促进了俄国政党研究的复兴，出版了关于革命前俄罗斯政党历史的第一本百科全书——《19世纪末至20世纪前三十年的俄罗斯政党全记录》。见：Рук. Проекта В. В. Шелохаев. М., 1996, а также серия публикаций материалов либерально - оппозиционных партий (см., например: Партия 《Союз 17 октября》. Протоклы съездов и заседаний ЦК. 1905 - 1915 гг. Т. 1, 2 / Сост. Д. Б. Павлов. Отв. Ред. В. В. Шелохаев. М., 1996 - 1997; Протоколы Центрального комитета Конституционно - демократической партии. 1905 - середина 1930 - х гг.; В 6 т. / Отв. ред. В. В. Шелохаев. М., 1996 - 1999)。

资产阶级在自由主义反对派中发挥了关键作用,他们成为进步力量的一员,同时也是俄罗斯自由主义力量中的特殊派别——莫斯科资产阶级自由派,激励着俄罗斯自由主义思想的发展[1]。

通过史学界对改革后莫斯科资产阶级发展及其与圣彼得堡集团关系的研究,揭示了"莫斯科人"(莫斯科资本家团体的称呼,也称为"莫斯科商人"。——译者注,下文同)在20世纪初争夺国内资产阶级群体主导权以及对政府经济政策影响力上的胜利[2]。同时,莫斯科资产阶级的政治活动也是可圈可点的,他们借助自由主义反对派的身份,巩固了企业家阶层的政治地位,积极参与社会和经济改革的进程,努力推动解决20世纪初俄罗斯国内所面临的社会政治危机,以上政治活动具有较高的研究价值。

国外史学界对这一主题的研究成果主要由美国学者在20世纪80~90年代所取得,其主要研究对象为莫斯科与圣彼得堡的资产阶级[3]。这些研究的价值不仅在于使用了新的文献,而且在于其使用了历史比较语言学的研究方

---

[1] См.: Шелохаев. В. В. Идеология и политическая организация российской либеральной буржуазии. 1907 - 1914 гг. М., 1991; Шелохаев. В. В. Либеральная модель переустройства России. М., 1996; Вишневски Э. Либеральная оппозиция в России накануне Первой мировой войны. М., 1993; Вишневски Э. Капитал и власть в России. Политическая деятельность прогрессивных предпринимателей в начале XX века. М., 2000; Селецкий В. Н. Прогрессизм как политическая партия и идейное направление в русском либерализме. М., 1996; Барышников М. Н. Политика и предпринимательство в России (Из истории взаимодействия в начале XX века). СПБ., 1997; Гайда Ф. А. Вопрос о власти в постановке русской либеральной оппозиции (1914 - весна 1917 г.): Автореф. дис. канд. ист. наук. М., 2001.

[2] См.: Елифанова Л. М. Московский биржевой комитет как представительная организация буржуазии (1870 - 1913 г.): Дис. канд. ист. наук. М., 1998.

[3] Owen Th. Capitalism and Politics in Russia. A Social History of the Moscow Merchants, 1855 - 1905. New York, 1981; Rieber A. Merchants and Entrepreneurs in Imperial Russia. Chapell Hill, 1982; Ruckman J. The Moscow Business Elite: A Social and Cultural Portrait of Two Generations, 1840 - 1905. N. Y. Univ. Press, 1984; West J. The Riabushinskij Circle: Russian Industrialists in Search of a Bourgeoisie, 1909 - 1914 // Jahrbuecher fuer Geschichte Osteuropas 32 (1984); Roosa R. Russian Industrialists in an Era of Revolution. The Association of Industry and Trade, 1906 - 1917 / Ed. by. Th. Owen. New York, 1997; Вест Дж. Буржуазия и общественность в предреволюционной России // История СССР. 1992. No. 1. C. 192 - 208.

法与途径。

值得注意的是，美国著名政治理论家 P. 派普斯认为俄罗斯缺乏西方意义上的资产阶级。在他看来，资产阶级等同于中产阶级，在西方他们是自由价值观以及个人权利的捍卫者。而在俄罗斯，由于国家在社会生活中扮演了过度强势的角色，因此"富人从未有过政治野心"。但这一结论明显与 P. 派普斯的另一结论存在矛盾，即"在莫斯科以 П. П. 里亚布申斯基和 А. И. 科诺瓦洛夫为首的少数富裕且具有影响力的团体在摧毁沙皇专制制度方面起到了重要作用"[1]。

然而，他承认 19 世纪与 20 世纪之交俄罗斯社会上存在着在经济上具有影响力的企业家阶层，美国历史学界重点研究了莫斯科的资产阶级，强调其与欧洲资产阶级的本质性区别，强调探索莫斯科资产阶级"俄罗斯式"的发展道路，而不是套用西方的自由主义模式来对其进行研究。同时美国学者也注意到了在俄罗斯政治生活中企业家群体的内在矛盾性与弱势地位，以及企业家群体未能完成的自我阶层塑造的过程[2]。

美国学者开展研究的方法论基础建立在美国经济学家亚历山大·格申克龙（Alexander Gerschenkron）的著名论断之上，即俄罗斯的历史发展进程整体上落后。造成这一落后的原因被认为是俄罗斯的工业化进程主要靠国家推动，而私营企业家并没有成为推动社会和经济发展的强大力量[3]。

研究俄罗斯帝国时期商人和企业家的学者 A. 里别尔强调，20 世纪初的俄罗斯资产阶级仍然介于"阶级和派系"之间。西方意义上的资产阶级应具备自己的经济利益、组织和意识形态，而这些都没有体现在俄罗斯资产阶级身上。正如 П. П. 里亚布申斯基和 А. И. 科诺瓦洛夫所指出的，所谓的俄

---

[1] Пайпс Р. Россия при старом режиме. М., 1993. С. 252 – 255, 290.

[2] 美国史学界对俄国革命前资产阶级的研究可参考如下著作：Рабинович Г. Х., Разгон В. Н. Российская буржуазия периода империализма в современной американской и английской историографии // Вопросы истории. 1985. No. 2. С. 21 – 33；Боханов А. Н. Крупная буржуазия Росии. Конец XIX в. —1914 г. С. 15 – 26。

[3] Gerschenkron. A. Economic Backwardness in Historical Perspective. Cambridge (Mass), 1962.

罗斯资产阶级"只是一小撮傲慢的莫斯科商人而已"①。我们认为以上这些特点完全没有反映出俄罗斯资产阶级作为新兴社会力量在 1905 年后的民族意识觉醒，也没有反映出他们的政治意识形态和组织形式所处的真实水平。可以说，在西方中心论的基础上，А. 里别尔混淆了"发展的特殊性"与"落后的特征"这两个不同的概念。

根据 А. 里别尔关于俄罗斯帝国晚期社会"分裂"的论述，乔治·韦斯特（George West）则认为"П. П. 里亚布申斯基派"是 1905～1907 年革命背景下出现的新的自由派社会阶层。这一社会阶层具有旧礼仪派（17 世纪中叶俄国出现的教派，不承认尼康的教会改革，主张保留宗教旧礼仪，反对并敌视官方东正教会。——译者注）的特点，他们的领导者 П. П. 里亚布申斯基则努力将资本主义制度与民族主义和东正教传统加以融合。

П. П. 里亚布申斯基的"非旧礼仪派"催生了莫斯科商人群体的斯拉夫主义意识形态，同时造就了关于社会发展道路的两类神话：其一是即将到来的资本主义社会，其二是旧礼仪派教徒所推崇的乌托邦。乔治·韦斯特认为，非旧礼仪派的策略在于宣扬俄罗斯资产阶级的独特引领作用，从而助长了 20 世纪初俄罗斯社会中不断增强的离心主义倾向，他们"持续了 17 世纪开始的分裂进程"②。

然而，乔治·韦斯特的观点建立在美国历史学界的传统认知之上，即俄罗斯的历史发展有别于西方的自由民主模式。乔治·韦斯特值得肯定的观点在于，П. П. 里亚布申斯基派为国家发展提供了一项可选方案，该方案否定了开明专制的道路。但这一方案完全不同于自由派、非旧礼仪派以及乌托邦主义者的主张，其以全国统一市场为基础，以建立大众消费市场为目标，并努力实现不受国家力量与外国资本的干预。

德国学术界在此领域的研究中也取得了一定成果。Х. 霍夫曼对 19 世纪与 20 世纪之交俄罗斯和德国的资产阶级进行了比较研究。他认为俄罗斯资

---

① Rieber, A., Merchants and Entrepreneurs in Imperial Russia, pp. 232, 308, 423.
② Вест Дж. Буржуазия и общественность в предреволюционной России. С. 194, 198 - 199.

产阶级的特点在于其主要由农民出身的企业家所组成（在德国资产阶级主要出身于城市手工业者家庭），同时德国政府对企业家利益的重视程度要高于俄罗斯。在 X. 霍夫曼和 И. Ф. 根金看来，莫斯科与圣彼得堡商业集团之间的矛盾恰恰印证了"传统企业家"与"新型工业家"之间的矛盾。X. 霍夫曼强调，1905 年之后在莫斯科证券交易委员会出现了"新型的职业经理人"（moderne manager），尽管他们大多是农民出身，却不拘泥于传统，且在政治舞台上具有自由独立的地位。在社会与政权的冲突中，他们努力整合左派与右派中的温和力量①。

另一位研究俄罗斯企业家问题的德国学者 K. 荷勒认为："莫斯科的工业家始终遵循家族企业的传统，是俄罗斯真正的私营企业家。同时他们专注于满足市场需求，获得了极高的利润率。莫斯科的纺织厂主已经成为资本家，并且他们也如此自称。这也就不难理解为什么 1914 年之后他们在政治、社会和文化上占据了主导地位。"② 研究俄国大纺织厂主科诺瓦洛夫的法国学者 P. 波塔尔也表达了类似的观点③。

历史学界对某一主题的研究往往以专题研究为起点。笔者并不打算对莫斯科资产阶级的历史进行全面分析，而是要重点研究 19 世纪与 20 世纪之交城市企业家阶层的社会财产情况，详细描述"莫斯科商人"这一精英阶层的特点，介绍其开展的商业活动的方式和类型，并研究企业家与政权的基本关系模式。

除了以上研究内容，学术界对 19 世纪与 20 世纪之交莫斯科企业家的慈

---

① Haumann H. Kapitalismus im Zaristischen Stat 1906 – 1917. Organisationsformen Machtverhaeltnisse und Leistunbilanz im Industrialisierungprozess. Hain, 1980. S. 41 – 43. 206; Idem. Unternehmer in der Industrialisierung Russlands und Deutschlands. Zum Problem des Zusammenhanges von Herkunft und politischer Orientierung // Sripta Mercaturae. 1986. H. 6. S. 143 – 161.

② Хеллер К. Отечественное и иностранное предпринимательство в России XIX—начала XX в. // Отечественная история. 1998. № 4. С. 64.

③ Portal R. Du servage a la bourgecoisie: la famille Konovalov // Revue des etude slaves 38. 1961. pp. 141 – 150; Idem. Industrielle muscovites: La secteur cotonnier (1861 1914) // Cahiers du monde russe et sovietique 4. 1963. 1 – 2.

善活动已经有了充分的研究①。当前专题史领域并没有针对"工人问题"的专门研究,也就是说对企业家与雇佣劳动力之间复杂关系的研究较少,甚至相关的文献也很匮乏,尽管此类研究对于评估莫斯科资产阶级的经济和政治影响而言具有重要意义。

本书的研究时间线跨越了19世纪与20世纪之交,重点在于1905～1907年革命时期。这一期间在社会动荡和战争的影响下,整个社会进程加速推进,特别是莫斯科自由派资产阶级的政治地位得到了巩固。然而,为了研究莫斯科资产阶级的经济活动与社会影响,需要与历史上更早的时期进行比较研究,以明确莫斯科大资产阶级在1917年革命前夕的演进方向与结果。

本主题研究的资料来源包括莫斯科的工商企业、银行、企业组织、政府机构和城市管理机构,私人提供的资料则主要来自莫斯科和圣彼得堡的档案馆,包括莫斯科中央历史档案馆(ЦИАМ)、俄罗斯联邦国家档案馆(ГАРФ)、俄罗斯国家经济档案馆(РГИА)及一些省级和国外档案馆。

笔者在革命前莫斯科企业家阶层相关资料的基础之上,使用了社会阶层个体化研究方法。该研究方法以档案馆的数百份原始个人资料为基础,再加上其他相关资料(官方统计资料、政府和资产阶级政治组织的档案资料、工商企业和银行资料、回忆录、期刊报纸资料),通过这些资料足以充分研究20世纪初的莫斯科资产阶级这一历史主题。

本书包括3章,涵盖了莫斯科资产阶级的社会财产特征、企业经营活动的特点和类型、积极参与社会政治的表现。

资产阶级的社会财产结构是学术界的新兴研究领域,主要是通过莫斯科国家机关所征收的所得税项目来分析莫斯科居民的收入构成(来自工商企业、资本收入、房地不动产等)②。通过这些资料足以充分研究城市富裕居

---

① См.: Баханов А. Н. Коллекционеры и меценаты в России. М., 1989, Думова н. I Московские меценаты. М. 1992; Гавлин М. Л. Российские Медичи. М. 1996; Палунина Н., Фролов А. Коллекшионеры старой Москвы: Биографический словарь. М. 1997; Ульянова Г. Н. Благотворителыность московских предринимателей. 1860 - 1914 гг. М., 1999, и др.

② ЦИАМ. Ф. 51. Оп. 9. Д. 647—о подготовительных работах для введения нового государственного подоходного налога, 1909 - 1911.

民群体（占150万名莫斯科居民中的7万名左右）的社会财产结构状况，其中包括企业家阶层。

莫斯科股票交易所的经纪人主要是由商业精英所组成，这个规模不大的群体（120~130人）实质上控制着重要的经纪人组织——证券交易委员会，并借此指导着莫斯科的企业政策。通过对已发表文献和档案中1870年与1913年经纪人人员组成的统计，可以看出企业家阶层在20世纪初革命前夜的演进方向——除商人外的其他阶层人士开始加入企业家的行列，逐步改变了阶层的结构以及职业和民族成分，从而提高了新一代证券交易所经纪人的受教育程度。

从莫斯科资本家的遗嘱资料中可以分析出当时企业家阶层的财产结构与储蓄状况。搜集的档案文献足以对此加以印证。另外值得注意的是，私人财产与企业财产之间紧密的联系也使莫斯科企业的自筹资金制度日益多样化。

本书还研究了19世纪与20世纪之交莫斯科房东群体从源头上的构成[1]。他们将工商业领域的资本转投入房地产，从相关数据中可以看出，企业家阶层在投资不动产方面相对于其他阶层出身的房东更具有优势。企业家们在城市不动产中所具有的支配地位决定了城市公共管理部门中资本家代表的优势话语权。通过莫斯科企业家在城市杜马中所发挥的作用，可以看出其在城市社会生活中占有特殊地位[2]。

本书还提出了有关革命前夕莫斯科经济活动的特点与企业家经营活动类型的问题。显然值得一提的是，无论是企业组成的行业协会还是工商金融

---

[1] Список владений рассмотрен отдельно по каждой из 17 полицейских частей города. См.: Своду результатов обшей оценки недвижимых имуществ в Москве, Список владений [...] части на 1900 – 1901 гг. М. 1902.

[2] ЦИАМ. Ф. 179. Оп. 1. Д. 1562 – Об организашии Московской городской думы на 1897 – 1900 гг. Л. 63 – 102；Д. 3097 – Об организашии Московской город ской думы на 1913 – 1916 г. Л. 1 – 130. Отмтим здесь наиболее полное исследование по истории московского городского общественного самоуправления, содержащее ценный материал и по затрагинаемой нами проблеме：Пасарекова Л. Ф Мос. ковская городская дума. 1863 – 1917. М. 1998.

业，都呈现了家族控制的特点。尽管政府尝试对莫斯科的经济活动进行"现代化"改革，但当地企业总体上还是坚持股本制度和银行交易机制，以满足自身发展的需要，并确保在国内市场上具有竞争力。然而，由于政府一系列不合时宜的监管政策与法律漏洞，其"现代化"改革也对企业经营造成了一定负面影响。

在莫斯科的工商界和金融界，19世纪末20世纪初，出现了几种被历史学著作记录的企业家经营模式。这一分类建立在民族宗教特征之上，主要包括3种类型：大俄罗斯企业家型；农民和底层工商业者出身的企业家型（东正教徒和旧礼仪派）；西欧裔的外国企业家（主要来自莫斯科的德裔居民聚居区）以及帝国境内少数民族企业家、犹太人企业家型。

东正教企业家、农民和底层工商业者出身的企业家以及具有全俄乃至世界级经营规模的工厂主中比较有代表性的有孔申家族（Коншиный），他们是莫斯科附近谢尔普霍夫市的棉纺织联合企业的所有者。在莫斯科从事工业和金融业的里亚布申斯基家族则属于旧礼仪派。

莫斯科企业家群体的一个重要组成部分就是所谓的"莫斯科德意志人"，他们是革命前俄罗斯工业发展中外国企业家的代表。近年来俄罗斯历史学界开始关注这一现象[①]。本书着眼于研究在莫斯科定居的德国企业家，因为他们体现了"人力资本的出口"，而这些人力资本流入了俄罗斯国内企业。

这种企业经营类型体现在两家由"莫斯科德意志人"开办的商会中，即"勒·克诺普"商会和"沃高与克"商会。

与旧礼仪派企业家、东正教企业家以及外国企业家同时存在的是圣彼得堡金融界的犹太银行家[②]。Л. С. 波利亚科夫（Л. С. Поляков）在研究银行

[①] См. Иностранное прелпринимательство и заграничные инвестиции в России. Очерки / Рук. проекта В. И. Бовыкин. М., 1997; Большое будущее. Немцы в экономической жизни России / Релкол.: Д. Дальманн и др. Берлин, 2000.

[②] См.: Ананьч Б. В. Банкирские дома в России. 1860 – 1914 гг. С. 37 – 71: Петербург. История банков / Б. В. Ананыч, С. Г. Беляев, З. В. Дмитриева, С. К. Лебеде ва. П. В. Лизунов, В. В. Морозан. СПб., 2001.

家的著作中将犹太企业家称为"莫斯科的罗斯柴尔德财团"。

莫斯科的商业精英群体反映了俄罗斯整个资产阶级的实质组成和多样性。到20世纪初,工业资本家和金融家都是"莫斯科商人"群体的积极领导者,同时他们也是俄罗斯社会公共活动中的重要成员。

至此,本书对相关著作的研究综述告一段落。笔者回顾了19世纪下半叶莫斯科企业家阶层与政治权力关系的演进史。总体而言,当时他们在经济领域的重要作用并未换取对等的政治地位,其提高政治地位的努力也受挫。莫斯科企业家阶层在社会危机期间受到斯拉夫主义的影响,在1880~1890年该群体的保守主义倾向日益增强。

俄罗斯1905~1907年的革命暴露了专制政权的"能不配位",促使企业家们在自由主义者的政治活动中活跃起来,"莫斯科商人"的代表们积极为资产阶级争取利益。

与此同时,还有被史学界称为"少壮派"的资产阶级团体(主要由П. П. 里亚布申斯基、С. И. 切特韦里科夫、А. С. 维什尼亚科夫等人组成),他们大多信奉自由的宪政理念,并于1905年在金融委员会主席Н. А. 奈焦诺夫的领导下与保守派组织发生了冲突。同年他们开始计划在莫斯科成立政党组织(温和立场的进步政党),并考虑与圣彼得堡集团结盟,以实现"少壮派莫斯科企业家在十月党(十月党人即1905~1914年俄国大地主和工商业资产阶级反革命分子,因1905年10月17日沙皇诏书而得名,又叫'10月17日同盟'分子。——译者注)内的立场"。

在1907~1917年革命前,莫斯科资产阶级与政权之间的冲突愈演愈烈,主要是源于俄罗斯政府迟迟不兑现有关宪政的承诺。莫斯科资产阶级的政治主张在这一时期开始向新的方向演变,即从十月主义到进步主义的转变,其口号是:"商人,前进!"

在第一次世界大战期间,莫斯科的资产阶级自由反对派努力寻求与左翼政党建立统一的反政府联盟,并在工人自由纲领的基础上团结起来,这标志着资产阶级对实现进步主义以及获得所需政治权力的诉求日益加强。

对资产阶级参与分享政治权力这一问题的解决集中在 П. П. 里亚布申斯基的莫斯科自由主义资产阶级"少壮派"战友——时任工商部长 А. И. 科诺瓦洛夫身上。这位资本家的履历包括：第四届国家杜马议员、中央军事工业委员会副主席。

第一章
莫斯科资产阶级：社会财产结构

第一节 20世纪初的莫斯科

20世纪初，莫斯科成为仅次于俄罗斯帝国首都圣彼得堡的第二大城市，也成为俄罗斯帝国的经济中心。尽管失去了首都的地位，但与其他许多前首都城市不同的是，莫斯科的地位并未削弱。这座城市在地理上位于俄罗斯欧洲部分经济区域的商贸交通中心点，这使得莫斯科在19世纪下半叶发展成为一个充满经济活力的城市。到20世纪初，莫斯科已跻身世界上最大的城市之列。在城市面积上甚至超过了巴黎和柏林，只略小于伦敦和圣彼得堡。20世纪20年代，莫斯科的城市边界线实际上是一条超过60公里的铁路线。从历史上看，大城市的市域空间往往会呈整体中心化发展，莫斯科与欧洲其他城市一样，城市中心的地位得到稳固，周边环绕市中心发展。美国的大城市则相反，其"网状结构"允许市中心所发挥的功能从城市中的一部分转移到另一部分。

莫斯科这座城市的快速发展是附近省份人口大量涌入的结果。根据1902年的人口普查数据，莫斯科的人口为117.4万。10年后的1912年，达到了161.7万人，增加了38%。在1912年的人口普查中，71%的莫斯科人出生在莫斯科，另外29%的人则是在出生后来到莫斯科[①]。

[①] См.: Статистический ежегодник г. Москвы и Московской губернии. Вып. 2: Статистические данные по г. Москве за 1914－1925 гг. М., 1927. С. 74.

当时，莫斯科的居民总数在欧洲排名第六，在世界排名第九，仅次于伦敦、纽约、巴黎、柏林、芝加哥、维也纳、费城和圣彼得堡。莫斯科的城市人口增长速率则仅次于纽约，位居世界第二。在1902~1912年10年间，莫斯科人口自然增长了10.6万人，而算入迁出人口的机械增长则达33.2万人。莫斯科的人口增长速度是全俄平均水平的3倍。总体而言，俄罗斯帝国的第二首都莫斯科在移民增长率上超过了那些人口自然增长占优的欧洲国家首都，更接近美国的城市。

比方说，19世纪末20世纪初，在莫斯科打工的农民非常常见，他们在城里工作，但没有切断与农村的联系①。其家人依然留在村中，自己则整个夏天都在莫斯科工作。然而，到了20世纪初，更多因素（土地短缺、城市工资上涨、城市生活便利）使普通工人越来越远离农村，他们开始拖家带口地迁移至城市。但莫斯科居民的性别结构中仍然以男性居多。1912年，莫斯科共有87.7万名男性居民（其中65.4万人出生在莫斯科以外的地区）和74万名女性居民（其中49.3万人出生在莫斯科以外的地区）。

在人口的阶级构成方面，大多数莫斯科人（67%）是来自农村的农民，他们后来定居到了莫斯科；其次是地位较低的城市阶层——小市民和行会人员（20%）；最后是特权阶层（贵族、商人、神职人员等），他们占莫斯科总人口比重的13%。

同时，在莫斯科能够自己保障生活的居民占了大多数（1912年为105.1万人，占总人口的65%），而无法养活自己的莫斯科居民只有56.6万人（占总人口的35%）。周边地区农民的大量涌入，使莫斯科被戏称为"大村庄"。随着城市规模的扩大，这座城市本身也发生了天翻地覆的变化。1902~1912年，在传统的市中心林荫环路一带人口增长了8%，在林荫大道与花园环形路之间的区域人口增长了29%，城市边缘的郊区人口增长了37%，此地区也是20世纪初首都90%的工人居住的地方②。

---

① Bradley, J., Muzhik and Muscovite, *Urbanization in the Late Imperial Russia*, University of California Press, 1985.

② См.: Статистический ежегодник г. Москвы. Вып. 4: 1911-1913 гг. М. 1916.

与人口增长速度同步的是城市基础设施建设，第一批摩天大楼在莫斯科市中心出现，建筑内开始铺设排水管道，公寓内开始安装电灯，有轨电车在街道上飞驰，工人们居住的单层公寓也通了电。此时莫斯科的市容市貌看起来更像是乡村小镇。1912 年，在莫斯科的 7.18 万幢建筑中，近一半（3.46 万幢）是木制的，超过 1/3（2.77 万幢）是石制的，其余则是混合材料的（石制壁炉和木制上层建筑）。但仍有近一半的人口（7.94 万人）生活在没有自来水和下水道的房子里。

与此同时，莫斯科市中心正在经历一场持续的城市建设高峰。各类银行、保险公司建筑的数量不断增长（如 1912 年在伊利因卡建造的北方保险协会大厦，现在是俄罗斯联邦宪法法院所在地）。莫斯科的第一幢十层高楼于 1912～1914 年建成，由建筑师埃恩斯特 - 里哈尔德·卡尔洛维奇·尼尔恩泽耶（Э. - Р. К. Нирнзее）设计，这座建筑位于特维尔大街附近的一条巷子里。20 世纪初，莫斯科拥有数座宏伟的火车站——雅罗斯拉夫尔站（建筑师 Ф. О. 舍赫捷利）、喀山站（建筑师 А. В. 休谢夫，于革命后建造完成）、布良斯克站与基辅站（建筑师 И. И. 雷贝格）。1912 年，亚历山大三世雅致艺术博物馆（建筑师 Р. И. 克莱因）建成。在城市历史中心安静的街道上，新贵阶层的府邸往往是真正的建筑杰作，比如里亚布申斯基在小尼基兹基街上的由 Ф. О. 舍赫捷利设计的现代主义风格私人宅邸。

然而，根据时人的说法，莫斯科仍然倾向于扩大城市的平面规模，而不是像欧洲城市一样向高度要空间，两层甚至一层的房子在市中心并不罕见，郊区规模则每年都在增长，这让人觉得莫斯科更像是村庄乃至一个破旧的县城①。1899 年投入运营的有轨电车逐步成为主要的城市交通工具。到 1913 年，电车线路里程已超过 130 公里。更富裕的莫斯科人更喜欢乘坐有轨电车而不是私人马车，这一时期城市街道上有多达 13000 辆的马车。新世纪的汽车很快也出现了，1913 年在莫斯科注册了大约 1300 辆汽车。市中心街道上装满了电

---

① См.：Москва на рубеже двух веков. М.，1910. С. 94.

灯，莫斯科人最喜欢的娱乐方式则是新的艺术形式——电影（莫斯科最早的电影院是阿尔巴特街上的"艺术"电影院、凯旋广场上的汉容科夫电影院等）。1910年，一个服务于6000名用户的电话系统投入使用；1914年莫斯科开始运营无线电台。在市中心街道上，人们大多穿戴着莫斯科多米尼加帽和欧洲夹克，而郊区则盛行穿不用掖进裤子里的俄罗斯衬衫和工匠帽。

正如时人的评价，莫斯科是一个农民的、东正教的和俄罗斯的城市。事实上，在1912年的161.7万莫斯科人中，有150.4万人信奉东正教，其余信仰则包括路德教（2.78万）、旧礼仪派（2.66万）、犹太教（1.53万）和伊斯兰教（1.04万）（作者未提及其余3.29万莫斯科居民的宗教信仰。——译者注）。在革命前莫斯科居民的民族成分上，包括154万俄罗斯族居民，2.13万德裔居民，1.72万波兰裔居民，0.97万鞑靼裔居民，0.68万犹太裔居民，0.32万亚美尼亚裔居民，0.28万法裔居民（在欧洲范围内，德国和法国在莫斯科拥有除殖民地外最多的本国移民人口）[1]。（作者未提及其余莫斯科居民的民族成分。——译者注）

能够做到经济独立的莫斯科居民在1912年总计为105.1万人，未能做到经济独立的居民为56.6万人（包括家庭成员中的被赡养者）。城市居民的社会结构情况如下：企业家、雇主（4.42万人）；靠地租与利息生活者（1.92万人）；中产阶级主要包括企业工商管理人员，主要是企业雇员，约有9.24万人；相对富裕的市民阶层包括公务员和"自由职业者"（医生、教师、律师、工程师、音乐家等）。总体而言，莫斯科的脑力劳动者总数约为5.77万人，军人和警察的人数约为3.23万人。

富裕阶层的出现催生了莫斯科庞大的雇佣劳动力市场，工厂雇工总数约16.52万人；非制造业工人（铁匠、油漆工等）约12.68万人；运输、房产和贸易从业者（列车员、门卫、保安等）约13.44万人；手工业者（单身，与家庭成员或学徒一起工作）约8.15万人；家庭佣人约9.91万人；靠退休金和补助金生活的约有4.38万人；各类慈善机构与监狱机构的工作人员约

---

[1] См.: Статистический сжегодник г. Москвы. Вып. 4: 1911 – 1913 г. Приложение. С. 19 – 27.

有5.54万人；无法确定自己职业的城市市民约有5.76万人；失业者约2.94万人①。

社会阶层的分化反映在了城市布局上。在花园环形路的边缘区域居住着大量来莫斯科务工的农民，这里也成为工厂王国，主要企业大多集中在这里，在这一工厂区集中了莫斯科80%的重工业和90%的工人。到1914年，该地区共有970家工业企业，年产值为5.57亿卢布，雇用了16.5万名工人。

莫斯科地区集中了中央工业区1/3的企业，也包括莫斯科周边的10个省。但是俄罗斯中部主要工业省份（科斯特罗马、弗拉基米尔、特维尔等）的纺织工业专门化程度不高，因此莫斯科的产业结构并不平衡。1913年莫斯科食品工业的总产值达1.876亿卢布，纺织工业总产值1.432亿卢布，化学工业总产值0.936亿卢布，金属加工工业总产值5800万卢布，印刷业总产值2360万卢布，服装与制鞋业总产值1830万卢布，皮革业总产值1290万卢布②。可以说，当时莫斯科正在成为一个类似于柏林、伦敦或巴黎的综合性工业中心，与曼彻斯特或伯明翰等单一工业中心截然不同。

在莫斯科的工人中超过1/3是妇女（1913年约为5.58万人）。1913年工厂工人的年薪平均为304卢布（1906年为264卢布），女性工人的工资比男性低约40%。此外，这一时期物价的上涨超过了工资增长：1913年，莫斯科每普特黑麦粉价格为1卢布25戈比（1901年则为93戈比），一俄磅牛肉为23戈比（1901年只需14戈比）。住房问题同样棘手——超过27万名工人和手工业者被迫住在寒冷、极度拥挤和不卫生的环境中。20世纪初，在莫斯科的城市边缘地带，恶劣的生存环境中一直潜伏着对富裕市中心的威胁——积聚的社会不满情绪即将在革命运动中爆发。

---

① Статистический ежегодник г. Москвы и Московской губернии. Вып. 2：Статистические данные по г. Москве за 1914 – 1925 г. С. 68 – 74.

② См.：Статистический ежегодник г. Москвы и Московской губернии. Вып. 2：Статистические данные по г. Москве за 1914 – 1925 г. С. 172；Статистический ежегодник г. Москвы. Вып. 4：1911 – 1913 гг. С. 158.

第一章　莫斯科资产阶级：社会财产结构

19 世纪下半叶的克里姆林宫、莫斯科河以及莫斯科河南岸市区的基督救世主教堂

20 世纪初莫斯科克里姆林宫旁沿河街上的有轨电车

20 世纪初的基督救世主教堂，建筑师 K. A. 托恩

20世纪初的莫斯科企业家

旧礼仪派公会于1910年设立的波克罗夫斯基教堂，
建筑师 В. Д. 阿达莫维奇、В. М. 马亚特

20世纪初莫斯科 Б. 斯帕索格利尼谢夫斯基小巷上的犹太
颂歌教堂，建筑师 С. С. 埃布希特茨

第一章　莫斯科资产阶级：社会财产结构

位于莫斯科达米安斯基小巷上的使徒彼得与巴维尔路德教教堂
改建项目设计图，建筑师 B. Ф. 瓦利科

19 世纪 80 年代"中国城"的全景，远处可见格利尼夏救世主教堂的钟楼

在林荫大道和花园环形路之间的中间地带（以下简称"林荫带"）则与郊区截然不同。在这条由工匠、各行业的工人、官员和自由职业者组成的生活区域里，工业都市的气息并不那么明显。作为相对富足的街区，酒吧、豪宅、学校、医院、孤儿院等纷纷涌入，城市广场上的集市也非常热闹。在消

023

19世纪末的瓦尔瓦尔卡大街，右边的建筑物是旧中心商场

20世纪10年代伊利因卡大街上的尼古拉大十字架教堂与北方保险协会大楼

费旺季，成千上万的人聚集在广场，这里集中了各类食品小摊、二手家具摊、旧衣服和旧鞋子摊、书摊等。可以说，城市的商业生活造就了莫斯科林荫带的中心。

第一章　莫斯科资产阶级：社会财产结构

20 世纪初的尼科利斯基大街，右边的建筑是奇热夫斯基客栈

19 世纪 90 年代伊利因卡大街上的莫斯科商业银行大楼，
建筑师 Б. В. 弗列伊坚别尔格

20 世纪初的莫斯科企业家

20 世纪初红场附近伊利因卡大街街景

20 世纪 10 年代伊利因卡大街上的俄亚银行莫斯科分部交易大厅，建筑师 Р. И. 克莱因

第一章 莫斯科资产阶级：社会财产结构

19世纪末红场上的高级商贸大楼，建筑师 A. H. 波梅兰采夫

20世纪初的伊林斯基大门、普列文英雄纪念碑、莫斯科商业银行大楼

20 世纪初，连接莫斯科和俄罗斯地方的铁路在原有 6 条的基础上又新建了 4 条。1908 年覆盖整个莫斯科及周边地区的铁路投入运营，每天有数千节车厢通过莫斯科铁路网的 44 个站点。1910 年，普通货物的总运输量为 7.3 亿普特（其中约 1/3 是过境货物），占全国铁道运输总量的近 12%。

莫斯科的贸易总产值甚至超过了工业总产值。20 世纪初，这个城市有超过 13000 家贸易公司，全市商贸年营业额接近 10 亿卢布。与圣彼得堡主要集中了外贸企业不同，莫斯科的商贸企业家主要专注于国内贸易。莫斯科的工业制成品和生活消费品（如纺织品、茶、糕点、饮料等）不仅在俄罗斯欧洲部分销售，还销往遥远的边疆地区（西伯利亚、远东、高加索等）。同时，为了满足自身消费需要，食品、燃料和建筑材料等也大量输入莫斯科。在日用百货市场上，莫斯科的产品占据了优势地位，包括服装、鞋子以及食品等。莫斯科商业活动的规模通过如下数据可见：1913 年，在莫斯科发放了 2.23 万张企业营业执照，其中约 9900 张是大型和中型企业的。

与下诺夫哥罗德一样，莫斯科也是重要的国际商贸运输枢纽。在这里，你可以买到欧洲制造的以及全俄各地的各类商品。时人这样描述莫斯科在全俄贸易中的地位："粮食从扎沃尔日耶（伏尔加河中下游东岸城市。——译者注）运往波罗的海港口，糖和砂糖从俄罗斯南部运往北方地区，国外的鲱鱼运自波罗的海沿岸港口，巴库的石油、顿涅茨克的煤、南俄的生铁、外国和本国（中亚）产的棉花、西伯利亚的润滑油以及其他各种进口货物——以上所有这些货物的运输均无法绕开莫斯科。"[①]

在贸易领域，莫斯科的"中国城"（"中国城"并非华人聚居区，与中国无关。——译者注）占据了关键位置，这个地区也被称为"莫斯科金融城"。在这个只占城市总面积 1% 的狭小空间里，每年有 3500 万普特的货物经过，莫斯科的每三笔商贸交易中就有两笔产生在这里。这与此地区银行业的崛起不无关联，19 世纪下半叶莫斯科出现了商业银行，作为促进工业和

---

① Москва. Путеводитель / Под ред. Е. А. Звягинцева и др. М., 1915. С. 21.

贸易发展的机构,其为城市建设做出了较大贡献。银行从业者大多在伊利因卡建造自己的住宅,这里是全俄市场的主要交通干线所在地。此地建有私人住宅、商业银行、贸易银行、莫斯科里亚布申斯基银行以及一些圣彼得堡银行(比如国际银行、亚速-顿河银行)的分支机构。时人对莫斯科金融城的评价是"这里的一切都体现着对贸易之神的崇拜,比如奢侈品商店、大型批发仓库、银行、股票甚至酒馆,就连在市场里小吃店的桌子上都会每时每刻签订价值数百万的合同"[1]。

值得莫斯科商人骄傲的是,莫斯科建有当时欧洲最大的商场,其建筑成本达 600 万卢布。不远处的瓦尔瓦尔卡大街与伊利因卡大街之间还坐落着中等规模的商场。批发贸易则集中在旧商城。依据欧洲的标准来看,彼得罗夫卡大街上的著名商店"米尔与梅丽莉兹"才是莫斯科的城市新名片,这里有莫斯科人所能买到的几乎所有日常消费品与各式家具。

除"中国城"外,莫斯科林荫带地区的商贸发展也十分繁荣。那时的莫斯科游览指南中写道:"在这里(比如在库兹涅茨基桥上),你会看到街道上商贩出售的闪闪发光的宝石、轻柔的丝绸、昂贵的西伯利亚皮货;还有巨大的集市广场(如沼泽广场、猎户货摊等),这里为莫斯科居民提供丰富的野味、鱼、鱼子酱和水果等商品;最后就是街边和游廊上的大货摊(集中在特维尔大街、彼得罗夫大街等),这里遍布着令人眼花缭乱的各种商店招牌和广告牌。"[2]

根据 20 世纪初的预测,莫斯科的工商业总产值很快就会超过圣彼得堡,以下群体对莫斯科蓬勃发展的经济起到了关键促进作用——商人、工业家和金融家。在革命前夕,俄罗斯经济的"圣彼得堡时代"即将结束,"新莫斯科时代"即将开始。莫斯科的经济发展速度为这些预言提供了佐证,不得不承认,莫斯科在苏联时代得以崛起的基础就是这座城市在 19 世纪与 20 世纪之交的一系列发展。

---

[1] Москва. Путеводитель / Под ред. Е. А. Звягинцева и др. М., 1915. С. 217-218.
[2] Москва. Путеводитель / Под ред. Е. А. Звягинцева и др. М., 1915. С. 222.

第二节　作为城市居民重要组成部分的企业家

为了分析20世纪初莫斯科的人口结构,研究人员通常会被城市人口普查记录所吸引,特别是1912年的人口普查,这一年的普查包括详尽的城市人口分类。但此次普查忽略了收入水平和收入结构等重要指标,而收入水平正是分析社会阶层分化的最重要指标,如收入较高的市民群体就被称为城市的新贵。

因此需要对城市中收入有保障的群体进行深入研究,但是俄罗斯这一时期的收入统计数据是缺失的,为了解决这个问题,可以引入20世纪初统计文献中的所得税统计数据,这些数据源自政府19世纪末制定了所得税法案后所开始进行的统计。

所得税法是一种财政措施,旨在改善公共财政,并补充预算收入。1905年,由于日俄战争开销巨大,俄罗斯面临财政紧张的局面,于是财政部开始寻找新的收入来源,并借鉴了德国在1891年和1903年所推行的建立在防偷税基础上的所得税法案。

1907年,财政部起草的法案正式提交给了国家杜马。然而,法案却遭到了富有阶层的反对,包括大资本家与土地贵族,因此对该法案的讨论时间相当长[1]。直到1916年,当第一次世界大战的开支再次加剧预算紧张问题时,所得税法案才得到杜马批准并开始实施,但很快二月革命的爆发打断了法案的实施进程。1917年6月,临时政府批准了《所得税法》,但由于1917年底的社会政治危机,所得税的征收工作并未完全完成,相关数据也未能统计完善。

因此,俄罗斯临时政府垮台前的官方所得税统计数据并不充分,但研究人员在一定程度上填补了相关空白。由于1909年杜马批准了财政部税务司

---

[1] См.: Боханов А. Н. Буржуазия и вопрос о подоходном налоге в России в начале XX в. // Исторические записки. Т. 114. М., 1986.

关于直接征收所得税的项目，并授权税务司统计主要纳税人群体的收入等级状况，这项统计资料已发表在公开出版物上[1]。该统计数据覆盖了俄罗斯帝国除芬兰外的所有行省与边疆省。税务司对收入等级的划分一方面是根据工资数额进行的（征税起点为1000卢布，税率按照往上每100卢布逐级累加），另一方面则是根据收入来源进行。

税务司征收的比较常见的税种包括如下：不动产收入（包括土地收入与城市不动产收入）、工商企业收入、资本收入和个人劳动收入。土地税征收范围包括出租土地所得收入、租赁他人土地所得劳动收入以及本人所有土地的产出；城市不动产税是基于不动产收入减去不动产的使用成本；工商企业的税收范围指的是利润收入；资本收入的征税范围则是各类证券和银行存款的收益。财政部官员要求银行和出纳员依法向税务机关提交所得税信息和客户的存款信息，并坚称会保守商业秘密[2]。但这遭到了商界的反对，他们坚决要求保护商业机密，因此财政部的这一条款并未成为法律。最后，个人劳动收入税的减免范围包括：军饷、雇佣费、专业活动的收入（如文学、艺术、教学、医学、工程师收入和律师费等）。

与个体纳税人一道，股东组织、工商企业等法律实体也被纳入了税收范围，这些实体的税收登记地址是其常驻地，而法人则由所在地行政机关负责联系。按照征税程序的规定，首先纳税方要提供纳税申报单，税单的准确性由财政部负责审核。若纳税方的财产分布在不同地区，那么除了要提交一般居住地声明外，他们还必须分别将位于不同地区的财产逐一提交纳税申报单[3]。

财政部税务司根据收入额度进行的税收分类方法源自德国的税收实践经验，这一方法能够大致区分出不同类别的社会群体，如地主、房东、靠企业经营收入生活的企业家、靠贷款盈利生活的资本家、靠入股分红生活的股

---

[1] См.: Подоходный налог. Материалы к проекту положения о государственном подоходном налоге. СПБ. 1910.
[2] ЦИАМ. Ф. 51. Оп. 9. Д. 645. Л. 5 об. – 6.
[3] См.: Боадырев Г. И. Подоходный налог на Западе и в России. Л., 1924. С. 187 – 188.

东，最后还有靠自己的劳动养活自己的复杂社会群体，这其中包括国家机关的官员、公务员、工商管理人员以及"自由职业者"（医生、律师、建筑师、工程师等）。遗憾的是，更加细致的分类无法做到了。《所得税法》的另一个缺点是，各类统计数据全部报送到省里，省级以下缺乏信息汇总的分中心。但是，如后文所示，这种缺陷可以通过主要统计数据加以弥补。

税务司关于收入水平的统计报告带有预先性与评估性特点，因此自然会产生关于数据收集方法与数据可靠性的问题。在前3种收入（土地、城市不动产和经营工商企业收入）中，针对这些征税款项，税务稽查员会参考比较可靠的统计指标：现有的土地税利率、城市管理机关对税率的评估和手工业征税记录。

所得税征收中的一大难题在于资本收入的数额确定，因为需要了解股息、银行利息和诸如此类的机密信息。通常情况下，税务稽查员不得不使用所谓的显性指标加以推算（如房产数量、员工数量、私人马车数量等）。然而，财政部官员的推算数据远远低估了资本收入的实际数值[①]。

至于个人劳动收入，其中的一部分容易进行准确统计，如国家和公共机关发放的工资、工商企业（包括股份制企业与合资商会）的雇佣劳动报酬。而另一部分，如自由职业者和非正规工商企业的收入，仅能根据显性指标进行粗略的统计，主要是参考其房租费用。但问题在于许多人不以自己的名义租用房屋，导致对其租房费用难以精确统计。

表1-1中列出了关于纳税人数量、纳税人收入结构与所得税数额的信息，将全俄以及莫斯科省单独进行数据统计，以便体现出莫斯科与全国数据的对比情况。

如表1-1所示，1909年，占全俄纳税人总量11%的莫斯科省纳税群体的全年总收入占全俄总量的14.1%，其所得税缴纳总额占全俄所得税税收总额的15.7%。同时，莫斯科的人均年平均收入（4900卢布）也超过全俄平均水平（3780卢布）。

---

① См.：Подоходный налог. Материалы... С. XII–XIV.

表 1-1 1909 年全俄罗斯及莫斯科省纳税人总数、纳税人收入结构与所得税计划收缴额情况

指标	全俄罗斯 数值	全俄罗斯 占比(%)	莫斯科省 数值	莫斯科省 占比(%)
纳税人总数(万人)	69.67	100	7.66	11
全年收入(亿卢布)	26.447	100	3.716	14.1
土地收入(亿卢布)	4.124	15.6	0.028	0.7
城市不动产收入(亿卢布)	2.755	10.4	0.357	13
工商企业收入(亿卢布)	8.566	32.4	1.362	15.9
资本收入(亿卢布)	3.398	12.8	1.318	38.8
个人劳动收入(亿卢布)	7.604	28.8	0.651	8.6
所得税计划收缴额(亿卢布)	0.645	100	0.101	15.7

注：第 3 列第 5 至第 9 行的占比数据为各项目占俄罗斯全年收入的比例，第 5 列第 5 至第 9 行的占比数据则表示各项目占全俄相应项目的比例。

资料来源：Подоходный налог. Материалы к проекту положения огосударственном налоге. СПБ., 1910. Табл. XI. C. 82 – 83。

与圣彼得堡类似，莫斯科纳税人在非土地收入上远远超过全国平均水平（其年均土地收入只占全国总量的 0.7%）。同时高储蓄水平反映了莫斯科纳税人较为强势的资本收入，莫斯科省的全年资本总收入占全俄资本总收入的 38.8%，远高于包括圣彼得堡省在内的所有其他地区（分别为 6120 万卢布和 1.318 亿卢布）。表 1-1 的数据也为学者们研究靠资本收入生活者提供了重要参考资料。

除资本收入外，莫斯科省纳税人的主要收入还包括工商企业收入（占全俄工商企业收入的 15.9%）、城市不动产收入（占全俄城市不动产收入的 13%）和个人劳动收入（占全俄个人劳动收入的 8.6%）。从数值来看，莫斯科纳税人的收入结构中低于圣彼得堡的包括工商企业收入（分别为 1.362 亿卢布和 1.622 亿卢布）、城市不动产收入（分别为 3570 万卢布和 5050 万卢布）和个人劳动收入（分别为 6510 万卢布和 1.706 亿卢布）。总的来说，根据财政部官员的统计，莫斯科和圣彼得堡的纳税人收入占全俄罗斯帝国纳

税人总收入的 1/3①。

莫斯科省纳税人的收入来源结构与全俄相比,几乎没有土地收入,个人劳动收入水平也较低,工商企业收入和资本收入占主导地位。

笔者研究了涵盖全部纳税人的各项总指标。如表 1-2 所示,收入结构情况可由纳税人各类税种缴纳额的比例来反映。

表 1-2 1909 年俄罗斯纳税人所缴纳的各类所得税以及收入结构情况

指标	1000~1万卢布	占总量的比例(%)	1万~5万卢布	占总量的比例(%)	超过5万卢布	占总量的比例(%)	总计	占总量的比例(%)
纳税人数量（万人）	66.35	95.4	2.86	4.1	0.35	0.5	69.56	100
全年总收入（亿卢布）	15.737	59.5	5.332	20.2	5.378	20.3	26.447	100
全年所得税总额（亿卢布）	0.209	32.4	0.171	26.5	0.265	41.1	0.645	100
收入来源（亿卢布）	收入额	占该等级总收入的比例(%)	收入额	占该等级总收入的比例(%)	收入额	占该等级总收入的比例(%)		
土地收入	2.095	13.3	1.264	23.6	0.764	14.2		
城市不动产收入	1.565	9.9	0.804	15.1	0.387	7.2		
工商企业收入	3.095	19.7	1.862	34.9	3.614	67.2		
资本收入	2.218	14.2	0.686	12.9	0.494	9.2		
个人劳动收入	6.758	42.9	0.726	13.5	0.119	2.2		
总计	15.731	100	5.342	100	5.378	100		

资料来源: Подоходный налог. Материалы... Табл. XII. C. 83-84。

在纳税人中,笔者区分了三个主要等级:第三等级（年收入 1000~1 万卢布）、第二等级（年收入 1 万~5 万卢布）和第一等级（年收入超过 5 万卢布）。在人数上,第三等级占绝大多数,占比为 95.4%,第二和第一等级分别占 4.1% 和 0.5%。然而,第二和第一等级的年收入额在总收入中的占

---

① См.: Подоходный налог. Материалы... C. VII-XVI.

比均超过 20%（分别为 20.2 和 20.3%），其在缴纳所得税中的占比更高（分别为 26.5% 和 41.1%）。数量庞大的低收入纳税人群体和富有阶层之间的差距非常明显，第一、第二、第三收入群体平均年收入分别为 2400 卢布、1.86 万卢布和 15.36 万卢布（此数据为每个群体各自的全年总收入除以纳税人数量而得出。——译者注）。

考虑到上述俄罗斯所得税的特点，税务机关除对个人征税之外，还会对各类企业征税。这些企业中有很大一部分盈利超过 5 万卢布（全俄平均水平），属于第一等级的纳税群体，它们的存在无疑能够使税务统计中的平均收入水平大幅上升，但税务机关在对纳税人收入的统计中并不将法人实体的收入计算在内。

根据表 1-2 对群体收入来源的分析，可以看出第三等级纳税人的收入来源主要是个人劳动（6.758 亿卢布，在总收入中占 42.9%）。在这个群体的收入构成中具有代表性的社会阶层首先是官员、管家、知识分子和自由职业者；其次是小企业家（该群体全年收入 3.095 亿卢布，在各群体全年总收入中占 19.7%）；再次是小放贷人（2.218 亿卢布，在总收入中占 14.2%）；又次是有地农民和佃农（2.095 亿卢布，占 13.3%）；最后是城市不动产所有者（1.565 亿卢布，占 9.9%）。

当然，依据收入来源鉴定的社会地位并不是绝对的，因为同一个人可以拥有多个收入来源。例如，工商企业的老板通常拥有自己的不动产，并在银行和证券领域开展投资。即使如此，仍能大概率地确定我们划分的第一等级是当时城市和农村中最富裕的阶层之一，他们广泛地经营各类企业活动，无论是在公共还是私人服务领域。

第二等级纳税人的收入结构则更加多样化，其收入来源的构成从高到低分别是工商企业收入（1.862 亿卢布，在第二等级总收入中占 34.9%）、土地收入（1.264 亿卢布，占 23.6%）、城市不动产收入（0.804 亿卢布，占 15.1%）、个人劳动收入（0.726 亿卢布，占 13.5%）、资本收入（0.686 亿卢布，占 12.9%）。这一群体和主要依靠自己企业与土地收入的大企业家、大地主形成了共生关系。

在年收入超过 5 万卢布的第一等级纳税人群体中，企业家（包括自然人以及股份公司）占据着绝对的主导地位，其收入类别从高到低分别是：工商企业收入（3.614 亿卢布，在第一等级总收入中占 67.2%）、土地收入（0.764 亿卢布，占 14.2%）、资本收入（0.494 亿卢布，占 9.2%）、城市不动产收入（0.387 亿卢布，占 7.2%）、个人劳动收入（0.119 亿卢布，占 2.2%）。经营工商企业的人群包括大地产主、房产所有者、大官僚以及放贷人。该群体是社会精英的代表，规模相当小（只有 3500 名纳税人，若除去法人的话则更少），却拥有全俄罗斯绝大多数的收入。

接下来我们要详细分析莫斯科的数据，并将其与全俄情况进行比较。目前公开发表的统计数据以莫斯科省为主，而我们关心的是莫斯科市的情况，以便更加贴切地反映税务机关 1909 年税收工作对莫斯科的实际影响。这一年的统计数据报送至圣彼得堡并发表在官方出版物《所得税》上，其中包括莫斯科市单独的数据，并经过了税务稽查员的初步核算[①]。

作为财政部税收统计的协助部门——莫斯科财政厅在 1910 年 7 月呈送给财政部的公文中附上了相关调查数据[②]。特别是在其中统计了莫斯科的纳税人数量与莫斯科地区的税收总额：在莫斯科省的 76600 名纳税人中，莫斯科市的 69500 名纳税人总共拥有 2.39 亿卢布的年收入，而莫斯科周边县区的 7100 名纳税人的年收入总共只有 2200 万卢布。

值得一提的是，对莫斯科纳税人的登记与收入核查主要通过两种途经：一是调查收入来源，二是将其所拥有的不动产（如房产等）作为显性指标加以推算。同时纳税人在股份制企业中所占的股比也在计算范围之内。通过这种方法，莫斯科纳税人可被分为以下 4 类：①在莫斯科租房居住并有收入来源；②没有租房，但在莫斯科有收入来源；③在莫斯科租房居住但收入来源不在莫斯科；④莫斯科的股份公司和合伙企业。莫斯科财政厅对第 1 类和

[①] ЦИАМ. Ф. 51. Оп. 9. Д. 647 – О подготовительных работах для введения нового государственного подоходного налога, 1909 – 1911.

[②] ЦИАМ. Ф. 51. Оп. 9. Д. 647 – О подготовительных работах для введения нового государственного подоходного налога, 1909 – 1911. л. 177 – 178.

第 4 类纳税人进行了相对完整的统计，但对第 2 类与第 3 类纳税人的统计并不完善。

表 1-3 展示了较为详细的数据。莫斯科财政厅认为，关于第 1、第 2 和第 4 类的信息统计较为可靠。这 3 类纳税人群体的人数占莫斯科纳税人总数的一半以上（35456 人，总数 69457 人），他们的总收入达 2.39 亿卢布。其中第 3 类群体统计数据的准确度相对较低，这主要源于这类纳税人群体的先行指标可靠度（如房租价格）低，且收入来源并不在莫斯科。同时，对纳税人的注册是在其永久居住地进行的，而对纳税人所在地的登记主要是参考其居住地。根据莫斯科财政部门统计，在莫斯科拥有住宅的纳税人大约有 50000 人，这当中约 2/3（34000 人左右）纳税人的收入来源不在莫斯科。

表 1-3　1909 年莫斯科 4 类纳税人群体情况（莫斯科财政部门统计）

纳税人类别	纳税人数量（人）	年收入（亿卢布）根据收入来源估算	年收入（亿卢布）根据房租价格估算
第 1 类	18325	1.113	1.216
第 2 类	16830	0.649	—
第 3 类	34001	—	1.106
第 4 类	301	0.628	
总计			
莫斯科市	69457	2.39	2.322
莫斯科周边县区（莫斯科省内）	7153	0.22	
莫斯科与周边县区总和	76610	3.716*	

* 该数据包括莫斯科市（2.39 亿卢布）、莫斯科周边县区（0.22 亿卢布）以及第 3 类纳税人中租房群体的收入（1.106 亿卢布）。

资料来源：ЦИАМ. Ф. 51. Оп. 9. Д. 647. Л. 177 об。

基于显性指标计算，第 3 类纳税人的总收入为 1.106 亿卢布。而莫斯科省纳税人的总收入则要再算上第 1、第 2 和第 4 类纳税人的收入（2.39 亿卢布），以及周边县区的居民收入（0.22 亿卢布），共计 3.716 亿卢布。这些数据被报送至圣彼得堡并发表在官方公开出版物《所得税》上，本书也参考了其中的数据。

笔者有更多关于莫斯科的详细数据可供研究。值得注意的是，第 3 类纳税人的输入数额虽然估计为 1.106 亿卢布，但终究距离实际数值相差甚远。莫斯科财政厅的官员们分别根据按收入来源估算的年收入（1.113 亿卢布）和按房租价格估算的年收入（1.216 亿卢布）对第 1 类纳税人群体进行了专门的补充比较，发现按房租价格估算的年收入这一数据来源中仅有 10% 是可靠的。同时，根据收入来源估算的年收入也因漏算了资本收入而变得不准确。莫斯科财政厅厅长表示："毫无疑问，占最大份额的资本收入在登记环节溜走了。"[1]

他认为莫斯科第 3 类纳税群体中超过 90% 的人都不是十分富裕，他们每年的房租开支为 300~900 卢布，其中大部分人是小额放贷者或自由职业者，他们的收入只能按照其房租水平加以推算。事实上，从现有的统计数据来看，3.4 万名第 3 类纳税人中超过 98%（3.34 万人）的人群的人均年收入约为 1 万卢布，其余 2% 的人群的全年总收入高达 1350 万卢布，在第 3 类纳税人群体总收入中的占比达 11%[2]。显然，这当中有相当多的人靠资本利息生活，但这并不是大多数第 3 类纳税人的收入来源。然而，税务部门公开发布的文件《所得税》却将资本收入列为全体第 3 类纳税人的征税收入指标。因此，严格来讲，莫斯科纳税人的收入高于圣彼得堡一倍的说法并不可信。

但必须认清的事实是，在莫斯科财政厅的税务统计中超过一半的莫斯科纳税人的收入来源统计不可靠，存在信息不准确的问题。因此分析莫斯科所得税纳税人的构成只能参考统计资料中的数据——按收入来源统计纳税额的人数大约为 3.55 万。表 1-4 展示了莫斯科纳税人群体的收入来源统计，并与表 1-2 中的全俄情况形成了对比，数据源自莫斯科财政厅 1909 年的统

---

[1] ЦИАМ. Ф. 51. Оп. 9. Д. 647 - О подготовительных работах для введения нового государственного подоходного налога, 1909 - 1911. Л. 178.

[2] ЦИАМ. Ф. 51. Оп. 9. Д. 647 - О подготовительных работах для введения нового государственного подоходного налога, 1909 - 1911. Л. 220, 221 об.

计，从中可以看出：一方面，莫斯科高收入群体的年收入已超过1万卢布（全俄中等收入与高收入纳税人占比小于5%，而莫斯科则达到了10%）；另一方面，俄罗斯整体社会再分配的集中度较高。据俄罗斯全国统计，收入超过1万卢布的纳税人占总纳税群体的比重为40.5%，而在莫斯科则达到了63.6%。在莫斯科人的收入结构中土地收入占比较小（总额仅为30万卢布），其他收入则呈快速发展的态势。

表1-4 1909年收入来自莫斯科地区的所得税纳税人分类及其收入来源种类情况

指标	1000~1万卢布	占总量的比例(%)	1万~5万卢布	占总量的比例(%)	超过5万卢布	占总量的比例(%)	总计	占总量的比例(%)
纳税人数量(人)	32000	90.1	2900	8.2	600	1.7	35500	100
全年总收入(万卢布)	8710	36.4	5300	22.2	9890	41.4	23900	100
全年所得税总额(万卢布)	120	15.2	180	22.8	490	62	790	100
收入来源(万卢布)	收入额	占该等级总收入的比例(%)	收入额	占该等级总收入的比例(%)	收入额	占该等级总收入的比例(%)	收入额	占该等级总收入的比例(%)
土地收入	20	0.2	10	0.2	—	—	30	0.1
城市不动产收入	1350	15.5	1340	25.3	810	8.2	3500	14.6
工商企业收入	2370	27.2	2560	48.3	7700	77.9	12630	52.8
资本收入	420	4.8	470	8.9	1100	11.1	1990	8.4
个人劳动收入	4550	52.3	920	17.3	280	2.8	5750	24.1
总计	8710	100	5300	100	9890	100	23900	100

资料来源：ЦИАМ. Ф. 51. Оп. 9. Д. 647. Л. 210 об. —211—Сводная ведомость предполагаемых плательщиков полоходного налога по г. Москве, 1909 г。

总体而言，在莫斯科纳税人的收入结构中，工商企业收入占主导地位，总额达1.263亿卢布，超过了全莫斯科纳税人总收入的半数以上。占第二位的则是个人劳动收入（5750万卢布），第三是城市不动产收入（3500万卢布），第四是资本收入（1990万卢布）。与表1-2中的全俄数据相比，莫斯科纳税人收入结构中的工商企业收入、城市不动产收入所占的比例更大。而个人劳动收入与资本收入则低于全俄平均水平。但需要指出的是，首都地区并未将小放贷人的收入以及自由职业者的收入计算在内，正如表1-4中所示，这些收入的数据并未出现在收入来源中。

在分析以上三个主要群体的收入结构时，应注意到，莫斯科收入较低的纳税人群体收入中个人劳动收入与工商企业收入占比与全俄平均水平接近（分别为52.3%与27.2%）。但占据该群体第三大收入来源的则是城市不动产收入（占15.5%）而非土地收入，这一群体的资本收入占比（4.8%）也远低于全俄平均水平。未被计算在内的放贷（或利息）收入也应较低，因为参考当时莫斯科的物价，年收入在1000~2000卢布的居民只能维持最低水平的生活，其并没有将积蓄存入银行或购买证券的可能性。

在表1-4的第1类纳税人群体中（收入1000~1万卢布），实际上也包括自由职业者，因为这类人群的年收入很少能超过1万卢布。根据莫斯科财政厅的统计，1909年莫斯科各类自由职业者的年收入情况如下：建筑师——6000卢布，律师——4000卢布，医生——3500卢布，工程师、画家、演员——3000卢布，文艺工作者——2800卢布等①。

第2类纳税人群体的年收入为1万~5万卢布，其总收入的近一半（48.3%）来自工商企业收入，约1/4（25.3%）来自城市不动产收入。与收入较低的群体相比，该群体的资本收入占比（8.9%）也较高，而个人劳动收入所占的比例则较低，为17.3%。这一纳税人群体主要是从事工业活动、城市房地产投资和证券投资的企业家，还有高级官员等。

莫斯科第3类纳税人群体的年收入超过5万卢布，其中企业家占据绝大多数。该群体的主要收入为工商企业收入（在总收入中占77.9%），显著高于俄罗斯平均水平67.2%。占据第2位的是资本收入（占11.1%，全俄平均水平为9.2%），这反映了城市精英阶层较高的储蓄水平。城市不动产收入（占8.2%）虽略低于莫斯科平均水平，但仍高于全俄平均水平（7.2%）。该群体

---

① ЦИАМ. Ф. 51. Оп. 9. Д. 647 - О подготовительных работах для введения нового государственного подоходного налога, 1909-1911. л. 33.

的个人劳动收入所占比例仅有2.8%，与全俄平均水平相当（2.2%）。

总体而言，在莫斯科最富有的600名纳税人中，企业家占绝大多数，其次则是放贷人与不动产所有者，其中几乎没有官员和自由职业者。值得注意的是，事实上最富有的纳税人不仅包括自然人，还包括企业法人。他们大约占最富有纳税人中的一半（300名），总收入为6270万卢布，占最富有群体总收入的2/3。在全俄也明显呈现出类似的情况。

可以说，所得税统计资料使人们对整个俄罗斯尤其是莫斯科的居民社会财产结构有了更清晰的认识。根据1909年的统计，俄罗斯共有69.67万名纳税人，约占全国人口的0.5%。在莫斯科纳税人所占比例则更高，总数为7万人，约占本地人口的5%（1902年莫斯科人口为117.4万，1912年为161.7万）。1912年的统计数据显示，城市各阶层纳税居民的数量更多，包括雇主4.42万人、有土地和资本收入的居民1.92万人、工商企业雇员9.24万人、政府官员和自由职业者5.77万人，总计21.35万人[①]。统计数据显示，在这个相对富裕的群体中，每年收入超过1000卢布的居民数量不到1/3，但大部分人的收入高于税收起征点。

根据国家杜马于1906年和1912年在莫斯科进行的选举财产资格统计，1906年在莫斯科共有28.1万名可参选公民（男性，25岁以上且在莫斯科生活不少于一年），但其中有22.5万名选民不具备选举所需的财产资格，只有5.6万名选民具备选举所需的财产资格，这与按房租推算收入继而得出的纳税人数量大致一致。1912年第四届国家杜马选举中具备财产资格的选民数量约为5.13万名。1906年能够参加选举的公民基本属于所得税纳税者的范畴：7870名工商企业业主、7604名独立房屋所有者、13504名工商企业职员、11778名国家机关工作人员以及15672名公寓房间所有者[②]。

可以看出，纳税人群体中年收入不及1万卢布的人群占纳税人总数的

[①] См.：Статистический ежегодник г. Москвы и Московской губернии，Вып. 2；Статистические данные по г. Москве за 1914 – 1925 гг. С. 68 – 74.

[②] См.：Статистический ежегодник г. Москвы. 1906 – 1907 гг. М. 1908. С. 76；Статистический ежегодник г. Москвы. Вып. 4；1911 – 1913 гг. С. 346.

90%，他们占据了纳税人群体总收入的1/3，而只占纳税人总数10%的富有群体的收入则占纳税人群体总收入的2/3。但统计数据可能与真实情况存在偏差，这主要是由于莫斯科作为俄罗斯的贸易和工业中心，居民的收入来源较为多元，部分收入难以准确统计。

从统计数据中可以看出，城市精英群体的主要代表是大企业家，他们大多拥有工商企业，参与投资不动产以及各类金融证券。而年收入1万卢布左右的中产阶级则主要由普通官员、中小企业家、房产所有者和自由职业者组成。

第三节 商业精英：证券交易所经纪人

对于学界而言，研究19世纪末至20世纪初俄罗斯资产阶级所面临的主要问题就是缺乏足够的统计数据来识别大企业家阶层的社会认同。革命前的官方统计数据清楚地反映了城市居民的社会地位状况，并成功地将相关数据应用到相关文献中[1]。在革命前期，尤其是20世纪初，随着阶级分化的日益加剧，这类统计数据只能反映出部分现实状况。在俄罗斯历史文献中，早在19世纪下半叶，就出现了关于城市人口的阶级分化和新社会阶级形成的记载，尽管没有明确的统计数据[2]。关于俄罗斯大资产阶级的最新研究也证实了革命前企业家阶层的分化[3]。

我们试图通过研究城市人口社会结构和企业家所发挥的作用来分析20世纪初莫斯科的大企业家阶层。19世纪下半叶至20世纪初在莫斯科这个大型工商业中心出现的商界精英中已经成为历史文献研究的对象。美国学者罗伯特·欧文（Robert Owen）对1856～1905年活跃在各类政治

---

[1] Hildermeier M. Buergertum und Stadt in Russfand. 1760 – 1870. Koein，1986；Миронов Б. Н. Русский город в 1740 – 1860 – е годы: демографическое, социалыое и экономическое развитие. Л.，1990.

[2] См.：Нифонтов А. С. Формирование классов буржуазного общества в русском городе второй половины XIX в. // Исторические записки. Т. 54. М. 1955.

[3] См.：Боханов А. Н. Крупная буржуазия России. Конец XIX в. — 1914 г. М.，1992. C. 29 – 50.

组织的 100 名莫斯科资本家进行了身份确认①。但他研究的内容仅限于这些商界人士对某一组织的参与，而不包含任何个人信息。而我们则是要建立一个关于莫斯科企业界领袖人物的数据库，清晰地描述出商业精英们的状况。

莫斯科官方的人口普查不能用来区分上层资产阶级，只能用来确定城市资产阶级的人口比重，1871 年的普查中只记录了人口构成情况。在 1882 年的人口普查中，才出现了更多有价值的分类数据，包括工商企业所有者的详细记录②。

而在 1902 年和 1912 年的人口普查中则详尽反映了莫斯科人口的职业结构③④。

根据 1902 年的统计数据，在莫斯科市区有 3.31 万名雇主、8700 名土地与资本收入者，共计 4.18 万人，这些财务自由的市民约占莫斯科总人口的 5.5%。在 1912 年的统计数据中，莫斯科市区有 4.42 万名雇主及企业家、1.92 万名资本收入者。企业家阶层的人数达到 6.34 万，在市民人口（总计 105.13 万人）中所占的比重达到 6%。这些数据体现了莫斯科在一战前夕的经济增长情况。

在 1912 年的 4.42 万名雇主及企业家当中，各类大工厂主数量为 1791 人⑤。其他数据显示，1906 年莫斯科 313 名工商企业所有者的年均收入超过 5 万卢布，全年总收入达 7460 万卢布，相比之下，圣彼得堡 236 名工商企

---

① Owen, *Capitalism and Politics in Russia. A Social History of the Moscow Merchants*, 1855 - 1905. New York, 1981. pp. 212 - 227.
② См: Статистические сведения о жителях Москвы по переписи 12 декабря 1871 г. М., 1874: ПереписьМосквы 1882 г. Вып. 2 - 3: Население и занятия. М., 1885 - 1886.
③ См.: Перепись Москвы 1902 г. Ч. 1. Население. Вып. 2. М., 1906. Табл. VI. С. 46.
④ См: Главнейшие предварительные данные переписи г. Москвы 6 марта 1912 г. ч. 1: Общие данные о населении, квартирах и владениях г. Москвы и пригородов. М. 1913: Статистический ежегодник г. Москвы. Вып. 4: 1911 - 1913 г. С. 250, 262 - 265: Статистический ежегодник г. Москвы и Московской губернии. Вып. 2: Статистические данные по г. Москве за 1914 - 1925. С. 68 - 74.
⑤ Статистический ежегодник г. Москвы и Московской губернии. Вып. 2: Статистические данные по г. Москве за 1914 - 1925 гг. С. 68.

业家的全年总收入为 7160 万卢布①。这些莫斯科 300 余位最富有的企业家代表了 20 世纪初期莫斯科资产阶级的上层群体，资本家们已经开始积极参与商业组织和城市生活。这个群体的人数虽少，却拥有强大的社会影响力。

根据已有文献中的税收数据来界定莫斯科的商界精英阶层是有合理之处的，因为资产状况是比企业家本人更具参考价值的指标②。莫斯科商业精英的分类也不完全符合 A. H. 博哈诺夫的分类法（根据其所参股的股份公司数量予以分级），因为莫斯科商人们并不会在所有参股企业中都保有最大份额③。莫斯科主要的股份企业仍属于个人或家族所有，并且在上市后仍然处于单一家族的控制之下。

为了研究莫斯科的精英企业家阶层，有必要对 1870 年和 1913 年莫斯科交易所的证券经纪人构成进行比较分析。莫斯科交易所成立于 1839 年，是将中央地区 10 个省的工商企业围绕莫斯科联合起来的组织，在财政部商贸司（1905 年成为独立的工商部）的指导下成立。根据交易所 1870 年的章程，直到 1917 年以前，交易所的证券经纪人都是通过选举产生的——当选人和候选人具有"关于重大的工商业问题进行提议、向政府提出各类诉求等权利"④。

在莫斯科交易所的常务会议上，证券经纪人能够主导交易所的工作方向，同时能够对其他经纪人进行批判，交易所还可以与工商企业和大批发商进行股票交易。交易所的经纪人总数在 300～400 波动（包括自然人和企业法人），其中当选人和候选人的数量在 150～170 人（只包括自然人）。鉴于该交易所是莫斯科资产阶级的主要代表组织，可以得出结论，莫斯科交易所的当选证券经纪人是莫斯科商界最具权威的代表人物。

---

① См.：Опыт приблизительного исчисления народного дохода по радтичным его источникам и по размерам в России. Материалы к проекту Положения о государственном подоходном налоге. СПб.，1906. С. 34 – 35，54 – 57.

② См.：Гавлин М. Л. Московский Торгово - промышленный капитал в конце XIX в. （по материалам гильясгского налогообложения в Москве） // Русский город. Вып. 4：Москва и Полмосковые. М. 1981.

③ См.：Баханов А. Н. Деловая элита России. 1914 г. М.，1994.

④ Устав Московской биржи. М.，1870. С. 7.

第一章 莫斯科资产阶级：社会财产结构

伊利因卡大街上的交易所大楼，建筑师 A. C. 卡明斯基，摄于 20 世纪 10 年代

莫斯科交易所大楼内的证券交易委员会会议室，19 世纪末

20 世纪初的莫斯科企业家

1876 年和 1901 年的尼古拉·亚历山德罗维奇·奈焦诺夫
这 25 年间一直当选莫斯科证券交易委员会主席

M. 德米特罗夫卡莫斯科商人俱乐部大楼,建筑师
И. А. 伊万诺夫－希茨,20 世纪初

第一章　莫斯科资产阶级：社会财产结构

有必要对1870年交易所当选经纪人的构成进行研究，因为这是交易所新章程实行的第一年。这一年证券经纪人名单上有170人，同时包括了证券交易委员会的成员①，这在莫斯科商业协会的书面记录《参考名册》与莫斯科地方志的记录中均有所提及②。其中，145人获得了莫斯科的贸易许可证。事实上，莫斯科企业家阶层中商人出身者较多，《参考名册》中并没有将其他城市的著名商人记录在内。例如，莫斯科商业银行的创始人В. А. 科科列夫，其在19世纪70年代初北上圣彼得堡创办了另一家商业银行——伏尔加-卡马银行，以及著名莫斯科工业家与商人、喀山化学工厂的所有者А. К. 克列斯托夫尼科夫等，这些人都没有加入莫斯科商业协会。

《参考名册》只记录了在莫斯科缴纳过税款的外地商人，而那些较低社会阶层出身的证券经纪人则未被记录在列。例如，普通市民В. И. 克诺普与乐器商店的店员А. 古特赫伊利均在候选人名单中，并且成为自己雇主在交易所的代理人③，但未被《参考名册》记录。此外，很少有交易所活动家允许知识分子和公务员进入该群体，在1870年的证券经纪人中只有区区数人为非企业家——莫斯科大学教授、著名经济学家И. К. 巴布斯特，时任莫斯科商业银行负责人、七等文官Ф. В. 奇若夫，莫斯科商业协会信贷互保理事会主席，莫斯科-库尔斯克铁路管理局局长（该铁路后由莫斯科资本家出资买入）。这些人代表了莫斯科新生的企业经理人阶层。

总的来说，绝大多数证券经纪人是商人出身。在革命前10年，"商人"这一概念等同于"企业家"。

《参考名册》中记录的145名商人可根据以下特征进行分类：①年龄；②所在协会（针对莫斯科商人而言），遵从的地区指令（针对外地商人而言）；③出身阶层；④荣誉称号与官衔；⑤公职；⑥经营企业所属的行业。

---

① ЦИАМ. Ф. 143. Оп. 1. д. 49. л. 8–9.
② См.: Справочная книга о лицах, получивших на 1873 г. купеческие свидетельства по 1-й и 2-й гилыдиям в Москве. М., 1873; Адрес-календарь разных учреждений Москвы на 1875 г. М., 1875.
③ ЦИАМ. Ф. 143. Оп. 1. д. 190. Л. 104.

至于《参考名册》中记录的不太重要的信息——居住地、家庭成员、慈善组织的参与情况等则不在分类的参考范围之内。

大多数交易所的证券经纪人属于老年人的行列：40岁以下的仅有33人，40~50岁的有43人，51~60岁的有38人，超过60岁的有31人。交易所活动家中莫斯科本地第一等级商人127人，第二等级商人5人，外地商人有13人。这些外地商人主要来自伊万诺夫-沃兹涅先斯克和博戈罗茨基（弗拉基米尔省博戈罗茨克市），他们大多经营纺织类企业，与莫斯科保持着密切的商业往来。

《参考名册》中的"出身"一栏被分为三类，主要依据标准是家族从商的历史：首先是按父辈从商年份计算从商历史的商人；其次是计算本人从商年份的商人；最后是按家族祖先从其他阶层转为商人年份计算的商人，即"古老商人"。这些资料对于分析社会阶层的流动性具有重要意义。关于证券经纪人出身的数据可以用来分析不同时代的企业家在当选证券经纪人方面的相关性。《参考名册》总共记载了131名证券经纪人的出身，其余主要为外地商人，这些外地商人的信息在《参考名册》里记录得较为简短，且没有记录出身信息。统计结果显示，共有55名证券经纪人被归类为"古老商人"，9名证券经纪人的家族从父辈起就是商人，67名证券经纪人是从本人这一辈开始经商。

总的来说，莫斯科的商业精英群体可分为两个派别：一是"显贵商人"，即家族中已经不止一代人经商的著名商人；二是"暴发户"，即第一代和第二代的企业家，他们在数量上远超传统的显贵商人。值得注意的是，莫斯科的主要商业家族——阿列克谢耶夫家族、巴鲁希纳家族、巴拉诺夫家族、维什尼亚科夫家族、沃什里科夫家族、康什纳家族、拉谢夫家族、里雅宾家族、莫洛佐夫家族、奈焦诺夫家族、特列季亚科夫家族等都属于第二类商人的范畴，其社会角色已经超越了家族角色。特别需要强调的是，莫斯科所有的显贵商人都在革命前的历史时期里控制着交易所，这一局面可以追溯到18与19世纪之交。在叶卡捷琳娜时代之前的商界，康什纳家族的出身最为显赫。俄罗斯工业资本主义与工业化进程的相关性直到

18世纪后期才出现。

随着工业的迅速发展,莫斯科商人群体在19世纪前期极大地影响了莫斯科的政治,其中比较典型的就是奈焦诺夫家族。交易所证券经纪人尼古拉·亚历山德罗维奇·奈焦诺夫的祖上是弗拉基米尔省的一个农民家庭。他的爷爷在18世纪60年代迁居莫斯科,并在19世纪初开始经商。他的父亲A. E. 奈焦诺夫广泛涉足羊毛和棉纱行业,并开办了自己的工厂。Н. А. 奈焦诺夫生于1834年,毕业于莫斯科路德教福音派开办的彼得罗巴甫洛夫斯克男子学校。1863年他开办了私人公司——А. 奈焦诺夫之子商贸公司。1870年,他成为莫斯科最早的商业银行之一——莫斯科商业银行的创始人。随后他又创立了棉花贸易公司,该公司下属数家生产棉布鞋与呢子制品的企业。

1874年,奈焦诺夫当选为证券交易委员会主席,并一直担任到1905年去世,该组织一直延续到革命前,这是一个大商人、城市雇主、慈善家以及所有以商人身份为荣的人群的时代[①]。奈焦诺夫及其在证券交易委员会的同志们具有灵敏的政治嗅觉、团体意识强且拘泥于传统,他们与准备在20世纪初接手证券交易委员会的年青一代商人有着很大的不同。

欧洲企业家在俄罗斯工业发展中扮演了重要角色,尤其是在莫斯科被称为"莫斯科德意志人"的德国企业家。通过对交易所证券经纪人的分析可以看出,145名经纪人中有22人是外国人,占15%,这其中有12名德国人(包括来自波罗的海沿岸国家的人)、6名法国人、3名英国人、1名瑞士人。但外籍公民只有4人,另外18人加入了俄罗斯国籍并在一定程度上被同化。将他们纳入交易所证券经纪人的行列反映了欧洲商人在莫斯科的地位较高。根据1873年《参考名册》中的统计,莫斯科登记在册的商人共629人,其中俄罗斯人428人,142人来自欧洲国家,还有59名少数民族人士(犹太人、亚美尼亚人等)。但与德国人、法国人和英国人不同,没有任何一位少

---

① См.: Рабенек Л. А. Хлопчатобумажная промышленность старой Москвы до 1914 г. // Возрождение. Париж. 1966. № 172.

数民族商人进入证券经纪人的行列。

商人们所获得的相关荣誉称号、官衔与公职能够反映出当时实业界与政权的密切关系，并清晰地展示了莫斯科精英企业家阶层的核心圈。在证券经纪人中有 101 人获得了"光荣公民"称号，其中 97 人是"光荣公民"的后代，其余 4 人是在其家族内第一次获得此称号。用来表彰城市市民的"光荣公民"制度始于 1832 年。该称号可以世袭，出身显贵商人家族的人只需 10 年内在商界无不良记录即可获得此称号，而暴发户则需要 20 年[①]。此外，商人们更渴望被授予"商业顾问"或"工业顾问"的称号，并被授予其中一项的勋章。而勋章的获得者，可以被免除人头税、服兵役以及体罚，并在所有官方活动中以"光荣公民"的身份参加，最重要的是，"光荣公民"称号是可以世袭的。在 19 与 20 世纪之交，随着人头税、服兵役以及体罚的取消，"光荣公民"的称号更多成为一种象征，并逐渐发展为大企业家阶层专享的荣誉称号。

值得注意的是，1800 年"商业顾问"和"工业顾问"这两类头衔开始启用，这使显贵商人们可以"因特别贡献而受尊重"[②]。这类顾问属八等文官，能够"被邀请列席参加贸易和工业会议"，该称号为终身所有，是企业经营与政府制定经济政策时吸引专家加入的有效手段。可以说该称号是一种特别的荣誉，在《参考名册》的记载中获该称者只有 10 人，其中包括显贵商人家族出身的 В. М. 鲍斯坦德茹格洛和证券交易委员会前主席、莫斯科市市长 И. А. 利亚明——他们都是属五品文官之列的顾问。

通过选举产生的证券交易委员会属于社会性的自治组织，也是正式登记在册的城市服务机构。在 145 名证券经纪人中有 68 人将自己的公共活动范围限定在交易所之内，其余超过半数的 77 人还服务于其他公共组织与国家机关，其中最活跃的 34 人同时担任了两个及以上的公共职务。这数十名最活跃的证券经纪人在很大程度上决定了俄罗斯资产阶级的演进方向，他们无

---

① См.：Полное собрание законов Российской империи（далее — ПСЗ）. Собр. 2. Т. VII. № 5284.

② ПСЗ - 1. Т. XXVI. № 19347.

疑是 19 世纪下半叶莫斯科资产阶级的领袖人物。

莫斯科的商人组织与行政机关——商业管理局之间存在竞争关系，后者于 1863 年成立，其设立依据是 1862 年莫斯科通过的《城市管理条例》。在商业管理层面，作为政府机构的商业管理局在重要程度上仅次于证券交易委员会，其主要职能是为商人颁发从业许可证，向商人征收所得税与关税。但在城市管理中证券交易委员会发挥着更大作用——委员会中有 24 人当选了莫斯科城市杜马的议员。

1828 年，由 20 人组成了莫斯科手工业与商业委员会（1872 年更名为莫斯科贸易与手工业委员会），其职能是"帮助政府制定有利于贸易和实业发展的政策措施"。莫斯科国家银行会计委员会的 11 名成员在政府机构中发挥了同样的顾问作用，这些成员负责评估公司客户的信用水平。此外，在 19 世纪 60 年代初，由莫斯科商人建立的贸易代表团中有 6 名交易所证券经纪人负责帮助制订工商业贸易政策。证券交易委员会的证券经纪人则在莫斯科商业法庭负责处理破产案件。

由于企业家直接参与了政府机构的工作，即履行公务，因此他们被列入了《公众人物履历表》，该制度于 1849 年由尼古拉一世批准实行[①]。这一制度的实行是官员管理上的重大里程碑，其中记录了人员的出身阶层、信仰、教育水平、所获荣誉、官衔、所获勋章、财产情况、参加国家机构的情况，等等。《公众人物履历表》被保存在政府机构的档案馆中。也正是借助《公众人物履历表》中的记录，我们才得以补全《参考名册》中缺失的证券经纪人的信息。从《公众人物履历表》中我们整理出了 14 位于 19 世纪 70 年代在莫斯科交易所活跃的著名商界人士[②]。

《公众人物履历表》记录的信息最早可追溯至 19 世纪 70 年代。从宗教信仰来看，被《公众人物履历表》记录在册者大部分是东正教徒（12 人），其中交易所的领导人物之一 K. T. 索尔达坚科夫还是旧礼仪派，而法裔的

---

① ПСЗ - 2. Т. XXIV. № 23401.
② ЦИАМ. Ф. 616. Оп. 1. Д. 2, 4 - 6, 20, 22, 24 - 27, 50; Ф. 143. Оп. 1. Д. 672 - 673.

Л. И. 卡图阿尔则是罗马天主教徒。9 人接受的是家庭教育，4 人是从专门学校毕业（糖果厂厂主 А. И. 阿布里科索夫、Н. А. 奈焦诺夫、茶商 А. К. 特拉别兹尼克、И. А. 利亚明）。他们都是商人家庭出身，其中 12 人获得了世袭的"光荣公民"称号，И. А. 利亚明还获得了"商业顾问"的头衔。在《公众人物履历表》的地产记录中，所有被记录者都在莫斯科有私人房产，但没有关于私人地产的记录。被《公众人物履历表》记录的这一群体代表了商业精英的核心层，由第二或第三代企业家组成，他们大多没有受过专业的教育，却通过自己在商业上的成功获得了权力。

145 名证券经纪人中绝大多数参与经营纺织业，纺织业是俄罗斯中部地区的主导产业。70 名证券经纪人从事棉纺织产品（棉花、纱线、纺织品）贸易，其中 17 人拥有自己的棉纺织厂。实际上，莫斯科商人中实业家的比重更高，因为他们大多在莫斯科开办工厂，而外地商人主要从事贸易行业，尽管他们当中很多人也有自己的工厂，但工厂基本都在外地。此外，共有 41 名证券经纪人涉足呢绒行业，其中 15 人拥有自己的毛纺厂与呢绒厂。可以说，证券经纪人中相当大一部分是从事与纺织业相关的各类产业的商人，还包括丝绸（6 人）、亚麻（3 人）等产业。值得注意的是，许多商贸公司是开展多元化经营的，我们只是按照单一产业进行了统计。

茶、糖这一类殖民地贸易产品紧随其后，它们是莫斯科地区传统的流行商品，有 31 名证券经纪人涉足此行业；19 世纪 60~70 年代，银行金融业开始成为新兴产业，有 11 名证券经纪人从事该行业；7 名证券经纪人从事化工行业，其中 3 人有自己的化工厂；3 名证券经纪人从事皮革行业；从事金银产品加工、烟草贸易的有 3 人；有 1 人从事林产品贸易以及造纸、钟表和食品行业。值得注意的是，没有证券经纪人从事金属冶炼加工行业。这说明莫斯科资产阶级相对偏重于轻工业，这与圣彼得堡的工业发展不同，后者从一开始就以重工业为主。

通过对一战前夕莫斯科商业精英群体的社会结构分析，可以看出 40 年来莫斯科资产阶级的变化与社会阶层变迁息息相关。俄罗斯法律从 1898 年开始放宽了对商业发展的限制，这一年俄罗斯通过了《营业税法案》，根据这一法案，商人从事商业活动不再必须购买商人等级证书，而是否加入商人等级组织取决于企业家的个人意愿。这一法案的实施推翻了叶卡捷琳娜二世与其继承者们推行多年的商业活动等级制度。1898年一年内俄罗斯一共向13.8万人发放了商人等级证书，而随着新法案的实行，1899年商人等级证书只发放了4.3万份，比上一年减少了近70%[①]。

令人惊奇的是，莫斯科开始逐渐成为全国的商业中心。1870年，几乎所有交易所的证券经纪人都是商人，到了1913年，商人出身的证券经纪人只有27人，在150名证券经纪人里仅占18%。在这27名商人中，有14人是第一等级的商人，其余13人属第二等级。第一等级商人的组成也发生了重大变化，1870年共发放了629份商人等级证明，1906年发放了396份。1906年，莫斯科第一等级的商人中有257名犹太人，117名俄罗斯人，20名欧洲移民，只有两名外籍人士。实际上，大多数新生代的商人并没有真正从事商贸活动，其加入商人等级组织是为了能够生活在俄国政府划定的犹太人居住区之外——这是法律赋予第一等级犹太商人的特权。但是仍没有任何一个犹太商人被允许加入莫斯科证券交易委员会。

抛开阶级形态不谈，莫斯科的资产阶级精英们在社会上层的力量得到巩固：通过分析1870年和1913年的证券经纪人名单可以看出，1913年名单中有25名证券经纪人继承了一代的证券经纪人职位，其中包括诸多经营棉纺织业的家族，如巴拉诺夫家族、瓦斯特里亚科夫家族、克列斯托夫尼科夫家族、科诺瓦洛夫家族、洛谢夫家族、莫罗佐夫家族、奈焦诺夫家族、普罗霍罗夫家族、莫斯科"呢绒之王"巴克拉诺夫家族、米哈伊洛夫家族、切特维尔尼科夫家族、经营丝绸工厂的申科夫家族、从事亚麻工业的特列季亚科夫家族，属于"莫斯科德意志人"行列的尤基什家族、沃高家族、拉别涅克家族，银行世家维什尼亚科夫家族，从事皮货与蜂蜜贸易的萨拉卡乌莫夫斯基家族，经营皮具工厂的巴赫鲁申家族等。部分家族甚至有两三名成员

---

① См. Боханов А. Н. Российское купечество в конце XIX – начале XX в. // История СССР. 1985. № 4. С. 106 – 107.

都当选了证券交易所的经纪人，1913年此类家族有10个，且其都不在1870年的证券经纪人名单中，他们包括：经营纺织业的巴利内家族、巴尔德金内家族、克诺普家族、库兹涅佐夫家族、梅德韦杰夫家族等。一共有30～35个大家族在实质上控制着证券交易委员会。

证券交易所经纪人的当选人与候选人总名额在150人左右。20世纪初，资产阶级大规模撤出商业界，这加大了研究者搜集相关资料的难度，由于《参考名册》中并没有展示全方位的图景，因此我们参考了其他资料，如《全莫斯科》（莫斯科，1914），这本专著的内容涵盖了100位居住在莫斯科的交易所成员的荣誉称号与官衔，以及《俄罗斯帝国工厂主》（圣彼得堡，1914）和《俄罗斯商贸活动汇编》（圣彼得堡，1912），《俄罗斯商贸活动汇编》记录了企业家入股股份制企业与商业联合体的活动。

1906年出版的《莫斯科商人手册》也可作为参考资料，手册中记录了完整的商人名单。这些参考资料提供了关于莫斯科企业家阶层除年龄外的几乎一切信息（年龄信息在《公众人物履历表》中有记录）。可以说，除《参考名册》外，我们还有其他关于资产阶级企业经营活动的更加详细的信息。

可找到完整个人社会信息（出身阶层、荣誉称号、官衔、职业）的交易所成员有122人。1870年的证券经纪人中有82人继承了家族的"光荣公民"称号，其中27人取得了"商业顾问"或"工业顾问"称号，这些人都出身于社会上层的大商人家族（交易所成员中平均每四人就有一个"光荣公民"）。

几乎所有成为商业精英的人都出身于其他阶层：19名证券经纪人出身于世袭贵族、13人有官职在身、11人另有职业。贵族相当于是天生的企业家，他们往往会因商界取得的成就而自豪（比较典型的如 Г. А. 克列斯托夫尼科夫、Н. И. 普罗霍罗夫、В. Г. 萨波日尼科夫），许多豪门贵族经营着庞大的产业。在贵族企业家中，比较有代表性的包括世袭贵族 А. Ф. 捷留任斯基、从事纺织业和银行业的贵族里亚布申斯基，这些贵族大多列席于自己公司或机构（如莫斯科银行、俄罗斯保险业联盟等）的理事会。而知识分子型企业家则主要是五品文官，如 М. В. 日瓦戈，其接受过法律教育，领导着莫斯科私营银行、北方保险协会等,而他的同事,同为知识分子型企业家的职业经理人 А. И. 盖涅尔特则是莫斯科－基辅铁路公司的高管。

职业是一种重要的现代社会特征,反映了社会生活职业化的过程,同时职业也是一种社会地位。在商业精英中,机械工程师、技术工程师代表了新一代资本家,他们重视自己所从事的职业。这当中的代表人物包括 Т. С. 莫罗佐夫的孙子 Ф. Г. 卡尔波夫,他是尼科利斯基纺织厂经理,也是一位出身于世袭贵族的技术工程师,此外还有佩列斯拉夫尔斯基纺织厂经理 И. П. 库兹涅佐夫、"古斯塔夫·李斯特"金属加工厂创始人之子 Н. Г. 李斯特。事实上,技术型知识分子只有在特殊情况下才会跻身企业家阶层(如萨德科夫斯基纺织厂的技术总监 В. П. 法沃尔斯基)。

传统上最有影响力的精英人士除了加入交易所外,还分布在各类国家机关与社会组织中。1913 年,有 74 名证券经纪人参加了其他机构,占了证券经纪人总数的一半。其中,27 人加入了莫斯科贸易与纺织业咨询委员会;8 人加入了莫斯科国家银行贷款评估委员会;8 人成为全国工商代表大会的代表;20 人参加了莫斯科商业协会;24 人成为莫斯科城市杜马的成员,并组成了市民自治联盟。

20 世纪初,俄罗斯出现了全国性的企业家组织,莫斯科的代表也活跃在其中。1906 年,在圣彼得堡商界的倡议下,全俄工商业委员会成立,以 Г. А. 克列斯托夫尼科夫为代表的 7 名莫斯科证券交易委员会成员参与其中。直到 1917 年,该委员会一直在发挥向政府提出诉求的职能。尽管莫斯科人因圣彼得堡人夺去了该委员会的创办权而有所不满,但他们依旧照常参加委员会的运作,并努力确保自己在企业家阶层中的话语权[①]。

20 世纪初,俄罗斯社会的政治动荡开始波及莫斯科的商业精英阶层。1905 年,工商党在莫斯科成立,但未能建立起广泛的社会基础,也未能在杜马选举中赢得胜利,于是企业家们开始青睐十月党人(1905～1914 年俄

---

① См.: Шепелев Л. Е. Царизм и буржуазия в 1904 – 1914 гг. Проблемы торгово промышленной политики. Л., 1987.

国大地主和工商业资产阶级的反革命分子,因 1905 年 10 月 17 日的沙皇诏书而得名,又叫"10 月 17 日同盟"分子。——译者注)。而另一个主要的资本主义政党——立宪民主党则因为过分"左"倾而在莫斯科资本家中不受欢迎。在一战前夜,俄罗斯自由主义资产阶级开始参与新的政治运动——介于十月党与立宪民主党之间的进步主义运动(进步主义运动的详情见下文第三章)。

从 1913 年莫斯科交易所证券经纪人的组成上可以看出大企业家之间的政治分歧:莫斯科交易所中央委员会的 9 个领导职位被十月党人占据(Н. А. 瓦连佐夫、А. И. 盖涅尔特、М. В. 日瓦戈、Ф. Н. 祖布科夫、А. Г. 卡尔波夫、А. Л. 克诺普、Г. А. 克列斯托夫尼科夫、В. Г. 萨波日尼科夫、Н. В. 先科夫),还有 6 名中央委员会成员是进步党人(А. И. 科诺瓦洛夫、Н. Д. 莫罗佐夫、里亚布申斯基父子、С. Н. 特列季亚科夫、С. И. 切特维利科夫)①。

与 1870 年相比,1913 年交易所证券经纪人的民族构成情况如下:122 名证券经纪人中有 94 人是俄罗斯人(包括东正教徒与旧礼仪派),其余 28 人来自欧洲国家,在这 28 人中,21 人是"莫斯科德意志人"、4 名法国人(其中包括著名的莫斯科金属加工企业协会创始人 Ю. П. 古容)、2 名英国人、1 名瑞士人。"莫斯科德意志人"证券经纪人团体控制了两家商会"沃高与克"(К. К. 阿尔诺、Г. М. 沃高、Р. В. 格尔曼、马克父子)和"А. Л. 克诺普"(克诺普父子、Р. И. 普罗韦)。

努力扩大自己的产业与影响力是莫斯科商业精英阶层的特点,因此在 1914 年之前企业之间的合并(通过入股或成立联合企业的方式)很常见,超过一半的莫斯科企业由两家或三家企业合并而成。这类企业家主要集中在俄罗斯的主导产业——棉纺织行业。1870 年,145 名证券经纪人中有 70 人从事棉纺织行业,到 1913 年,150 名证券经纪人中有 90 人从事棉纺织行业。

在证券经纪人人数方面占据第二位的是金融类企业——商业银行

---

① Установлено по: Шелохаев В. В. Идеология и политическая организация российской либеральной буржуазии. 1907 – 1914. М., 1991. Приложения.

(66 名证券经纪人从事该行业) 与保险协会 (36 名证券经纪人从事该行业)。莫斯科的银行大多是 19 世纪 70 年代初成立的"老牌"银行 (商业银行、贸易银行、贴现银行),这些银行从成立伊始就与纺织业紧密联系在一起。广泛参与各行业的经营使莫斯科企业家们易从银行获得优惠贷款,这就解释了为什么莫斯科的工商业企业家们如此积极地参加金融机构合作[1]。莫斯科的纺织类企业于 20 世纪初联合组建了信贷互保联盟,以应对保险公司的压力。

除了棉花加工工业,莫斯科的纺织业还包括呢绒行业 (26 名证券经纪人开办了 19 家工厂与 7 家贸易公司)、丝绸行业 (有 10 名证券经纪人从事该行业) 和亚麻行业 (有 2 名证券经纪人从事该行业)。与 1870 年相比,莫斯科企业家对茶和糖类贸易的参与度大幅下降 (1870 年该行业有 31 名证券经纪人,1913 年只有 5 名),同时莫斯科出现了一个与冶金和金属加工有关的新行业 (15 名证券经纪人从事),主要由欧洲裔证券经纪人参与 (沃高、古容、李斯特等人)。证券经纪人还参与了皮货贸易 (7 人)、造纸与印刷行业 (4 人)、不动产投资 (6 人) 等。自此,莫斯科企业家群体在保持专业化经营的前提下,开始涉足新兴的产业领域,并提高了对金融保险行业的参与度,同时开始推动重工业部门的发展。

1913 年的证券经纪人中有 24 人是金融资本家[2],这其中留下个人资料的 22 人 (2 人无据可查) 里有 14 人出生在 1830~1840 年,6 人出生在 1850~1860 年,2 人出生于 19 世纪 70 年代。17 人出身于商人与世袭"光荣公民"家庭,2 人出身于农民家庭,3 人为外国人 (生于德国的 И. А. 阿伦斯和 Г. М. 马克,生于法国的 Ю. П. 古容)。农民出身的证券经纪人 (大茶商 А. Е. 弗拉基米尔和维库尔 - 莫罗佐夫棉纺公司的老板 И. К. 波利亚科夫) 则是相当罕见的特例,这些农民的儿子达到了商业成就的顶峰,而通

---

[1] Подробнее о московских банках см.: Петров Ю. А. Коммерческие банки Москвы. Конец XIX в. - 1914 г. М., 1998.

[2] Формулярные списки сохранились в фонде Московского биржевого комитета (ЦИАМ. Ф. 143. Оп. 1. д. 672 - 674).

常走到这一高度需要几代人的努力，因此一般也是大多数企业家后代才更容易企及的。

出身于贵族的证券经纪人（如 А. Л. 克诺普、С. И. 切特维利科夫）是"贵族企业家"的典型代表，他们的头衔来自因商业成功而被封爵的父母。同样，这类贵族中包括了资本主义莫斯科的两大支柱：证券交易委员会主席 Г. А. 克列斯托夫尼科夫与特廖赫戈尔内纺织厂厂主 Н. И. 普罗霍罗夫，他们及其家族分别于1910年和1912年得到了沙皇的册封。

证券经纪人中参加了各类政府机关的精英们（他们大多被登记在《公众人物履历表》中）也引起了国家政权的足够关注：此类经纪人中有14人成为"工业顾问"或"商业顾问"，13人被授予勋章（不算入专门授予商人的特别金质奖章），2人成为高级官员。

在宗教信仰方面，14人是东正教徒，其中2人是旧礼仪派，信仰路德教与罗马天主教的外国人分别是6人与2人。旧礼仪派中被推选为交易所领导人物的经纪人发挥了促使教会团体参与商业活动的重要作用。官方记载的被授予官职的交易所外国经纪人有3人，还有5名外国经纪人获得了俄罗斯的爵位。在地产登记表中，17名证券经纪人在莫斯科有私人住宅，6人拥有私人土地，这也体现了19世纪末20世纪初俄罗斯资产阶级的"土地化"趋势。

与1870年相比，资产阶级精英的教育水平明显提高：在24名金融资本家证券经纪人中，接受家庭教育者的比例下降至不足一半（仅10人），且主要是年长者；10人在专门学校中完成了专业与通识教育；4人毕业于莫斯科大学的物理数学系（Г. А. 克列斯托夫尼科夫、И. А. 巴拉诺夫、А. И. 科诺瓦洛夫、Н. И. 普罗霍罗夫）。

接受了欧式教育的企业家往往拥有更加宽阔的视野，这类人被称为"俄罗斯新企业家"，20世纪初，他们已进入了莫斯科交易所的管理层。在社会经济和政治条件变化的影响下，莫斯科的资产阶级精英们从秉持宗教保守主义逐步转变为团结在自由主义的大旗之下。他们逐渐成长为新的社会阶层并成为真正意义上的资产阶级，同时他们也保留了上一个时代的产业与社会特征。

第四节　莫斯科富裕群体的个人财产状况

个人财富的规模是至关重要同时也是不易被察觉的指标，反映了全社会资本积累的增长过程，以及居于社会顶端的最富有企业家的财富状况。对于企业家而言，企业利润是主要收入来源，是企业家阶层通过管理与生产而获得的剩余价值。

个人财富的多少通常笼罩在商业秘密的面纱下。俄罗斯及20世纪初其他更发达的欧洲国家的官方财富统计数据并不涵盖企业家的个人收入，因此，"很难确定俄罗斯商人个人财富的多少"[1]。

据文献记载，"在第一次世界大战爆发之前，俄罗斯商人热衷于投身银行业，以及重工业（石油工业除外），其个人财富还没有像他们的西欧同行那般庞大"。然而，有人指出："莫斯科大资本家的个人财富远远超过垄断重工业领域的资本家们。"[2]（众所周知，莫斯科资产阶级大多从事轻工业）И. Ф. 根金认为，衡量资本家财富的具体数值并不困难，但若要对其进行评估并得出结论尚处于起步阶段。他根据公开发表的财报与收支报告计算出莫罗佐夫家族企业的身价，但发现很难确定个人财富的数值。"莫罗佐夫家族的个人资产（包括住房和其他不动产、股票、所有的企业和银行等）无法用数字衡量。"[3] 历史学家在接下来的调查中也遇到了类似的资料缺失困难，他们只能根据偶然获取的信息来源进行粗略估算[4]。

但是，在研究人员所掌握的资料中，有一种资料具有重要参考价值，能

---

[1] См.：Бовыкин В. И. Зарождение финансового капитала в России. М.，1967. С. 290.
[2] Гиндин. И. Ф. Русская буржуазия в период калитализма，её развитие и особенности // История СССР. 1963. № 2. С. 44，47.
[3] История СССР. 1963. № 2. С. 44，47. С. 63（примеч）.
[4] См. Лаверычев. В. Я. Крупная буржуазия в пореформенной России. 1861 – 1900 гг. М.，1974. С. 72 – 74；Соловьева А. М. Прибыли крупной промышленной буржуазии в акционериых обществах России в конце XIX – начале XX в. // История СССР. 1984. № 3；Боханов. А. Н. Вопрос о подоходном налоге в России и крупная буржуазия（конец XIX – начало XX в.）// Исторические записки. Т. 114.

在一定程度上反映俄罗斯企业家阶层的个人财富规模。这就是财产继承资料，其记录了继承者的财产规模与结构。首先注意到这类资料的学者是Г. Х. 拉比诺维奇，他努力挖掘资料来源，并深入研究了西伯利亚资产阶级的遗产文件①。

大改革后，俄罗斯法律完善了遗嘱制度。但很少有企业家会关心家庭财产的继承问题。通常情况下，按照遗嘱制度的规定，财产所有者可以通过生前起草遗嘱文件确定自己的继承意愿。在遗嘱人去世后，遗嘱文件需提交给司法机关（就近的法院）批准并办理公证，之后由财政部（国家金融监管机构）核查确定遗产税数额。

当遗嘱得到批准后，需要办理一系列关于遗产价值、结构和继承条件的文件。遗嘱文件本身并不包含财产数额（此类数据意义不大，因为它们可能在遗嘱人去世后发生较大变化），而通常会规定财产如何在继承人之间分割。法院会根据每名继承人得到的遗产数额来确定遗产税。

具体的继承流程是，首先，继承人需向法院提交遗嘱人的死亡通知和法院批准过的遗嘱原件。然后，继承人应在遗嘱人过世4个月内向法院提交遗产税完税证明。该税种基于1882年的《遗产税征收临时法案》确定。法院批准遗嘱的法律效力时只会记录继承人所得的遗产份额，并不记录遗产的构成。遗产税起征点为1000卢布，税率从1.5%（直系继承人）到12%（旁系继承人）不等。对于研究者而言，遗产文件中继承人的遗产继承申请书弥足珍贵。在某些情况下，遗产继承申请书补全了法院执行人所未能给出的关于具体财产情况的描述。

随后，法院会就遗嘱的确认做出简短的决议，并再次确认遗产的所有权，同时对遗嘱与继承人的遗产继承申请做出最终确认。如果财政部认为法

---

① См. Рабинович Г. Х. Малоизученные источники по истории буржуазии в России. (Некоторые вопросы методологии и методики исследования) // Методологические и историографические вопросы исторической науки. Томск, 1972; Ом же. Крупная буржуазия и монополистигческий капитал в экономике Сибири конца XIX — начала XX в. Томск, 1975.

院对遗产税的计算有误，或者继承人对法院的裁决表示异议，那么案件就会转移到下一级法院——仲裁法院。财政部与仲裁法院的裁决是遗产继承案件的重要组成部分，在其受理下，部分遗产案件没有在县法院的档案中留下任何痕迹。

在法院审理过程中还需确认继承人的权利合法性和遗产价值，其中的环节包括确定遗嘱人与继承人的亲属关系，提供不动产买卖契约复印件、住房保险单、银行账户、商业合同、各类收据与票据等。这些材料用来确定继承人的亲属关系、家庭成员构成并凑齐提交遗产继承申请所需的各类主要材料。

1882年的《遗产税征收临时法案》一直实行到1917年，其中规定遗产继承申请书中应当列举出"不动产、资本、商品以及其他需要征税的动产"的完整信息，以及以上各类财产所占的比例，这些信息都需要在遗产人过世后准备好。若隐瞒了这些信息，每月就要缴纳高达遗产总值1%的罚款。

遗产继承申请书包括6个主要项目：①不动产（地产、建筑）；②动产（商品、机器、工业设备等）；③资本（现金和证券）；④有争议的财产（由法院进行价格估算）；⑤他人欠继承人的债务；⑥继承人欠他人的债务。

在对遗产文件进行分析的过程中，自然会产生来源是否可靠的问题。在Г.Х.拉比诺维奇看来，这些信息来源是足够可靠的，因为在低水平的遗产税（直系亲属只需缴纳1.5%）背景下，继承人没有足够强的动机去降低遗产的实际价值。他对遗产价值的衡量也是公平的，因为继承人所拥有的处理财产的合法权利是由法院授予的①。

莫斯科中央历史档案馆收藏了1871~1917年去世的65位莫斯科大资本家的遗嘱文件。清单中记录的遗产总额超过10万卢布，这使遗产从资本家的个人财富中分离出来。大部分遗嘱文件被存放在莫斯科地方法院（142份）、莫斯科财政厅（51份）与仲裁法院（131份），以上单位能够对莫斯科及周边地区的遗嘱文件进行法律确认。

---

① См.：Рабинович. Г. Х. Крупная буржуазия и монополистический калитал и экономике Сибири конца XIX – начала XX в. С. 28 – 31.

此外，大量的遗嘱文件（120 份）被莫斯科商业信贷互保协会收录。20 世纪初该协会有 5000 名成员，每人都需缴纳一笔费用来让协会证明其遗产继承关系，在协会成员去世后，其继承人需向协会理事会提交一系列文件以证明自己拥有继承遗产的权利。其中包括法院确认过的遗产清单、理事会对继承关系的证明书，以上文件需要纳入遗产继承声明中。通常，保存在莫斯科商业信贷互保协会中的遗嘱文件远少于保存在地方法院的遗嘱文件，其收录的资料并不完整。

在地方法院与莫斯科商业信贷互保协会中没有被记录的遗嘱文件大多保存在国家银行莫斯科基金办事处（450 份）、独立的工业协会（673 份存于谢尔普霍夫 H. H. 孔申纺织业协会）等。

当然，这些数据也并不完善，一些莫斯科大企业家的遗产资料仍旧缺失。关于他们的资料也有部分保留了下来，即莫斯科地方法院受理的与其有关的案件资料，但并非所有案件都有存档。有时，看似已经永远丢失的文件可能又会出现在其他档案资料中。例如，圣彼得堡历史学家 Б. В. 阿纳尼奇就在俄罗斯国家历史档案馆发现了 П. М. 里亚布申斯基的遗嘱，还在工商部基金会中发现了其家族企业继承人呈交的遗产继承申请书副本①。

在莫斯科中央历史档案馆，我们发现了一些以前从未出现过的文件，其中包括 20 世纪初移居莫斯科的西伯利亚大商人 А. Ф. 弗托罗夫的遗嘱文件。但莫斯科地方法院的卷宗中没有关于这宗遗产案件的记录，Г. Х. 拉比诺维奇注意到了这一点，他一直专注于研究弗托罗夫家族的历史②。弗托罗夫的遗嘱和遗产清单被保存在莫斯科商业信贷互保协会理事会，其继承人向协会申请要求继承遗产。

在莫斯科中央历史档案馆，我们找到了莫斯科最富有的商人之一、库兹涅茨克桥商场与 Б. 德米特罗夫卡剧院的所有者——Г. Г. 索洛多夫尼科夫的

---

① ЦИАМ. Ф. 3. Оп. 4. Д. 2179. Л. 6 – 7；Ананьич. Б. В. Банкирские дома в России. 1860 – 1914 гг. Л.，1991. С. 112，128.

② См.：Рабанович Г.Х. Из истории торгового капитала а Сибири（А. Ф. и Н. А. Второвы）// Из истории Сибири. Вып. 4. Томск，1972. С. 263.

遗产清单。他将自己价值2000万卢布的遗产悉数捐给了慈善机构。由此来看,历史学家们有必要继续扩大资料搜集的范围。

在分析遗嘱文件材料时,首先需要注意大宗财富所占的高比例:有资料记载的65名资本家中,有31人的遗产总额超过100万卢布,50万~100万卢布的有18人,10万~50万卢布的有16人。莫斯科的百万富翁大多数是第二代或第三代企业家,主要从事纺织业与大宗商品贸易,如莫罗佐夫家族、鲍特金家族、别尔洛夫家族、特列季亚科夫家族、里亚布申斯基家族、孔申家族、阿列克谢耶夫家族和卡列林家族。在继承了家族资本后,他们的财产数量大大增加了。从现有资料来看,商业家族的财产往往在家族内部同一辈人(丈夫、妻子、兄弟)之间传承,如莫罗佐夫家族、卡列林家族与胡塔列夫家族。

我们还发现了一些后来迁移至莫斯科的富有企业家(弗托罗夫家族、贝格家族等),他们的第一桶金来自其他地区的大型贸易和乌拉尔地区的矿产开采。古博尼·冯·梅克则是在铁路建设和葡萄酒贸易中发家致富的代表。此时的莫斯科,对于那些善于钻营的企业家来说正值"黄金时代"。

举一个例子,1858年,被释放的前农奴 П. И. 古博尼被登记为第三等级的莫斯科商人。当时他没有不动产,只是一个承包商。35年后,作为秘密顾问、铁路和煤焦厂所有者的 П. И. 古博尼为继承人留下了约240万卢布的遗产,其中包括克里米亚的古尔祖夫庄园,价值近100万卢布①。这就是19世纪被亚历山大·勃洛克称为"资本主义世纪"的原因。

我们寻找到完整遗嘱材料者的名单上还有一些来自西欧的移民,一些人(德国人温特尔弗雷德、西蒙等人)获得了俄罗斯国籍,一些人(法国人别尔兰热、英国人马克·吉尔等人)保留了原国籍。通常他们以普通年轻人的身份来到俄罗斯,靠经营工业企业、从事贸易和银行业发家致富。

在对遗产结构的研究中,不动产的所有权问题较为突出,这一问题出现在大多数人身上,只有少部分人不存在此问题。这一事实表明,资本主义生

---

① ЦИАМ. Ф. 2. Оп. 1. д. 5581. Л. 1, 3; ф. 142. Оп. 6. Д. 2603. Л. 6 – 13.

产和贸易中积累起来的剩余价值被转移到有利可图的住宅、地产等不动产中，因为企业名下有大量的建设用地与生产用建筑。

商人在开展企业经营的过程中（与股东不同的是，企业所有者的全部资本都投在了公司里），其个人财富与公司财产往往界限不清。这在很大程度上影响了企业所有者的继承人对其遗产的合理继承。例如，呢绒厂厂主 А. Д. 胡塔列夫的遗孀在丈夫去世后就反对对其继承的遗产双重征税，因为她认为亡夫在莫斯科的工厂与房产都属于继承人的个人财产，不应缴纳所得税。因此，仲裁法院决定将 А. Д. 胡塔列夫的不动产按私人财产进行价值评估[①]。

莫斯科企业家的遗产中主要为资本（包括现金和证券）。大多数莫斯科资本家都是直接参与公司的经营，只有一小部分资本家（大多是资本家的妻子）主要投资资本市场。

在 19 与 20 世纪之交的莫斯科百万富翁中，职业经理人较为罕见。在 А. Л. 克诺普公司中有近 20 家纺织企业，И. К. 普罗韦是这些企业的共同所有者之一。他去世后，其继承人向商会发表声明说，普罗韦遗产中的棉纺织类企业股份并非本人的财产，而是克诺普公司的财产，"只是其担任这些公司管理者的抵押品"[②]。最后这些股份又被归到了克诺普公司的名下。

莫斯科的资本家们除了在自己的公司占有股份外，往往还会在银行与各类证券公司投入资本。通过这些投资，资本家能够直接参与银行的经营（充当顾问或参与董事会）。同时，工商业企业的股份也成为资本家的利润来源之一。

值得注意的是，许多资本家也将自己的部分财产投资于国家基金与回报率固定的国债。政府鼓励这些投资，并反对私人银行试图提高存款利率的行为，以防止资本从国债中流失[③]。资本家自己也将国债视为投资项目，虽然利率不高，却更有保障。例如，М. Ф. 莫罗佐夫就将自己超过一半的财产用

[①] Там же. Ф. 131. Оп. 5. Д. 809. Л. 22.

[②] Там же. Ф. 673. Оп. 8. Д. 3. Л. 248 – 249.

[③] См. : Петров. Ю. А. Картельное соглашение российских банков // Вопросы истории. 1986. № 6.

于投资国债,年利率3%~4%,每年收益达50万卢布。

在债务财产中,企业家往往都持有自己公司的债权证明。为自己的公司提供信贷使资本家与自己的事业紧密联系在了一起,因为开拓事业所需的资金部分来自私人资产。值得注意的是,将私人资本转移至债务的项下(债务免征遗产税)可以顺利地以公款的名义避免被征税。当然,企业家也有责任证明公司自筹资金的来源。

值得一提的是,莫罗佐夫斯基公司旗下的尼科尔斯克纺织厂的股东经常向公司董事会提供大量贷款,吸纳这些贷款是董事会的义务[1]。与银行贷款相比,这样的融资成本要低得多,而股东除了收取债券利息外,还有债务利息收入。

从个人财富中汲取资金的做法是资本主义原始积累的结果,从某种意义上说,这一现象确保了公司的财务独立,从而较少受资本市场环境的影响并易于选择银行的最佳信贷条件。没有以上这些金融前提,开办工业企业就无法做到[2]。(关于莫斯科企业自筹资金制度的详细介绍见第二章)

从遗嘱文件中可以看出一种趋势,即财产往往会集中在家族产业继承人手中。通常情况下,继承人主要是家族直系男性后代,只有在没有该人的情况下,才会选择配偶或其他近亲。还有少数人会把遗产捐给慈善机构,在这类名单上,包括著名画廊的创始人 П. М. 特列季亚科夫、Г. Г. 索洛多夫尼科夫和寡妇 Н. Н. 孔申,他们将大部分遗产捐给了各类社会组织,而 Ф. В. 奇若夫则将其主要遗产——莫斯科-库尔斯克铁公司的股份——捐赠给了家乡城市科斯特罗马。然而,绝大多数莫斯科企业家的遗产都留给了下一代,作为扩大家族产业的基础。

因此,遗嘱文件是一种可靠的信息来源,借此可以更深入地研究工商业与金融资产阶级的形成过程与上层结构,并更加具体地说明"莫斯科商人"群体的个人财富规模和构成情况。

---

[1] ЦИАМ. Ф. 357. Оп. 1. Д. 59. Л. 1–6.
[2] Подробнее см.: Петров. Ю. А. Коммерческие банки Москвы. Конец XIX в. —1914 г. С. 57–80.

第五节　莫斯科城市房产所有者的阶层构成

20世纪初莫斯科的城市化进程尤其引人注目。迅猛的住宅建设催生了新的城市居民群体——收取房租收益的房产所有者。根据1902年和1912年的城市普查统计，莫斯科住宅总量在10年内增长了34.2%，同时生产性建筑（轻工业工厂、重工业工厂、贸易和仓储设施等）的数量增长更快，达45.1%（见表1-5）。

表1-5　莫斯科1902年与1912年城市不动产数量变化情况

单位：万栋，%

不动产类型	1902年	1912年	增长率
住宅	3.86	5.18	34.2
非住宅	3.24	4.70	45.1
总计	7.10	9.88	39.2
出租房总量	12.13	18.58	53.2
被租房屋总量	8.14	13.40	64.6

资料来源：Статистический ежегодник г. Москвы. 1906-1907 гг. С. 140-141；Статистический ежегодник г. Москвы. Вып. 4. 1911-1913 г. С. 246.259-260。

根据表1-5可以看出，莫斯科出租房总量在1902～1912年增长了53.2%，被租房屋总量增长了64.6%。1902年，莫斯科每3套公寓中就有2套被出租，1912年，大约每4套公寓中就有3套被出租，表明出租房屋是一种重要的获利手段。当然，居住在城市的富人仍然拥有自己的私人住宅，只供自己居住。但莫斯科最常见的房产类型还是社会较低阶层居住的廉价房屋。

据莫斯科市政府统计，1892年有11200名莫斯科市民是房产所有者，他们所拥有的房产总数为14100栋，每年房租净收入为2730万卢布，缴纳的估价税占全市总额的10%。在这11200名房主中，年净收入超过300卢布（跻身城市杜马选民名单所需的最低财产限度）的有9100人（82%），但在选民名单上的只有5800人（52%），其余则因欠缴税款而未能列入选民名单，属于个人信用不足的房主。房主群体中社会处境较差的是农民出身的房主，其中只有43.9%的人进入了选民名单，他们当中小市民与行会人员占44.2%，神职人员占10.6%，退伍军人占29%。出身城市精英阶层的选民则是另一幅图景：66.2%的商人和世袭"光荣公民"、64.1%的贵族可凭借不动产资格参加市政选举①。

1892年，莫斯科房产所有者的阶层构成情况见表1-6，该数据由莫斯科城市杜马统计而来。

在表1-6中可以看出，特权阶层——商人、世袭"光荣公民"和贵族占房产所有者群体的绝大多数。他们占城市房产所有者总量的44.5%，拥有的房产总数占房屋总量的49.1%，净收入占房产总收入的73.1%。可以看出，在房产方面，他们远超其他阶层。

表1-6 1892年莫斯科房产所有者的阶层构成情况

阶层	房产所有者数量（人）	占比（%）	房产数量（栋）	占比（%）	房产净收入（万卢布）	占比（%）
商人、世袭"光荣公民"	3092	27.5	4606	32.6	1245.07	45.6
贵族	1905	17.0	2326	16.5	748.22	27.5
农民	1657	14.8	1942	13.7	178.17	6.5
小市民与行会人员	3126	27.9	3607	25.5	291.5	10.7
神职人员	406	3.6	445	3.1	24.23	0.9
退伍军人	145	1.3	155	1.1	5.83	0.2
外国公民	170	1.5	204	1.4	41.49	1.5
其他人员	722	6.4	853	6.0	194.21	7.1
总计	11223	100	14138	100	2728.72	100

资料来源：Известия Московской городской думы. 1897. № 1. С. 14。

企业家和世袭"光荣公民"的后代、19世纪末的官员和土地贵族成为城市房地产的两类主要所有者，这体现了莫斯科精英企业家阶层开始在各个领域超越传统贵族的趋势，其中实质性表现就是在房产收入上的超越。商人

---

① См.：Известия Московской городской думы. 1897. № 1. С. 13-16.

和世袭"光荣公民"后代的房产净收入约为整个莫斯科房产总收入的一半（45.6%）。

表1-6囊括了所有房产的数据，包括每年收入不足300卢布人群的房产数据。遗憾的是，官方统计中并没有专门用以确认参加市政选举财产资格的房产收入数据。同时，表格的编制者并没有展开说明表格中的"其他人员"一栏，这类房产所有者在社会地位方面并未被当时官方的阶层划分统计入内。外国公民的情况则较为特殊，在1892年的莫斯科他们无权参与市政选举。

20世纪初，富裕的城市房产所有者数量在莫斯科不断增加，有7000~8000人。在1906年第一届国家杜马选举中，莫斯科共有28.11万人被列入选举名单，其中5.64万人（20%）符合选举所需的财产标准，这当中又有7600人是房产所有者（占有权选举者总数的13.5%），其余则还有工商企业所有者（7900人）、工商企业雇员（1.35万人）、国家机关工作人员（1.18万人）和二房东（1.56万人）[1]。

6年后，在1912年的第四届国家杜马选举中，莫斯科有6800人符合选举所需的财产要求（在5.13万选民总数中占13.3%），人数相比于1906年有所下降。在莫斯科选民总数中，工商企业家有8400人，营业税缴纳者（主要是商人与工商企业雇员）有1.41万人，房产税缴纳者有1.26万人，国家机关工作人员有9400人。

在1912年选民登记中，政府采取了根据"主要从事行业"进行选民分类的方法，即房产所有者、轻工业与重工业企业所有者、其他工业企业所有者、商贸企业所有者等。其中，房产所有者就是靠房租收入生活的选民群体，数量为1762人（占符合财产要求选民总数的26%）。也就是说，有1/4的有权选举者是房产所有者，其余选民大约为5000人。在这大约5000人中，1612人是商贸企业所有者，1195人是轻工业与重工业企业所有者，295人是食利者，882人是工商与金融类企业的雇员，其余选民则是自由职业者

---

[1] См.: Статистический ежегодник г. Москвы. 1906 – 1907 гг. С. 140 – 141.

（医生、律师、工程师、教授等）。值得注意的是，在1762名房产所有者中，有1672人"纯粹"只拥有房产，其余人则还有其他收入来源（个体手工业收入、工商企业收入等）[①]。

1912年莫斯科城市杜马选举的统计大体上补全了莫斯科房产所有者的情况，这次统计包括房产所有者的职业分布、房产的价值和年净收入。在这次选举中，共有8368名年收入不低于300卢布的莫斯科房产所有者登记为选民（以下简称"房产选民"）。最后被允许直接参加选举的有4442人，均为25岁以上的男性，其余的3926人（妇女和年龄低于25岁的男性）则只能通过代表间接参与选举。表1-7展示了莫斯科房产选民的收入分级情况。

表1-7 1912年莫斯科房产选民的收入分级情况

房产价值	房产所有者 数量（人）	房产所有者 占比（%）	收入情况 金额（万卢布）	收入情况 占比（%）
大型房产，价值超过5000卢布	1612	19.3	2970.82	75.8
中小型房产，价值低于5000卢布	6756	80.7	946.26	24.2
总计	8368	100	3917.08	100

资料来源：Статистический ежегодник г. Москвы. Вып. 4：1911 - 1913 гг. С. 295 - 296。

从表1-7中的数据可以看出，大部分莫斯科房产选民（超过80%）所有的是中小型房产，但在收入占比上两类房产选民则完全相反：大型房产所有者的总收入占房产选民总收入的75.8%。

然而，革命前的这些综合统计数据无法反映出城市房产所有者真实的社会地位——无论是贵族还是富商都能成为房产所有者。为了还原莫斯科房产所有者的社会结构，需要从源头着手进行研究。

莫斯科中央历史档案馆中保存的城市纳税人工资清单是研究房产所有者群体的第一手资料，但由于这一材料数量众多，研究难度较大（每日的记录都有十几份文档）。莫斯科房产所有者的综合名单由莫斯科城市管理局编

[①] См.：Статистический ежегодник г. Москвы. Вып. 4：1911 - 1913 г. С. 246，259 - 260.

制，其中包含了房产所有者阶层属性与纳税总额的信息①。但这份名单中并不包括地址信息（名单按首字母顺序排列，而不是按房产所有者的所在地区），这也就排除了对房产所有者进行区域分析的可能性。尽管如此，我们还有其他的资料来源，可用以研究莫斯科房产所有者群体的社会阶层组成与变化。

我们参考了1892年和1902年莫斯科城市管理局出版的《莫斯科城市房产评估资料汇编》（以下简称《汇编》）。相关统计来自莫斯科的17个警察分局（《汇编》中标注了数据源自哪个分局的统计），《汇编》中每一名房产所有者都被记录了如下信息：姓氏、名字、父称、职业、房产年收益。值得强调的是，《汇编》是按照房产的所处地区进行统计的，这样就能够一目了然地发现那些拥有两栋及以上房产的所有者。

《汇编》中1902年的统计数据能够反映出1901年房产所有者的财产情况，我们选择对私人房产的拥有情况进行分析（不包括经营企业收入、国家机关工资收入、教会与修道院的收入），分析对象为年净收入超过5000卢布、房产价值达到5万卢布的人群。此外，城市内的3个地区（阿尔巴特、米亚斯尼克、米沙宁）被完整地统计了所有房产情况，下文将详细分析。

我们之所以选择分析年净收入超过5000卢布、房产价值达到5万卢布的群体，是因为这是官方统计中中小房产所有者与大房产所有者的分界线。因此请注意，上文提到的1892年莫斯科城市管理局的统计数据不能用于分析大房产所有者，因为其统计的年度收入起点为300卢布。年净收入在300~5000卢布的以中小房产所有者为主，而非大房产所有者。

根据1902年《汇编》的统计，可以估算出1901年莫斯科有1567处大房产，每年带来2157.01万卢布的总收益（见表1-8）——只占房产总数1/10的大房产，在收益上却占莫斯科全部房产总收入的近一半，其年均收入是莫斯科房产年均收入的4倍。

---

① ЦИАМ. Ф. 179. Оп. 2. Д. 2171–2173 — Алфавитный список владельцев недвижимых имуществ в. г. Москве. 1888 г.

表1-8　1901年莫斯科大房产情况

	房产数量（栋）	占比（%）	房产年收益（万卢布）	占比（%）	平均每处房产年收益（万卢布）
莫斯科全市房产数	15032	100	4597.8	100	0.31
莫斯科大房产数	1567	10.4	2157.01	46.9	1.38

资料来源：Свод результатов общей оценки недвижимых имуществ в Москве. Список владений [...] части на 1900 - 1901 гг. М., 1902。

大房产所有者的阶层构成情况详见表1-9。此表将《汇编》中1902年统计出的莫斯科全市大房产所有者进行了分类，大致可分为以下7类。

表1-9　1901年莫斯科大房产所有者的社会阶层构成情况

	房产数量（栋）	占比（%）	房产年收益（万卢布）	占比（%）	平均每处房产年收益（万卢布）
商人	476	30.4	517.22	24.0	1.09
世袭"光荣公民"	473	30.2	786.82	36.5	1.66
贵族	351	22.4	588.32	27.3	1.68
市民	89	5.7	73.22	3.4	0.82
农民	93	5.9	82.93	3.8	0.89
外国公民	43	2.7	60.89	2.8	1.42
自由职业者	42	2.7	47.67	2.2	1.11
总计	1567	100	2157.07	100	1.38

资料来源：Свод результатов общей оценки недвижимых имуществ в Москве. Список владений [...] части на 1900 - 1901 гг. М., 1902。

（1）商人。也包括商人的兄弟、妻子、遗孀等。

（2）世袭"光荣公民"。在革命前的统计材料中，他们通常被归到与企业家为同一阶层的商人行列。但为了确定该类别的社会财产地位，有必要对该类别中每一个人的房产情况进行单独的详细统计。

（3）贵族。该类别中包括有正式封号的贵族、官僚贵族（拥有正式官衔，起点是八品文官）、军功贵族（军衔不低于中尉）。值得一提的是，在这一类别中还有一些被政府授予世袭贵族身份的商界人士。实际上，表1-9中对贵族身份的鉴别门槛较低。

（4）市民。这一类别主要是市民及行会人员，属于城市居民阶层，也包括车夫、退役士兵、士官和军队司务长等社会地位等同于市民的群体。

（5）农民。该类别的存在反映了农村人口向莫斯科的迁移，他们虽然在城市有房产，但依旧是乡土社会的一员，没有脱离村社。古老的身份模式掩盖了这一新兴社会阶层，他们更贴切的社会身份应是农民房产所有者。

（6）外国公民。这一类房产所有者只是按国籍划分出来的，还原他们真实的社会地位还需要更加完整的信息来源。

（7）自由职业者。这是我们从官方统计中分离出来的新兴社会群体，用来替代官方统计中的"自谋职业者"。该类别包括医生、律师、工程师等，自由职业者不从属于任何社会组织，反映出了大房产所有者群体在职业结构上的多样性。

从表1-9中可以看出，表中前三个群体——商人、世袭"光荣公民"和贵族——在莫斯科大房产所有者中占主导地位。他们所拥有的房产数占房产总量的83%，房产年收益占总额的87.8%。

19与20世纪之交，莫斯科主要房产所有者为商人与世袭"光荣公民"。这两个群体拥有60.6%的房产，房产年收益占全部房产年收益的60.5%，贵族在房产所有方面（房产所有量与收入占比分别为22.4%和27.3%）则明显不及莫斯科的新兴阶层。

房产所有者阶层的统计数据反映了企业家阶层的内部差距：商人在房产数量上基本相当于世袭"光荣公民"，但房产收入比重却明显落后（分别为24.0%和36.5%）。

世袭"光荣公民"群体在几十年内迅速崛起为莫斯科的精英企业家阶层，商人阶层在影响力上只能屈居第二，他们在私人府邸和普通住宅的拥有量上均不及世袭"光荣公民"阶层。

1901年的著作《全莫斯科》首次印证了企业家阶层在房产方面的优势地位。这本书详细记录了除房产所有者阶层以外的信息，如每人所拥有的房产数量、所从事的行业等。事实证明，大多数商人是自己住宅的所有者，同时企业家阶层大量投资城市房地产。例如，"殖民商品商人"С. П. 梅德韦杰夫拥有 4 处房产，总价值超过 20 万卢布；皮货商普罗斯库里亚科夫父子在当时莫斯科主要的工商业与金融业中心——"中国城"拥有 7 处房产，总价值超过 40 万卢布；商人的妻子 А. И. 奥西波夫拥有 15 处房产。

大量投资房产的趋势在世袭"光荣公民"中比较普遍。工商企业家往往拥有数量惊人的私人住宅（例如，З. Г. 莫罗佐夫的房产价值超过 60 万卢布，П. Г. 普罗霍罗夫——130 万卢布，П. М. 特列季亚科夫——72 万卢布）。通常情况下，这些工商业大家族买入房产不仅是为了家族成员的居住，部分房产也被用作商业目的。

从事纺织业的卡尔辛基家族在莫斯科拥有 7 处房产，从事皮革业的巴赫鲁申家族拥有 14 处房产，面包商 Д. И. 菲利波夫除面包店外在特维尔大街上还有 6 处房产，粮商 Н. Д. 斯塔赫耶夫有 11 处房产，著名慈善家、呢绒商里亚宾兄弟拥有 8 处房产。

世袭"光荣公民"中的"纯粹"房产所有者即靠房产收益生活的人较为普遍，方式为出租房间，经营宾馆等。Н. Т. 沃尔科夫拥有 21 处房产，马留申家族有 8 处房产，帕特里凯夫家族有 7 处，卡列金-谢列布里亚科夫家族有 8 处，别果夫家族有 4 处。К. Н. 阿比金除了拥有米亚斯尼克大街上的私人宅邸外，在其他地方还有 10 处房产；А. И. 弗里茨-费恩是出租房屋的经营者；И. С. 季托夫拥有 10 处房产。

较为普遍的房地产投资形式还包括在城市商业区建造商贸仓储房屋，尤其是在"中国城"，这些商贸仓储房屋的出租往往能够给业主带来丰厚收入。从事纺织业的赫卢多夫家族在这里拥有价值 200 多万卢布的房产。П. Г. 舍拉普京以 56.6 万卢布的价格将他在伊利因卡大街上的宏伟建筑租给了银行。著名的奇热夫斯基旅馆也属于私人房产，估值达 250 万卢布。

出身贵族的房产所有者群体的社会成分则相对复杂。首先是世袭的古老贵族（如加加林公爵家族、戈利岑公爵家族、舍列梅捷夫公爵家族等）所拥有的私人府邸，其次是房产拥有量最多的低级官僚贵族（六等与七等文官），还有就是军功贵族。在这类人群中逐渐形成了新的拥有数套房产的房产所有者类型。例如，退役上尉 Н. М. 巴尔绍夫拥有 6 处房产；少尉的妻

子 В. И. 喀涅茨卡娅拥有 12 处带有洗澡间与家具的房产；六等文官 П. И. 沙伯雷金尽管官衔较低，却拥有两套总价值近 45 万卢布的房产。

在莫斯科的贵族中，也有许多名门之后从事企业经营，部分投资房地产领域。

最典型的例子是乌拉尔冶金企业与金矿的所有者贝格兄弟，他们的父亲是拥有中校军衔的二等文官，在莫斯科拥有 16 处房产。这些贵族房产所有者中还包括五等文官、温道夫斯克－雷宾斯克铁路的经理 С. В. 斯皮里多诺夫（有 2 处房产）和 К. А. 戈尔恰科夫公爵（有 4 处房产）。

贵族阶层的资产阶级化是国家鼓励商业活动的一种表现。贵族企业家在企业家群体中占有重要地位。莫斯科最大的房产所有者之一是银行家 Л. С. 波利亚科夫（有 14 处房产），他在 19 世纪 90 年代被任命为五等文官，并被封为世袭贵族。他的兄弟 Я. С. 波利亚科夫在莫斯科有 3 处房产，拥有世袭"光荣公民"称号的贵族茶商别尔洛夫家族拥有 3 处房产，从棉纺织行业的孔申贵族家族拥有 4 处房产，"铁路大王" С. П. 杰尔维斯和 С. П. 古柏宁拥有 2 处房产，法裔酒商 А. А. 卡图阿尔·德·比安古尔拥有 2 处房产，德裔棉纺织企业家、拥有男爵封号的 А. Л. 克诺普与 Ф. Л. 克诺普拥有 3 处房产，五等文官、亚美尼亚石油商 Г. М. 利安诺佐夫在莫斯科拥有 4 处房产。

拥有较多房产的企业家贵族还包括：轮船主 Н. А. 茹拉夫廖夫（2 处房产），古老商人出身、经营宾馆的 Н. И. 瓦尔金（4 处房产），机械厂厂主 Г. А. 克片（8 处房产）。此类贵族中列于《官序表》中的有：八等文官 Н. К. 卡拉夫捷耶夫，莫斯科市中心著名商场的所有者、四等文官、大型百货商店所有者、库兹涅佐夫桥仓库所有者 Г. Г. 索洛多夫尼科夫。应该指出的是，将这一类型的房产所有者纳入"贵族"行列，增加了莫斯科贵族在大房产所有者群体中的比重，客观上减弱了贵族阶层相对于企业家阶层在房产所有量方面的衰落进程。

在农民和市民房产所有者中，许多人的阶层归类并不符合其实际的社会地位。事实上，拥有价值数万卢布房产的人应属于更高的社会阶层，而不是属于官方所统计的阶层。因此，拥有大型房产的农民和市民群体应被归为企业家阶层。根据《全莫斯科》的记载，1901 年大部分拥有大房产的农民与市民出身者都拥有自己的工商业企业（如面包坊、殖民地商品铺、建筑事务所、木制品厂等）。

第一章 莫斯科资产阶级：社会财产结构

A. И. 沙姆申在兹纳缅卡大街上的出租用公共住宅，
建于 20 世纪 10 年代，建筑师 Ф. О. 舍赫捷利

20 世纪初彼得罗夫卡大街上索洛多夫尼科夫所有的商场

但在官方统计中他们很少会被归类为商人,如在1902年的《汇编》中就把许多购买或自建了房产的人归为农民与市民行列。

也就是说,在莫斯科最初的市民与农民阶级中,仍有许多大房产所有者。例如,亚历山德罗夫的市民 И. А. 科罗夫金有8处房产;农民 К. Н. 菲利波夫除了自己的住宅外,在普列奇斯杰卡大街上还有3处用于出租的住宅;出身于莫斯科市民阶层的 И. А. 布罗夫金拥有3处房产;农民巴布什金家族拥有两套实木装修的住宅;旅店老板 А. С. 基里科夫有6处房产;肉铺老板 К. Г. 罗巴切夫拥有6处房产;殡仪馆老板 В. В. 科托夫拥有6处房产。这一类房产所有者位于世袭"光荣公民"与商人阶层之下,主要由中小企业家组成,他们往往已经脱离了自己出身的阶层。

很明显,在房产所有者群体中,市民与农民的占比较低:在房产数量上只占11.6%,房产年收益占总额的7.2%。他们的房产价值不及企业家与贵族阶层。市民阶层的人均房产年收益(8200卢布)与农民的人均房产年收益(8900卢布)远低于贵族阶层和世袭"光荣公民"阶层。值得注意的是,农民和市民的房产都不在莫斯科市区范围内,那里主要是商业地段,集中了最有影响力的企业。

至于表1-9中的外国房产所有者群体,主要由移民至莫斯科但没有加入俄罗斯国籍的外国企业家所构成。例如,冶金企业家 Ю. П. 古容,丝绸厂厂主 П. К. 日罗、Г. 西蒙诺和 М. 西乌,玻璃商 А. Ф. 迪特费阿为法国人;器械厂厂主约翰·马克吉尔为英国人;И. Е. 德烈泽美尔(磨坊主)和 Р. Ф. 劳泽尔为德国人。这些外国企业家加上他们众多的外戚共同构成了这一群体,成为很有影响力的莫斯科房产所有者集团——拥有43处房产,平均房产年收益达14200卢布。

表1-9中最后一组的自由职业者群体集中了各类特定职业人群,其中比较有代表性的有医生、律师、机械工程师、演员、艺术家、建筑师、药剂师,以及自由职业者的家属,如医生的妻子、演员的妻子等,反映了房产所有者群体中出现了足够富有的知识分子,他们有能力为自己购买房产。一些自由职业者出身于企业家家庭(特别是那些拥有自己的工厂或建筑公司的

工程师家庭），但阶层出身使得他们更倾向于通过学习和职业活动获得相应的社会地位。

表1-9中的全部被统计群体中除少数外，都至少拥有一套自己的房子。相对而言，专业技术群体也就是自由职业者（只占2.7%的房产和2.2%的房产年收益）是莫斯科各类居民中收入最低的。因此，莫斯科的许多艺术和科学领域的知识分子更倾向于租公寓，而无力建造自己的住宅。

表1-9的统计数据反映了莫斯科房产所有者群体的一些共性特征，但仍须进一步校对。20世纪初的莫斯科已是一座巨型都市，各地建设水平参差不齐。

20世纪初，莫斯科是一个喧闹的大都市。花园环形路以内的历史老区是莫斯科人口密度最大、建筑成本最高的地段，而在城市边缘的郊区则有大量的低价建筑，被广阔的荒地分割开来。

花园环形路内有9个区域（市内区、特维尔区、米亚斯尼茨基区、皮亚特尼茨基区、雅基曼斯克区、普列齐斯杰斯克区、阿尔巴特区、斯列坚斯克区、雅乌兹斯克区），其余8个区（分别是巴斯曼区、罗戈日区、谢尔普霍夫区、哈马符尼切区、普列斯涅区、苏谢夫区、梅尚区、列福尔托沃区）位于城市的外围，位于花园环形路和度支部（彼得一世时期的财政部。——译者注）之间。城市土地每平方米的价格从市中心的1.86万卢布到郊区（如谢尔普霍夫区）的1.3万卢布不等①。

根据莫斯科地方警察局的统计，辅之以1902年《汇编》中的数据，莫斯科市各区大房产所有者的阶层构成情况可见表1-10。

莫斯科大房产所有者（每处房产的年收益超过5000卢布者）最为集中的地区为特维尔区、米亚斯尼茨基区和市内区。此三区各阶层房产所有者群体的收入都超过200万卢布，总收入达1070万卢布，占全莫斯科房产总收入的一半。他们在莫斯科中心城区的房产所有量上占据优势，这也得益于19世纪下半叶以来在经济增长刺激之下莫斯科城市建设的快速发展。值得

---

① См.: Доклад № 254 Московской городской управы об утверждении новой инструкции по оценке недвижимых имуществ в. г. Москве. М., 1912. С. 14.

表1-10　1901年莫斯科各区大房产所有者的社会阶层构成情况

单位：栋，万卢布

序号	行政区	商人 房产数量	商人 房产年收益	世袭"光荣公民" 房产数量	世袭"光荣公民" 房产年收益	贵族 房产数量	贵族 房产年收益	市民 房产数量	市民 房产年收益
1	特维尔区	34	54.93	98	211.55	94	244.85	7	8.31
2	米亚斯尼茨基区	40	58.78	67	142.66	36	89.11	2	1.43
3	市内区	24	42.24	39	139.18	13	45.69	—	—
4	阿尔巴特区	24	26.37	27	30.47	52	56.83	3	3.64
5	斯列坚斯克区	38	38.89	29	37	23	22.37	10	6.8
6	苏谢夫区	50	44.53	18	14.79	15	15.89	15	9.61
7	雅乌兹斯克区	24	24.47	25	35.85	19	18.81	6	8.62
8	梅尚区	36	38.72	20	21.42	12	14.13	11	8.52
9	普列齐斯杰斯克区	16	15.03	21	17.81	37	39.42	8	7.01
10	巴斯曼区	33	31.88	33	32.67	9	7.06	4	3.23
11	皮亚特尼茨基区	34	29.42	25	30.63	5	6.38	5	3.6
12	普列斯涅区	19	17.98	15	12.94	14	10.08	4	2.79
13	列福尔托沃区	31	29.8	9	11.14	6	3.95	3	1.61
14	雅基曼斯克区	18	13.69	19	21.51	4	3.57	5	3.83
15	哈马符尼切区	23	24.44	5	5.19	5	3.88	2	1.09
16	罗戈日区	24	17.1	19	14.65	7	5.47	4	3.13
17	谢尔普霍夫区	8	8.95	4	7.36	1	0.83	—	—
	总计	476	517.22	473	786.82	351	588.32	89	73.22
	占比(%)	30.4	24.0	30.2	36.5	22.4	27.3	5.7	3.4

序号	行政区	农民 房产数量	农民 房产年收益	外国公民 房产数量	外国公民 房产年收益	自由职业者 房产数量	自由职业者 房产年收益	总计 房产数量	总计 房产年收益
1	特维尔区	6	7.11	2	4.92	10	20.09	251	551.76
2	米亚斯尼茨基区	1	0.58	8	9.34	3	3.91	157	305.81
3	市内区	—	—	—	—	1	1	77	228.11
4	阿尔巴特区	4	4.53	1	1.61	8	7.95	119	131.4
5	斯列坚斯克区	10	9.52	2	2.04	2	1.33	114	117.95
6	苏谢夫区	13	9.78	3	5.63	2	1.29	116	101.52
7	雅乌兹斯克区	6	7.49	4	2.74	3	2.39	87	100.37
8	梅尚区	11	7.33	4	5.14	1	0.82	95	96.08

续表

序号	行政区	农民 房产数量	农民 房产年收益	外国公民 房产数量	外国公民 房产年收益	自由职业者 房产数量	自由职业者 房产年收益	总计 房产数量	总计 房产年收益
9	普列齐斯杰斯克区	7	5.56	1	1.05	2	1.15	92	87.03
10	巴斯曼区	4	3.64	4	3.54	1	0.66	87	82.68
11	皮亚特尼茨基区	8	6.16	3	4.08	2	1.67	82	81.94
12	普列斯涅区	7	7.65	—	—	3	2.72	62	54.16
13	列福尔托沃区	3	2.69	5	3.78	1	0.57	58	53.54
14	雅基曼斯克区	5	5.63	3	3.85	2	1.35	56	53.43
15	哈马符尼切区	3	2.04	2	11.02	1	0.77	41	48.43
16	罗戈日区	4	2.23	—	—	—	—	58	42.58
17	谢尔普霍夫区	1	0.99	1	2.15	—	—	15	20.28
	总计	93	82.93	43	60.89	42	47.67	1567	2157.07
	占比(%)	5.9	3.8	2.7	2.8	2.7	2.2	100	100

资料来源：Свод результатов общей оценки недвижимых имуществ в Москве. Список владений […] части на 1900–1901 гг. М., 1902.

注意的是，莫斯科房产收益最高的地区是"中国城"，这里是莫斯科企业家的主要集中地。

在收益率方面位于第二梯队（全区房产年收益超过100万卢布）的地区是阿尔巴特区、斯列坚斯克区、苏谢夫区和雅乌兹斯克区。其中只有阿尔巴特区集中了传统的贵族宅邸，其余3个区则是在革命前迅速发展起来的企业家阶层的集中居住区。

房产年收益处于50万~100万卢布的有7个区（梅尚区、普列齐斯杰斯克区、巴斯曼区、皮亚特尼茨基区、普列斯涅区、列福尔托沃区、雅基曼斯克区），房产年收益低于50万卢布的则是城建水平最低的3个区——哈马符尼切区、罗戈日区、谢尔普霍夫区。

为了充分评估房产在各行政区内的特点与发展进程，我们按照一些有代表性的指标将各区划分为以下3类：第1类，形成于19世纪下半叶的商业区划（如米亚斯尼茨基区）；第2类，传统的贵族聚居区，一直存续到革命前（如阿尔巴特区）；第3类，较低社会阶层居住的城市边缘区

(如梅尚区)。《汇编》中记录了各个行政区的各类房产(包括大型、中型和小型),其中不仅包括住宅,也包括其他用途的城市房产。

表1-11的统计数据可用以分析以上3个区各阶层居民的房产所有情况。3类主要群体(商人、世袭"光荣公民"、贵族)的房产年收益占了总额的78.1%,接近于这类群体的大房产收益占比(87.8%)。市民阶层(8.2%)和农民阶层(7.8%)的房产年收益所占比重较之前文大房产的年收益比重有所上升,因为在此类区域中,中小型房产最为常见,这些中小型房产的数据在大房产统计中未被列入。

表1-11 1901年米亚斯尼茨基区、阿尔巴特区和梅尚区房产所有者的社会阶层构成情况

社会阶层	房产数量(栋)	占比(%)	房产年收益(万卢布)	占比(%)
世袭"光荣公民"	303	12.2	228.66	27.4
商人	486	19.6	180.85	21.7
贵族	475	19.1	241.8	29.0
市民	584	23.5	68.17	8.2
农民	477	19.2	64.86	7.8
外国公民	62	2.5	22.54	2.7
自由职业者	97	3.9	27.4	3.3
总计	2484	100	834.28	100

资料来源:Свод результатов общей оценки недвижимых имуществ в Москве. Список владений [...] части на 1900-1901 гг. М., 1902。

表1-12反映了阿尔巴特区1892年与1901年房产所有者社会阶层构成的变化情况。

表1-12 阿尔巴特区1892年与1901年房产所有者社会阶层构成变化对比情况

社会阶层	1892年 房产数量(栋)	占比(%)	房产年收益(万卢布)	占比(%)	1901年 房产数量(栋)	占比(%)	房产年收益(万卢布)	占比(%)
世袭"光荣公民"	53	8.9	20.62	12.2	78	14.5	43.17	17.9
商人	110	18.5	25.55	15.1	91	16.9	42.97	17.8

续表

社会阶层	1892 年				1901 年			
	房产数量（栋）	占比（%）	房产年收益（万卢布）	占比（%）	房产数量（栋）	占比（%）	房产年收益（万卢布）	占比（%）
贵族	318	53.4	96.45	56.9	235	43.7	113.94	47.3
市民	43	7.2	7.16	4.2	36	6.7	9.6	4
农民	26	4.4	6.27	3.7	37	6.9	10.54	4.4
外国公民	8	1.3	3.66	2.2	8	1.5	2.77	1.1
自由职业者	38	6.4	9.82	5.8	53	9.9	17.89	7.4
总计	596	100	169.53	100	538	100	240.88	100

资料来源：Свод результатов общей оценки недвижимых имуществ в Москве. Список владений [...] части на 1900 - 1901 гг. М., 1902。

位于老城区以西的阿尔巴特区坐落在阿尔巴特和波瓦尔大街之间安静的小巷里，是最受贵族们喜爱的街区之一。这里除了贵族的私人公馆和政府机关建筑外，没有大型的商业建筑（1901 年此类房产每栋平均收益为 1.8 万卢布到 9.55 万卢布不等），教堂和修道院也是分布在该区的主要建筑，共有 55 栋，年收益 6.66 万卢布。1892 年，阿尔巴特区共有 681 栋房产，年收益 190.65 万卢布。从表 1 - 12 中可以看出，该区私人房产占总房产数的 87.5%，私人房产收益占全部房产收益的 88.9%。到 1902 年，阿尔巴特区的房产总数减少到 669 栋，年收益却增加至 258.78 万卢布，私人房产在房产总数与总收益中的占比分别为 80.4% 和 93.1%。

阿尔巴特区"贵族庭院"式的特征一直持续到革命前，但在 19 与 20 世纪之交，这里已经开始出现显著变化：1892 年贵族占据着超过一半的住宅数量（其在住宅总数与总收益中的占比分别为 53.4% 与 56.9%），但到了 1901 年，随着企业家的崛起，贵族的房产数量占比和房产年收益占比显著下降。值得注意的是，该区自由职业的房产所有者同样占据一席之地。

另一值得分析的行政区是位于莫斯科市中心东北部的米亚斯尼茨基区，19 世纪下半叶紧靠米亚斯尼茨基街的地段逐步发展成为莫斯科主要的工业、金融与交通枢纽。

表1-13 米亚斯尼茨基区1892年与1901年房产所有者社会阶层构成变化对比情况

社会阶层	1892年 房产数量（栋）	占比（%）	房产年收益（万卢布）	占比（%）	1901年 房产数量（栋）	占比（%）	房产年收益（万卢布）	占比（%）
世袭"光荣公民"	91	33.7	82.24	36.7	90	37.2	149.39	45.5
商人	86	31.9	63.74	28.5	70	28.9	66.14	20.4
贵族	55	20.4	67.52	30.2	53	21.9	94.27	28.7
市民	16	5.9	3.94	1.8	6	2.5	2.02	0.6
农民	8	3.0	1.26	0.6	5	2.1	1.2	0.4
外国公民	10	3.7	4.55	2.0	12	5	10.59	3.2
自由职业者	4	1.5	0.57	0.3	6	2.5	4.93	1.5
总计	270	100	223.82	100	242	100	328.54	100

资料来源：Свод результатов общей оценки недвижимых имуществ в Москве. Список владений [...] части на 1900-1901 гг. М., 1902。

从表1-13中可以看出，该区的私人房产数量在10年内有所下降（从270栋降至242栋），但房产年收益增长46.8%（从223.82万卢布增至328.54万卢布）。根据1892年和1902年的数据，该区最密集的建筑是商业公司，其房产年收益从8.58万卢布增加到41.87万卢布。这里集中了大量工商业企业、银行以及证券公司的办事处。1892年，全区共有387栋各类房地，房产总收益为294.15万卢布，1901年房产总数为364栋，总收益为449.05万卢布，私人住宅收益占总收益的份额从76%下降到73%。

米亚斯尼茨基区的房产功能结构完全符合该区的商业发展状况。与阿尔巴特区不同的是，该区的贵族宅邸数量远低于企业家的房产数量。1892年和1901年，商人和世袭"光荣公民"所拥有的房产数量占据了全部私人房产数量的近2/3，同时世袭"光荣公民"群体的房产年收益增长迅速，1901年他们几乎已占全区住宅总收益的一半（45.5%）。而贵族阶层尽管房产总收益有所上升，但全区占比下降了（从30.2%降到28.7%）。其余群体的房产所有状况在这个商业氛围浓厚的城区中则显得较为弱势。

接下来分析的是梅尚区，位于花园环形路的北部，从名称中也可以看出

("梅尚"在俄语中意为普通市民。——译者注），这里主要是社会中较低阶层民众的聚居区。从表1-14中也可以看出，该区市民阶层在住宅所有量上占相对多数。

表1-14 梅尚区1892年与1901年房产所有者社会阶层构成变化对比情况

社会阶层	1892年 房产数量（栋）	占比（%）	房产年收益（万卢布）	占比（%）	1901年 房产数量（栋）	占比（%）	房产年收益（万卢布）	占比（%）
世袭"光荣公民"	93	5.9	20.39	11.5	135	7.9	36.1	13.6
商人	349	22.3	52.63	29.8	325	19.1	71.74	27.0
贵族	240	15.3	31.46	17.8	187	11.0	33.59	12.7
市民	504	32.2	35.25	20.0	542	31.8	56.55	21.3
农民	303	19.4	25	14.2	435	25.5	53.22	20.1
外国公民	33	2.2	4.65	2.6	42	2.5	9.18	3.5
自由职业者	42	2.7	7.26	4.1	38	2.2	4.9	1.8
总计	1564	100	176.64	100	1704	100	265.28	100

资料来源：Свод результатов общей оценки недвижимых имуществ в Москве. Список владений […] части на 1900-1901 гг. М., 1902.

1892年，梅尚区共有1796栋房产，总房产收益183.59万卢布，表1-14中统计的住宅数量占房产总量的87%，占总收益的96%。1901年，该区房产总量为1773栋，总收益为299.8万卢布，根据表1-14的统计，私人住宅的数量占比和收益占比分别为96%和88%。在该区其他类型的建筑中，工商业企业建筑的总收益为27.6万卢布，政府机关建筑的收益为5.26万卢布，教堂与修道院的收益为5.23万卢布。

值得一提的是，随着19世纪末经济的快速发展，远离城市中心的梅尚区在商业房产收益方面十年内几乎翻了一番（从14.5万卢布到27.6万卢布）。该区在尼古拉耶夫斯克和莫斯科-雅罗斯拉夫尔铁路线旁建有大量的仓库、货棚。

与房产所有者主要是贵族与大企业家的阿尔巴特区和米亚斯尼茨基区不

同，梅尚区的主要房产所有者为社会中较低阶层的居民。1892 年，世袭"光荣公民"、商人和贵族的房产所有量占住宅总量的 43.5%，房产收入占59.1%，1901 年比例分别下降为 38% 和 53.3%。该区这 3 类群体房产总收入的增加主要是由世袭"光荣公民"和商人造就的，贵族的占比基本保持不变，贵族的房产数量从 240 栋减少到 187 栋。梅尚区市民与农民阶层的房产数量占比和房产年收益占比有所提升，1892 年这两类群体的房产数量在全区总住宅数量中的占比为 51.6%，收入占比为 34.2%，1901 年分别提升至 57.3% 和 41.4%。其他群体（外国公民和自由职业者）的房产数量占比和房产年收益占比均较低。

这一地区的土地利用特点是把公共或私人土地出租，主要是用来建设私人住宅。这一状况催生了一种新的租户型房产主，其与真正房产主不同的是，没有原地主的同意，租户不能出售或向银行抵押他们建在租用土地上的房屋。总的来说，对于那些没有钱购买住宅的低收入家庭来说，租房还是很划算的。在莫斯科郊区，租赁住房在居民生活中占有重要地位，据专家估计，近一半的郊区房屋是建造在租赁土地之上的，租期从 36 年到 99 年不等①。

1902 年，梅尚区共有 312 栋出租建筑（占全区 1704 栋私人房产的 18%）。同样，根据莫斯科城市杜马 1912 年的统计，租户占莫斯科选民总数的 22%②。占绝大多数的独栋双层木质建筑定义了梅尚区的基本建筑风貌，这里主要聚居了并不富裕的市民阶层以及来自莫斯科周边地区并迁居至莫斯科郊区的农民阶层。对于梅尚区这样的市郊地区而言，城市化对其的影响并非像城市中心区那样形成了高层住房以及体面的住宅区，而是催生了大量建在荒地上的小型房屋，这里聚居了大量的城市居民。

最后，我们将关注莫斯科房产领域在 19 与 20 世纪之交所面临的一些共性问题。具体来说，就是税收、信贷以及房产所有者组织的问题。

---

① См.: Краткие исторические очерки деятельности Московского общества домовладельцев - арендаторов. М., 1912.
② См.: Статистический ежегодник г. Москвы. Вып. 4：1911 - 1913 гг. С. 296.

正如之前所提到的，对不动产进行征税的主要形式是估价税，税率为房产所有者净收入的10%，净收入数值是由莫斯科城市管理委员会评价委员会予以确定的，该机构在评估出租房屋的房产收入时相当准确，但在评估没有出租的、私人所有的宅邸与生产性建筑的房产收入时则效率低下。因为评价委员会无法获得私人房产的准确收入数据，只能按照地区平均房产收益进行估算，显然过于随意。因此，自1900年以来，这座城市轻重工业的工厂收入只能根据建筑的成本进行估算（估算回报率为建筑成本价的1%）。这种估价税计算方式一直持续到1917年①。

工商业企业将会缴纳净收入的3%作为房产税，如果企业的房产所有者本人住在企业里，那么税率则为1.5%。这两项税种（估价税和工商业企业税）是城市财政收入的主要来源。1908年，城市税收总额为1020万卢布，其中估价税为580万卢布，工商业企业税为170万卢布，两项共750万卢布，占全市总税收的74%。值得注意的是，当时国家并没有对出租房屋的房产所有者征收房产税，但其在签署租房协议和在警察局注册居住许可证时需要缴纳一笔附加税，1908年莫斯科房产所有者缴纳了约50万卢布的此类间接税。

除了个人所得税，莫斯科城市管理局还向房产所有者征收不动产土地税。到1910年，政府主要通过包额摊派捐税系统进行征收：由财政部门和省自治局划定房产所有者阶层的税收指标，莫斯科城市管理局再根据所有者的收入情况确定每栋房产的价值。1910年以后，间接的包额摊派捐税制度被直接税所取代，税收职能转移到了城市管理局的特殊部门——不动产税务机构。这两种税收大约占房产净收入的5%～6%②。

莫斯科的房产所有者可以房产为抵押，从莫斯科城市信贷协会获得抵押贷款，协会提供年利率为4.5%的长期抵押贷款（石质房屋抵押期限为37.5年，木质房屋为20.5年）。能够抵押财产的人只能是房产所有者，而不能是

---

① См.: Доклад № 254 Московской городской управы об утверждении новой инструкции по оценке недвижимых имуществ в. г. Москве. С. 2 – 3.

② См.: Справочная книга для домовладельцев. М., 1911. С. 26 – 28.

租户。19 世纪 60 年代初成立的莫斯科城市信贷协会是针对房产所有者发放贷款的专业机构,到 20 世纪初,莫斯科城市信贷协会基本垄断了这一领域。直到 20 世纪初,股份制银行才开始与之竞争,但从 1902 年开始银行的不动产抵押业务金额被限定为不得超过放贷总额的 1/3,从此莫斯科城市信贷协会在莫斯科房地产信贷市场上再次占据了绝对优势。到 1912 年,莫斯科城市信贷协会接受抵押房产 6300 栋,房产抵押贷款额达 2.648 亿卢布,同时期莫斯科股份制银行的房产抵押贷款额仅为 4410 万卢布[1]。

莫斯科城市信贷协会更喜欢与大房产主打交道,贷款的利率相当高,这迫使一些经济条件拮据的中小房产主向年利率高达 10% ~ 12% 的私人信贷机构寻求贷款。此外,银行贷款也被禁止向那些没有房产的租户贷款。在这一背景下,1912 年房产所有者互助贷款协会成立,该机构能够提供短期借款,并允许租户抵押期票及其他私人财产。同时协会会通过建筑公司了解租户对租房合同的履行情况,以确定租户是否满足放贷的信用条件。

从 19 世纪 80 年代开始,许多大的房产所有者开始合作经营公共住宅出租公司。到 1898 年,莫斯科的各类房产出租公司共拥有 12 栋房产,均通过银行贷款购买所得,并向银行承诺公司往来账户上会一直有闲置资金。这些房产的价值超过 160 万卢布,同时这些公司存入银行账户的担保金达 120 万卢布[2]。同样的模式也存在于莫斯科其他的大型房东商会——瓦尔瓦林斯基股东协会、中等贸易协会,这些商会都有银行资本的支持。1908 年,莫斯科房产主联盟成立,其主要由出租房屋的所有者组成。联盟成立的主要目的在于建立房产所有者之间的互助关系,并出版了自己的半月刊——《房产主》,联盟还在城市杜马的选举中发起宣传运动,口号是要把城市的房产所有者们联合起来。

---

[1] См.: Московское Городское кредитное общество. Очерк 50 - летия его деятельности. 1862 - 1912. М., 1912. C. 421 - 424.

[2] См.: Отчет Московского домовладельческого товарищества за 1897 г. М. 1898.

第六节　作为莫斯科"元老"的城市杜马企业家议员

企业家在莫斯科房产所有者群体中占主导地位，同时也主导着城市自治。1892年新的市政自治条例通过后，他们在城市杜马的地位得到了加强。从19世纪90年代到20世纪初，68%的城市杜马议员都从事工商业，其中大部分是商人和世袭"光荣公民"。第一次世界大战前夕，企业家在城市杜马中占据了2/3的议员席位[1]。通过古老的阶级结构，我们将尝试观察城市杜马议员的社会结构组成，并评估在这一群体中企业家所发挥的作用。

我们可以根据目前掌握的有关1897年与1913年城市杜马议员的资料来对莫斯科杜马议员的人员组成进行分析。第一手研究资料是1897年统计的城市杜马当选议员履历表，被保存在莫斯科市政府档案馆中[2]。履历表记录了120名议员的如下信息：①宗教信仰；②社会阶层；③官衔或荣誉称号；④受教育程度；⑤年龄；⑥财产情况（不动产）；⑦曾经是否有过议员经历；⑧在莫斯科居住的时间；⑨在各类社会组织的任职情况。

这一统计材料和随后的统计一样并不完整，缺少议员的职业情况，尽管职业并不一定与所处阶级相匹配。因此还需要其他资料来源，以充分呈现莫斯科"城市元老"们的社会地位。这便是1897年选举之后特别发行的纪念册，里面详细记录了每名议员的个人信息，正如《全莫斯科》一样，里面包括了每名议员简短却重要的个人信息[3]。

---

[1] См.: Писарькова. Л. Ф. Московская городская дума, 1863–1917. М., 1998. С. 127（табл. 34）.

[2] ЦИАМ. Ф. 179. Оп. 1. Д. 1562. Л. 63–102 — Об организации Московской городской думы на 1897–1900 гг.

[3] См.: Московская городская дума. 1897–1900. М. 1897; Справочная книга о лишах, получивших на 1898 г. купеческие и промысловые свидетельства по г. Москве. М., 1898; Вся Москва. Адрес-календарь на 1900 г. М. 1900.

关于城市杜马议员的名额变动情况，可参考1913年新的统计资料，这些资料保存在城市杜马的档案馆中①。此次调查与1897年类似，对象涵盖了144名议员中的130名，调查统计指标包括以下7项：①民族和宗教信仰；②社会地位；③官衔或荣誉称号；④年龄；⑤受教育程度；⑥在莫斯科居住的时间；⑦在各类社会组织的任职情况。与1897年的统计相比，此次没有"财产情况"和"曾经是否有过议员经历"这两项。

参与莫斯科城市自治事务的企业家议员名单保存在莫斯科城市管理局的档案馆中②。这些统计信息既包括初次当选的议员，也包括每一名为城市自治工作做出贡献的城市杜马委员会成员。

至于"财产"情况一项，其中包含了城市不动产，以免统计不全面，同时我们也参考了《全莫斯科》一书的统计材料，以补全城市房产的所有情况。当然，仅靠这些信息依旧不足以全面分析企业家议员群体，因此需要参考企业家议员更加详细的个人信息③。

通过对1897年和1913年企业家议员个人信息的统计，我们勾勒出了这一群体的基本社会特征，企业家议员通常符合以下特点：①拥有自己的企业（个人独资或与他人合资）；②参与了股份制企业的管理（充当顾问或经理）。在1897年当选的120名杜马议员中，有80人是企业家（占66.7%），到1913年，130名议员中有82人是企业家（占63.1%）。

1897年当选的城市杜马议员中占比最大的群体是享有特权的世袭"光荣公民"（52人），他们当中许多人是古老商人，在传统的城市治理中发挥着重要作用。一些大的商业家族往往在杜马内有多个代表，例如巴赫鲁申家

---

① ЦИАМ. Ф. 179. Оп. 1. Д. 3097. Л. 1 – 30 — Об организации Московской городской думы на 1913 – 1916 гг.

② ЦИАМ. Ф. 179. Оп. 1. Д. 3097. Л. 1 – 30 — Об организации Московской городской думы на 1913 – 1916 гг. Оп. 22. Д. 141. Л. 1 – 35 – Сведения о гласных Московской городской думы, 1913 – 1916 гг.

③ См.: Фабрично - заводские предприятия Российской империи / Иад. Д. П. Кандауров. СПБ., 1914; Сборник сведений о действующих в России торговых домах (товариществах полных и на вере). СПБ, 1912; Справочная книга о лицах, получивших на 1908 г. купеческие и промысловые свидетельства по г. Москве. М., 1908.

族在杜马内有5名议员,古奇科夫家族有3名,从事纺织业的莫罗佐夫家族也有3名,从事茶叶贸易的博特金家族、从事银行业的维什尼亚科夫家族、从事棉纺织业的列皮奥什金家族和利亚明家族均有2名。他们甚至没有加入商业协会,但这些人依旧是莫斯科最具威望的商人之一。该群体中的8人被授予了"商业顾问"或"工业顾问"的头衔,这是政府承认其商业成就的证明。

城市杜马议员中占比居第2位的是没有世袭"光荣公民"头衔的商人(20人)。这类议员的群体规模较小,社会地位相对较低。但总的来说,世袭"光荣公民"和商人占据了80个企业家议员中的72个席位,这表明19世纪末的社会结构依然保存了下来。其余8名企业家议员属于其他阶层——这也说明阶级原则并没有充分反映出新的社会现实。贵族出身的企业家议员共有2人,其中律师出身的 Н. Н. 扎戈斯金议员担任了莫斯科商业银行的经理,工程师出身的 Н. М. 佩列皮奥尔金则担任了轨道马车协会的理事。

企业家议员中农民和市民出身的有6人,在革命前和后来的苏联文献中这类人被认为是城市底层居民利益的代表。但值得注意的是,1892年的城市条例规定的城市杜马议员候选人的财产资格线相当高,为3000卢布(这是其所拥有的城市不动产的价值,是参选议员的最低条件)[①]。因此,跻身议员行列的所谓农民与市民,在本质上依然是企业家。例如,农民出身的议员 К. А. 阿尔捷米耶夫拥有一处面包坊和价值56000卢布的房产,市民出身的 М. В. 博罗杜林和 Я. И. 特列季亚科夫拥有自己的旅店和价值32000卢布的房产,同样市民出身的 М. А. 戈尔杰耶夫租用了市内的人工池塘,并拥有两栋共计价值24000卢布的房产,农民出身的 И. К. 萨沃斯季亚诺夫和 И. Н. 萨利尼科夫拥有市内的多处面包坊及房产。可以看出,他们实际上已经改变了自己的社会地位,不再属于出身的阶级,因此我们将其归入企业家议员群体当中。

---

① ПСЗ – 3. Т. XII. № 8708. Ст. 42.

20 世纪初的莫斯科企业家

20 世纪初坐落于旧广场的城市保险协会大楼，建筑师 Ф. О. 舍赫捷利

20 世纪初位于沃斯克列先斯基广场上的莫斯科城市杜马大楼，建筑师 Д. Н. 奇恰戈夫

第一章 莫斯科资产阶级：社会财产结构

康斯坦丁·瓦西里耶维奇·卢卡维什尼科夫维奇·古奇科夫，摄于 20 世纪初

尼古拉·伊万诺，摄于 20 世纪初

谢尔盖·米哈伊洛维奇·特列季亚科夫西里耶维奇·切尔诺科夫，摄于 19 世纪 80 年代

米哈伊尔·瓦，摄于 20 世纪初

1912年莫斯科城市信贷协会的管理层合影，左起依次是：Н. И. 阿斯特罗夫、
С. Д. 捷列绍夫、Н. М. 佩列皮奥尔金、Д. И. 布拉戈维申斯基、
С. И. 别奇金、Г. И. 柳比莫夫、К. О. 沃多（财务主任）

这里应当提到那些未被选入议员行列的人，这当中也有许多人属于企业家或世袭"光荣公民"阶层，因此应被列入工商界人物的行列。1893~1896年担任莫斯科市市长的 К. В. 鲁卡维什尼科夫出身古老的商人家族，是"莫斯科商人"群体中最具威望的人之一。1897年之前，作为市长的鲁卡维什尼科夫不再从事企业经营活动。类似这样的企业家出身且在特定阶段内不从事企业经营的还有9人，这其中不乏一些著名人士，如十月党的创始人 А. И. 古奇科夫，相比于经营企业，他更热衷于投身社会活动。

在杜马议员中，那些非企业家出身者主要是自由职业者，这当中包括律师（11人，其中包括莫斯科市市长 Н. Н. 谢普金）、医生（4人）、教授及副教授（2人）、建筑师（2人）、贵族（9人，其中包括 В. М. 戈利岑公爵）。需要指出的是，"知识分子官僚"中的许多人可以被称为积极的城市活动家。这类群体中有17人是城市管理局的官员，也是各个城市行政机关的首长，但由于已担任了公职，他们参选城市杜马议员的资格在很大程度上受到限制。

值得注意的是，企业家议员群体在杜马中的数量优势是在1893年城市条例修改后的首次杜马选举中确立的。在1897年当选的80名企业家议员中，只有16人是在1897年第一次当选的，有31人在1893年当选，其余33人均在革命前当选。1892年提高的议员选举财产资格对于企业家而言十分有利，许多股份公司的代表纷纷跻身杜马议员之列，因为他们可以从商业协会及公司获得不低于500卢布的年收入，如此一来这些公司的代表（往往是开办公司的合伙人及董事会成员）就可以在财产并不充裕的情况下竞选议员[①]。

新的选举条例公布后，1897年有22名企业家利用此规定顺利当选城市杜马议员，尽管他们当中大部分人在莫斯科只有一栋房产，但符合不动产价值不低于3000卢布的选举资格。这些议员显然是公司在杜马的利益代言人，并在政治立场上强调企业家利益。但也有人认为，他们为了获得选举资格会借用亲戚的资产凑数，以达到选举所需的财产标准。例如，莫斯科商业银行董事长、化工企业家 П. И. 萨宁在莫斯科只有一套妻子名下的房产，其拥有的企业与所担任的公职无法作为财产资格的衡量标准，因此他借用了岳母 Е. С. 利亚明名下一处位于莫斯科的价值17.3万卢布的房产。像他这样在1897年选举中当选的"缺乏房产的"企业家议员共有5人。

1897年当选的80名企业家议员中有57人拥有自己的住宅，总价值达515.46万卢布，平均每人所有的房产价值为9.04万卢布，这一数值是参选财产资格标准的30倍，反映了这些"城市元老"的个人财富水平。这当中一些低调的商人虽然住着价值5000~7000卢布的普通住房，却在莫斯科市内拥有价值数十万卢布的出租公寓楼。例如，金属加工厂厂主 А. И. 沙姆申在市内拥有价值51.7万卢布的房产，皮革厂厂主 А. А. 巴赫鲁申拥有39万卢布的房产，毛皮商 И. А. 古西科夫拥有74.8万卢布的房产。

---

① ПСЗ-3. Т. XII. № 8708. Ст. 43.

依据经营活动所属的领域，可将120名议员中从事工商业的分为以下3类：①工业家——47人；②从事贸易的商人——28人；③银行家——19人。第1类人群传统上属于工厂主的范畴，同时也是自己工厂的销售人员；第2类人群是没有实体工厂的商人；第3类则是参与管理相关企业（银行和保险协会）的企业家。应当指出，莫斯科的银行和保险公司董事会的成员大部分是工业家，而非那些没有自己企业的银行家。

47名工业家杜马议员大致从事以下领域：①纺织业（棉花、羊毛、丝绸与亚麻加工）——31人；②食品工业（包括甜菜糖厂、糖果厂、面包坊、啤酒酿造厂、伏特加酒厂）——7人；③化工业（染料生产）——3人；④建材——2人；⑤交通运输（铁路公司）——2人；⑥烟草厂——1人；⑦金属加工厂——1人。

这一群体能够大致反映出莫斯科地区的工业结构，可以看出莫斯科的主要产业是纺织业和食品工业，而重工业（金属加工和建筑材料制造）在城市产业格局中居于第二梯队。莫斯科的纺织厂厂主在商业精英阶层中占据优势地位，他们当中的代表广泛分布于莫斯科城市杜马议员中的世袭"光荣公民"与"工业顾问"或"商业顾问"群体中。

从事贸易的商人议员们尚未发展到自己开办企业，这28人主要从事以下行业：①纺织产品贸易（棉纺织业、呢绒业和其他纺织品行业）——5人；②粮食、面粉贸易——5人；③茶叶、糖、咖啡与红酒行业——4人；④加工食品贸易——4人；⑤建材贸易——3人；⑥毛皮贸易——2人；⑦其他贸易（家具、钟表等）——5人。

莫斯科企业家的时代特点是积极参与金融企业的管理，19名银行家议员参与了股份制银行和保险公司的管理。值得注意的是，工业家、从事贸易的商人通常没有足够的声望参与金融寡头政治。在这一议员群体中没有自己的工业企业的银行家共有4人，包括著名的银行业活动家、莫斯科商业银行董事长 Н. Н. 扎戈斯金，莫斯科商业信贷互保协会主席 А. С. 维什尼亚科夫，北方保险协会经理、律师 М. В. 日瓦戈，以及家庭银行办事处所有者 К. В. 奥西波夫。

为了重塑企业家议员群体的社会形象，需要进一步完善他们有关宗教信仰、受教育程度、年龄和在莫斯科居住年限等方面的资料。首先，这些议员在民族方面基本上是俄罗斯人，其中东正教徒 73 人、旧礼仪派 6 人，唯一的少数民族议员是信奉英国国教的"莫斯科德意志人"K. K. 班扎。除此之外再没有波兰人、鞑靼人、犹太人议员，尽管他们在 20 世纪初莫斯科少数民族人口中占较大比重，但无人跻身企业家议员的行列。企业家群体中没有一名非基督徒，尽管 1892 年的城市条例规定非基督徒在全部议员总数中的占比必须达到 20%[①]。

在受教育程度上，企业家议员有 3 类：①接受过初等教育的——32 人；②接受过中等教育的——35 人；③接受过高等教育的——13 人。接受过初等教育的企业家议员主要毕业于乡村和县学校，一些人甚至只接受过家庭教育。接受过中等教育的议员大多毕业于中等学校（普通中学、实科中学、商业中学等）。接受过高等教育的议员主要毕业于大学及高等综合技术学校。显然，只接受过初等和中等教育的议员占了绝大多数，这反映出 19 世纪后半叶莫斯科资本家的整体文化水平。企业家议员中拥有大学文凭的只占少数。有 2 名高等院校的毕业生在议员履历表上将自己的职业登记为"机械工程师"。

根据官方统计的信息，不同年龄企业家议员的受教育程度情况见表 1 - 15。

表 1 - 15　1897 年不同年龄莫斯科城市杜马企业家议员的受教育程度

单位：人，%

受教育程度	30~39 岁	40~49 岁	50~59 岁	60 岁及以上	总计	占比
初等教育	2	7	14	9	32	40.00
中等教育	11	14	6	4	35	43.75
高等教育	7	4	2	—	13	16.25
总计	20	25	22	13	80	100

资料来源：ЦИАМ. Ф. 179. Оп. 1. Д. 1562. Л. 63，102。

---

① ПСЗ - 3. Т. XII. № 8708. Ст. 44.

不难看出，该群体随着年龄与受教育程度呈反比：只有2名拥有高等学历的议员年龄超过49岁，40~49岁的有4人，30~39岁的有7人。50岁及以上较为年长的议员大部分只接受过初等教育（35人中有23人接受了初等教育），而较为年轻的议员则大多接受过中等教育（50岁以下的议员中有25人接受过中等教育，而50岁及以上只有10人接受过）。这些数据反映出了莫斯科企业家阶层中不同年龄段之间受教育程度的差距：商业大家族创始人的文化水平往往局限于基本的识字能力，而他们的后代则大多努力接受了专业的高等教育。

在官方统计中，议员需要在"莫斯科的住处"一栏中注明自己是从出生起就住在莫斯科还是从哪一年搬至莫斯科。这将杜马的企业家议员区分为两种类型：一是莫斯科本地人，即其出身的企业家家族已迁居至莫斯科两三代；二是外地人，即本人迁居至莫斯科并成为当地的商业精英。从他们在莫斯科的定居时间来看，他们大多在年幼的时候就来到了莫斯科，且几乎都出身于社会底层。莫斯科不同年龄企业家议员的出身分布情况可见表1-16。

表1-16　1897年不同年龄莫斯科城市杜马企业家议员的本地人与外地人出身情况

单位：人，%

出身	30~39岁	40~49岁	50~59岁	60岁及以上	总计	占比
本地人	19	18	13	5	55	68.75
外地人	1	8	8	8	25	31.25
总计	20	26	21	13	80	100

资料来源：ЦИАМ. Ф. 179. Оп. 1. Д. 1562. Л. 63, 102。

很明显，这两类议员的年龄结构有很大的不同：30~39岁年龄段中主要是本地人，而外地人议员的年龄一般在40岁以上。可以看出，外省出生的企业家在本地没有根基，往往需要花费一生中大部分的时间来争取一个允许他们竞选城市杜马职位的机会。对于已经是第二、第三代精英的本地企业家来说，他们从政的阻力要小很多，这要归功于家族声望及其所接受的良好教育。

可以看出，19世纪90年代的莫斯科企业家议员可分为两大类：①较为年长者，包括本地人与外地人，他们是革命前实业家的代表，文化水平与普通人民大众的差距不大；②"少壮派"莫斯科企业家，他们接受过良好的教育并成功地跻身公共事务领域，但城市杜马的职位并没有给他们带来经济上的利益，他们只是想要无私地为自己的家乡城市服务①。

在莫斯科城市杜马中占据决定性地位的是属年长者群体的莫斯科证券交易所委员会主席 Н. А. 奈焦诺夫。但从19世纪90年代起，杜马中年轻群体的呼声越发高涨，"少壮派"企业家议员中非正式的领导者为银行家 А. С. 维什尼亚科夫②。两代企业家的差异在1905~1907年革命期间清晰地展现了出来。

在分析1912年当选的莫斯科城市杜马企业家议员时首先需要注意，官方只统计了144名议员中130人的情况资料。从这130人中我们统计出共有82人为企业家。在这些议员中我们衡量其是否为企业家的标准与1897届一样——需要拥有公司并（或）参与股份制公司的管理。除此之外，由于出租住房这一商业活动的企业化，我们将议员中3位大的出租房屋经营者也纳入了企业家范畴。

1912届有统计资料的130名杜马议员中除企业家外的48人分别属于以下职业：14名律师、9名医生（包括开业医生和大学教师）、8名工程师（受雇用），属于知识分子的中学教师（4人）、建筑师（3人）、人文科学家（3人），以及少数职业军人（2人）、高级官员（3人）和有爵位的贵族（2人）。这些议员中包括杜马元老 Н. П. 维什尼亚科夫及在1914~1917年担任莫斯科市市长的 М. В. 切尔诺科夫。社会底层的代表包括市民（1人）、农民（4人），没有关于底层出身议员从事何种行业的信息。

---

① См.: Бурышкин П. А. Москва купеческая. М., 1991. С. 222.
② См.: Астров Н. И. Воспоминания. Т. 1. Париж, 1940. С. 15–16.

1912届的莫斯科城市杜马议员中有多少是继承自1897届的呢？据统计，144名议员中，从1897年到一战前夕一直担任议员职务的有17人①。在1905～1907年革命后，有103名议员是在1909～1912年当选。从1897年开始一直连任的议员中大部分是企业家（包括А. А. 巴赫鲁申、К. П. 巴赫鲁申、А. И. 波格丹诺夫、М. Н. 波斯坦德茹格洛、С. А. 布拉驰金、А. И. 盖涅尔特、М. В. 日瓦戈、А. А. 奈焦诺夫、П. П. 夏波夫）。其他连任者属于知识分子行列——律师С. В. 普奇科夫和Н. Н. 舍姆舒林，医生、城市活动家Н. Н. 谢普金等。

杜马议员职位的继承与议员的家族出身有直接关联。一战前夕共有5名议员是1897届议员的儿子（企业家Б. Д. 沃斯特里亚科夫、А. Н. 奈焦诺夫、П. А. 普季岑，贵族М. В. 戈利岑公爵，知识分子В. В. 普尔热瓦利斯基）。有3名议员是1897届议员的嫡亲兄弟——Г. А. 阿布里科索夫、К. М. 热莫奇金、Н. Н. 孔德拉舍夫。在1912届的144名议员中，共有25人在1897年就开始当选，占议员总数的17%。出身社会上层（贵族）以及底层（市民和农民）的企业家议员依旧是少数。值得注意的变化是，"光荣公民"议员中跻身商界的开始变少，1897届杜马中有54名商人议员，其中28人是"光荣公民"，到了1912届，55人中只有16人是"光荣公民"，同时在1912届企业家议员中只有4名是第一等级商人，而在1897届有14名。

同样的趋势也出现在了没有"光荣公民"称号的普通商人议员中，1897届杜马中有6名第一等级商人和14名第二等级商人，而到了1912届，杜马中有2名第一等级商人和15名第二等级商人。这些数据表明，随着社会商业化程度的提升，商人阶层开办企业的兴趣开始下降。

与传统的商人相比，新一代的企业家具有更高的职业技能素质。在杜马议员中，有9人接受过工程技术教育，包括М. В. 日瓦戈和А. И. 盖涅尔特，他们从19世纪末开始逐渐脱离了企业家阶层并积极投身于公共事务。

---

① Здесь и далее подсчитано по анкетам гласных, избранных в 1912 г. ЦИАМ. Ф. 179. Оп. 22. Д. 141. Л. 1－35.

这类议员既属于知识分子行列，又具备经营管理企业的专业知识。

杜马议员往往较为重视政府为奖励商业成就所授予的荣誉称号：7 名议员获"商业顾问"头衔，3 人获"工业顾问"头衔。杜马中的企业家团体仍旧代表着传统的工商业大家族。在 1897 届杜马中，有几个大家族（鲍特金家族、列皮奥什金家族、利亚明家族）后来失去了在杜马的议员职位，还有一些在杜马的席位减少了，如巴赫鲁申家族从 5 名议员减少至 2 名，莫罗佐夫家族从 3 名减少至 1 名，古奇科夫家族从 5 名减少至 1 名。即便如此，一些关键的市政岗位依然掌握在杜马有威望的大家族手中，如 1905～1913 年先后担任莫斯科市市长的 Н. И. 古奇科夫和 В. М. 戈利岑公爵。

在 1912 届杜马议员的身份类型中，最多的是工业家（45 人），其次是从事贸易的商人（30 人）和银行家（21 人）。这些工业家议员大多从事纺织业（23 人），与 1897 年不同，此次居于第二位的是冶金工业（7 人），随后是食品加工业（5 人）。这体现了莫斯科在 20 世纪初产业结构的变化——重工业得到快速发展。同时一些新兴领域的企业家议员开始出现，如从事印刷与出版行业的议员有 4 人，他们在 19 世纪 90 年代尚未出现。另外，1912 届杜马议员中从事建材行业的仅有 3 人，从事交通运输与烟草业的分别为 1 人。

1912 届杜马议员中从事贸易的商人议员的从业结构与 1897 届基本一致：纺织品贸易——8 人，茶叶、糖、红酒贸易——7 人，食品与饭店业——5 人，粮食与面粉贸易——3 人，娱乐与洗浴行业——2 人，从事毛皮与建材贸易的分别有 1 人（其余 3 名从事贸易的商人议员，原著作者未列出其所从事的行业。——译者注）。

莫斯科城市杜马企业家议员中工业家占多数的局面反映了莫斯科的产业结构。因此，在议会中工业家议员享有最高威望，其次是商人和银行家，因为后者一直被怀疑存在放高利贷的倾向①。

从事贸易的商人议员主要是出身社会底层、尚未跻身城市特权阶层的企

---

① См.：Рябушинский Вл. Купечество московское // День русского ребенка. Сан‐Франциско，1951. Апр. С. 189.

业家。在30名商人议员中，有13人属第二等级的商人，均没有"光荣公民"称号；第一等级商人议员中没有"光荣公民"称号的有4人，有"光荣公民"称号的有7人；此外还有3名市民、2名农民和1名工程师。与之相比，45名工业家议员中有37人是世袭"光荣公民"、3人是贵族、4人是第二等级商人、1人是农民出身的企业家。

大工业家往往会与大型金融企业开展合作：在莫斯科各类银行和保险协会的管理岗位中有15名工业家和6名商人。在第一次世界大战前夕，莫斯科城市杜马的许多议员加入了莫斯科和圣彼得堡主要商业银行的理事会和董事会，共有10名企业家议员兼任莫斯科商业银行、莫斯科贴现银行、莫斯科贸易银行、莫斯科里亚布申斯基兄弟银行及其他私人银行的职务，还有3名企业家议员兼任圣彼得堡国际银行、俄罗斯外贸银行和西伯利亚商业银行的职务，6名企业家议员兼任一些信贷互保机构（莫斯科商业信贷互保协会与莫斯科协会）的领导职务，8名企业家议员兼任保险公司的职务，尤其是20世纪初成立的俄罗斯纺织企业信贷互保联盟。莫斯科资本家对信贷银行业的全面渗透，反映了工业产出的增长和融资需求的增加。19与20世纪之交，莫斯科掀起了一场轰轰烈烈的城市建设热潮。这使房产主开始成为企业家阶层的一员，我们在统计中发现了3名此类人士，他们已经具备了作为城市杜马候选人的条件。

一战前夕，莫斯科城市杜马企业家议员在民族成分与宗教信仰上基本是俄罗斯式的。在82名基督徒企业家议员中，70人是东正教徒、8人是旧礼仪派信徒、4人是天主教徒和路德教徒。1913年统计的杜马议员个人信息调查表中多了"民族"一栏，82人中16人的民族信息不完整，但都是东正教徒，其余66人均为俄罗斯人或"泛俄罗斯人"（来自莫斯科德裔居民聚居区的天主教徒和路德教徒）。

"民族"这一概念对于当时来自西欧的企业家来说，更多是一个国籍概念而不是纯粹的民族概念。

1913年统计的城市杜马企业家议员的整体受教育程度较19世纪末有了一定提升，1897年接受过高等教育的企业家议员有13人，而1913年有20人，接受过中等教育的分别为35人和32人，接受过初等教育的为32人和

29 人（见表 1-17）。1913 年拥有大学文凭的企业家议员中有 9 人是技术工程师，而 1897 年仅有 2 人。在年龄结构上，1912 届议员也有所年轻化：81 名企业家议员中，超过 60 岁的只有 5 人（1897 年为 13 人），40 岁以下的年轻议员数量也相对增多（1913 年和 1897 年分别为 26 人和 20 人）。

表 1-17　1913 年统计的不同年龄莫斯科城市杜马企业家议员的受教育程度情况

单位：人，%

受教育程度	30~39 岁	40~49 岁	50~59 岁	60 岁及以上	总计	占比
初等教育	3	9	14	3	29	35.8
中等教育	12	9	10	1	32	39.5
高等教育	11	5	3	1	20	24.7
总计	26	23	27	5	81*	100

* 年龄统计只涵盖了 82 名企业家议员中的 81 人。
资料来源：ЦИАМ. Ф. 179. Оп. 22. Д. 141. Л. 1-35。

1913 年统计的企业家议员们的年龄与受教育的关系与 1897 年基本相同，即随着年龄的减小受教育程度不断提高。德高望重的元老议员中有 2 人接受过中等教育，5 人接受过高等教育，50~59 岁的议员里分别为 13 人与 27 人，40~49 岁的为 14 人与 23 人，30~39 岁的为 23 人与 26 人。在最年轻的企业家议员中超过一半都接受过高等教育，他们大多毕业于大学或高等技术学校。这些年青一代的企业家从 19 世纪末开始登上历史舞台，并在随后俄罗斯的一系列革命运动中积极活动。

1913 年统计的企业家议员的年龄与出身身份之间的关系可见表 1-18。

表 1-18　1913 年统计的不同年龄莫斯科城市杜马企业家议员的本地人与外地人出身情况

单位：人，%

出身	30~39 岁	40~49 岁	50~59 岁	60 岁及以上	总计	占比
本地人	20	17	13	3	53	67.9
外地人	4	6	13	2	25	32.1
总计	24	23	26	5	78*	100

* 82 名企业家议员中有 3 人未在履历表中填写其在莫斯科居住时长情况，还有 1 人的年龄资料缺失。
资料来源：ЦИАМ. Ф. 179. Оп. 22. Д. 141. Л. 1-35。

可以看出，78名企业家议员中有53人是莫斯科本地人，占67.9%，其余25人出生在莫斯科以外地区。这一比例与1897年基本相同，外地企业家已经融入莫斯科城市商业精英阶层当中，同时较为年长（50~59岁）的外地企业家议员发挥着更大的影响力，年轻外地企业家群体的占比较低。50岁以下的企业家议员中只有10人不是土生土长的莫斯科人，这说明在莫斯科商界人士中本地人在商业及公共活动领域更具发言权。

根据1913年统计的莫斯科城市杜马中各个专业委员会的组成能够判断企业家实际参与城市自治的情况，杜马内总共有30个委员会，其中包括以下4类：①城市管理方面的委员会；②经济问题方面的委员会；③社会问题方面的委员会；④各专业领域的委员会。为了对比企业家与知识分子议员的委员会参与差异，我们统计了全部144名议员的情况。企业家议员在杜马各委员会中占据了82个席位（57%）。通常来说，一名议员会同时参加数个委员会，144名议员参与委员会的总次数达503次，这当中82名企业家议员参与298次（59.2%），其余62名议员参与205次（40.8%）。

杜马中4类委员会的议员具体参与情况可见表1-19。

表1-19 1913年统计的莫斯科城市杜马企业家议员参与杜马内各类委员会情况

单位：人，%

委员会	企业家议员 人数	占该(类)委员会比例	其余议员 人数	占该(类)委员会比例
I. 城市管理方面的委员会				
1. 筹备委员会	4	25.0	12	75.0
2. 城市公共设施委员会	9	36.0	16	64.0
3. 社会需求与利益委员会	19	67.9	9	32.1
4. 公共土地利用委员会	9	56.3	7	43.7
5. 监察委员会	28	73.7	10	26.3
6. 金融委员会	16	66.7	8	33.3
总计	85	57.8	62	42.2

续表

委员会	企业家议员 人数	企业家议员 占该(类)委员会比例	其余议员 人数	其余议员 占该(类)委员会比例
II. 经济问题方面的委员会				
1. 城市食品供应委员会	17	73.9	6	26.1
2. 自来水与下水道委员会	13	65.0	7	35.0
3. 铁路委员会	8	42.1	11	57.9
4. 土地租赁问题委员会	2	25.0	6	75.0
5. 典当委员会	10	83.3	2	16.7
6. 城市天然气厂建设委员会	6	75.0	2	25.0
7. 城市有轨电车建设委员会	7	63.6	4	36.4
8. 城市公共财产收入委员会	18	90.0	2	10.0
9. 商场改造委员会	12	85.7	2	14.3
总计	93	68.9	42	31.1
III. 社会问题方面的委员会				
1. 城市公共设施委员会	16	66.7	8	33.3
2. 住房问题委员会	8	47.1	9	52.9
3. 贫民习艺所委员会	4	66.7	2	33.3
4. 公共健康委员会	7	38.9	11	61.1
5. 退休委员会	9	69.2	4	30.8
6. 社会救济委员会	7	77.8	2	22.2
7. 申诉审查委员会	13	68.4	6	31.6
8. 学校委员会	12	48.0	13	52.0
9. 城市医院监督委员会	7	70.0	3	30.0
10. 希特罗夫市场整顿委员会	5	45.5	6	54.5
11. А. А. 巴赫鲁申人民院建设委员会	9	60.0	6	40.0
12. 大众娱乐委员会	7	77.8	2	22.2
13. 纪念托尔斯泰委员会	4	40.0	6	60.0
总计	108	58.1	78	41.9
IV. 各专业领域的委员会				
1. 律师委员会	3	18.8	13	81.2
2. 工程师和技术人员委员会	9	47.4	10	52.6
总计	12	34.3	23	65.7
全部总计	298	59.2	205	40.8

资料来源：ЦИАМ. Ф. 179. Оп. 22. Д. 141. Л. 1 – 35。

从表 1-19 可以看出，企业家议员在社会问题方面的委员会与城市管理方面的委员会所占比例与其占总议员数量的比例相当。还有一些委员会主要是知识分子群体在发挥作用（如城市公共设施、学校、公共健康等领域）。真正体现企业家议员力量的主要是一些需要他们经验的委员会（如监察委员会、金融委员会、社会需求与利益委员会等），在此类领域的委员会中企业家议员占有相当重的分量。

值得注意的是，企业家议员在处理经济问题的各类委员会中占据主导地位，占比达 68.9%，超过 2/3。知识分子只在由律师、工程师、技术人员组成的专业委员会中占主导地位，与律师议员不同，工程师及技术人员议员虽然从事工商业，但并没有自己的企业。在 19 与 20 世纪之交，工程师成为世界工业领域最常见的职业之一。许多大商业家族的后代在高等院校接受工程教育，各类公司也积极邀请技术人员加入。

正如 П. А. 布雷什金所提及，"虽然杜马中从来没有建立过工商业的议员组织，但还是有这种必要，即利用企业家在杜马的数量优势与阶级自觉性来推行有利于工商业发展的决议，积极为企业家阶层争取利益。在 20 世纪初城市杜马中出身商人的领袖人物包括 А. С. 维什尼亚科夫和 А. И. 古奇科夫，知识分子的代表则是 С. А. 穆罗姆采夫、Н. Н. 谢普金和阿斯特罗夫兄弟，他们互相之间已经紧密地结成了同一团体"①。

因此，19 世纪末 20 世纪初，莫斯科城市杜马中的企业家议员依旧保留了"企业家"的特征。城市里一群活跃的资本家议员几乎参与了公共生活的每一个领域，他们这样做不是为了企业的利益，而是为了普通公民的利益。在企业家议员中，占据主导地位的是工商业资本家的代表，他们是城市特权阶层，个人财产价值极高。

总体而言，19 与 20 世纪之交，莫斯科企业家群体内部开始出现动态分化，新一代的年轻资本家开始在公共事务中占据重要地位，他们接受过良好教育且具备专业技能，在莫斯科的城市自治中发挥着日益重要的作用。高层企业家群体的受教育程度提高这一现象不仅出现在企业家阶层，同时也出现在整个俄罗斯社会。

---

① Бурышкин П. А. Москва купеческая. С. 256 – 257.

第二章
企业家活动的特点与类型

第一节 资本与生产性融资的结合形式

众所周知，在莫斯科经济区中纺织业占主导地位，同时工业也呈多样化的发展趋势。20 世纪初，莫斯科的纺织业占据了全行业 71.6% 的产值与 64% 的劳动力数量。位居第二的食品工业分别占据 15.8% 与 5.8%，位居第三的金属加工业分别占 9% 与 10.9%。在整个中央工业区，纺织业占总体工业产值与劳动力数量的比重分别高出全国平均水平 41 个和 28 个百分点。

莫斯科省的工业生产具有多样化特征。在莫斯科地区纺织业占主导地位的背景下，临近莫斯科的其他工业省份也以纺织业为主导行业，如弗拉基米尔省与科斯特罗马省，其纺织业在当地工业总产值与劳动力总量中的占比均超过 90%。梁赞、特维尔和雅罗斯拉夫尔省的纺织业也很繁荣，中央工业区其他省份（下诺夫哥罗德、图拉和卡卢加）的主导产业主要是金属加工业和食品行业[①]。

在中央工业区纺织业的结构中，棉纺织业占据主导地位。据 1908 年的统计，从事棉花加工的 454 家企业的雇工量达 38.92 万人，年产值达 6.342

[①] См.：Иванова Н. А. Промышленный Центр России, 1907 – 1914 гг. Статистико – экономическое исследование. М., 1995. С. 28 – 31.

亿卢布。纺织业中居于第二位的是羊毛加工企业，总量为226家，雇工量为4.99万人，年产值0.494亿卢布；随后是丝绸加工企业，共149家，雇工量为2.72万人，年产值0.296亿卢布[1]。

И. Ф. 根金在当时推测，20世纪初中央工业区的纺织业已经拥有了足够的资本积累用于扩大再生产，因此对银行融资的需求不强。还有学者认为，那时纺织企业的主要贷款需求为商业贷款，以及用作周转资金的长期性工业贷款[2]。

总的来说，俄罗斯纺织业的利润率高于其他行业，因此纺织企业可以在不寻求资本市场融资的情况下独立进行再投资以扩大生产。在当时，将银行资本真正引入纺织业发展的是圣彼得堡的银行（莫斯科的银行业与纺织工业紧密结合在一起，没有形成独立的银行资本）[3]。

然而这一结论仍值得推敲，莫斯科纺织业真的不需要银行在扩大再生产过程中提供融资服务吗？当然，在革命前的俄罗斯，大规模工业生产背后的金融制度需要专门研究，我们将立足中央工业区企业经营的特点，探讨这个问题的某些方面。

在莫斯科及周边省份，纺织业内部拥有自我融资系统，其目的是通过企业内部的资本积累来满足长期投资扩大再生产的需要。据时人统计，1911年莫斯科及周边省份的105家棉纺织企业共拥有3.103亿卢布的股份资本和4.193亿卢布的折旧资产，以及用于偿还债务、扩大再生产与风险储备等的利润结余[4]。这些棉纺织企业多年积累的巨额资本是建立自我融资系统的坚

---

[1] См.: Иванова Н. А. Промышленный Центр России, 1907 – 1914 гг. Статистико - экономическое исследование. М., 1995. С. 21 – 22. Табл. 3.

[2] См.: Гиндин И. Ф. Русские коммерческие банки. Из истории финансового капитала в России. М., 1948. С. 301.

[3] Гиндин И. Ф. О. некоторых особенностях экономической и социальной структуры российского капитализма в начале XX в. // История СССР. 1966. No. 3. С. 54 – 55, 61. О взглядах И. Ф. Гиндина на московские банки подробнее см.: Петров Ю. А. Коммерческие банки Москвы. Конец XIX в. — 1914 г. М., 1998. С. 7 – 12.

[4] См.: Иоксимович Ч. М. Прибыли и дивиденды мануфактурных предприятий за 1902 – 1911 гг. М., 1912.

实基础。

在工业化早期工场手工业向机器大工业转变的过程中，行业内的自我融资系统在西欧也很普遍。利用企业的利润结余自我融资是扩大再生产的重要手段——这也是资本市场形成过程中的必要阶段①。这种融资方式并没有在工业化后期消失。在19与20世纪之交，不仅在俄罗斯，而且在其他更发达的工业化国家，自我融资具有高回报的特点。直到19世纪末，美国的石油标准开发公司才开始使用银行贷款，以满足扩大再生产的资金需求②。

同样采取自我融资的西方企业还包括法国的一些大型钢铁公司，如施奈德－克雷索、查蒂隆－科芒特里，这些企业结余了很大一部分利润，从而自力更生扩大再生产，不需要外部融资。美国学者乔治·马可也认为："富有但谨慎的资本家严格遵守自我融资原则，以便在扩大业务时保持对企业的控制。"③

德国石油工业的发展历史中也存在自我融资的现象：1880～1913年石油企业融资中，"银行贷款和企业自我融资（来源于企业利润和股东数量的增加）都占了越来越多的份额"。与较多采用自我融资的家族企业相比，股份公司社会集资规模的扩大将会导致"社会整体负债水平的提升"④。

当然，尽管德国企业界维持了自我融资的机制，但德国工业融资在一战前夕的主要发展趋势仍是增加外部信贷。在这一过程中发挥主导作用的不仅是商业银行，还包括工业领域的投资公司、储蓄所、抵押银行等。然而，现

---

① Buchheim Ch. Industrielle Revolutionen. Langfristige Wirtschaftentwicklung in Grossbritannien, Europa und Uebersee. Muenchen, 1994. S. 59 – 61.
② См.: Фурсенко А. А. Династия Рокфеллеров. Л., 1970. С. 30.
③ McKay, J., *Pioneers for Profit*: *Foreign Entrepreneurship and Russian Industrialization*, 1885 – 1913. Chicago; London, 1970. pp. 348, 366 – 367.
④ См.: Леманн К. Промышленность и банки Германии: конец XIX — начало XX в. // Производительные силы и монополистический капитал в России и Германии и конце XIX – начале XX в. / Отв. ред. В. И. Бовыкин. М., 1986. C. 192 – 193; Покидченко М. Г. Самофинансирование и проблемы сращивания промышленного и банковского капитала // Роль банков в усилении господства финансового капитала на современном этапе. М., 1981. C. 159 – 165.

代的德国经济史著作却质疑银行在工业发展中所起的主导作用,因为引领德国工业发展的垄断性联合企业集团主要采取自我融资方式,没有过多地依赖银行融资①。

除了相对于银行贷款的廉价优势外,企业维持资金自给自足的主要原因是避免外部投资者干涉公司的事务,且外部投资者的参与可能会导致企业家对自己的企业失去控制。在19世纪末20世纪初西欧各国工业蓬勃发展的情况下,这种融资方式也是可行的。当然,工业企业融资机制的发展趋势是逐渐以外部融资和银行融资为主,20世纪初,俄罗斯大型企业的自我融资占比大幅下降。

革命前莫斯科纺织业在融资上的自给自足一直持续到1917年,但随着工业的大发展,外部融资的主导作用变得越来越明显。莫斯科纺织业的股份化是在19世纪70~80年代进行的,这一过程中基本没有依靠企业的内部资金积累。

为了保持对公司的控制与监督,企业的所有者会利用被称为合伙人协会的组织,其规模远小于传统股份公司中的股东大会。协会中合伙人持有很大的股份比例(通常数额都高达数千卢布),在官方股市上,他们也是不可忽视的一股力量②。

纺织业中占据首要地位的棉纺织业走出了两条互相影响的发展路线:一是独立的专业化企业路线(纺纱厂、纺织厂、染料厂、棉纺织品精加工厂、印花厂);二是多元化企业集团的路线,大型棉纺织企业就是走的第二条路线。为了不受市场波动的影响,企业家开展多元化经营,覆盖了从纺纱到成品布的棉纺织业全产业链。

---

① Tilly R. H. Banken und Industrialisienung in Deutschland: Quantifizicrungsversuche / F - W. Henning (Hg). Entwicklung und Aufgaben von Versicherungen und Banken in der Industrialisierung. Berlin, 1980. S. 165 - 194; Wellhoener V. Grossbanken und Grossindustrie im Kaiserreich. Goettingen, 1989.

② См.: Шепелев Л. Е. Акционерные компании в России. Л., 1973. С. 245 - 248; Owen Th., Doing Business in Merchant Moscow // Merchant Moscow: Images of Russia's Vanished Bourgcoisie / Ed. by James L. West and Lurii A. Petrov. Princeton University Press, 1998, pp. 32 - 33.

在莫斯科，同行业的大型企业合并组成商会或联合企业，以在竞争中占据优势地位，同时企业的控制权仍在创始人手中[1]。这种俄罗斯式的商业合作模式在莫斯科地区成为主流，而现代的西方式股份公司制度与股东制度则在圣彼得堡和其他新兴工业地区中得到了推广[2]。

20世纪初莫斯科地区一些大型的棉纺织厂均为联合企业。根据 И. А. 伊万诺娃的统计，20世纪初莫斯科129家棉纺织企业中，有105家是联合企业，这其中的93家是合伙企业、7家是商会、5家是股份公司[3]。总的来说，莫斯科纺织业股份化的过程是建立在企业合伙人激增的基础之上的，合伙企业也是股份公司的一种形式。商业合伙制度往往是为了使业已存在的工业项目得到扩大再生产的机会（通常采取不同生产流程加以结合的合伙形式），同时也为了提高资本的集中度（股份公司的发展便是资本集中的结果）[4]。

股份公司所有者的大部分利润往往被用作公司的储备资本或扩大再生产的资金。1900年莫斯科证券交易委员会在提交给财政部的报告中强调了这种再投资方式的重要性。莫斯科的工业家认为，贷款的数额不仅应与项目参与者的入股比例成正比，还应与"包含了各类财产形式"的企业资本储备成正比。这一要求主要是考虑到"家族企业的利润结余不会消失，而是投入了再生产，增加了社会财富"[5]。

中央工业区的工业家采取的内部融资活动与股东融资属于同一类性质。正如对莫斯科资产阶级财产结构分析所阐释的，莫斯科企业家的私人财产和企业资本是紧密结合在一起的。

1894年去世的 П. В. 伯格留下了共计930万卢布的遗产，其中280万卢

---

[1] См.: Нванова Н. А. Промышленный Центр России，1907 – 1914 гг. C. 139.
[2] Owen Th., *The Corporation under Russian Law*，*1800 – 1917*：*A Study in Tsarist Economic Policy*，Cambridge，1991.
[3] См.: Неамова Н. А. Промышленный Центр России，1907 – 1914 гг. C. 158. Табл. 25.
[4] Об особенностях акционирования различных отраслей российской индустрии см.：Бовыкин В. И. Формирование финансового калитала в России. M.，1984. C. 105 – 156.
[5] ЦИАМ. Ф. 143. Оп. 1. Д. 205. Л. 6 – 11；РГИА Ф. 23. Оп. 26. Д. 85. Л. 2 – 2 об.

布是他的丹尼洛夫斯基糖厂与罗日杰斯特文斯基纺织厂欠他的债务①。
"А. И. 卡列林子孙"纺织公司的所有者 А. И. 卡列林1915年去世时，他自己的公司欠他230万卢布②。1910年去世的 Ф. П. 里亚布申斯基留下了230万卢布的遗产，包括其1900年收购的奥库洛夫斯基造纸厂欠他30万卢布的债务③。1898年去世的著名伏特加酒厂厂长 П. А. 斯米尔诺夫的遗产数额为870万卢布，其中170万卢布是他在莫斯科的伏特加酒厂欠他的债务④。俄罗斯的著名艺术品收藏家 П. М. 特列季亚科夫在1898年去世时留下了380万卢布的遗产，其中60万卢布是他所有的新科斯特罗马纺织厂欠他的债务。⑤

可以肯定的是，俄罗斯的富人将遗产的一部分转化为债务，往往是出于保留遗产的目的，因为债务不在遗产税的征收范围内。然而，在莫斯科企业家中，企业家借贷给自己的公司这一现象非常普遍。1914年，Т. С. 莫罗佐夫的女儿 А. Т. 卡尔波娃是尼科利斯基纺织厂的股东之一，她拥有价值480万卢布的资产，其中包括320万卢布的有价证券。她借贷给自己的公司近110万卢布，用来购买铁路公司的债券与土地抵押银行的抵押书。О. И. 巴卡基娜是伏尔加河明多夫斯基与巴卡基娜纺织厂的共同所有者之一，在1914年她拥有这两家公司总价110万卢布的债券⑥。

即便从这些并不完整的史料中也可以看出，莫斯科的企业及其所有者们是多么广泛地使用着自我融资。然而，随着19世纪晚期帝俄工业的快速发展，仅靠内部资源已难以满足工业发展对投资的需求。据当时著名人士的回忆，莫斯科的银行"不像圣彼得堡的银行一样从事投机，如大量投资建立新企业"。这种银行业经营方式的风险在于，它将银行的命运与贷款企业的命运紧密联系在一起，莫斯科的银行家对此抱有担忧。但随着俄罗斯工业化

---

① ЦИАМ. Ф. 450. Оп. 8. Д. 379. Л. 6 – 7.
② ЦИАМ. Ф. 120. Оп. 5. Д. 75. Л. 486 – 487.
③ ЦИАМ. Ф. 142. Оп. 6. Д. 606. Л. 1, 5 – 6.
④ ЦИАМ. Ф. 120. Оп. 2. Д. 43. Л. 231 – 234.
⑤ ЦИАМ. Ф. 142. Оп. 5. Д. 1982. Л. 21 – 29.
⑥ ЦИАМ. Ф. 357. Оп. 1. Д. 59. Л. 1 – 6；Д. 6. Л. 4 – 5，22 – 24；Ф. 120. Оп. 5. А. 22. Л. 362 – 363.

进程的加速，莫斯科的银行经营模式难以为继，尤其是在涉及莫斯科的支柱产业——纺织工业的贷款需求的时候①。

莫斯科的银行家首先关心的是自己银行资金的流动性，力图避开那些信用不良企业的贷款业务。Н. А. 奈焦诺夫开展的股份制改革也是为了阻止银行家投机开办企业的行为，相关法律草案由19世纪90年代成立的П. П. 奇托维奇委员会负责起草。在委员会的推动与莫斯科证券交易委员会主席奈焦诺夫的建议之下，许多股份公司开始发行不记名的证券（不同于莫斯科广泛发行的记名证券）。

19世纪80年代的巴维尔·米哈伊洛维奇·特列季亚科夫

20世纪初的谢尔盖·伊万诺维奇·史楚金莫维奇·莫罗佐夫

但这类企业离不开与银行的合作，同时"出于连带责任的考量，它们不被允许单独发行股票"②。这一时期银行家普遍倾向于和信誉良好的成熟

---

① Рабушинекий Вл. Купечество московское // День русского ребенка, Сан – Франциско. Апр. 1951. С. 189.
② ЦИАМ. Ф. 143. Оп. 1. Д. 41. Л. 97.

111

20 世纪初的莫斯科企业家

20 世纪初的伊万·阿拉莫

1910 年的亚历山大·尼古拉耶维奇·奈焦诺夫

20 世纪初,结算与收款大厅,位于 И. А. 科诺瓦洛夫与其子所有的纺织企业在莫斯科的仓库中,该仓库借用了坐落在旧广场上的莫斯科防火保险协会的办公楼

20世纪初在莫斯科河对侧眺望的普罗霍夫卡－特廖赫戈尔内纺织厂全景

企业合作，而非新创办的企业，这也是19与20世纪之交莫斯科资本家们的一致观点。

金融市场中资本流入的渠道之一便是通过工商企业将股份抵押给银行——此类业务在19世纪90年代俄国工业繁荣时期非常普遍[①]。由于此时大多数纺织企业的股份不通过证券交易所发行，而是控制在企业股东手中，这些股东将股份抵押给银行的行为间接推动了股份资本向资本市场的流动，对于当时莫斯科的企业家而言，这些企业股权的法定所有者至关重要，他们也是公司的"主人"之一。

从19世纪90年代开始，莫斯科的纺织企业开始采取靠企业内部资金积累（如储备资本等）来扩充企业本金的机制。1898年，新工业税制的实施助推了该机制的建立。根据新税制，对股份公司的股东要从其本金与股息收益中征收附加税，税率为每1000卢布的本金与股息收益（按累进增加税率计算）缴纳1.5卢布。因此，资本家往往通过提升个人财产中本金所占比

---

① Подробнее см.: Петров Ю. А. Коммерческие банки Москвы. С. 37 – 56.

例的方式来降低所缴纳的利息附加税①。这促使许多企业股东将股份抵押给银行，如此一来企业积累的资本开始流向金融市场。

1897年，纺织业巨头——Н. Н. 孔申纺织厂开始通过扩大企业股份资本规模的方式来"增加企业的资产负债表价值"。自1877年该纺织厂建立以来，"用于企业运作的资本一直从企业的股份资本中扣除而得，储备资本也因企业不动产价值的提升而大幅增加"。经估算，考虑扣除企业利润和设备的折旧损耗，孔申纺织厂的实际资产价值在300万卢布左右，而根据资产负债表统计则接近800万卢布。同时，该企业的股金总额达600万卢布，远远超过了企业自身的实际价值。公司管理层列举了以下理由说明股份资本评估的重要性："首先，股东需要更准确的资本数据信息，以判断企业业务情况；其次，估算企业实际所有资本的重要意义在于企业价值不能通过股价确定，因为企业的股份并不上市于证券交易所；最后，企业股份资本的规模会对企业的信誉评判产生影响。"在获得财政部的许可后，孔申纺织厂董事会又发行了600只新股。

1910年，孔申纺织厂的控制者们计划从公司储备金中转移150万卢布到股份资本当中，除此还要从企业股东处额外收取50万卢布，从而使企业股份资本总额增加200万卢布。然而，工商部坚持要孔申公司发行新证券来融资，而不是像公司董事会所建议的那样简单地增加旧股的价值。随后孔申公司的控制者Н. А. 弗托洛夫和克诺普将公司股本从600万卢布增加到了1000万卢布，发行了800只新股，但购买者均为旧股东。如此一来，公司便成功地绕过了交易所的环节，将股权继续留在旧股东手中②。

纺织行业的另一引领者——莫斯科的Э. 钦德尔印染厂在1894年采取了类似的股份化方式——公司将150万卢布储备金向股份资本转移时采取全部

---

① См. : Семенок Г. Ф. Московская текстильная буржуазия и вопрос о промысловом налоге в 90 - е годы XIX в. // Учен. зап. Моск. обл. ин - та им. Крупской. Т. 127. История СССР. Вып. 7. М. , 1963. С. 166 - 168.

② ЦИАМ. Ф. 673. Оп. 8. Д. 14. Л. 7 - 7 об. 46；Д. 53. Л. 25；Д. 54. Л. 25 - 25 об. , 12 - 12 об.

在旧股东中分配新股权的方式。1904年,公司成功将股本从300万卢布提升至600万卢布,而并未发行新股。旧股东所持的股本价值翻了一番,同时股份资本中也多出了300万卢布用于"扩大再生产"的资金。1909~1910年,钦德尔公司董事会试图重复这一策略,决定紧急增加"扩大再生产资本",以便将储备金转移至企业股份资本中。但在工商部的压力下,公司被迫放弃这一做法,转而决定发行价值300万卢布的1500股股票,但应公司股东的要求,董事会又提供给他们300万卢布用于买回这些股份①。可以看出,当时出现的形形色色的公司股权交易方式只有一个目的——使交易不经过证券交易所,以防止公司股权被竞争对手收购。

B. 莫罗佐夫与其子共同经营的纺织企业从1899年到1908年将公司的股份资本总额从500万卢布提升至1000万卢布。最初,在1899年公司计划将500万卢布的资金从储备金转为股份资本,用于扩大企业的再生产。但当时财政部只允许莫罗佐夫公司转移240万卢布的股份。1908年,公司以同样的方式又转移了260万卢布。在企业的这两次资本转移中,购买公司新股份的仍是公司旧股份的持有人,所以实质上仍是公司内部的资本转移。1908年,莫罗佐夫公司收购了萨温斯基纺织厂,因此公司转移的资产中也涵盖了一部分新收购企业的资产②。

C. 莫罗佐娃在尼科尔斯克开办的纺织企业在1902~1913年以同样的方式将股份资本从500万卢布增加到1500万卢布,并且股份同样全部掌握在旧股东手中③。这种将公司储备资本转入股份资本后新股份仍掌握在旧股东手中的现象同样存在于 М. С. 库兹涅佐夫所有的瓷器生产企业与 Г. А. 克列斯托夫尼科夫在莫斯科创办的纺织机械设备制造企业当中④。

将企业的内部积累转化为股份资本是当时莫斯科企业家们的普遍做法,

---

① ЦИАМ. Ф. 774. Оп. 1. Д. 207. Л. 1 – 1 об.; Д. 442. Л. 1 – 1 об., 29 – 29 об., 30 – 31.
② ЦИАМ. Ф. 341. Оп. 5. Д. 111. Л. 1 об., 25; Д. 159. Л. 88 – 88 об.; Ф. 346. Оп. 1. Д. 10 г. Л. 4, 8 – 9, 39.
③ ЦИАМ. Ф. 342. Оп. 6. Д. 275. Л. 8 – 9, 19 – 19 об., 54 – 55.
④ ЦИАМ. Ф. 337. Оп. 2. Д. 111. Л. 187, 268, 270, 381; Ф. 856. Оп. 3. Д. 5. Л. 4 – 4 об.

但这引起了圣彼得堡方面的不满。1910年，俄国工商部制定了一项法律草案，根据该法律，企业被禁止内部转移股份，且企业储备资本的转移必须经过证券市场①。

但对此莫斯科企业界的反应非常消极：Э. 钦德尔曾向工业与贸易代表大会提议修改关于企业资本转移的法律问题，因为在当时的大型纺织企业看来，现行的立法"损害了企业权益"。莫斯科纺织业的企业领导人组成了一个代表团，向政府提出了一项动议，即"不剥夺工业企业进行内部资本转移的权利"②。最终，工商部的改革计划未能实现。

莫斯科的纺织业企业家们执着于企业资本自由转移的原因在于，他们希望通过将自己的公司作为抵押或者提高旧股东股本的方式来扩大融资。有趣的是，莫斯科证券交易委员会与财政部、工商部的通信中按"合法化"的银行业务记载了企业家们的此类信贷方式。如前所述，由于莫斯科许多企业的股份没有在证券交易所上市，因此银行不得不绕过相关法规，在股份抵押业务中只接受开盘价格。

1899年3月，由于证券交易所出现了令人担忧的征兆，财政部信贷办公室提醒莫斯科银行家们（主要是商业银行的董事会）谨慎对待私人的无担保证券业务，同时禁止银行继续发放贷款③。然而，这年秋天在各家银行坚持要求继续办理企业非上市证券抵押业务的影响下，财政部被迫放宽了限制。1899年11月27日，财政部信贷办公室通告证券交易委员会"尽管你们关于推广证券公开发行存在难度的汇报十分可信，但为了实现股份流通是需要采取强制政策的"，随后时任财政大臣维特开始允许银行接受企业的证券抵押信贷业务④。信贷办公室也以公函的形式预先说明了此项信贷政策的临时性质。然而直到1906年，财政部信贷办公室才开始讨论关于信贷制度的法律框架问题，当时其拒绝了卡采波维纺织公司的股份抵押申请。1907

---

① ЦИАМ. Ф. 143. Оп. 1. Д. 193. Л. 203.
② Утро России. 1911. 25 сент.
③ ЦИАМ. Ф. 143. Оп. 1. Д. 261. Л. 144 – 145.
④ ЦИАМ. Ф. 143. Оп. 1. Д. 261. Л. 342.

年初，证券交易委员会对信贷办公室的做法做出了回应，并向圣彼得堡官员解释了此类贷款对莫斯科当地企业家的重要性。委员会在信函中称："在莫斯科和俄罗斯中部，有信誉的大型支柱企业的所有者们已形成了封闭的小圈子，同时企业之间的股权交易完全采取私人交易的模式，在圈子内部消化，极少有人会在证券交易所公开进行股权交易。"①

在致工商部的私人信函中，证券交易委员会主席 Г. А. 克列斯托夫尼科夫强调，交易所中的开盘价往往不能如实反映企业的价值，并建议取消将股票抵押给银行以获得贷款的制度。正如其在信中所述，这一制度的最大获益者是银行，因为这些银行有机会在"不顾交易所公告的情况下独自审查贷款业务"。与此同时，莫斯科企业界的领导者们继续坚持要求修改将证券作为贷款抵押物的规则——"应从信贷机构的业务范围中取消工业企业的股份、股票与债券的抵押贷款业务"②。

莫斯科的商业大亨们最后一次尝试将对其有利的制度合法化是在 1909 年，这之后信贷办公室再次表示，根据 1899 年 11 月 27 日通过的财政部公告，仅在特殊情况下才能允许非上市证券的存在。证券交易委员会也持续关注着这些证券的异常情况，"其中很多非上市证券的流动性甚至强于上市证券"③。

1909 年 3 月，证券交易委员会银行分委会主持召开了莫斯科工商界和金融界精英代表会议，会议的所有与会者一致赞成"给予银行在这件事上的自由决定权"。在署名 А. И. 科诺瓦洛夫主席的信函中，证券交易委员会直接向财政部部长 В. Н. 科科夫佐夫提出要求"取消政府对银行的审查，该制度虽然有某些正面作用，却更多地产生了负面影响"。莫斯科的金融家们坚持认为，"在每次交易中，银行本身都可以解决企业的稳固性和证券的流动性问题"。但为了确保对莫斯科商人群体的行政管控，财政部拒绝了这一

---

① ЦИАМ. Ф. 143. Оп. 1. Д. 261. Л. 44 – 45.
② ЦИАМ. Ф. 143. Оп. 1. Д. 261. Л. 146 – 147, 160 – 161.
③ ЦИАМ. Ф. 143. Оп. 1. Д. 359. Л. 23 – 23 об., 26 – 27.

请求①。

非上市证券抵押的自由准入问题与股份公司的法律地位问题有直接的联系。根据俄罗斯法律，非上市证券在法律和组织方面的地位完全等同于上市公司的证券。这激起了莫斯科商界的强烈抗议，他们普遍认为，在一家股东为同一家族成员的公司中，诸如股东大会、监事会之类的机制无非是一种装饰。

尤其是里亚布申斯基在他的报纸《俄罗斯晨报》中呼吁效仿德国的经验，德国在1892年通过了立法，引入了一种特殊类型的有限公司"Gesellschaft mit beschraenkter Haftung（有限责任公司，德文简称GmbH。——译者注）"。与其他公司不同，这类公司是按照明确的程序成立的（众所周知，当时在俄罗斯存在股份准入制度），企业所有业务都由一个或多个管理人员负责，不需要强制的公开业务汇报，公司股东可以通过简单的程序为公司注资，而无须通过证券交易所的途径②。在莫斯科的商业精英看来，这类公司的组织方式对于家族企业而言很适用，对俄罗斯来说引入该制度是非常必要的。很快类似的观点就出现于财政部在里亚布申斯基控制的报纸中公开发表的研究报告当中。③

19世纪90年代，当俄罗斯在准备股东制度改革时也曾考虑过股份合伙制的问题，但德国式的资本合作模式在官僚主义盛行的俄罗斯难以推行。官员们大多认为家族合伙企业是"我们股份制事业发展过程中非正常的赘生物"（工商部在1906年的通告中所表达的观点），这种态度使家族企业的法律地位变得不稳定，它们较易通过非上市证券获得银行的贷款融资，这种融资方式对于工商界人士来说非常重要。

从经济性质来看，非上市证券的抵押贷款是具有狭义性质的融资方式，

---

① ЦИАМ. Ф. 120. Оп. 1. Д. 68. Л. 22 – 22 об.；Ф. 143. Оп. 1. Д. 359. Л. 34 – 38 — черновик письма. Оригинал обнаружен в РГИА Л. Е. Шепелевым（Шепелев Л. Е. Акционерные компании в России. С. 246 – 247）.

② Утро России. 1911. 20 сент.

③ См.: Розенбере В. В. Товарищество с ограниченной ответственностью（о необходимости ведения этой формы в России）. СПб., 1912.

并具有为工业企业周转资金的作用。如果债务人是公司的主要股东，那么银行实际上是在帮助企业通过固定资本进行融资。企业所有者经常会通过抵押少量股份来获得贷款，以实现资金周转。这种股份抵押短期贷款的时限通常都会被延长，具有长期贷款的特征，体现了企业与银行的紧密关系以及革命前夕莫斯科金融资本在工业领域的渗透①。

企业外部融资的重要来源是公司用储备金购买的证券所抵押的贷款，企业通常用储备资金来投资国家基金或政府债券，再将这些证券抵押给银行，如此公司可以顺利将内部资源转化为可动用的资本。例如，"В. 维索茨基和К"茶叶贸易公司便在1902~1906年将780万卢布的储备资金投资了国债，银行也乐于为其提供国债抵押贷款②。

一份文件资料揭示了这种贷款方式的重要性，该文件保存在马柳京纺织公司的档案馆资料中，其是1906年该公司董事会草拟的一份银行抵押借款账户凭证。这份凭证中提道，以国债抵押获得银行信贷比传统的贷款方式更为有利。因为根据传统贷款方式，企业贷款的最短期限不得低于六个月——"这就是企业会把部分资本转化为证券形式的原因"——该凭证的起草者写道③。

将企业的部分资金积累转移到所有者自己作为股东的其他企业的股份中，通过控制其他公司的股份，他们获得了新的资金来源以拓展自己的业务。例如，1911年马柳京纺织公司拥有的有价证券总额达180万卢布，其中公司自身持有47万卢布的股份，公司的大股东莫斯科商业银行持股33万卢布，整个公司超过130万卢布的股份掌握在银行手中。莫斯科商业银行还持有许多其他公司的股份，如持有Э. 钦德尔公司35万卢布、巴拉诺维公司39万卢布、莫斯科机械制品公司10万卢布，其总共持有的其他公司股份金额达120万卢布④。

---

① Подробнее см.：Петров Ю. А. Коммерческие банки Москвы. С. 114－140.
② ЦИАМ. Ф. 759. Оп. 1. Д. 48. Л. 68－73（данные на 1913 г）.
③ ЦИАМ. Ф. 340. Оп. 1. Д. 150. Л. 10－10 об.
④ ЦИАМ. Ф. 340. Оп. 1. Д. 405. Л. 3－4.

莫斯科企业家经常采用的外部融资形式之一便是通过合作银行发行债券。作为长期贷款的一种形式,此类贷款模式在一定程度上弥补了银行长期融资的不足。因为土地抵押银行被禁止向工业企业发放贷款,莫斯科的商业银行也在避免用自有资金进行长期投资。实际上在莫斯科,由企业的动产和不动产所担保的债券贷款是唯一能使企业利用所有现有财产获得长期抵押贷款的机会,这不包括在证券交易所发行股票,因为莫斯科的公司很少会选择这类融资方式。

对于莫斯科的资本家而言,债券融资相对于股权融资的优势在于其不会给予持有者所有权,同时债券融资对于莫斯科19世纪90年代的工业发展也具有重要意义。据报道,到1900年,莫斯科已有40家企业发行了总计5660万卢布的债券。首先是采矿业企业,它们以其控制的庞大地产为抵押发行了大量债券,该行业中的16家公司发行了价值3270万卢布的债券。纺织业紧随其后——5家纤维质加工企业发行了价值340万卢布的长期债券。到1911年,俄罗斯的工业债券总额已达1.715亿卢布,是1900年的三倍。其中,采矿业仍处于领先地位,债券总发行额为9010万卢布,纺织业位居第二——2100万卢布,随后是机器制造业——1930万卢布[1]。

在莫斯科,银行在债券发行中的中介作用在资本市场上并不明显,银行有关债券发行的中介业务发展得非常缓慢,因此企业很难通过银行快速获得大量债券融资。企业家们从银行获得资金顺利与否往往受到经济形势的影响,而发行用于扩大生产的企业债券,即便发行时受到了经济危机的影响,企业也能够确保债券融资达到预期水平。

在资本运作中保持决策自由非常重要,因此莫斯科的工厂主们尤其反对工商部在1909年计划推行的一项制度——只允许企业使用债券资本来充实运营资金。为了取消此类"人为规则",莫斯科的纺织业大亨们坚持赋予他们独立确定此类长期贷款目的的权利。

在当时的俄国,银行融资的发展因国家缺乏有关贷款发行和债券持有

---

[1] См.: Когоножников Г. М. Облигационные займы в России. Томск, 1912. C. 282 – 286.

人权利的明确立法而受到阻碍。在 1900 年举行的"关于建立工商企业发行债券程序规则问题"的会议上,组织者财政大臣 В. И. 科瓦列夫斯基强调——"债券融资这一方式在股份制公司中是最普遍的"。然而,在 1904~1905 年和 1909~1912 年的会议上从未通过关于建立债券发行规则的立法①。

由工业债券引起的长期贷款问题催生了专门的工业信贷银行。此类银行是通过发放长期许可证书为工业企业融资的专门机构,旨在延期和替代资本市场上的工业企业债券。关于成立这种银行的最早提议出现在 1900 年代,当时在经济危机的情况下,采矿业企业家中一些与债券行业利益相关的人开始"力图实现他们所拥有的地下资源的价值"②。

随后莫斯科出现了一家类似的银行——莫斯科工业银行。由银行家贾姆加罗维领导的资本主义团体起草了该银行的章程,其宗旨是"发行长期贷款,以提升现有企业在厂房和设备安全方面的实力",此类贷款本质上属于"为此宗旨特别发行的债券"③。

在经济危机的背景下俄国政府没有实施任何措施,而是在出现经济复苏最初迹象的情况下,再次提出了为工业发展提供长期融资专门机构的问题。1909 年,当再次讨论债券发行规则时,工商部收到了"建立工业信用银行的总体框架草案",该框架本质上是用企业自身的债券股本来为企业融资④。

---

① РГИА. Ф. 23. Оп. 26. Д. 85. Л. 1 – 1 об.: Шепелев Л. Е. Акционерные компании в России. С. 192 – 201, 219 – 222, 288 – 293.

② См.: Калоножников Г. М. Облигационные займы в России. С. 187: Гурьев А. Записка о промышленных банках. СПб., 1900. 关于工业银行创办情况的相关研究参见:Гиндин И. Ф. Русские коммерческие банки. Из истории финансового капитала в России. С. 311 – 315. 值得注意的是,作者不准确地认为"莫斯科工业家总是保持被动,甚至反对建立专门银行"(С. 315)。

③ РГИА. Ф. 23. Оп. 3. Д. 1110. Л. 1, 2 об., 6 об。由财政大臣 С. Ю. 维特签署的银行章程并没有标注日期,显然,该银行的建立是 19 世纪 90 年代后期股份制法律和债券担保规则改革的准备环节中不可或缺的一部分。

④ РГИА. Ф. 23. Оп. 1. Д. 48. Л. 1 – 9.

此类银行引起了沙皇政府高官们的注意。1909年春，创办工业银行的实施方案呈交财政部审查。4月25日，财政大臣 В. Н. 科科夫佐夫向自己在工商部的同事 В. И. 季米里亚泽夫寄去一封信函，其中谈到了工业长期贷款的前景。他写道，国家银行不能承担这一职能，因为"实践表明，国家银行发放的工业贷款往往会被拖延为长期贷款，这会使国家银行的资金被固化"。这位财政大臣还认为，长期贷款业务与以短期存款为主业的股份制商业银行格格不入，"这些银行（主要指圣彼得堡的银行，它们在经济危机期间业务亏损严重）在经历过了相当可悲的业绩下滑后，现在完全拒绝为工业企业提供融资"①。

为了解决长期工业贷款问题，科科夫佐夫考虑建立一家专门的银行，季米里亚泽夫对此表示同意并很快召集了一个机构间委员会讨论建立工业信贷银行的草案，但未做出明确决议②。与此同时，该草案也被印为独立小册子出版③。支持建立这一银行的官员们主要讨论利用其吸引外资的可能性，在20世纪初的经济危机之后，在俄外资需要一个中介机构来保证对工业项目的投资。当时圣彼得堡的经济和证券类杂志上出现了关于建立工业信贷银行前景的激烈争论④，但仍未见到实质性的举措。

据当时的媒体报道，在莫斯科关于建立工业信贷银行的问题得到了广泛关注，况且这一机构能够吸引外资进入本地产业。莫斯科的资本家们认为，该银行可以未上市股份和工业企业股份为抵押发放担保贷款，这是符合莫斯科资产阶级利益的。莫斯科的一些企业家还为银行拟定了一份实用的章程，但是他们的计划并没有付诸实施⑤。

① РГИА. Ф. 587. Оп. 56. Д. 367，Л. 1 – 2.
② РГИА. Ф. 587. Оп. 56. Д. 367，Л. 3 – 3 об.
③ М［аксимов］В. В. Проект банка промышленного кредита. СП6. ，1909.
④ Идельсон Вл. Промышленный кредит // Экономист России. 1909. № 10；Опромышленном кредите // Там же. № 12；/М. М. / Вопрос об организации промышленного кредита в Германии // Там же. № 14； ［Г. Т.］Чему могут нас научить германские банки？ // Промышленность и торговля. 1909. № 21；О промышленном банке // Финансовое обозрение. 1910. № 14.
⑤ См. ：Коммерсант. 1909. 14 нояб. ；1910. 24 сент.

随后，在 1912 年的一次政府部门例会上，债券发行规则一事再次引发了关于工业信贷银行问题的辩论。里亚布申斯基控制的报纸《俄罗斯晨报》呼吁成立债券持有人的企业组织以确保其权益，成立该组织是建立工业信贷银行的过渡步骤，其任务是"通过银行发行担保债券来提供独立的工业融资，通过与银行的合作使该组织成为独立企业的债券持有者"[1]。在《俄罗斯晨报》之后，其他的莫斯科证券类媒体业开始为建立这样的银行而迅速开展舆论造势，但是由于债券发行的立法问题尚未解决，莫斯科大资本家们的呼吁并未得到官方回应[2]。

设立工业信贷银行这一能够促进工业融资发展的提议被拒绝，这激怒了莫斯科商界，并引发了其对沙皇政府的反对情绪，而沙皇政府又无法解决这些经济领域中的紧迫问题。在当时莫斯科商业报纸的版面上，企业家们公开表达了对债券发行规则会议无果而终的不满，他们强调，如果不解决工业信贷问题，就不可能"扩大企业生产规模和按照最新的技术标准对设备进行改造，以及增加流动资金规模"[3]。然而，直到 1917 年，工业信贷的问题仍未在立法层面得到解决。

因此，莫斯科企业家活动的特殊性在很大程度上取决于企业的家族性质，这在股份制工业企业的现代化进程以及工商业融资的模式上留下了明显的烙印。尽管政府部门曾试图推动传统的莫斯科企业经营模式转变为较为先进的欧洲模式，但最终莫斯科的企业界仍旧坚守着自己独特的股份制与融资机制，毕竟其符合自己需求并能够确保自身在国内市场的竞争力。莫斯科的企业家们不是保守，而是要使最新形式的企业家精神适应既有的商业传统。同时，莫斯科商人有充分的理由不满于政府对他们的需求缺乏适当关注，这也加剧了其反对情绪。

---

[1] Утро России. 1911. 8 дек.

[2] См.：Коммерсант. 1912. 16 мая；1913. 15 февр.

[3] См.：Коммерсант. 1912. 16 мая；1913. 5 марта.

第二节　贵族工厂主：孔申家族与谢尔普霍夫

В. П. 里亚布申斯基回忆道，按业务类型划分的莫斯科商人的等级从高到低分别是企业家、工厂主、商人以及缺乏威望的高利贷银行家①。这种等级制度反映了企业家在革命前莫斯科经济和社会生活中所占的主导地位。

在历史和经济学界，W. 桑巴特和 J. 熊彼特的著作对企业家活动类型的划分进行了深入研究②。至于革命前俄罗斯企业家的划分，现代学者引用了多种标准，例如基于社会心理学的分类，可以将其分为西化主义者、本土的理性主义者、有意的保守者三类③。根据企业家的阶级出身，则可以将莫斯科的资产阶级（或中央工业区的资产阶级）视为农民商人，这就与外国移民占比较高的圣彼得堡的商人、贵族和官僚群体不同④。

依据企业家的民族与宗教属性，莫斯科的企业家大致可以分为以下三个主导群体：出身农村及城镇底层的俄罗斯商人（分为东正教和旧礼仪派）、外国裔的俄罗斯企业家（如"莫斯科德意志人"）以及帝国境内少数民族出身的企业家，在本书中主要指犹太企业家。本书中对每种类型的企业家都以家族为单位进行了研究（孔申家族、里亚布申斯基家族、克诺普家族、沃高家族、波利亚科夫家族）。我们认为，在不奢求绝对准确的情况下，这种分类体现了这三类群体的主要特征和创业活动特点。

*　　　　　*　　　　　*

在俄罗斯及世界历史中，很少有家族的商业活动历史能够持续数个世

---

① См.：Робушинский Вл. Купечество московское. С. 178.
② Redlich F. Unternehmertypologie // Redich F. Der Unternehmer. Goettingen，1964. S. 153 – 170；Агеев А. И. Предпринимательство：проблемы собственности и культуры. М.，1991.
③ См.：Наумова Г. Р. Русская фабрика（Проблемы источниковедения）. М.，1998. С. 229 – 230.
④ См.：Иванова Н. А. Промышленный Центр России，1907 – 1914 гг. С. 277；Шацилло М. К. Источники по социальной структуре российской буржуазии началаXX в. Автореф. дис. канд. ист. наук. М. 1986. С. 14 – 15.

纪。在 20 世纪初的莫斯科，商业精英家族往往已经持续了三到四代。在 100 余年的时间里，随着工业的发展，莫罗佐夫家族、普罗霍罗夫家族、里亚布申斯基家族和许多其他商业家族进入了鼎盛时期，取代了在 18 世纪取得成功的传统商业家族。

但也有个别传统商业家族适应了形势的变化，在新的历史时期重振家族产业并继续居于"莫斯科商人"群体的高层，在这些从"贸易商"成功转型为前工业化时代企业家的商业家族中比较典型的就是孔申家族，该家族在位于莫斯科周边的谢尔普霍夫市拥有一座大型棉纺织厂。在 200 多年的发展历史中，该家族从省级商人逐步发展为业务覆盖全俄的纺织业巨头。

20 世纪初，孔申家族生产的纺织品在俄罗斯帝国全境和国外都有需求，各类产品都在莫斯科地区生产，"从那时开始，就像街边广告中所写的那样——孔申家族生产从能够与国外产品相竞争的纤薄亚麻布到普通农民消费得起的粗布"。鉴于其为国内工业和贸易发展做出的贡献，孔申家族于 1882 年开始跻身世袭贵族的行列，谢尔普霍夫工厂的产品在国内和国际工业展览上屡次斩获殊荣。这些成就的背后是谢尔普霍夫的商业家族几代人的艰苦奋斗，对这种革命前莫斯科所特有的脱胎于农村手工业与商贸行业的大型纺织企业值得单独进行研究。

工厂主家族往往与莫斯科南边的小城谢尔普霍夫有关联，关于孔申家族的最早记载出现在 1552 年谢尔普霍夫的地方志中。17 世纪，孔申是古罗斯城堡外工商业聚集区商人中相当普遍的姓氏，一些孔申家族的成员在此类城区中担任重要领导职务[1]。18 世纪初，孔申家族分成三支，只有其中一支在工商业领域站稳了脚跟。1781 年，П. Ф. 孔申在谢尔普霍夫开设了一家帆布工厂，并被列为谢尔普霍夫的 30 位 "最佳商人" 之一。他的儿子 А. П. 孔申继承了他的事业。

但在 1809 年，孔申家族被迫关闭帆布工厂，由于拿破仑的大陆封锁政

---

[1] О ранней истории семейства Коншиных подробнее см. : Аксемое А. Н. , Пет рое Ю. 4. Коншины —серпуховские // Предпринимательство и предприниматели России от истоков до начала XX в. М. , 1997, С. 201 – 203.

策，英国迅猛发展的帆船制造业无法再进口原材料，导致俄国的亚麻制品失去了主要的市场，生产受到打击。一些有远见的亚麻生产者开始重组生产，转向利润更高、前景广阔的棉纺织产业，同时该产业较少依赖政府订单和国外市场。

А. П. 孔申的儿子 М. А. 孔申也是如此，他于1805年在前亚麻厂的基础上建立了一家拥有110名工人的棉纺织和印染厂"旧庄园"。孔申家族棉纺织事业的迅速发展归功于 М. А. 孔申之子 Н. М. 孔申（1798～1853）。他在19世纪40年代为"旧庄园"引进了马力牵引印花机，雇工近3000人。孔申家族在谢尔普霍夫生产的印花布、头巾、被毯等棉纺织品远销莫斯科以及下诺夫哥罗德的马卡里耶夫展销会①。

但是，俄国棉纺织业所需的棉纱依赖从英国进口，这限制了产量的增长。到19世纪中叶，俄罗斯的棉纺织工业仍主要依靠进口原料，加之英国这一"世界工厂"禁止出口纺纱机，俄罗斯农民的手工生产方式无法与英国机器竞争②。

1842年英国取消出口禁令后，俄罗斯工厂主得以建设自己的机器化纺织生产线。Н. М. 孔申是最早进行机器纺纱厂建设的工厂主之一，这需要大量的资金。19世纪40年代末，孔申家族机器纺纱厂的建设被提上日程，由英国工匠负责监督生产，机器由英国进口的蒸汽机驱动，这是孔申家族企业走向机械化的开始。但由于孔申家族没有自己的织布厂，工厂生产的纱线大多供应给当地的农民手工业者③。而创办织布厂的功绩则属于这一工业家族的下一代人。

1853年Н. М. 孔申去世后，他的遗孀马尔法·菲利波芙娜继承了工厂，她是沃罗涅日一名商人的女儿，娘家姓瓦尔金。在当时，孔申家族企业利益

---

① См.：Из истории фабрик и заводов Москвы и Московской губернии. М.，1968. C. 47.
② См.：Иоксимович Ч. М. Мануфактурная промышленность в прошлом и настоящем. Ч. 1. М.，1915. C. 270 – 272.
③ См.：Иоксимович Ч. М. Мануфактурная промышленность в прошлом и настоящем. Ч. 1. М.，1915. C. 272 – 274.

的实现需要进一步的技术现代化，即将织布和印刷流程从过去的手工生产与作坊式生产转为工厂式的机器大生产。出于现实需要的考量，企业的真正管理权转移到了 Н. М. 孔申的三个儿子手中。1859 年，他们编写了一份"财产遗赠凭证"，据此他们的母亲将共计价值超过 230 万卢布的财产赠送给孩子们，其中包括谢尔普霍夫的家庭住宅、工厂和其他各类不动产等。

长子伊万·尼古拉耶维奇（1828~1898）继承了最有价值的纺纱厂，价值约 150 万卢布；小儿子马克西姆（1838~?）继承了棉纺织厂和印染厂（"旧庄园"，价值 53 万卢布）；二儿子尼古拉（1831~1918）继承了位于卡卢加省塔鲁萨县的土地[①]。尽管二儿子没有分到工厂，但他注定要成为之后半个多世纪家族企业的领导者。

尼古拉和马克西姆决定在"尼古拉·孔申的子孙"公司下开展一般贸易，但是在 1872 年，这位二哥将自己那位对企业经营没有兴趣的弟弟从公司解职。马克西姆得到了金钱补偿，公司就此停办。这位不幸的弟弟很快就在亲属创办的家族基金中找到了自己的职位[②]。

孔申三兄弟中长兄伊万的企业家生涯并不十分成功。的确，美国在南北战争前夕的大量采购，使棉纺织品的价格急剧上涨，得益于此，他成为一个很有钱的人。然而，这位长子缺乏商业敏锐性，虽然其渴望将工厂业务提高到一个新的水平。从继承家族工厂到去世的 40 年里，他一直都在经营棉纺织行业，但没有实现预想的扩张目标。И. Н. 孔申死后无嗣，留下了 1000 万卢布的巨额遗产。他的妻子亚历山德拉·伊万诺夫娜在莫斯科的普列奇斯坚卡拥有一栋豪华住宅（现在的科学家之家就位于此建筑内）。她是一位著名的慈善家，并在丈夫去世后全身心投入慈善事业，将旧的棉纺织厂归还给了家族管理机构[③]。

[①] ЦИАМ. Ф. 673. Оп. 8. Д. 13. Л. 192 – 199.
[②] ЦИАМ. Ф. 673. Оп. 8. Д. 13. Л. 88.
[③] ЦИАМ. Ф. 673. Оп. 8. Д. 3. Л. 141 – 141 об.; Д. 93. Л. 111 – 124; Ф. 179. Оп. 1. Д. 3338. Л. 7 – 9: Иоксимович Ч. М. Мануфактурная промышленность в прошлом и настоящем. Ч. 1. С. 276.

当时，Н. Н. 孔申经营的家族企业是俄罗斯优秀纺织企业的代表之一。从他的弟弟马克西姆那里转归他的棉纺织厂和印染厂在19世纪50~60年代换装了蒸汽动力。60年代他还在市郊投资新建了"新庄园"机器织布厂和棉纺织厂。在老孔申的这位二儿子的经营下，孔申家族发展出了产业链完整的棉纺织联合企业，覆盖了从纱线生产到成品布染色的所有棉纺织业加工环节。

该企业从著名的贸易商和制造商路德维希·克诺普处进口了最新的国外机器，后者一直在向莫斯科纺织市场提供棉花及英制机器（关于克诺普家族，详细介绍见本章第4节）。克诺普是孔申家族扩张计划的有利帮手，使孔申家族企业成为俄罗斯的一流企业之一。这些接受过良好家庭教育的谢尔普霍夫工厂主密切关注着最新的工业技术动态，甚至为此亲自动身去英国考察。

孔申家族作为俄罗斯最早的工业家族之一，自19世纪70年代开始积极拓展被俄罗斯吞并的中亚地区市场，并在塔什干、浩罕和布哈拉设立了仓库。由于当时俄国纺织工业完全依赖外国（主要是美国和印度）的棉花供应，因此孔申家族着手在图尔克斯坦发展本国的棉花种植业，并收购当地出产的质量较为一般的棉花，同时孔申还是俄罗斯第一位在中亚地区种植美国棉花种子尝试培育优质棉花的人。孔申公司在梅尔夫的绿洲上建立起了自己的棉花种植园，以及轧棉厂和压制厂[①]。

国内棉花种植的先驱孔申家族很快被其他纺织和商贸企业所效仿，在第一次世界大战前夕，俄罗斯中央工业区的企业加工的棉花约有一半来自中亚。

孔申公司不仅积极在俄国境内拓展产品市场，同时积极开拓国外市场，表现出与中东国家进行贸易的兴趣。1876年，孔申公司在德黑兰设立了仓库，并在此地开展贸易直至19世纪90年代初。为表彰其棉花种植实践的成

[①] См. : Лаверычев В. Я. Московские фабриканты и среднеазиатский хлопок // Вест. МГУ. Сер. История. 1970. № 5.

第二章 企业家活动的特点与类型

А. И. 孔申宅邸中的冬季室内花园，摄于 20 世纪初

20 世纪初位于谢尔普霍夫的孔申家族墓地，建筑师 Р. И. 克莱因

20 世纪初的莫斯科企业家

20 世纪初位于谢尔普霍夫的孔申家族工厂

20 世纪初的尼古拉·尼古拉耶维奇·孔申

20 世纪 10 年代的尼古拉·亚历山德罗维奇·弗托罗夫

第二章 企业家活动的特点与类型

瓦尔瓦尔广场上的"实业宫",
建筑师 И. С. 库兹涅佐夫,摄于 20 世纪 10 年代初

Н. А. 弗托罗夫在斯巴绍佩斯科夫斯基小巷里的私人宅邸,
建筑师 В. Д. 阿达莫维奇、В. М. 马亚特,摄于 20 世纪 10 年代

随着19世纪90年代期待已久的经济复苏，孔申企业的产品销售量增加了（从1892年的80匹增长到1896年的130万匹，5年内增长62.5%），并带来了丰厚的利润，公司股票的每股收益增值6%~7%。到19世纪90年代中期，相比于80年代每股收益增长了14%。为了增加销量，工厂修建了从厂区门口到莫斯科—库尔斯克铁路沿线站台的通道①。

将生产维持在规模较高的水平需要更多的原材料，而主要的棉花供应商仍是孔申的老合作伙伴——克诺普，其通过扩大机床和劳动力的数量，实现了棉花产量的增长。1895年，孔申通过采取两班轮换制，将纺纱厂和织布厂的每日工作时长延长到18小时。但是即使每天运转18个小时，该工厂的年产能依旧无法超过70万匹原色布，为了达到成品布130万匹的年产能，公司不得不在市场上额外收购60万匹原色布。由于19世纪末原色布的价格较高，因此扩大半成品的生产变得有利可图，这需要额外增加300万卢布的投资。

很快，孔申公司就在资本市场获得了债券融资，债券贷款是在与孔申私交密切的莫斯科商业银行的帮助下进行的。19世纪90年代，孔申家族企业的实际打理人是 H. H. 孔申的妹夫 B. C. 巴尔舍夫，他也是莫斯科商业银行理事会的成员。

随着1897年孔申公司生产规模的扩大，公司的固定资本翻了一番（从300万卢布增加到600万卢布），企业的实际价值超过了800万卢布，如此一来远远超出了公司的股本规模②。

像莫斯科的许多纺织企业一样，孔申家族的企业也脱胎于独资公司，并带有股份制的特征。此类合伙企业并不像传统的股份制企业一样通过发行股票进行融资，其股本是从企业之前的独立所有者处转移而来的。因此这类合伙企业的股东圈始终较为狭窄，而企业合伙人对在交易所发行股票不感兴趣，因为他们担心这些股票会被竞争对手收购。此外，以许多莫斯科家族企

---

① ЦИАМ. Ф. 673. Оп. 8. Д. 1. Л. 19 – 21；Д. 4. Л. 31 – 32.
② ЦИАМ. Ф. 673. Оп. 8. Д. 1. Л. 25 – 27；Д. 8. Л. 29 об., 34.

业的合伙条例为例，其中有一条规定指出，有意出售企业股份的股东应首先将股份出售给合伙人，并且只有在后者拒绝的情况下，他们才有权将合伙企业的股份出售给"外人"。

1917年，孔申家族的合伙纺织企业共有股东35人，其中20人是孔申家族成员（他们在总计2000只股份中持有921股），6人与克诺普公司有关（持有880股），还有139股由H. H. 孔申的妹夫B. C. 巴尔舍夫持有，其余股份由公司的高级技术人员所持有[①]。为了确保对公司的控制，企业合伙人在扩大固定资本时并没有在证券交易所发行新股，而是利用公司自身的资金。

1896年，他们第一次使用这种自筹资金的方法，随后这种方法逐渐成为惯例，即从企业既有资本的利润中抽取资金来扩大生产。也就是说，企业扩大再生产的主要资金来源为纯利润（根据公司章程，每年的生产投资不得低于建筑和机器设备成本的5%）。因此，随着企业内部资金积累的增加，公司股本也在增加。如前所述，这种"自筹资金"的做法在莫斯科的纺织企业中很普遍，这些公司将从合伙人处借款作为额外的资金来源，并使合伙人同时成为企业的债务人。

但是完全没有外部投资是不可能的。随着莫斯科资本市场的快速发展，莫斯科的工业企业所有者们开始对此类债券融资表现出兴趣，其中包括孔申。债券与股票（股份）不同，它没有赋予持有人对企业的所有权，仅保证了固定的回报率，在这种情况下，企业所有人的利益得到了可靠的保护。孔申公司第一次发行债券是在1897年，随后于1900年再次发行，同样是在莫斯科商业银行的帮助下，孔申获得了150万卢布的债券抵押贷款，这些贷款由公司董事会负责用来"增加企业运营资金"，以确保产量不会下滑[②]。这种融资形式的便利之处还在于，企业无须等待债券投放市场，因为银行能够立即提供相当于债券发行额90%的贷款，并可以在15年的期限里用利润

[①] ЦИАМ. Ф. 673. Оп. 8. Д. 233. Л. 44，73.
[②] ЦИАМ. Ф. 673. Оп. 8. Д. 1. Л. 25 – 27，33 – 35；Д. 14. Л. 8 об. ；Д. 17. Л. 71.

逐步偿清贷款。

1897年贷款的很大一部分被用于消除印染厂的高温影响与生产现代化，为此花费了50万卢布。"为了不耽误生产"，孔申公司通过"Л. 克诺普"公司从英国和德国进口了更多的先进机床和机器投入生产。此外，在1897年罢工后，公司又建造了几座住宅楼、一所医院和一个货物仓库。尽管遇到了种种困难，但得益于1898年火灾后新建织布厂的投产，孔申扩大产量的计划得以实现。

尽管发生了较严重的经济危机，但孔申公司还是在20世纪初保持了高产量。从1897年到1906年的10年间，公司耗资400万卢布用于更新生产设备，并投资320万卢布建设发电站和铁路支线。同时，公司的年净利润从19世纪90年代中期的50万~60万卢布增加到20世纪初的90万~120万卢布[①]。

孔申家族商业传奇的新篇章由Н. А. 弗托罗夫开启，其于1907年接替去世的В. С. 巴尔舍夫担任孔申公司总经理一职。弗托罗夫是西伯利亚商人出身，20世纪初移居莫斯科，拥有一家规模庞大的纺织品批发公司。弗托罗夫和孔申家族有亲戚关系——他的妹妹嫁给了Н. Н. 孔申的儿子、家族合伙企业的经理С. Н. 孔申。

弗托罗夫的父亲于1911年去世后，他继承了超过1000万卢布的巨额遗产。他良好的企业家素养、开展业务和实现目标的能力被Н. Н. 孔申所看好，并选定他为继承者，弗托罗夫为孔申的家族企业带来了创新精神，而这正是孔申自己的后代们所缺乏的特质。弗托罗夫作为孔申企业的实际领导者，其继承资格明显强于克诺普，后者也将自己所持有的120股家族合伙企业股份转让给了他[②]。

在莫斯科商界，弗托罗夫因提议并组织于1912~1913年在瓦尔瓦尔广场建设大规模建筑群而得名，其中以"实业宫"最为著名。许多工商业企业在这里租赁房屋以用作董事会办公室、仓库等，当中也包括Н. Н. 孔申合

[①] ЦИАМ. Ф. 673. Оп. 8. Д. 1. Л. 28 – 29，31 – 36，38 – 39，41 – 42，44 – 45；Д. 35. Л. 9 – 12；Иоксимович Ч. М. Мануфактурнаяпромышленность в прошлом и настоящем. Ч. 1. С. 277.

[②] ЦИАМ. Ф. 673. Оп. 8. Д. 1. Л. 46 об. ；Д. 3. Л. 133 – 134.

伙企业的董事会。一战期间弗托罗夫达到了自己商业生涯的巅峰，他创办了垄断性的军工联合企业，涵盖了炮弹厂、莫斯科附近的电炉钢厂以及许多战前属于德国化工巨头的化工厂等。为实现生产融资，他们收购了曾经属于德国移民的银行"И. В. 荣格尔与К"，并将其更名为莫斯科工业银行，随后这家银行成为弗托罗夫军工联合企业的重要支柱[1]。

一战前，弗托罗夫主要涉足的领域是纺织工业和纺织品贸易。他担任孔申家族合伙企业董事长达十年，为企业的繁荣做出了很多贡献。在他的领导下，公司的固定资本从600万卢布增加到1250万卢布，企业合伙人的利益也得到了保护——公司仍未在交易所公开发行股票，扩大再生产的资金来源主要为企业利润，由公司和合伙人们负责调度[2]。

Н. Н. 孔申的这位搭档尤其擅长销售领域，1910年孔申拟定了一个长期的全球销售计划。孔申认为，企业不能像以往一样将自己局限于本地销售市场。"应尽可能扩大企业活动范围，不仅要与俄罗斯边远地区建立贸易关系，而且还应试图征服国外市场"，因此在海外开设贸易代表处是必要的[3]。

从20世纪初开始，孔申的这个想法就浮出水面了，当时孔申企业的发展到达了新的高度，В. С. 巴尔舍夫趁机提出"鉴于产量的增加，应积极开辟新的商品销售地区"。公司十分看重中亚市场，并打算在中亚设立批发仓库（后来确实做到了），"应使生产适应当地消费者的需求"[4]。弗托罗夫执掌公司后，他与"伊万·科诺瓦洛夫与其子"公司签订了合作协议，即通过科诺瓦洛夫公司在图尔克斯坦的分销机构将孔申公司在谢尔普霍夫工厂生产的产品销往当地。当时的下诺夫哥罗德展销会对于孔申公司来说已经无利可图，因此公司在圣彼

---

[1] О роли Н. А. Второва на торгово - промышленном и финансовом рынках Москвы см. ; Лаверычев В. Я. Монополистический калитал в текстильной промышленности России, 1900 - 1917. М. , 1963. С. 116 и сл. ; Петров Ю. А. Коммерческие банки Москвы. С. 188, 237.

[2] ЦИАМ. Ф. 673. Оп. 8. Д. 14. Л. 7 - 7 об. , 46； Д. 54. Л. 12 - 12 об. , 25 - 25 об. ; Д. 536. Л. 25.

[3] ЦИАМ. Ф. 673. Оп. 8. Д. 35. Л. 9 - 12.

[4] ЦИАМ. Ф. 673. Оп. 8. Д. 22. Л. 18.

得堡设立了批发仓库，以期稳住当地市场并进一步扩大销量。

在长期的中断后，第一次尝试打开国外市场的是莫斯科的印染纺织企业"Э. 钦德尔"公司，其在1908年首倡成立一家专门的外贸合伙企业——俄罗斯出口公司。这一提议由克诺普在钦德尔公司提出，随后得到了孔申家族的支持，他们认为"通过发展国内商品的出口，能够弱化国内生产过剩可能对未来造成的不良后果"[1]。但是，孔申的出口战略起初并没有取得显著成效，在弗托罗夫接手公司后，俄罗斯纺织品才在国外逐步打开市场。

在弗托罗夫的坚持下，公司又通过债券抵押获得了300万卢布的贷款，并将其用于生产现代化改造，而最重要的投入是要从根本上变革商品的销售体系。当时莫斯科的工商业企业普遍采取产销一体的经营模式，尽管此模式能够增加盈利环节（企业在赚取生产利润的同时也获得了销售利润），但也存在许多重大缺陷。"目前公司使用了过多的仓库与办公室，雇员数量也十分庞大，"1914年春 H. H. 孔申纺织联合公司董事会在报告中如此提及，"这给公司带来了过多的财务支出，并造成了沉重的经营负担。同时每年不断提升的毁约率也扩大了公司的损失。为降低企业的交易成本和毁约率，董事会认为应将销售与生产环节分离，并将销售外包给稳定的承包单位，使其成为我们公司产品的专门经销商。"[2]

按弗托罗夫的规划，公司的经销商应该是那些从事纺织制成品国内外贸易的专门企业，并能够将孔申家族三家企业的产品结合起来销售。其中一家企业为孔申联合纺织厂，日产13000匹布，另两家为莫斯科的工厂，其一为A. 许布内尔印染厂（日加工产能为9000匹布），这也是弗托罗夫在其中具备决定性影响力的企业，其二为丹尼洛夫斯基纺织厂（日产能5000匹布），控制者为克诺普。这三家公司作为经销商的股东，固定资本为1500万卢布。为扩大销售渠道，孔申公司一次性投入了325万卢布进行相关建设，董事会认为，"这足以确保我们在国内外市场的影响力"[3]。

---

[1] ЦИАМ. Ф. 673. Оп. 8. Д. 22. Л. 92 об.；Д. 36. Л. 11, 19, 23.
[2] ЦИАМ. Ф. 673. Оп. 8. Д. 35. Л. 28 об. 29.
[3] ЦИАМ. Ф. 673. Оп. 8. Д. 161. Л. 2 – 2 об.

孔申曾想过将孔申纺织厂与丹尼洛夫斯基纺织厂完全合并，正如 1910 年草拟的合并项目解释性说明中所指出的那样："这两家公司的董事会成员几乎完全相同，是一个相互联系的整体（两家公司的董事长均为弗托罗夫），实际上两家企业只在法律层面相互独立，但这只会使经营活动更加不便（如同一拨人需要分别召开两次股东大会、需要制定单独的企业账目、信件往来以及两家企业之间不必要的贸易往来过多等）。"① 弗托罗夫原则上同意这份合并草案，但他更倾向于仅合并营销部门，即成立独立的进出口贸易公司，并保留这两家公司在法律上的独立性。

为确定新成立的进出口贸易公司中三家企业所占的股份比例，需要统计其仓储规模，当时孔申家族三家企业的仓库里共计有成品布 140.5 万匹，其中孔申公司 59.6 万匹、丹尼洛夫斯基公司 44.2 万匹、许布内尔公司 36.7 万匹。最终孔申公司在贸易公司中占股 650 万卢布，丹尼洛夫斯基公司占股 440 万卢布，许布内尔公司 410 万卢布。这一合并计划具有广阔的前景，孔申家族在俄罗斯和中国的 18 座城市所拥有的仓库均被纳入合并范畴，其中包括在上海和哈尔滨的仓库，当时孔申家族的这三家企业在上海和哈尔滨均设有代表处。新成立的贸易公司成为一家大型联合企业，总经理为孔申公司的负责人弗托罗夫，在一战期间这家新公司已完全成形②。

但销售部门的联合很快就变得没有了意义：1914 年，随着一战的爆发，出口公司的负责人通知客户，由于三家工厂都缺乏工人，且确保工厂运转所需的棉花、燃料和染料供应不足，公司被迫削减了工时，已无法完成既有订单。在一段时间内，工厂每周只开工三天，其余时间里工人们只能寻找临时工作。此时贸易公司创始人的主要关注点不是开拓新市场，而是为实现军方订货而竭力保持现有的生产水平。谢尔普霍夫的工厂开始生产大量医用绷带、棉绒、用于制作军服和帐篷的布匹等。"1916 年孔申公司董事会向军事

---

① ЦИАМ. Ф. 673. Оп. 8. Д. 6. Л. 442－451.
② ЦИАМ. Ф. 673. Оп. 8. Д. 160. Л. 42，Д. 161. Л. 4－10；Д. 167. Л. 53，56；Лаверычев В. Я. Монополистический капитал в текстильной промышленности России. С. 150－151.

部门报告称，旗下的纺纱厂已经全部投入纱线生产，以满足战争对布匹的需求。"[1]

孔申的进出口贸易公司继续销售三家纺织公司的产品，尽管其中很少一部分进入自由市场。随着政府订单规模和生产成本的增长，进出口公司的资本积累逐渐耗尽。批发价的折扣幅度从1914年4月的26.5%降至1916年的6.5%[2]。

尽管战时困难重重，但孔申家族仍保持着在棉纺织行业中的领导者地位。到1917年，谢尔普霍夫的工厂已成为规模庞大的全国性联合企业，产业链覆盖了纺纱、织布、印染、蒸馏染色等全部纺织业的生产环节，雇工量达13000人，超过12万个纺锤和4000多部纺纱机在运转。孔申家族企业的财产总量约为2410万卢布，年产值超过4500万卢布。

此外，孔申家族还经营一些副业，如在其私人森林中开发建设木材厂，面积为2.13万俄亩，并有一条长54俄里的窄轨铁路通往该处；孔申家族还建设了铸造厂和制砖厂、向4家工厂供电的中央发电站、各种辅助工厂和维修厂等。

在战争年代，由于与化学染料主要供应商德国的业务关系中断，孔申家族建立了自己的化工厂。到1917年10月，该公司已投资约140万卢布，为新建的各类采矿厂、化工厂和木材加工厂提供石油和煤炭[3]。

当时的俄国是一个典型的农业国，工业的发展是由高素质的企业家和成千上万工人的劳动所创造的，然而，这两者之间的关系并不融洽。因此，有必要简短地分析一下当时对国内企业家阶级而言致命的"工作问题"，在孔申家族的经营历史中也可以清楚地看出其严重性。

俄罗斯的工业化道路并不平坦，与许多国家一样，其工业发展的成就在很大程度上得益于"榨出工人血汗"的机制。加上俄国农业人口过剩，这种机制变得更加顽固，因为工厂招工并不困难，每个岗位都会吸引大量农民

---

[1] ЦИАМ. Ф. 673. Оп. 8. Д. 160. Л. 38；Д. 165. Л. 50 об.；Д. 227. Л. 64.
[2] ЦИАМ. Ф. 673. Оп. 8. Д. 167. Л. 16, 23, 40.
[3] ЦИАМ. Ф. 673. Оп. 8. Д. 226. Л. 56 – 57；Д. 960. Л. 37 – 39.

前来。劳资关系也在逐步改变,这对工人的罢工运动不无影响。

孔申家族工厂的第一次罢工发生在1869年,工人们要求增加工资。在19世纪末20世纪初之交的1897年、1899年和1902年,谢尔普霍夫的工人运动引起了整个俄罗斯的关注。罢工者要求增加工资,将每日工作时长从11~12个小时减少到10个小时。这些罢工带有俄国式暴动的典型特征:砸碎玻璃、把食品店和酒馆弄得一团糟。

暴动通常会被警察、哥萨克甚至军队镇压,但之后通过对暴动"煽动者"的审判则往往会发现,工人们确实有不满的理由[①]。

在大多数情况下,织布工、精纺工、印花工每月的收入只有15~16卢布,勉强能维持生计。与股东们成千上万的股息分红收入、厂长们高额的薪金和奖金形成鲜明对比(例如,5名厂长在1913年获得了总计23.5万卢布的收入,超过了1300多名工人年收入的总和),这激起了工人们的不满情绪并日渐加重。因此,社会民主主义的传播在谢尔普霍夫的纺织工人中找到了肥沃的土壤,这进一步加剧了"劳资冲突"。1900年,一位工厂的技术主管起草了一份关于工人情绪的备忘录,主要结论如下:"社会民主主义的宣传引起了工人们极大的兴趣,阶级斗争理论激起了仇恨和不信任。管理者提出任何关于认真工作的要求都被工人们理解为对无产阶级权利的侵犯和粗鲁剥削。"企业家们也开始通过加强对工人的照顾来削弱这种宣传的影响力,"这是为了让工人们看到企业家对他们的关注,并尽量满足工人们所提出的要求"[②]。

应当注意到,即使在罢工浪潮之前,公司的所有者也对工人表现出了极大的关怀。这些工厂经营着一个工人社区——里面有小酒馆、商店、免费的工人集体宿舍以及提供住房贷款的200套独立家庭住房、带3名医生的医院、可容纳25名儿童的托儿所、可容纳500名学生的两年制学校、一所可

[①] ОПИ ГИМ. Ф. 31. Оп. 1. Д. 84. Л. 2 – 8; Д. 85. Л. 1 – 2, 7 – 10; Д. 86. Л. 21 – 22; Рабочее движение в России. 1895 – февраль 1917 г. Хроника. Вып. III. 1897 год. М.; СПБ., 1995. С. 41, 80, 192, Гарин О. Ф. и др. Серпухов. М., 1989. С. 95.

[②] ЦИАМ. Ф. 673. Оп. 8. Д. 6. Л. 380 – 385.

容纳60名工人的低等技工学校（用来防止工人们沉迷在酒馆里）等。所有这些场所都是靠公司拨款和孔申家族成员的私人捐款营建的。根据1904~1905年的统计数据，为工人支出的成本占公司总生产成本的46%（分别为232万卢布和508.4万卢布），其中206万卢布用于支付工资，其余26万卢布用于维持工人社区——工人集体宿舍、工人住宅、医院、学校、托儿所、茶馆等设施的运转①。但是，不满情绪的周期性爆发仍说明劳资关系存在问题，需要深入研究。

1905年1月9日在圣彼得堡发生的悲剧性流血事件（公历1月22日沙皇军警枪杀前往冬宫向沙皇呈递请愿书工人的"流血星期日"事件。——译者注）震惊了整个俄罗斯，之后H. H. 孔申开始在莫斯科附近的工厂采取制度创新——取消了以前对工人的强制性搜查，"这是一种已不合时宜的措施，以使人沮丧的方式对大多数工人进行了搜查"，另外，还对那些没有住房的工人每人每月发放1.5卢布，使他们能够租一个房间居住②。但是，1905年秋天，随着全俄的政治罢工波及谢尔普霍夫，当地爆发了又一次大规模的罢工，工人们要求每天工作8小时，并享有政治自由。这次罢工之后，所有罢工的参与者都被解雇，但随后除了组织者以外他们再次被聘用。

随着弗托罗夫的到任，孔申企业的劳资关系得到了显著改善：工人的薪资上涨，公司设立了"改善雇员生活的专门款项"，到1913年，其总额超过40万卢布，这笔钱用来奖励那些能够生产出无缺陷产品的工人们，以期提高工作强度和质量，每天发放3~5戈比（每年分两次发放，分别在圣诞节和复活节前）③。

但是，企业家和工人们仍旧疏远，他们之间关系的本质决定了企业家无法消除工人们的敌对情绪——双方生活水平的差距太大。孔申家族的先代创业者们仍然保持着简朴的生活，但其家族后代们则对金钱有特殊的品位，对奢侈品也情有独钟。H. H. 孔申的一位孙子亚历山大·尼古拉耶维奇·孔申

---

① ЦИАМ. Ф. 673. Оп. 8. Д. 6. Л. 504；Д. 18. Л. 13.
② ЦИАМ. Ф. 673. Оп. 8. Д. 22. Л. 60 об., 65.
③ ЦИАМ. Ф. 673. Оп. 8. Д. 22. Л. 90；Д. 36. Л. 23 об.；Д. 93. Л. 142.

于 1912 年去世，主要遗产为 9 辆外国豪华轿车，总价值约 5 万卢布。

А. А. 弗托罗夫和 С. Н. 孔申的女儿塔季扬娜，在 1911 年父亲去世后，被未来俄国临时政府的部长 А. И. 科诺瓦洛夫收养，他的妻子是 А. А. 弗托罗夫的妹妹。根据监护人的报告，这位孔申和弗托罗夫家族的女继承人具有从小培养出的贵族精神。1913 年，这位 12 岁女孩的养育费用达 1.37 万卢布，相当于五六个熟练织布工的年收入。这些费用的完整清单留存了下来，其本身已如此有说服力，以至于不需要特别评论："①住房——3000 卢布；②保养和治疗——1200 卢布；③衣服、鞋子——720 卢布；④小别墅——400 卢布；⑤家政工人（女佣和保姆）——600 卢布；⑥法国女家教——1200 卢布；⑦德国女家教——1080 卢布；⑧所有学科的家教——600 卢布；⑨舞蹈老师——320 卢布；⑩音乐老师——480 卢布；⑪汽车、马车等——1200 卢布；⑫出国旅行并在疗养院接受治疗——2900 卢布，总计 1.37 万卢布。"①

当然，企业家的主要生活方式导致其与大多数工人存在明显矛盾，也使"阶级仇恨"进一步升温。在谢尔普霍夫工厂的入口处有一个标识，规定工人必须在企业家面前脱下帽子鞠躬。工人中的一些俏皮者给 С. Н. 孔申起绰号"谢尔盖"，暗讽这位富有女孩的父亲在工厂内要求所有人都对他卑躬屈膝。孔申工厂的罢工运动仍在继续，因此，企业采取了非常严厉的镇压措施。1912 年，罢工浪潮组织者连斯基被处决，政府当局解雇了纺纱厂的所有工人，并关闭了企业。后来，"在一些精明工人的请求下"，失去了一切生存手段的工人们再次被工厂雇用，但"必须遵守新的工厂纪律和新的工资水平"②。

1917 年的革命倾泻了数十年来底层民众的不满。意识到俄罗斯国内局势的危险性后，1917 年夏天，克诺普将他在孔申合伙企业中的股份一揽子转让给了曼彻斯特的英国公司 De Jersey，并与他们建立起了长期的业务联系

---

① ЦИАМ. Ф. 49. Оп. 3. Д. 1746. Л. 51 об.
② ЦИАМ. Ф. 673. Оп. 8. Д. 36. Л. 94 об., 97; Из истории фабрик и заводов Москвы и Московской губернии. С. 174 – 175.

与家族联姻关系①。但在1917年十月革命之后，这些股份失去了实际价值。直到最后，Н. Н. 孔申依旧忠实于自己的事业，尽管年事已高，但他仍担任董事会的职位，Н. А. 弗托罗夫同样如此，他们不得不在新政府日益增加的阻碍下经营企业。

1918年5月，在不明情况下，Н. А. 弗托罗夫在他位于"实业宫"的办公室中被一无名凶手枪杀。之后，在弗托罗夫位于斯巴绍佩斯科夫斯基小巷的私人宅邸（现在该建筑物已被美国驻莫斯科大使馆的住所占据）举行了这位"卓越的工业组织者"的葬礼（工人在花圈上刻有这样的题词）②。孔申企业负责人之死似乎难以与1918年6月28日俄罗斯苏维埃联邦社会主义共和国人民委员会关于大工业国有化的法令脱离干系。法令中特别规定要将"固定资产不低于100万卢布的棉纺类合伙企业和股份制公司"国有化③。这些公司的所有者认为，只有在"获得董事会的知情、同意和批准的情况下"，才能执行该法令。但实际上，孔申公司的政府代表完全从管理层中撤离了，企业本身成为创立谢尔普霍夫棉纺托拉斯的基础。在公司的高级雇员中，董事会董事 Н. М. 加里宁接替了弗托罗夫的职位，但随后在"战时共产主义"年代，他因被控在私人市场出售纺织企业而被枪决④。后来孔申家族成员分散在世界各地，失去了家园，尽管这些"贵族工厂主"为俄罗斯的工业繁荣做出了很大的贡献。

第三节 旧礼仪派教徒——里亚布申斯基家族

像莫斯科其他著名的商人家族一样，里亚布申斯基家族的起源可以追溯到18与19世纪之交。家族企业的创始人是米哈伊尔·雅科夫列夫（1786~1858），他是卡卢加省的帕夫努季耶沃-博罗夫斯基修道院所属自由村庄的

---

① ЦИАМ. Ф. 673. Оп. 8. Д. 270. Л. 19 – 20.
② См.: Заря России. 1918. 21（8），24（11）мая.
③ Декреты Советской власти. Т. II. М., 1959. С. 498 – 499.
④ ЦИАМ. Ф. 673. Оп. 8. Д. 289. Л. 22；Гарин О. Ф. и др. Серпухов. С. 166.

农民雅科夫·杰尼索夫的儿子。12岁的他被送往学校，4年后的1802年，丁籍（18～19世纪俄国丁籍调查时编制的纳税人口花名册。——译者注）记载，"从卡卢加省的农民变成莫斯科的商人"①。

在很快爆发的1812年卫国战争中，莫斯科的大火使很多大的商业家族破产，里亚布申斯基家族的先人也未能幸免。为躲避法军，米哈伊尔·雅科夫列夫于1813年携家人从弗拉基米尔省逃回家乡祖宅。他向商业管理局呈交了一份报告，称自己已无法继续从商，"我可以忍受因敌军入侵造成的破产，但我无法忍受因为缺乏资金就把我纳入小市民的行列"②。

随后他经历了10年的"小市民人生"。1823年12月，这位"莫斯科小市民"宣布其获得了8000卢布的资本，并在1824年要求将自己的家族列入第三等级商人的行列。他将自己的家族姓氏改为父称"雅科夫列维奇"，并改姓为"里亚布申斯基"，这不仅意味着其重返商人阶层，同样表明他作为一名前农民对旧礼仪派的信仰。大约在1820年，М. Я. 里亚布申斯基接受了罗戈日斯基陵园社区的旧礼仪派信仰，他的新姓氏来源于他出生的自由村庄名称——列布申斯基，而我们习惯所称的"里亚布申斯基"则是在家族创始人临终前改的③。

里亚布申斯基家族家谱的编纂者强调说："米哈伊尔·雅科夫列维奇与大多数商人不同，他的目标不是权力、名望和金钱，而是他所坚信的事业。他就像是在西欧创造资产阶级的那种人。"④在俄罗斯，最初的资本主义时代精神体现在旧礼仪派信徒中，就像西欧的"资本主义精神"源自新教伦理一样，尽管学术界对旧礼仪派信徒与新教徒之间没有进行直接的比较研究。

莫斯科始建于18世纪末的两个主要旧礼仪派信徒社区为"反教堂派"居住的普列奥布拉任斯基陵园和遵从圣礼的"教士派"居住的城堡，而罗

---

① Материалы для истории московского купечества. T. V. M., 1887. C. 179.
② Торговое и промышленное дело Рябушинских. M., 1912. C. 8.
③ О раннем периоде истории семьи Рябушинских подробнее см.: Петров Ю. А. Династия Рябушинских. M., 1997. C. 8 – 28.
④ О раннем периоде истории семьи Рябушинских подробнее см.: Петров Ю. А. Династия Рябушинских. M., 1997. C. 12.

戈日斯基陵园则是上层商人的居住区。在严格的旧礼仪派道德观念中，对工作的敬业、对商业活动的鼓励、对信仰的虔诚，这些都被认为是上帝的旨意，几乎是旧礼仪派信徒唯一的生活方式。可以说旧礼仪派信仰奠定了许多俄罗斯商业家族兴盛的基础，如莫罗佐夫家族、古奇科夫家族、拉赫曼诺夫家族、索尔达琼科夫家族等许多有代表性的"莫斯科商人"家族都是旧礼仪派信徒[1]。

1820~1840 年许多地主和商人经营的织布厂经历了严重的危机。许多工厂破产，不少有经验和技能的工人被迫回到农村，然后在村里他们被安排在家庭手工作坊中从事编织和染色。米哈伊尔·雅科夫列维奇从莫斯科临近省份的手工业者中大量收购这些纺织品销往莫斯科。从 19 世纪 40 年代中期开始，他开始创办自己的纺织厂（"没有机器的工厂"），但此时，向现代化的工厂生产过渡不需要花费很多时间。1856 年，已经年逾七旬的里亚布申斯基收购了与他的厂房相邻的建筑，并将自己的部分产业转移至此，他还在附近的戈卢特温斯基小巷建造了一座四层建筑，并购入了织布机。这位工业家的继承人继承了巨额遗产——超过 200 万卢布的纸钞。根据 1857 年参议院的人口普查，М. Я. 里亚布申斯基依然谦虚地将自己归为第三等级的商人[2]。

里亚布申斯基的后代有充分的理由为祖先的成就而自豪："似乎有成千上万的人拥有 1000 卢布，但很少有人能在 40 年的时间里赚上 200 万卢布，这样的人都是千里挑一的……为了在一般的条件中脱颖而出，必须具有某些独特的品质。米哈伊尔·雅科夫列维奇的独特之处在于他坚定的意志，'这也是商人必须具有的品质'，'一切为了事业，为己却无所求'——这就是

---

[1] Подробнее см.: Рындзюнский П. Г. Старообрядческая организация в условиях развитияпромышленного капитализма // Вопросы истории религии и атеизма. Вып. 1. М., 1950.

[2] ЦИАМ. Ф. 16. Оп. 24. Д. 3312. Л. 1 - 1 об., 11 - 33: Торговое и промышленное дело Рябушинских. С. 34; Материалы для истории московского купечества. Т. IX. М., 1889. С. 158.

米哈伊尔·雅科夫列维奇一生的座右铭。"①

里亚布申斯基的儿子们继承了他的事业,并扩大了公司规模,家族的一位后人在回忆录中写道:"家族创始人之子通常看起来很像他的父亲,但他的才华、格局和头脑经常超过其父,正是他带领公司走上了快速扩张的道路,并使其在整个俄罗斯闻名。"② 里亚布申斯基家族企业的核心是 М. Я. 里亚布申斯基三个儿子中的老二——巴维尔·米哈伊洛维奇(1821~1899),他社交能力强、感情外露,这与他的弟弟截然不同,后者缺乏开阔的眼界与企业家精神、性格内向,更偏爱银行业,而不是工商业。

П. М. 里亚布申斯基紧盯着最新的技术进步(他多次访问当时的"世界工厂"——英国)。他在1869年出资26.8万卢布收购了特维尔省上沃洛茨克附近一家拥有4.6万锭纺锤的棉纺织厂。这家工厂1859年由"А. 希洛夫与其子"公司创办。美国内战在19世纪60年代初造成了棉花行业的危机,源自美国的棉花进口大幅下降,该工厂由于缺乏原料被迫停办③。该工厂距尼古拉耶夫公路的火车站半俄里,与莫斯科和圣彼得堡的距离相等,且位于适合运输木材的茨纳河流域,可以通过这条河运输木材作为燃料。可以说,尽管当时处于危机之中,但该工厂仍前景光明。

收购该厂后,里亚布申斯基家族放弃了其余的纺织厂,家族中唯一的工业企业便是这座位于上沃洛茨克县扎沃尔夫村的工厂,新主人大力扩建了工厂。19世纪70年代与80年代之交是 П. М. 里亚布申斯基的创业和社会活动巅峰期,他待人接物的方式与父母大不相同,他并不回避"外国"和"世俗"的事务,他没有穿俄式长衣(旧时俄罗斯男子所穿的腰部束带的长身上衣。——译者注),而是穿起了"德国大衣",也就是欧洲的西服。П. М. 里亚布申斯基积极地参与自己阶层的活动和城市自治:他先后当选为莫斯科六议员杜马成员(1860)、商务法庭成员(1867)、莫斯科证券交易协会成员(1870)等。他还与莫斯科商界的另外两位"巨头"——Т. С. 莫

---

① ЦИАМ. Ф. 2. Оп. 1. Д. 5090. Л. 24, 68–72.
② Рябушинский В. П. Судьбы русского хозяина // Русский колокол. Берлин, 1928. № 3. С. 46.
③ См.: Торговое и промышленное дело Рябушинских. С. 51–52.

罗佐夫和 B. K. 克列斯托夫尼科夫一起参与了与德国有关俄罗斯棉纺织产品关税问题的谈判（1868），以实现对国内朝阳产业的关税保护，减轻来自欧洲的竞争①。

尽管充满了创新精神，但这位家族第二代的代表人物仍虔诚地继承了父亲的宗教信仰。巴维尔·米哈伊洛维奇·里亚布申斯基的房子里有一个祈祷室，里面有古老的圣像和同样古老的祈祷书。每当大斋节他都会请扎沃尔日斯克隐修院的圣女前来，随后还有勒热夫隐修院的，里亚布申斯基家族控制了该仪式，后来许多其他的旧礼仪派家庭也参加了这一仪式②。长期以来，П. М. 里亚布申斯基一直当选罗戈日斯基陵园社区的教堂神职人员，负责分管社区残疾收容所的经济事务。当时当选为该社区神职人员的还有莫斯科的著名企业家季莫费·莫罗佐夫（著名的"红色工厂主"萨夫维之父）、科济马·索尔达琼科夫、阿尔谢尼·莫罗佐夫、卡尔普·拉赫曼诺夫和尼古拉·拉赫曼诺夫、伊万·布季科夫等③。

火灾对 19 世纪的俄国工业家而言是灾难性事故，里亚布申斯基家族也没有逃过此劫。1880 年，大火席卷了扎沃尔夫工厂，染色、漂白、织布和纺纱部门的设备和存货均着了火，厂房建筑本身也受到严重破坏。但是，里亚布申斯基兄弟的公司有足够的资金储备来度过这场灾难。同时，火灾也在客观上促进了工厂的技术现代化。工厂留存的档案数据（截至 1880 年 4 月 19 日复活节）显示了工厂的财务收支情况：1879 年，公司的总资本从 432.1 万卢布增加到 550.4 万卢布。火灾前工厂的设备总价值估计为 88.9 万卢布，其中包括 713 台织机和 6 台蒸汽机，年净利润为 20.2 万卢布。瓦西里·米哈伊洛维奇的贡献主要是促进了银行业务的发展：公司旗下的商行掌握了 242.3 万卢布的有价证券，在外汇与期票交易中获利 31.3 万卢布④。

---

① См.: Торговое и промышленное дело Рябушинских. С. 37 - 40.
② Рабушииский Вл. Купечество московское. С. 176.
③ ГА РФ. Ф. 4047. Оп. 1. Д. 19. Л. 9 об. 11.
④ Государственный архив Тверской области（далее — ГАТО）. Ф. 1038. Оп. 2. Д. 12. Л. 1 - 5, 14 - 16, 29.

得益于公司充裕的资金,早在 1881 年,火灾后重建的工厂就配备了最新的国外机器。一年后,在莫斯科举行的全俄工业展览会上,上沃洛茨克的纺织品获得了最高奖项——带有双头鹰(俄罗斯国家徽章)的产品标签权。早在 1870 年,在俄罗斯工场手工业展览会上,П. М. 里亚布申斯基就获得了"挂颈式的金质安娜奖章,上面印有'以彰贡献'"。里亚布申斯基家族企业的成就很快得到了官方的认可——1884 年,国家杜马宣布,巴维尔·米哈伊洛维奇·里亚布申斯基与其弟瓦西里·米哈伊洛维奇·里亚布申斯基被授予世袭"光荣公民"的头衔,根据帝国法律,成为第一和第二等级商人超过 20 年者均有权获得此头衔①。

1887 年,上沃洛茨克的工厂改组为 П. М. 里亚布申斯基与其子所有的的股份制合伙企业,固定资产为 200 万卢布,其以 2000 只股份、每股价值 1000 卢布的形式存在。但算上企业所有的工厂设备、土地和建筑物、货物等近 50 万卢布的财产,企业的总价值实际上超过了固定资本金额,因此该公司的创始人也成为自己企业的债权人②。

新企业的控股权由其所有者保留,并采取记名股份制(股份均由创办企业的合伙人掌控),同时规定股份只有在合伙人均不愿购入的情况下才可以对外出售。如前所述,由于这条规则在莫斯科的家族企业中普遍存在,因此企业股份很难离开家族控制,这样就防止了企业控股权被竞争对手获得。

里亚布申斯基家族的银行业务逐渐得到发展。纺织联合企业正在成为莫斯科领先的银行机构之一。"我们一直既是工业家又是银行家,"В. П. 里亚布申斯基写道,"我的祖父、父亲和叔叔瓦夏(指 П. М. 里亚布申斯基的弟弟瓦西里·米哈伊洛维奇·里亚布申斯基。——译者注)从事银行业的原

---

① 该文件的副本保存在 П. М. 里亚布申斯基的儿子 Д. П. 里亚布申斯基那里(ЦИАМ. Ф. 418. Оп. 322. Д. 1533. Л. 18)。里亚布申斯基早在 1879 年就提出了相应的要求,但国家杜马根据 1853 年最高机密命令拒绝了这些要求,该命令规定不能授予任何非东正教教派人士荣誉头衔。里亚布申斯基家族在经历了诸多阻碍之后最终获得了令人垂涎的世袭"光荣公民"头衔,这使里亚布申斯基成为莫斯科最受欢迎的商人家族之一(Ананьич Б. В. Банкирские дома в России. 1860 – 1914. Л. , 1991. С. 111)。

② См. : Торговое и промышленное дело Рябушинских. С. 51 – 52.

则是'谨慎',他们重视成本控制,以便获得最好的原材料。"① 1885 年,里亚布申斯基家族商行的期票总额为 360 万卢布,到 19 世纪 90 年代末,其营业额增加到 900 万卢布②。

在当时的莫斯科,共有四家股份制商业银行(莫斯科商业银行、莫斯科贴现银行、莫斯科贸易银行和莫斯科国际贸易银行)和一家商业信贷互保协会,但它们根本无法满足莫斯科众多企业的融资需求,毕竟这座城市在19 世纪末已成为一个巨型工商业中心。在这一背景下,众多私人银行机构(沃尔科夫、贾姆加洛夫、Л. С. 波利亚科夫、"沃高与 К"等)很容易扩大业务,而这些银行的实力有时可与股份制银行的金融实力相媲美③。

然而,巴维尔·里亚布申斯基作为一名工业家与工厂主的成就胜过了其作为银行家的成就。在他的不懈努力下,到 19 世纪末上沃洛茨克的工厂已成为俄罗斯国内棉花行业的重要企业。该工厂留存的统计数据反映了当时工厂庞大的生产规模:1894 年,工厂拥有 4 台蒸汽机和 10 台锅炉,有 3.3 万锭纺锤和 748 台织机,布匹和纱线年产值达 212.2 万卢布;到 1895 年,工厂新建的棉毛(混纺)纱车间投产,公司雇用了 1410 名男工和 890 名女工,他们每天工作 12~13 个小时,一天休息 3 次(早餐、午餐和晚茶)。工厂周围遍布着工人们的整个生活区,为当地居民提供了生计。

在俄国 19 世纪末的工业繁荣时期,里亚布申斯基家族的企业得到了快速发展,就营业额而言,其在当地仅次于特维尔省著名的莫罗佐夫家族纺织厂。1895 年,П. М. 里亚布申斯基建造了一座拥有巨大红砖厂房的造纸厂,两年后他又建了一家锯木厂,开始加工沿茨纳河运来的高级针叶林木材,供其加工的森林采伐面积超过 3 万俄亩。1898 年,里亚布申斯基的工厂引入了一项新技术——在织布和纺纱车间中安装了电子照明设备,这在特维尔省

---

① Рабушинский М. П. Цель нашей работы // Материалы по истории СССР. Т. VI. Документы по истории монополистического капитализма в России. М., 1959. С. 611(публикация И. Ф. Гиндина).

② См.: Торговое и промышленное дело Рябушинских. С. 73.

③ См. Петров Ю. А. Коммерческие банки Москвы. С. 19 – 56.

第二章　企业家活动的特点与类型

县城的平静安逸生活中可是不寻常的大事。1899 年，也就是 П. М. 里亚布申斯基人生的最后一年，该家族企业的总产值已达 371.5 万卢布，共拥有 1191 台织布机、77.2 万锭纺锤，比 5 年前增长了近 2 倍①。

П. М. 里亚布申斯基于 1899 年 12 月下旬去世，当时即将迎来 20 世纪。葬礼在罗戈日斯基的家族墓地举行，他的墓地紧挨他父亲 М. Я. 里亚布申斯基的墓地（该家族的墓地未能留存至今）。1802 年，当 М. Я. 里亚布申斯基再次成为商人时，他仅有 1000 卢布的资本，而 100 年后，巨大的家族财富传给了他儿子的继承人，这位卡卢加省的商人子弟理应感到自豪。П. М. 里亚布申斯基的遗嘱存放在工商部基金会和俄罗斯国家历史档案馆中，继承人向其中一个机构提交了继承申请书，以继承财产②。

1899 年 12 月 13 日，公证员记录了 П. М. 里亚布申斯基的最后遗嘱：把住房留给妻子，留给"在我生病期间照顾我的小家伙"5000 卢布，再给"我的精神导师叶菲姆·西林"3000 卢布，他遗嘱中没有提到的其他所有财产，都分给了他的 8 个儿子和 5 个女儿，条件是他们必须留在家族企业中。如此一来，这些主要与银行业务相关的资产被儿子们继承后就成为家族企业的财产。由于预期会产生大量的资金流入，因此"里亚布申斯基与其子"纺织合伙企业开始发行新的股份，让继承了遗产的家族后代们购入，同时也扩大了公司固定资本的规模，这有益于家族产业的壮大（公司的这条遗嘱执行规定副本提交给了政府部门）。而继承人们必须从这些新股份的红利中拿出一部分赡养 П. М. 里亚布申斯基的遗孀，也就是他们的母亲，以保障其生活所需，如果这些红利收入不足，则儿子们必须用自己的资金补上差额。

遗嘱执行人们（他们是 П. М. 里亚布申斯基和 В. П. 里亚布申斯基的儿子）在《关于世袭财产的组成和价值》声明中指出，П. М. 里亚布申斯基留给遗孀和孩子们的遗产总额为 15667246 卢布 73 戈比。另外，里亚布申斯基家族纺织合伙企业股本（1805 股，每股 2000 卢布，名义价值为 361 万卢

---

① ГАТО. Ф. 1038. Оп. 2. Д. 60. Л. 65а, 6, 20, 33; Д. 74. Л. 3 - 4.
② См.: Ананьич Б. В. Банкирские дома в России. 1860 - 1914. С. 107 - 108; РГИА. Ф. 23. Оп. 24. Д. 29. Л. 108 - 114.

布）的实际价值至少是其名义价值的两倍。总的来说，П. М. 里亚布申斯基留下的财产总值近 2000 万卢布。

19 世纪 90 年代的巴维尔·米哈伊洛维奇·里亚布申斯基

20 世纪 10 年代的罗戈日斯基陵园社区

第二章 企业家活动的特点与类型

在位于上沃洛茨克县扎沃尔夫村的"П. М. 里亚布申斯基与其子"纺织合伙公司，上午 10 点工人们正在换班，摄于 20 世纪初

里亚布申斯基家族的仓库，坐落在尼科利斯基大街的奇热夫斯基货栈，摄于 19 世纪 90 年代

20 世纪初的莫斯科企业家

位于加夫里科夫小巷旧礼仪派教徒社区的波克罗夫斯基圣母升天教堂，建筑师 И.Е. 邦达连科，摄于 20 世纪初

С. П. 里亚布申斯基在 М. 尼基茨基大街上的祈祷室建筑设计图，建筑师 Ф.О. 舍赫捷利，摄于 1904 年

第二章 企业家活动的特点与类型

位于波克罗夫斯基林荫道上的商科实践学院，摄于 20 世纪初

弗拉基米尔·巴甫洛维奇·里亚布申斯基，摄于 20 世纪初

斯捷潘·巴甫洛维奇·里亚布申斯基，摄于 20 世纪初

155

20 世纪初的莫斯科企业家

米哈伊尔·巴甫洛维奇·里亚布申斯基，摄于 20 世纪初

德米特里·巴甫洛维奇·里亚布申斯基，摄于 20 世纪初

巴维尔·巴甫洛维奇·里亚布申斯基，摄于 20 世纪初

第二章　企业家活动的特点与类型

C. П. 里亚布申斯基在 M. 尼基茨基大街上的私人宅邸，
建筑师 Ф. О. 舍赫捷利，摄于 1904 年

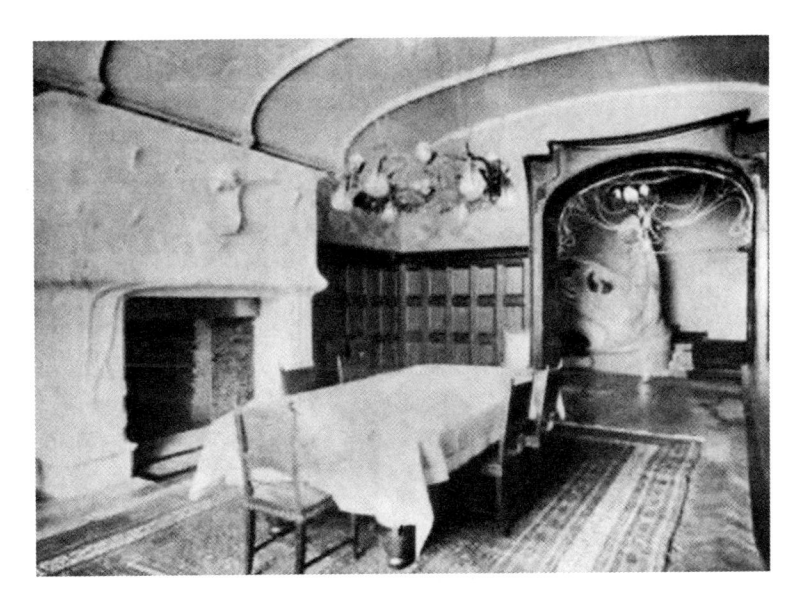

C. П. 里亚布申斯基在 M. 尼基茨基大街上私人宅邸中的餐厅，
摄于 20 世纪初

20 世纪初的莫斯科企业家

M. П. 里亚布申斯基在斯皮里多诺夫卡的私人宅邸（曾属于 С. Т. 莫罗佐夫），建筑师 Ф. О. 舍赫捷利，摄于 20 世纪 10 年代

莫斯科的交易所广场，里亚布申斯基家族的银行和约瑟夫－沃洛科拉姆斯克修道院会馆坐落于此，摄于 20 世纪 10 年代

第二章 企业家活动的特点与类型

《俄罗斯晨报》设在基督受难林荫道上的印刷厂，
建筑师 Ф. О. 舍赫捷利，摄于 20 世纪初

1918 年莫斯科汽车制造厂的锻造和冲压车间

1910年俄国赴蒙古国的商业考察队成员

遗产的继承使 П. М. 里亚布申斯基的8个儿子和5个女儿每人都拥有了雄厚的财力。笔者设法找到了其最小的儿子费奥多尔的遗产继承文件，费奥多尔于1910年去世，享年25岁，由于死后无嗣，因此费奥多尔·巴夫洛维奇的唯一继承人便是其遗孀塔季扬娜·康斯坦丁诺夫娜，费奥多尔的遗产总额为225.06万卢布，同时费奥多尔的兄弟们拒绝将其中的68.1万卢布继承给他的遗孀。

这些被兄弟们截留的遗产主要是家族合伙企业——奥库洛夫卡造纸厂的213股，除此之外的其他遗产全部属于费奥多尔的遗孀，包括费奥多尔在里亚布申斯基兄弟银行所有的84.2万卢布，尽管这其中有古奇诺的一部分财产[①]。因此，П. М. 里亚布申斯基这位小儿子的总资产超过200万卢布。可以推断出，帕维尔·米哈伊洛维奇的其他男性继承人，在财产数额方面应与费奥多尔处于同一水准。

尽管父母积累的财富分散在许多继承人手中，但这并没有削弱里亚布申斯基家族在莫斯科商界的地位，家族大家长的位置由长子巴维尔·巴甫洛维

---

① ЦИАМ. Ф. 142. Оп. 6. Д. 606. Л. 1, 5–6, 27–28; Д. 629. Л. 1–2.

第二章　企业家活动的特点与类型

奇所继承，后者的地位也被其他家族成员所认可。十分了解里亚布申斯基家族的 П. А. 布雷什金写道："我一直很惊讶，家族内部的严格纪律是里亚布申斯基家族的重要特征之一，不仅在银行和商业事务中如此，在公共事务中同样如此，家族中的每个成员都被按照既定的级别分配了位置，其中级别最高者即长兄，所有家族成员都在某种意义上服从于他。"[1]

家族企业被 5 个兄弟所控制：巴维尔成为纺织公司董事会的董事长，常住在上沃洛茨克的谢尔盖直接负责工厂生产，莫斯科的销售部门由斯捷潘负责，银行业务由巴维尔、弗拉基米尔和米哈伊尔主管。其余 3 个兄弟（德米特里、尼古拉和费奥多尔）没有参加企业经营，而是选择了各自不同的人生道路，但在法律上，他们与其他家族成员一样，都是家族企业的股东。

П. М. 里亚布申斯基的这 8 个儿子都是从莫斯科商科实践学院毕业，该学院的整体水平与正式学校相当，他们都接受了良好的教育。为了继续对他们进行专业教育，作为父亲的 П. М. 里亚布申斯基把成年的儿子们送到西欧最好的纺织企业实习。巴维尔在英国积累了管理工厂业务的经验，而其他兄弟则在德国生活了很长时间。弗拉基米尔后来就读于海德堡大学，德米特里则毕业于莫斯科大学物理数学系[2]。

庞大的里亚布申斯基家族与许多商界显贵家族关系密切：伊丽莎白嫁给了 С. Т. 莫罗佐夫的表弟 А. Г. 卡尔波夫；叶夫菲米娅嫁给了经营呢绒厂的 В. В. 诺索夫；斯捷潘与商人的女儿 А. А. 普利比洛娃结婚；费奥多尔，如前所述，迎娶了 Т. К. 马祖琳娜，她是莫斯科地区列乌托斯基纺织厂的所有者 К. В. 马祖林的女儿；弗拉基米尔的心上人则是"杰米德·胡塔列夫与其子"公司（从事呢绒生产和贸易）股东的女儿。他们的妻子为家族事业带来了新的业务和她们从父母那里继承来的资本。在 1900 年 А. Д. 胡塔列夫死后，他 227.8 万卢布的遗产留给了遗孀和 6 个孩子，其中包括弗拉基米

---

[1] Бурышкин П. А. Москва купеческая. М., 1991. С. 190.
[2] О братьях Рябушинских подробнее см.: Петров Ю. А. Династия Рябушинских. С. 123－172.

尔·里亚布申斯基未来的妻子维拉·安德烈耶夫娜[①]。

20世纪初，里亚布申斯基家族企业的新领导者面临着严峻的挑战，整个企业面临崩溃的危险。1900年，上沃洛茨克工厂遭受了又一场大火。依托保险和家族的资金积累，以及通过在国外采购最新型号的机器设备，生产得以迅速恢复，甚至得到了大幅增长。但一年之后，家族遭受了更大的打击。

1901年5月7日，俄罗斯最富有的人之一、政府的"商业顾问"、俄罗斯南部最大的煤炭和冶金企业（阿列克谢耶夫矿业公司和顿涅茨克-尤里耶夫冶金公司）的所有者、银行家和实业家阿列克谢·基里洛维奇·阿尔切夫斯基在圣彼得堡开往华沙的列车上跳车自杀。报纸报道后，"金融天才"自杀事件在俄国的股票交易所和商业界引起了恐慌，引发了一系列在历史上被称为"哈尔科夫破产"的事件[②]。

阿尔切夫斯基经营的工业企业在财务上依赖于他完全控股的两家哈尔科夫银行（分别为土地银行和商业银行），里亚布申斯基家族是这两家银行最重要的客户之一。巴维尔·米哈伊洛维奇·里亚布申斯基的继承人们为发展家族银行业务，一直向阿尔切夫斯基发放贷款，总额400万卢布，在其死后，作为对贷款的偿还，里亚布申斯基家族得到了阿尔切夫斯基名下土地银行和其他公司的大量股份。

20世纪初严重的经济危机终结了阿尔切夫斯基的商业生涯。在国内市场逐渐萎缩的情况下，他需要不断增加融资来支持工业企业的发展，但这些融资却难以实现，于是他求助于能力很强的时任财政大臣 С. Ю. 维特，但出乎意料的是，维特完全拒绝予以帮助，阿尔切夫斯基在走投无路之下被迫选择了结束自己的生命。

这位哈尔科夫银行家的悲剧使他的商业伙伴们深感震惊，其后发生的事实也足够使他们沮丧：俄国第三大私人抵押银行——哈尔科夫土地银行已接

---

① ЦИАМ. Ф. 131. Оп. 5. Д. 809.

② Подробнее см.: Петров Ю. А. Крах Алчевского и фирма Рябушинских / Отечественная история. 1995. № 4.

近破产，本行资金仅剩 5.4 卢布。大部分资金已通过不同账户转移至哈尔科夫商业银行，再转移到阿尔切夫斯基的企业，在经济危机的背景下，这些资金又滞留在企业账户之中。

在维特的压力下，哈尔科夫商业银行于 1901 年 6 月初宣布破产。由于政府提供了 600 万卢布的贷款，阿列克谢耶夫矿业公司免于此命运（财政大臣这次的慷慨大方也是在担心采矿和冶金行业的破产连锁反应）。顿涅茨克－尤里耶夫冶金公司则委托给债权人管理，其中主要是来自伏尔加－卡马银行与贴现贷款银行的圣彼得堡银行家[1]。

里亚布申斯基家族在一次股东大会的选举上击败了过去阿尔切夫斯基的关系者，从而控制了哈尔科夫土地银行。新当选的董事会由巴维尔·里亚布申斯基领导，他的兄弟弗拉基米尔担任副手，同时这家银行过去的管理组织明显不符合法律规范，需要改革[2]。银行新的所有者得到了维特的帮助，后者批准向该银行贷款 500 万卢布。利用这些资金，哈尔科夫土地银行首先偿还了里亚布申斯基纺织公司向银行索赔的 200 万卢布，其余的 300 万卢布用来偿还给其他的主要债权人。

这位莫斯科新管家的财政支持及其对业务进展的持续监控取得了成果。哈尔科夫土地银行的房地产业务逐渐复苏，银行开始获利。董事会也在 1903 年通知股东："银行已充分履行其义务，不需要外部帮助。"弗拉基米尔和米哈伊尔·里亚布申斯基正式留任董事职位，将银行的直接控制权移交给自己的雇员，然后返回家乡永久定居。弗拉基米尔·里亚布申斯基回忆说："银行理顺了，几年后，米沙和我高兴地回到了莫斯科。"[3] 到 1914 年，哈尔科夫土地银行的股本达 1300 万卢布，成为一家高利润企业，再次在俄罗斯股份制抵押银行中排名第三。里亚布申斯基家族对土地银行的控制权一

---

[1] РГИА. Ф. 587. Оп. 33. Д. 1325. Л. 27－28；Оп. 40. Д. 494. Л. 144－145；Государственный архив Харьковской области（далее — ГАХО）. Ф. 71. Оп. 1 Д. 405. Л. 47－47 об.

[2] СМ.：Протокол чрезвычайного общего собрания акционров Харьковского земельного банка 25 июня1901 г. Б/м, 6/г. С. 2－6.

[3] ГАХО. Ф. 71. Оп. 1. Д. 399. Л. 1－8；Д. 434. Л. 2；Рябушинский Вл. Купечество московское. С. 179.

直持续到 1917 年，之后其将直接管理权交给了他们的雇员。

在哈尔科夫的这段经历加速了里亚布申斯基家族银行业务的独立。从阿尔切夫斯基银行债权人的索赔事件中可以看出，莫斯科企业与哈尔科夫客户之间的银行业务往来存在法律漏洞。在"П. М. 里亚布申斯基与其子"公司的章程中没有规定银行业务的活动范围，这导致公司可能会被提起诉讼，指控其进行的信贷交易不合法。

因此，里亚布申斯基家族试图使公司的金融业务全面合法化。1902 年 4 月，他们向工商部递交了一份申请，请求将家族纺织企业的固定资本增加到 950 万卢布，并将公司名从"纺织合伙公司"改为"П. М. 里亚布申斯基与其子合伙公司"。但是这一申请被拒绝了，工商部建议里亚布申斯基兄弟在纺织合伙企业之外单独成立一家银行。

1902 年 5 月，家族成员们决定建立"里亚布申斯基兄弟"银行，注册资本为 105 万卢布。由于尼古拉已经退休、费奥多尔尚未成年，因此银行最初的股东是里亚布申斯基家族的 6 个兄弟，再后来，他们俩也被纳入股东行列，公司的固定资本增加到 500 万卢布[①]。根据协议条款，每位股东出资 714285 卢布，扣除每位股东所得 1/4 的利润作为银行的储备资本，其余利润作为股东分红，同时银行开业的前 5 年股东们不参与分红，也不在家族银行之外进行个人信贷交易。"里亚布申斯基兄弟"银行很快成为业内著名的金融机构之一，因为它是当时唯一一家每月公开发布财务报表的私人银行机构。

在成立后的 10 年中，"里亚布申斯基兄弟"银行发展成为一家大型银行企业。1902 年，营业额为 3370 万卢布，1903 年增长到 14.233 亿卢布。1911 年，银行在俄罗斯中部地区（主要是亚麻产区）开设了 12 家分支机构。根据 1911 年的企业财务报表，"里亚布申斯基兄弟"银行的主营业务包括期票贴现（营收 398.8 万卢布）、证券抵押贷款（496.8 万卢布）和证

[①] РГИА. Ф. 1443. Оп. 1. Д. 87. Л. 3 – 5, 7 – 9：Ананьич Б. В. Банкирские дома в России. 1860 – 1914. С. 117.

券收购（201.3万卢布）①。股东们自己也适当地评估了工作成就，对他们来说，经营银行的经历"就像是上了一所学校，为经营一所规模更大、业务更稳定且能够吸引俄罗斯资本的股份制银行组织积累了必要的经验并储备了人才"②。

里亚布申斯基家族也需要银行来为家族企业扩大生产助力。在继承了父辈传统并展开金融与实业多元化经营后，家族的年青一代最终超越了主要关注国家工业能力提升的企业家这一身份范畴。货币流通和信贷成为里亚布申斯基家族的重要业务，但这仍是家族事业体系中的辅助业务。

1900年的火灾过后，几乎完全被大火烧毁的上沃洛茨克纺纱厂和织布厂很快得到了重建。1902年，里亚布申斯基家族的纺织企业向财政部递交申请，希望能够增加固定资本，并得到了圣彼得堡方面的许可。财政部官员在一份声明中强调："里亚布申斯基家族的合伙企业已经存在了大约15年，在商界中享有牢固的地位，是俄罗斯最大的工业企业之一。本申请是由于股东希望履行合伙企业已故创始人的意愿，即在可能的情况下，将更多的资金集中在由合伙人创建的企业手中，以扩大企业规模，从而强化该公司在行业内的地位。"③

第一次世界大战之前的10年是莫斯科资本家创业活动的高潮。在特维尔省和诺夫哥罗德省交界处人烟稀少的荒凉土地上，他们努力将其变成一个工业区，为邻近地区成千上万的农民提供了工作。1905年，这里新建了一座三层楼的织布厂和一座两层楼的漂白厂。1911年，此处又建造了一座为工厂供电的中央电站，还铺设了一条从上沃洛茨克火车站到工厂区的窄轨铁路——尼古拉耶夫铁路，其于1912年建成，当时距里亚布申斯基家族的合伙纺织企业成立已有25年之久。当时家族新建的两座织布厂采用了最新的技术（厂房采用玻璃穹顶，以更好地照亮建筑内部，同时还安装了通风系

---

① ЦИАМ. Ф. 254. Оп. 1. Д. 135. Л. 1 – 2, 24 – 26.
② Торговое и промышленное дело Рябушинских. С. 77.
③ ЦИАМ. Ф. 16. Оп. 136. Д. 166. Л. 3 – 3 об.

统和自动灭火系统)①。

根据 1914 年复活节的企业财务报表，当时公司的固定资本为 500 万卢布，储备资本为 140 万卢布，建筑、土地和机器设备等资产的价值为 700 万卢布。在家族的工厂里，有 9.44 万锭纺锤、2100 台织布机在运转，原料棉在这里能够经过完整的生产流程被加工为各类成品织物。在这里工作的大约 4.5 万人创造了价值 800 万卢布的产品。每年，上沃洛茨克工厂的成品布通过莫斯科的仓库发往圣彼得堡、哈尔科夫和西伯利亚的城市，畅销全俄罗斯②。

当时，里亚布申斯基家族企业的所有者仍然是家族创始人的继承人们。合伙企业的股东大会由里亚布申斯基五兄弟参加，他们是公司股份的唯一持有人。公司共有 2500 股，总股本 500 万卢布。在 1913 年 10 月 12 日举行的股东大会上，共发布了 2375 只股份（根据 П. М. 里亚布申斯基的遗嘱，剩下的 125 股属于公司的财产，并作为以 П. М. 里亚布申斯基命名的工人食堂的资金来源，其位于戈卢特温斯基小巷）。家族企业的股东为巴维尔（491 股）、谢尔盖（499 股）、弗拉基米尔（381 股，内部收购了属于米哈伊尔的 319 只股份）、斯捷潘（415 股）和德米特里（270 股）。

1912 年，家族合伙企业的净利润为 60.3 万卢布，这些利润的一半用来给股东分红，其余 30 万则转为企业的储备基金。谢尔盖和斯捷潘在直接管理生产和销售中发挥了主要作用。除了分红外，作为董事会的董事，他们每人的年薪也有 2.1 万卢布。

有趣的是，兄弟俩不仅是公司的股东和管理者，还是公司的主要债权人，他们秉承了在莫斯科企业家中广泛存在的利用个人资本为企业"自我融资"的传统。1912 年，家族合伙企业向私人偿还了 19.3 万卢布的借款。当时向公司提供年利率 6% 贷款的贷款人主要为公司股东、股东的妻子以及

---

① ГАТО. Ф. 1038. Оп. 2. Д. 65а. Л. 79, 85, 129, 136, 143, 179.
② См.: Иоксимович Ч. М. Мануфактурная промышленность накануне мировой войны. М., 1915. Отд. 1. С. 173 – 178.

其他家族亲属①。

股东们将对家族企业的投资和他们的个人资本视为一个不可分割的整体，由此家族企业产生的利润直接用于公司的扩张，同时给自己公司提供借贷而产生的利息也为股东们带来了可观的额外收入。

这种家族融资模式并不过时，但为此莫斯科的工业大亨们经常被他们的圣彼得堡同行指责，还有就是苏联的历史学家们。这种融资模式很受老一辈企业家的青睐，他们难以接受让陌生人控股自己的企业，尽管这在圣彼得堡的商界很流行。

莫斯科的企业家普遍认为，陌生人股东对企业事务的态度带有很大的随意性，他们只是通过联合投资而团结在一起。弗拉基米尔·里亚布申斯基写道，在真正的股份制企业中，"经理们必须一直把时间花在解释、自我辩解、道歉、自我赞美等等上"。另外，若企业的所有者和经营者是同一人的话——"他可以安全地犯错误，而不必向任何人负责。这种不怕犯错的心态为企业唯一的所有者也就是经营者带来了巨大的优势：他勇敢、不惧冒险、灵活多变且能够一直向某个方向推进。但是近来，这种纯粹的企业所有者正变得越来越少，在家族的经营下，企业往往会有好几个主人——亲戚以及兄弟们都会插手进来。但是，有时候兄弟之间也会互相擦亮眼睛、没有摩擦、互相支持并且轮流工作，这对于企业组织的业务管理而言，也许是最理想的方案。"②

这位回忆录作者当然是指他自己的公司，其家族亲戚之间在业务上确实没有任何冲突。里亚布申斯基兄弟们卓有成效的合作在商界赢得了良好的声誉。官方文件中也指出："里亚布申斯基兄弟们作为企业的引领者，在商界享有盛誉，他们的家族企业也是行业内最杰出的企业之一。"③

应当指出，莫斯科的大工业家们与圣彼得堡中央政府的关系十分复杂，帝国财政部长们，如 С. Ю. 维特、В. Н. 科科夫佐夫与 П. Л. 巴尔克继续执

---

① ЦИАМ. Ф. 51. Оп. 10. Д. 1052. Л. 4，23－24.
② Рабушинский Вл. Купечество московское. С. 177.
③ ЦИАМ. Ф. 450. Оп. 8. Д. 962. Л. 5－5 об.

行着建设民族工业的保护主义路线，并对扶持本国企业界的政策感兴趣。由于工业和金融资本家们经常会遇到政府部门主管官员的公开索贿甚至敲诈，因此企业家们每次到访圣彼得堡都变成了一种道德考验，旧礼仪派的企业家将前往圣彼得堡比喻为俄罗斯王公受诏觐见金帐汗国的可汗。弗拉基米尔·里亚布申斯基回忆说："我不知何故要去圣彼得堡，此时我心情很不好，兄弟姐妹们也笑着说：'沃洛加（弗拉基米尔的昵称。——译者注）要去汗国了。'我们这些热爱自由的莫斯科人在圣彼得堡的办公室里很难呼吸。"①

20世纪初的"工人问题"对于国家而言开始变得重要，并获得前所未有的关注。20世纪初，工人阶级的罢工浪潮席卷了整个俄罗斯帝国，工人们在受到社会民主主义思潮的影响后不满情绪日益加剧。上沃洛茨克也未能避免，社会上越发显现紧张局势。俄国的商业家族在经历了两到三代人的发展后，与雇员们的贫富差距已经越来越大。如果早些时候他们还能自豪地宣布自己"养活了一万人"，那么现在他们更多是从罢工的人群中听到："我们有一万人，我们一起养活了一个大腹便便的你。""弗拉基米尔·里亚布申斯基认为，俄罗斯的财产所有制是危险的，它造成了贫富差距的代际传递。"②

1905年1月9日发生在圣彼得堡的"流血星期日"事件清楚地表明，劳动群众需要改变他们的生存条件，且他们不能被赤裸裸地暴力对待。1905年1月，在"彼得堡大屠杀"的影响下，巴维尔·里亚布申斯基向他的工厂发出了关于工人状况的特别要求。在回信中，工厂厂长 C. B. 加涅申描述了一幅令人不快的图景③。

加涅申认为，工厂在下班时对工人的搜身"当然是一种对他们的直接冒犯，这是一道迂腐且无用，甚至无望的命令"。女工在纺纱厂和织布厂的处境尤为困难，特别是她们在分娩期间工厂没有任何照顾性措施，因此"怀孕女工通常尽可能晚地离开工作岗位（往往是分娩前一天）并在生产后

---

① Рабушинский Вл. Купечество московское. С. 179.
② Рабушинский Вл. Судьбы русского хозяина. С. 47.
③ ГА РФ. Ф. 4047. Оп. 2. Д. 1. Л. 1–1 об.

尽快返回",这造成了产妇身体的极大损伤和妇科疾病的增多。

工人们也无法忍受自己患病时工厂不会出一分钱的补贴且只能在工厂医院免费接受治疗。工厂管理者认为,为工人生病问题每年最多只需投入1500卢布,平均每位病人一天30戈比。还有一个问题就是,企业家和雇员之间缺乏详细的雇佣合同,导致工人们按照惯例及不成文的规定多做了许多工作,而这些多出的劳动也需要法律的保护。劳资冲突的主要原因还是工资问题,上沃洛茨克工厂的管理者在一封信中写道,工人们不断坚持涨工资,要求工厂主必须"增加一些工资投入"。缩短每日工作时长的问题同样迫在眉睫,20世纪初,工人们的每日工作时长达到11.5小时。

尽管厂长提出要逐步改善工人的处境,但工人们日益积累的不满仍集中在他身上。1905年,新任厂长 С. В. 加涅申试图加强对工人的管理。前任厂长 Е. П. 塔拉卡诺夫是一个工作狂人,他一生致力于上沃洛茨克工厂的繁荣(尽管他在工作环境中并不是很受爱戴,但仍然被工人们看作"自己人")。当时工厂管理机关与工人之间的关系带有典型的父权制特点,对事务的处理遵循传统习俗。该工厂的一位管理人员回忆说:"规模庞大的工人群体收入并不多,需求也不多:这些人身体虚弱、酗酒、懒惰——他们承受着这一切。新任厂长采取了新制度:增加工人的收入,但工作要求也增加了。"[1]这位与工人保持距离且彬彬有礼的加涅申被视为外来的地主老爷,经常遭到工人的嘲弄。

在1905年秋天动荡不安的日子里,整个国家几乎要被革命的风暴吞没,里亚布申斯基家族工厂的厂长和工人之间的争执最终演变成悲剧。尽管工厂做出了一些让步,但工人越来越担心。加涅申在11月24日写给莫斯科东家的信中说:"这座城市有传言,他们想再次罢工,要求得到适当的津贴并进一步减少工作时间。现在工人中有流言,认为工厂欺骗了他们,只减少了工作时间,但没有增加他们的收入。目前局势非常紧张且动荡不安。一颗火星就足以引爆现在的火药桶,昨天,在一次工人集会之后,一群人唱着或哼着

---

[1] Рабушинский Вл. Купечество московское. С. 185.

'马赛曲'走出了工厂大门:我个人认识其中的 4~5 名坏分子,他们是在挑衅,毫无疑问,这干扰了正常的工作秩序,为此我们必须采取极为克制的态度,说出每一个字都必须很小心。"① 这也是这位厂长寄出的最后一封信件,几天后,加涅申在工厂内被一群工人杀害。

里亚布申斯基家族中一位后来移民国外的兄弟回忆说:"这次悲剧发生后,加涅申的遗孀得到了我们的终身养恤金,我们关闭了工厂,直接派工人代表去莫斯科请求其家人的原谅。然后我们与工人和解并重新开张了工厂。"② 工厂重新开张后,里亚布申斯基家族做出了一些让步。自 1906 年以来,他们建立了新的两班制工作制度——工人们在每两天中第一天工作 12 小时,第二天工作 6 小时。这样一来,工人们平均每天的工作时间从 11.5 个小时减少到 9 个小时,每年的工作日数也减少了。1901~1904 年,工人的全年工作日总共为 271 天,1906~1910 年则减少到 261 天。同时,作为必要的福利,里亚布申斯基家族为单身工人建造了公寓、为工人家庭提供了可租赁的独栋房屋、新建了医院,还为工人子女开设了一所学校③。

随后,里亚布申斯基家族在缓解社会矛盾方面做了很多工作。1907 年,在工厂医院内新设立一间助产病房,可容纳 12 个床位。1911 年,在工厂医院的住院部门增设了 30 个床位,同时公司每年拨款 15000~20000 卢布用以维护。同时,还为老年工人建造了一个可容纳 50 人的养老院。为了帮助女性织布工照料子女,工厂开设了一家能容纳 100 名儿童的托儿所,里亚布申斯基公司也对其进行了维护。1911 年,代替旧工人子女小学的新教学楼竣工,这里主要开展纺纱、织布和印染领域的职业培训,从此处毕业后,一个 15 岁的男孩就可以进入工厂工作了④。

里亚布申斯基家族确信俄罗斯在私人创新方面还有很长的路要走,并积

---

① ГА РФ. Ф. 4047. Оп. 1. Д. 18. Л. 1–1 об.
② Рабушинский Вл. Купечество московское. С. 185.
③ См.: Торговое и промышленное дело Рябушинских. С. 116–118.
④ ГА РФ. Ф. 102. ДП 4 д-во, 1908. Д. 73. Л. 2, 4–5, 9–10; Торговое и промышленное дело Рябушинских. С. 141–154.

极为成为国内工业发展的领头羊而做准备。尽管家族朝气蓬勃的兄弟们被局限在父亲工厂的框架之内,但他们也在窥探着其他行业和市场,渴望能够将业务拓展到帝国的边疆。1909年,里亚布申斯基家族派代表前往巴尔干,调研当地俄罗斯纺织品的销售前景,同时家族还资助了1910年俄国组织的赴蒙古国的商业考察队,回国后出版了《蒙古国市场俄罗斯商品销售手册》。1907年,俄罗斯棉纺织行业的标杆企业"Э. 钦德尔"公司首倡成立了专门的出口企业——俄罗斯出口公司。虽然到第一次世界大战爆发之前,这家公司没有取得任何业务成果(波斯除外,该国北部是俄罗斯贸易企业的势力范围),而这些最初的尝试表明,俄罗斯国内工业已准备好参与世界市场的竞争①。

当然,拥有丰富未开发自然资源的本国仍然是莫斯科银行家和工业家的重点经营地区。他们的注意力被国内新的地区和领域所吸引,资本在此处发力能够为经济发展做出巨大贡献。里亚布申斯基家族的合伙纺织企业在特维尔省和诺夫哥罗德省拥有大量的农用土地,这些在不同年份获得的土地为家族的工厂提供燃料。从1900年到1911年,沿茨纳河浮运原木没有为家族带来任何特殊收益,家族所有的私人林场的收入大约为23万卢布,而家族企业的林业开支为19.9万卢布②。

同时,森林代表了巨大的财富,巴维尔·米哈伊洛维奇也明白这一点,他在一家纺织厂附近建立了自己的首家锯木厂。弗拉基米尔·里亚布申斯基回忆说:"我们热爱并珍惜我们的工厂业务,家族工厂对我们的意义,就像是城堡对于中世纪骑士的意义,我们对其有着深入血脉的情感。因此,购买土地和森林首先是为了满足工厂的需求,其次才是对其的向往……但是我们不仅被森林吸引,还被森林工业所吸引,为了发展这一事业,我们为自己树立了目标。"③ 里亚布申斯基家族创办了完整的森工产业链,首先为采伐与植树环节,包括选择性伐林、植树造林和沼泽地土壤改良;其次将原木浮运

---

① См.: Лаверычев В. Я. Монополистический капитал в текстильной промышленности России. С. 117 – 121.
② ГАТО. Ф. 1038. Оп. 2. Д. 210. Л. 12 – 14.
③ Рябушинский Вл. Купечество московское. С. 186.

至锯木厂,将其加工为木板;最后是销售,其中总产量的1/7销往国外市场。一战前,里亚布申斯基家族还创办了一家胶合板工厂,该工厂的加工能力为每年20000~25000立方米原木①。

里亚布申斯基家族还收购了两家与木材加工有关的企业。其中一家是距上沃洛茨克100俄里、靠近尼古拉耶夫铁路的奥库洛夫卡站的 В. И. 巴斯堡造纸厂。1906年,里亚布申斯基家族收购了其80%的股份,并以此为基础成立了股份制企业——奥库洛夫卡造纸合伙公司,董事会成员为里亚布申斯基家族的斯捷潘、弗拉基米尔以及他俩的妹夫 А. Г. 卡尔波夫。在他们的领导下,造纸厂的业务得到迅速发展——从1906年到1911年,企业的固定资本从60万卢布增加到240万卢布,工人人数从800人增加到1800人,年产值从330万卢布增加到400万卢布。除了造纸之外,工厂还生产木浆、纸浆等。

当时商界的舆论认为,原巴斯堡造纸厂的新所有者"在相对较短的时间内不仅为合伙企业的业务发展带来了强劲动力,而且完全重建了企业——为工厂配备了最先进的技术设备,这让奥库洛夫卡造纸合伙公司无论是在生产设备还是在制成品质量上在俄罗斯都是最出色的"②。公司得到了里亚布申斯基家族的莫斯科商业股份银行和莫斯科商业信贷互保协会的融资支持,得到了150万卢布的证券抵押贷款。到1917年,奥库洛夫卡造纸合伙公司的股本为300万卢布,其1.6万俄亩林场价值约为181.5万卢布,工厂建筑物的价值为223.57万卢布,机器设备的价值为343.6万卢布③。这家造纸厂在里亚布申斯基家族的努力经营下蒸蒸日上,成为国内造纸行业的领军企业之一。

奥库洛夫卡生产的部分纸张被送到莫斯科里亚布申斯基家族的印刷厂。该印刷厂建造于1907~1908年,坐落在大普京科夫小巷内,临近著名的圣母降生教堂,这是一座由建筑师 Ф. О. 舍赫捷利设计的现代派风格建筑,造

---

① См.: Торговое и промышленное дело Рябушинских. С. 125 – 127; ГАТО. 1038. Оп. 2. Д. 322. Л. 21 – 22.
② ЦИАМ. Ф. 450. Оп. 8. Д. 200. Л. 71.
③ ЦИАМ. Ф. 51. Оп. 10. Д. 861. Л. 60 – 61; Ф. 344. Оп. 1. Д. 1. Л. 118 – 120.

型优美，巴维尔·里亚布申斯基创办的《俄罗斯晨报》就是在这里印刷发行的，报纸编辑部也位于此建筑内。直到1913年，该报的出版工作都是由里亚布申斯基兄弟中的老大巴维尔单独负责的，费用也由其个人承担，随后里亚布申斯基家族的其他成员也参与进来，与 П. П. 里亚布申斯基一起创办了印刷合伙公司，由 А. Г. 卡尔波夫担任董事会主席。但 П. П. 里亚布申斯基仍然是真正的领导者：在合伙企业总共的1000只股份中（股本达50万卢布），他占了959股。当时里亚布申斯基家族的印刷厂配备了电动的印刷机器，其已是国内印刷行业中最为领先的企业之一[①]。

在特维尔省，里亚布申斯基家族还开发了新的产业。1911年，他们收购了始建于1832年的茨纳玻璃厂，距离波洛茨克铁路的菲罗沃 - 博洛戈耶站9英里。在从车站到厂区铺设了一条新的土路后，原本经营不善的工厂有了增加产品销量的机会。新的企业家为工厂的玻璃熔化部门配备了最新的德国西门子炉灶，使茨纳工厂摇身一变成为俄国领先的窗户玻璃制造企业之一。尽管工厂在1916年发生了火灾，造成的损失达4.6万卢布，但到1917年，工厂建筑物和机器设备的价值仍达10.6万卢布[②]。

多元化经营使里亚布申斯基家族企业的性质日益复杂，促使其所有者在1912年更改了企业名称——从纺织合伙公司改为"工商合伙公司"。家族企业创建五十周年纪念史的作者写道："这个新名字更全面地反映了公司的现代经营活动，其业务不再局限于工厂制造，而且延伸至贸易领域，同时销售也不再局限于自家工厂的产品。"[③]

与此同时，两个新领域引起了里亚布申斯基家族的注意：银行业和亚麻业。1912年公司正式更名后，家族创办了莫斯科商业股份银行和俄罗斯亚麻工业股份公司。两家公司都是家族企业的子公司，它们的发展紧密相连。

莫斯科商业股份银行是在之前家族银行的基础上建立的，其将家族的金

---

① ЦИАМ. Ф. 303. Оп. 1. Д. 106. Л. 2, 13, 15, 18; Ф. 51. Оп. 10. Д. 1055. Л. 2 - 3, 6 - 7.

② См.: Торговое и промышленное дело Рябушинских. С. 138; ЦИАМ Ф. 311. Оп. 1. Д. 2147. Л. 5 - 18.

③ Торговое и промышленное дело Рябушинских. С. 140 - 141.

融业务提高到了一个更高的水平，家族成员们认为："银行的名称要表达出与莫斯科商人的联系，这一群体中许多人都从事银行业。"① 除了里亚布申斯基六兄弟（尼古拉和费奥多尔当时已经去世）之外，该银行的联合创始人还包括叶戈尔耶夫斯克棉纺厂的所有者 М. Н. 巴尔德金、雅罗斯拉夫尔大纺织厂厂主 А. А. 卡尔津金、科斯特罗马省一家棉纺织公司的所有者及未来的临时政府部长 А. И. 科诺瓦洛夫、呢绒制造商 Н. Т. 卡什塔诺夫、里亚布申斯基兄弟们的妹夫 В. В. 索诺夫、莫斯科证券交易委员会主席及莫斯科商业银行首席顾问 Г. А. 克列斯托夫尼科夫、下诺夫哥罗德证券交易委员会主席 Д. В. 西罗特金、东正教旧礼仪运动的杰出活动家 П. А. 莫罗佐夫、木材商及大科斯特罗马亚麻合伙公司经理 М. А. 巴甫洛夫、同样是临时政府未来部长的 С. Н. 特列季亚科夫等②。

20 世纪初的尼古拉·弗拉基米罗维奇·先科夫

20 世纪 10 年代的尼古拉·季莫费耶维奇·卡什塔诺夫

---

① Торговое и промышленное дело Рябушинских. С. 77.
② Об истории Московского банка подробнее см.: Петров Ю. А. Коммерческие банки Москвы. С. 172–190.

第二章　企业家活动的特点与类型

20 世纪 10 年代莫斯科银行的股票

20 世纪 10 年代的谢尔盖·尼古拉耶维奇·特列季亚科夫

银行初创时的固定资本为 500 万卢布（到 1917 年，增加到 2500 万卢布），联合创始人之间基本完全分配了股份，但大部分股份仍由里亚布申斯基家族成员控制，后者还担任银行的重要管理职位：弗拉基米尔·里亚布申斯基当选为董事长，他的兄弟米哈伊尔当选为总经理。银行法务主管为 А. Ф. 杰留任斯基。新银行共有 12 家分支机构，到 1917 年又增加了 4 家，分别在奥列霍沃－祖耶瓦、特维尔省的卡希纳、普斯科夫和斯莫连希纳的瑟乔夫卡。

里亚布申斯基家族梦想着有一种强大的金融工具能够支持其在工业领域的扩张，像德意志银行这样的欧洲银行业巨头是莫斯科金融家们的目标。1916 年，М. П. 里亚布申斯基发表了针对商业伙伴的公开信，题为《我们的奋斗目标》，在信中透露了自己在金融和工业领域的雄心。他向当时世界上最好的金融企业发出呼吁："银行的目的是努力发展业务……并在赢得信任之后，利用积累的资金来创办优良的企业。此外，实业银行必须摒弃投机活动，努力推动实业发展，开展长期的实业经营，并且只有当银行创办的实业企业立稳脚跟后，才能将其独立化发展，同时银行需要与自己创办的企业长期保持业务上的联系。"[1]

莫斯科的金融家们认为，无论是对工业证券投机感兴趣的圣彼得堡银行，还是以吸引存款为主要业务的莫斯科银行，都没有余力去发展实业融资业务，效仿西欧国家的银行业并不合适，尽管 19 世纪 70 年代出现了一批"老莫斯科"银行家，他们与里亚布申斯基家族一样不遗余力地推进实业金融的发展[2]。

在创办了银行后，里亚布申斯基家族在自己的报纸《俄罗斯晨报》上抨击圣彼得堡的银行家们，称其"完全无视企业的内部经营情况，随意地将手中的企业证券在证券市场上抛售以获利，这些真正有价值的企业证券在他们眼中一文不值"。莫斯科的银行普遍反对圣彼得堡式的投机主义做法，尽管他们采取了一些保守主义的态度，"莫斯科的银行将大部分资金用于支

---

[1] Рябушинский М. П. Цель нашей работы. С. 611.
[2] О 《 старомосковских 》 банках подробнее см.: Петров Ю. А. Коммерческие банки Москвы. С. 153 – 171.

持中部地区工业和贸易的发展，并通过遍布俄罗斯的分支机构将整个中部工业区的经济发展整合在一个网络当中"。在理想情况下，银行应长期关照工业企业，"及时提供充足的流动资金以发展和改善工业生产"①。

当时莫斯科有 4 家股份制商业银行（圣彼得堡有 9 家）。每家银行都拥有长期稳定的客户群体，其更愿意与长期合作的银行开展业务。莫斯科商业银行主要受首都地区棉纺企业的青睐；莫斯科贴现银行的决策由在俄经营企业的德国移民团体"莫斯科德意志人"控制（其经营的代表性企业为"沃高与 К"与"Л. 克诺普"商行）；莫斯科贸易银行自成立以来一直由纺织工业家奈焦诺夫控制，后者利用这家银行为自己的公司提供融资。总的来说，在俄国工业快速发展的 19 世纪末，莫斯科的银行并没有像同时期圣彼得堡的银行一样专注于工业证券市场的投机活动。

20 世纪初，莫斯科的"老牌"银行遵循莫斯科工业界领军人物的意愿，开始加强工业融资业务，主要是针对中央工业区纺织业的主要原材料——棉花。20 世纪初，莫斯科的银行在帝国边陲的图尔克斯坦建立了分支机构网络，旨在资助莫斯科工厂购买和运输当地产的棉花。然而，这种业务模式在里亚布申斯基家族看来还不够有效，尤其是当时圣彼得堡的银行不断加强扩张，构成了对莫斯科工业部门的威胁。

在 1900~1913 年的 10 多年中，圣彼得堡的银行将其在图尔克斯坦的分支机构数量从 267 个增加到 778 个。这些密集的分支机构网络覆盖了图尔克斯坦的主要经济区域，挑战着"莫斯科的金融霸权"（该提法源自里亚布申斯基家族《俄罗斯晨报》中的一篇文章，其呼吁俄罗斯商人反击圣彼得堡的国际银行业）。

联合"民族资本"以反对圣彼得堡金融寡头的重任被赋予里亚布申斯基家族的新银行。在莫斯科商界看来，在与圣彼得堡的"战争"中防御策略注定要失败，需要通过更有效的手段来捍卫"莫斯科商人"的利益。

"莫斯科在经济上退居幕后，这是我们不想也不能容忍的，"弗拉基米

---

① Утро России. 1911. 17 окт.

尔·里亚布申斯基回忆道,"这就是为什么一方面有必要建立我们的新式银行,另一方面又无奈地将我们的部分业务转移到圣彼得堡(正如笔者曾指出的——'圣彼得堡成为俄罗斯的金融和经济中心。')。我们不能对俄罗斯的经济主导权从实业家转移至'商人'手中袖手旁观,尽管后者有时也是聪明又有才华的人,但更多时候,他们只是些唯利是图者。"[1]

里亚布申斯基家族的银行采用股份制形式,这使其在银行大量资本的帮助下能够吸引存款和活期账户这类新业务,并有利于银行在工业信贷市场采取更积极的措施。里亚布申斯基家族的总部大楼也移交给了新银行使用。这栋楼建于1902~1904年,由建筑师 Ф. О. 舍赫捷利设计,坐落在位于"莫斯科圈"(当时叫作"中国城")的核心地段的证券广场,这座威严的建筑至今仍在给莫斯科市中心添彩,它在当时也是莫斯科新一代富豪的象征。在这栋楼里除了银行经理办公室外,还有里亚布申斯基家族所有公司的董事会办公室。

到第一次世界大战爆发时,莫斯科商业股份银行的营业额已经稳居莫斯科的第三位,仅次于行业内的领跑者——莫斯科商业银行和莫斯科联合银行,并且在俄罗斯大型商业银行中排第12~13位,这对于一家新成立不久的银行而言无疑是巨大的成功。莫斯科商业股份银行的分支机构中最成功的为圣彼得堡分行,由经验丰富的德国籍银行家 Р. Г. 什捷斯领导,他曾供职于多家德国著名银行(德国贴现银行、德国商业私营银行等)。该分行于1912年出资100万卢布购得了涅瓦大街上的一栋豪华办公楼。在圣彼得堡,里亚布申斯基家族的银行主要为当地的工商业企业提供贷款(如"石油大王"诺贝尔公司、普梯洛夫工厂协会等)[2]。

莫斯科商业股份银行的经营目标在于为里亚布申斯基家族的工业事业提供融资支持。作为对企业家团体的信贷支持机构,银行专注于在莫斯科创办新的企业。亚麻业成为银行首要推进的行业,具有良好的发展前景。米哈伊

---

[1] Рабушинский Вл. Купечество московское. С. 188.
[2] ЦИАМ. Ф. 254. Оп. 1. Д. 63. Л. 15;Оп. 2. Д. 66. Л. 160.

尔·里亚布申斯基在论述他们的选择时回忆说："我们考察了各领域的原材料工业——石油、煤炭、矿产、木材和亚麻，最终我们选择了后者。"① 当时俄罗斯实际上是国际亚麻市场的垄断供应者。在欧洲的英国、法国和德国，多达 80% 的亚麻制造商需要进口来自俄罗斯的亚麻。但是，俄罗斯原料亚麻的出口掌握在外国公司的手中，它们占据了大部分的外贸利润。此外，俄罗斯出口的主要是半成品——非梳成麻，梳理后仅能从中抽出 1/4 的成品亚麻（俄罗斯亚麻供应商每年因此损失数百万卢布）。同时，该行业对任何可能引起激烈竞争的强大金融集团都不感兴趣。

里亚布申斯基家族决定与大科斯特罗马亚麻厂的所有者特列季亚科夫家族合作，开始从事亚麻业务。拥有 5500 名工人的特列季亚科夫家族企业是亚麻行业内最大的企业之一，它由著名的艺术事业赞助人士 П. М. 特列季亚科夫经营，直到其 1898 年去世。20 世纪初，П. М. 特列季亚科夫的侄孙 С. Н. 特列季亚科夫成为俄罗斯亚麻工业的领导者。1910 年，他当选为全俄亚麻制造商协会主席；1912 年，他代表俄罗斯参加了法国"亚麻生产者"国际大会。М. П. 里亚布申斯基写道："我们缺乏亚麻行业的专业经验，特列季亚科夫家族具备行业内的实力，我们提出了倡议并拥有资本，于是我们决定开展合作。"②

1912 年 3 月，"С. Н. 特列季亚科夫和里亚布申斯基兄弟"亚麻工业公司下属的贸易公司正式成立，这家公司开始在莫斯科商业股份银行分支机构的融资支持下，从国内制造商那里购买亚麻。根据这家贸易公司的章程，其经营活动的重点领域包括"收购、分类和销售亚麻、大麻纤维及前两者的制品；建设并维护仓库、亚麻装饰厂、梳亚麻厂以及其他各类亚麻工厂"。公司通过专门的同业往来账户于 1912 年从莫斯科商业股份银行获得了 160 万卢布贷款用于发展主业，另外还贷款 80 万卢布用于贸易业务。公司总部位于莫斯科股份商业银行大楼内，与俄罗斯中央工业区 15 家最大的亚麻工

---

① Рябушинский М. П. Цель нашей работы, С. 614.
② Рябушинский М. П. Цель нашей работы, С. 616.

厂签署了原材料供应协议,其中特列季亚科夫家族的大科斯特罗马亚麻厂是最大的供应商①。

亚麻在勒热夫一家专门的工厂中进行梳理和分类,随后分离出来的亚麻纤维从那里运送到纺纱厂。М. П. 里亚布申斯基计划"在亚麻主产区建设一批工厂,以便扩大已完成分类和梳理的亚麻纤维的出口,同时降低运输成本"②。

为了简化"俄罗斯棉花"的出口,里亚布申斯基家族于1912年底成立了一家专门的公司——俄罗斯亚麻工业股份公司(РАЛО),固定资本为100万卢布,已与之建立起业务联系的那些亚麻纺纱公司应邀加盟。新企业的控股权属于莫斯科股份商业银行(其占有5000只发行股票中的2895股),С. Н. 特列季亚科夫被任命为РАЛО的直管经理,主要的监督机构(理事会)由М. П. 里亚布申斯基控制③。

РАЛО的创建引起了包括欧洲在内商业界的积极反响。1913年1月,德国驻莫斯科总领事B. 科尔哈斯指出:"РАЛО为俄罗斯亚麻产业的发展指明了一条新的道路。它不仅在俄罗斯且在国外收购、分类和销售亚麻及其制成品,同时它还打算为外国公司代购俄罗斯的亚麻产品,并从事产品的跨境运输业务。"④

起初,РАЛО面临严重困难:俄罗斯国内的亚麻纺纱厂不太愿意通过该公司购买原材料,这源于С. Н. 特列季亚科夫的矛盾立场,尽管他声称РАЛО在整个行业中拥有无与伦比的影响力,但合伙人米哈伊尔·里亚布申斯基斥责道:"以特列季亚科夫为首的亚麻种植者,将新兴的РАЛО视为为其工厂提供服务的企业,损害了公司的利益。"⑤

里亚布申斯基不仅试图成为亚麻原材料的供应商,而且准备高价收购行

---

① ЦИАМ. Ф. 887. Оп. 1. Д. 3. Л. 1 - 6, 11 - 15, 73, 84; Д. 6. Л. 1 Ф. 254. Оп. 1. Д. 41. Л. 7 - 8; Ананьич Б. В. Банкирские дома в России. 1860 - 1914. С. 121.
② Рабушинский М. П. Цель нашей работы. С. 615.
③ ЦИАМ. Ф. 1833. Оп. 1. Д. 23.
④ Bundesarchiv, Abt. Potsdam, AA, 2106, Bl. 66 - 67.
⑤ Рябушинский М. П. Цель нашей работы. С. 616.

业内的其他企业，这在国内亚麻制造商中引起了不小的轰动。里亚布申斯基兄弟不满足于中间商的角色，因此他们决定进军亚麻加工业。1912～1913年，他们收购了加夫里洛夫亚姆的 А. А. 洛卡洛夫纺织公司，并通过莫斯科股份商业银行控股该企业价值 114.4 万卢布的股份，公司董事会由 М. П. 里亚布申斯基和 С. Н. 特列季亚科夫共同掌控。

РАЛО 也与下诺夫哥罗德亚麻工厂的所有者进行了关于收购的谈判，该工厂的固定资本为 300 万卢布，由于 1911～1912 年董事会的经营不善而造成了 80 万卢布的亏损。起初，圣彼得堡私人银行对该收购业务产生了兴趣，准备收购这家工厂的股份然后到证券交易所出售以赚取利润，但很快该银行的领导人又认为当前的证券交易业务正处于"低迷期"，因此收购工厂"并不符合我们的利益"。

于是在 1914 年夏天，里亚布申斯基通过莫斯科商业股份银行与该公司的股东就收购该企业进行了联系，但是很快第一次世界大战的爆发迫使他们放弃了这一计划[①]。

1913 年，里亚布申斯基家族以 200 万卢布的价格收购了梅连基亚麻合伙公司（弗拉基米尔省的一家企业）的全部股份。但这次收购不像洛卡洛夫那次一样成功，于是里亚布申斯基家族在 1915 年初将股份出售给莫斯科的普罗霍夫卡－特廖赫戈尔内纺织合伙公司经理 Н. Ф. 别利亚耶夫和弗拉基米尔本地的亚麻生产商 Н. В. 杰米多夫。里亚布申斯基兄弟认为，这次收购业务就像之前收购下诺夫哥罗德的工厂一样，由于"犹豫不决"而未能成功。但是后来，在二月革命的前夕，他们又以 1200 万卢布收购了罗曼诺夫亚麻厂——俄国亚麻行业内最优秀的企业之一[②]。

由于与亚麻生产商的摩擦，РАЛО 开展业务的第一年损失了 25.4 万卢布，但里亚布申斯基家族并不打算放弃。当俄罗斯的亚麻制造商开始努力反

---

① РГИА Ф. 616. Оп. 1. Д. 205. Л. 189－190；Ф. 597. Оп. 2. Д. 411. Л. 10，27.
② См.：Рябушинский М. П. Цель нашей работы. С. 618；Иоксимович Ч. М. Мануфактурная промышленность накануне мировой войны. Отд. 11. С. 52－53；РГИА. Ф. 597. Оп. 2. Д. 412. Л. 3.

181

对新集团时，正如米哈伊尔·里亚布申斯基所讲，他们试图"将我们变成被剥削的人"，РАЛО 的经营活动几乎完全集中在出口业务上，主要是向英国的出口。掌握世界市场是莫斯科金融家和工业家的最终目标。

里亚布申斯基旨在说服亚麻纤维的需求者，不仅原材料可以来自俄罗斯，而且用于生产的半成品同样可以从俄罗斯进口。在"C. H. 特列季亚科夫和里亚布申斯基兄弟"贸易公司存在的期间，其已经与外国生意伙伴建立起了合作关系，随着 РАЛО 的成立，这种合作关系不断扩大和发展。里亚布申斯基家族为打开英美市场而与之合作的中间商包括爱尔兰贝尔法斯特的"约翰·普雷斯顿"公司、法国里尔的"莱维、法利诺与 K"公司。

РАЛО 与法国公司签订了 1913~1916 年的代售协议，根据该协议，"莱维、法利诺与 K"公司成为 РАЛО 的亚麻、麻刀等产品的销售总代表，并从总销售额中收取 2.5% 的佣金。此外，该代销商还负责偿清消费者赊账购买 РАЛО 的亚麻所产生的债务，并根据莫斯科的电报指示进行交易。法国合作伙伴做出了官方承诺："就像保护自身利益一样保护 РАЛО 的利益，监督 РАЛО 货物的卸载，并在遇到与客户的纠纷时捍卫其利益。"[①] РАЛО 与约翰·普雷斯顿也有类似的协议。

合作带来的成果很快就出现了——1913 年，РАЛО 盈利 42 万卢布。米哈伊尔·里亚布申斯基强调说："出口战略的成功源于我们对产品质量的坚持，即精梳亚麻和成品麻的质量必须与样品严格一致，这赢得了英国人对我们公司的信任。"[②]

第一次世界大战期间，尽管经营困难，但 РАЛО 的出口业务迈入了新阶段。协约国军服等物资的生产刺激了"俄罗斯棉花"需求的增加，促成了俄罗斯亚麻行业的大繁荣。此外，这场战争使俄罗斯亚麻出口企业的强大竞争对手——德国的亚麻企业受到打击。РАЛО 由莫斯科商业股份银行全资拥有，其为公司的运营提供了 210 万卢布的资金。1916 年初，由于先前股

---

① ЦИАМ. Ф. 1833. Оп. 1. Д. 2. Л. 262 – 263.
② Рябушинский М. П. Цель нашей работы. С. 617.

东的贡献，РАЛО 的股本从 100 万卢布增加到 200 万卢布，从而巩固了在亚麻市场的地位①。

里亚布申斯基公司的营业额每月都在增长。1916 年，公司的商品销售额为 1140 万卢布，净利润为 210 万卢布，如此成功的经营使 РАЛО 的资本从 200 万卢布增加到 400 万卢布。公司出口的亚麻全部供应给外国供应商，尤其是当时刚成立的英法亚麻委员会。1916 年底，米哈伊尔·里亚布申斯基满意地写道："我们的'事业'（联合并发展俄国的亚麻产业）蒸蒸日上，就像车轮一样滚滚向前。"②

里亚布申斯基的"事业"从广义上讲，可以满足俄罗斯整个工业和经济发展的需要——这也是里亚布申斯基家族所秉持的原则。家族的一位兄弟这样定义家族信条——"在所有的事业和创举中，我们从未奢求努力能取得立竿见影的效果。在做好一项事业后，我们立即开始经营一家更大的企业。我们事业的主要目标不是利润，而是事业的本身及其发展和成就，同时我们从不损害自己的荣誉、原则和良知。"③

里亚布申斯基经营好亚麻产业之后开始进军林业。森林是俄罗斯的主要财富之一（第一次世界大战之前俄罗斯的木材出口占世界出口总量的60%），木材在当时是最重要的建筑材料，在军事行动结束后，木材的市场需求往往会十分巨大，这引起了嗅觉灵敏的企业家们的关注。米哈伊尔·里亚布申斯基草拟了一项战略计划——"待战争结束后，战后重建会催生对木材的巨大需求，而俄罗斯的北部地区拥有丰富的、宜于出口的森

---

① См.: Отчет Русского акционерного льнопромышленного общества с 1 июня 1914 по 1 июня 1915 г. М. 1915. С. 1 – 3；ЦИАМ. Ф. 51. Оп. 10. Д 1810. Л. 2，4，20，49，77 – 78。关于第一次世界大战期间里亚布申斯基家族经营亚麻业的情况参见 Лаверычев В. Я. К. вопросу об экспорте льна из России в 1916 – 1917 гг. // История СССР. 1958. No. 1. С. 132 – 133；Петров Ю. А. Династия Рябушинских. С. 56 – 58。

② Рабушинский М. П. Цель нашей работы. С. 624；Отчет Русского акционерного льнопромышленного общества за 1915 – 1916 гг. М.，1916；Отчет Русского акционерного льнопромышленного общества за 1916 – 1917 гг. М.，1917；ЦИАМ. Ф. 51. Оп. 10. Д. 1812. Л. 63.

③ Рабушинский М. П. Цель нашей работы. С. 633.

林资源——如在阿尔汉格尔斯克、凯姆、梅津等地。我们决定去那里进行开发……"①

1916年，里亚布申斯基家族收购了"俄罗斯北部最出色的林业企业"——白海"H.鲁萨诺夫与其子"锯木合伙公司的股份。该公司总共500万卢布的股金中有483.4万卢布被里亚布申斯基收购。此时距二月革命爆发仅剩几个月，收购计划已无法完成。里亚布申斯基构想的计划可谓雄心勃勃：在收购的林区开展大规模采伐，以科特拉斯地区为主建立一个全新的锯木产业分布网，并从前所有者那里收购锯木厂，实现输出加工成型的锯木而不是原木。他们还计划创立自己的运输船队，以便不依赖进口国（主要是英国）的产品运输，并在欧洲建立贸易公司。里亚布申斯基锯木厂的生产基本是无废料的，生产产生的锯末、刨屑被加工成木浆和纸浆等。后来侨居国外的米哈伊尔·里亚布申斯基在回忆林业开发时说："我们决定吸引朋友前来投资，逐步将资金投入扩大至1亿卢布，但革命打断了这一切。"②

在当前的许多历史文献中，作者往往都秉持莫斯科的纺织业落后于圣彼得堡金融工业集团的观点。里亚布申斯基也饱受历史学家的诟病，被认为在大宗交易中的表现与圣彼得堡的金融大亨相比显得有些过时且有意逃避金融业务，他们为争夺控股权而斗争并采取各种金融资本主义的竞争方式③。实际上，里亚布申斯基在专业化水平上与圣彼得堡或欧洲的合作伙伴并没有根本不同，他们拥有完整的银行业务。

他们甚至将新兴的金融监管模式用于控股公司的管理当中。M. П. 里亚布申斯基在1916年写道："当创办和收购企业时，几乎从一开始，就迫切需要为企业安排一名负责银行业务的管理人员，其能够重新塑造企业并成为企业的领导者。"④ 里亚布申斯基家族的金融辅助业务创办于1915年，这一年

---

① Рабушинский М. П. Цель нашей работы. С. 625.
② Рабушинский М. П. Цель нашей работы. С. 628. Ананьич Б. В. Банкирские дома в России. 1860 – 1914. С. 123.
③ См.: ГиндинИ. Ф. К. истории концерна бр. Рябушинских // Материалы по истории СССР. Т. VI. С. 608.
④ Рабушинский М. И. Цель нашей работы. С. 628 – 629.

中俄工商业股份公司（POCTOP）正式成立，注册资本为 100 万卢布，几乎全部股份都属于莫斯科股份商业银行。而 POCTOP 则是里亚布申斯基家族各企业——PAЛO、洛卡洛夫公司和鲁萨诺夫公司的主要股份持有者。

在当时世界上最大的证券交易所所在地伦敦，里亚布申斯基家族的一名代表定期报告其感兴趣的证券（包括石油、采矿和其他工业领域中英俄合资公司的股票）报价。里亚布申斯基的莫斯科商业股份银行与圣彼得堡的领军银行如俄亚银行和国际银行展开合作，为俄罗斯帝国的铁路建设提供融资。1913 年在沙皇政府的协助下，里亚布申斯基还与许多俄罗斯最具影响力的金融集团合作，参与了蒙古国家银行的创建[①]。

莫斯科的金融家们试图建立起对圣彼得堡金融界支柱之一——俄罗斯对外贸易银行的控股权，其股本为 6000 万卢布。1913～1914 年，他们开始收购圣彼得堡银行的股票，但股票经纪人趁机哄抬价格，里亚布申斯基不得不放弃这种合并。1916 年，他们出售了所有先前盈利的股票（6250 股，总价 168.7 万卢布），但并没有放弃创建"拥有完善分支机构网络与良好声誉的银行"的计划[②]。

圣彼得堡的另一家银行——俄罗斯工商银行吸引了他们的注意，该银行的大部分股份由伦敦金融家克里斯普掌控。1913 年，里亚布申斯基家族收购了该银行的 2.5 万股股票，并把自己的雇员 B. E. 西尔金安排进银行董事会。然而收购后他们发现，该银行的管理层很糟糕，领导者（包括董事会主席、国家银行的前总经理 A. B. 孔申）的主要经营目标不是银行的利益，而是个人发家致富。里亚布申斯基若要取代孔申，必须收购克里斯普的股份，但并未成功（这位英国金融家的条件太苛刻），因此，里亚布申斯基家族未能跻身帝国金融之都的头面人物之列。

里亚布申斯基在收购伏尔加－卡马银行时则较为顺利，后者在里亚布申斯基证券交易所购买股票后，股价急剧上涨。暂时的挫折并没有打消这位雄

---

① ЦИАМ. Ф. 120. Оп. 1. Д. 68. Л. 183－185；Ф. 253. Оп. 1. Д. 238. Л. 398；РГИА. Ф. 538. Оп. 1. Д. 917. Л. 7－9；Ф. 630. Оп. 2. Д. 942. Л. 5，8；Д. 1032. Л. 12－13.
② ЦИАМ. Ф. 51. Оп. 10. Д. 1050. Л. 30－31.

心勃勃的莫斯科商人的热情。后来移居国外的米哈伊尔·里亚布申斯基回忆1917年时写道:"如果不是因为俄罗斯的崩溃,我们曾有想法将莫斯科股份商业银行和两家圣彼得堡的银行(俄罗斯工商银行和伏尔加-卡马银行)合并创建一家超级银行,固定资本为1.2亿卢布。"①

里亚布申斯基家族这个莫斯科旧礼仪派资本家族创业史中最为耀眼且不可忽视的一项事业就是创办莫斯科汽车制造厂(AMO)。第一次世界大战暴露了俄罗斯军队在技术上的落后,俄军不仅缺枪少炮,还缺少运输工具,尤其是汽车。在战争前夕才刚兴起的俄罗斯汽车工业无法应对为从火车站到前线运送弹药及人员而日益增长的对车辆的需求。1916年初,军事技术总局(ГВТУ)制定了建造更多汽车工厂的计划,这是为确保战争胜利所必需的方案②。这时里亚布申斯基家族决定承担起在莫斯科创建汽车工厂的重任。

1916年2月27日,ГВТУ与新成立的贸易公司"库兹涅佐夫、里亚布申斯基与К"达成了向军事部门提供750辆三吨载重卡车和相同数量的小汽车的协议。为此,公司承诺不迟于1916年秋天建造工厂厂房,并在两年内完成生产订单,同时要在1917年3月之前生产出前150辆汽车。该订单的总金额约为2700万卢布,其中包括500万卢布用于企业建设。总金额的1/3以预付款的形式支付给公司,另外1/3用于公司在国外购买设备。新公司的合伙人为里亚布申斯基家族的谢尔盖和斯捷潘、技术工程师亚历山大·伊万诺维奇·库兹涅佐夫。在贸易公司的基础上,他们被允许建立更大的企业——莫斯科汽车制造厂③。

随后汽车制造厂的建设工作轰轰烈烈地展开了,政府于1916年5月批准了公司章程,即"制造汽车、发动机、飞机、机器以及用于工厂生产的

---

① См.: Рябушинский М. П. Цель нашей работы. С. 631; Ананьич Б. В. Банкирские дома в России. 1860 – 1914. С. 126.
② См.: Воронкова С. В. Строительство автомобильных заводов в России в годы Первой мировой войны (1914 – 1917 гг.) // Исторические записки. Т. 75. М., 1965.
③ ЦИАМ. Ф. 861. Оп. 1. Д. 64. Л. 23 – 24; Ф. 1082. Оп. 1. Д 26. Л. 1а – 2 об.

机械设备"（里亚布申斯基不仅计划发展汽车生产，还计划生产航空设备）。公司的固定资本为1000万卢布，其中大部分集中在创始人的手中。由于汽车制造厂的订单"对国防极为紧急和重要"，政府代表 Г. Г. 克里沃舍因少将负责领导公司董事会，并担任总经理，同时公司额外获得了570万卢布的政府贷款①。

1916年春，"库兹涅佐夫、里亚布申斯基与К"贸易公司耗资400万卢布从"铁路大王"П. П. 冯·杰尔维兹的继承人那里购买了位于莫斯科南郊邻近科洛姆纳的13.8万平方俄丈（一俄丈=2.134米，相当于62.84万平方米。——译者注）土地，收购主要是为了占有这片土地上的秋费列夫小树林。随后贸易公司从意大利都灵的菲亚特公司购买了一项为期10年的专利，以制造菲亚特3种底盘类型的汽车。这两份合同贸易公司以678.5万卢布的价格转让给了АМО，随后贸易公司先前与ГВТУ订立的合同也进行了修改，将生产三吨载重卡车的计划改为生产菲亚特牌的一吨半载重卡车②。

在汽车制造厂厂房启动建设的同时，未来工厂家属区的建设也在同步进行（计划容纳2500名工人及其家属），该项目由著名建筑师 И. В. 托尔托夫斯基负责设计。根据与ГВТУ达成的协议，国防部门为建设需要向汽车制造厂发放了相当于订单价值10%（约270万卢布）的贷款，但到了7月，这些贷款已经用尽了，为了不停止建设，里亚布申斯基家族的斯捷潘和谢尔盖又从个人资金中拿出了300万卢布。在建造过程中，莫斯科的工业家们从伦敦的"德·泽西"公司订购了锻造和冲压设备③。

在1916年夏季的3个月里，工厂的建设施工基本完成。一位负责巡视施工现场的政府检查员于8月底正式宣布："АМО的建设进展有序、简约、

---

① См.: Устав Товарищества на паях Московского автомобильного завода. М., 1916. С. 3; ЦИАМ. Ф. 861. Оп. 1. Д. 39. Л. 1 – 3; Д. 64. Л. 57; Ф. 1082. Оп. 1. Д. 26. Л. 28.
② ЦИАМ. Ф. 861. Оп. 1. Д. 65. Л. 1 – 5; Ф. 1082. Оп. 1. Д. 26. Л. 30а.
③ См.: Воронкова С. В. Строительство автомобильных заводов в России в годы Первой мировой войны, С. 160.

精美且极其迅速，工厂区的总建筑面积超过 3 俄亩，均已完工，目前正在建设一个大型的工人家属区，该公司在 6 个月的时间内展现了创办工厂的惊人效率，建筑成本达 800 万卢布。"① 这年 9 月底，Г. Г. 克里沃舍因少将起草了工厂建筑的检查证明，就连这位苛刻的检查员也承认："工厂的主要建筑物已经处于可以考虑安放设备的状态……但工厂必须在安装超过一半的生产设备后才能开工。"

克里沃舍因强调，尽管公司董事会反复提出要求开工，但"迄今为止，英国政府尚未批准俄罗斯的设备订单，也没有得到俄罗斯在英美订购的生产设备的出口许可，支付订单所需的外汇也尚未到位"。因此，AMO 未能按时履行协议条款中规定的开工时间，但这并不是工厂管理人员的责任。公司董事会的政府代表 Г. Г. 克里沃舍因少将指出："如果国外的机床到货，工厂可以立即投入运行，因为 1886 年协会（指 1886 年成立的电气照明协会，其在莫斯科有一个发电站）向公司董事会承诺了供电保障事宜。"②

1917 年 2 月，莫斯科汽车制造厂订购的部分货物终于到达俄罗斯港口——阿尔汉格尔斯克（298 吨）、符拉迪沃斯托克（900 吨）和诺维港（443 吨）。但是，由于铁路运输系统瘫痪，这些货物都没有运到莫斯科。7 月，在俄国政治危机最严重的时候，公司董事会请求 ГВТУ "协助将积压在符拉迪沃斯托克港的机器设备紧急运至工厂；同时，鉴于通航季节马上结束，从英美订购的机床也应尽快协助交付"。等到了 9 月，"位于港口或尚在邻国的订购设备将在 1918 年 1 月 1 日前到达工厂，而由于财务原因供应厂家尚未发货的设备今年将无法运抵工厂"③。最终，由于官僚主义的拖延，里亚布申斯基未能满负荷启动工厂，并且工厂只能使用现成的配件进行汽车的修理和组装。

1917 年夏天，在左翼激进情绪不断增强的社会氛围中，拖延的责任被

---

① ЦИАМ. Ф. 861. Оп. 1. Д. 65. Л. 8；Д. 67. Л. 6 об.，11 – 11 об.，12，13 – 13 об.，16 – 16 об.，20.

② ЦИАМ. Ф. 861. Оп. 1. Д. 67. Л. 40 – 40 об.

③ ЦИАМ. Ф. 861. Оп. 1. Д. 67. Л. 45，58，65 об.，80 – 88，94 – 94 об.

第二章　企业家活动的特点与类型

工人们归咎于企业家。9月1日，AMO的工人在《社会民主党人》报纸上发表了一封公开信，指出政府应为推迟启动该厂负责。公开信中指出，政府"正在配合里亚布申斯基的阴谋，他们试图摆脱现在的工人群体"[1]。在很快发生的十月革命中，由于工人建立了对政府的控制权，里亚布申斯基家族成员们被迫辞去了董事会的职务。1918年3月，AMO工厂要求对该企业进行国有化，8月，AMO被宣布为"俄罗斯苏维埃联邦社会主义共和国的财产"[2]。

1917年前夕，米哈伊尔·里亚布申斯基就已经开始思考即将来临的混乱局面，这种混乱在俄罗斯的现实生活中已经越来越明显，他痛苦地写道："我们正处于悲惨的时刻，1916年12月政府利益与国家利益对立的记忆印刻在了俄罗斯历史上，未来是黑暗的……"可以说，里亚布申斯基作为金融家所固有的分析问题模式使其对未来并不抱有幻想。当时俄罗斯国内局势的发展有3种可能的方向："①政府做出让步并与人民一致对敌；②无政府状态；③人民的政治冷漠。"里亚布申斯基草拟了一项未来行动计划，"首先，如果不错过时代所赋予的发展机遇，我深信俄罗斯的生产力将得到长足进步并拥有广阔的发展前景，迎来国家繁荣和人民富裕，那时我们所有的计划都能够成真"。

但是，当时的局势发展还有另一种最坏的可能，即与敌人签订"城下之盟"，以及随之而来的"政治经济动荡"。里亚布申斯基没有将命运与人民分离开来，并准备在任何条件下为祖国服务："我们的近期目标是在无政府状态下尽可能地保留所有生产资料，并重建我们的事业。我们会在人民普遍冷漠的情况下尝试为人民提供新的工作。在任何情况下，我们无论如何都不会自甘堕落。"[3]

然而，最坏的预测并没有发生。最终，里亚布申斯基家族的先人及后代

---

[1] См.: Революционное движение в России в сентябре 1917 г. Общенациональный кризис. М., 1961. С. 261 – 262.
[2] ЦИАМ. Ф. 861. Оп. 1. Д. 97. Л. 77, 80, 82, 86 – 88.
[3] Рябушинский М. П. Цель нашей работы. С. 632 – 633.

们梦寐以求的文明开化、经济繁荣的俄罗斯并没有实现,而取而代之的苏维埃俄罗斯已经不再需要以祖国为傲的企业家了。

第四节 "莫斯科德意志人"——克诺普和沃高

在19世纪与20世纪之交莫斯科经济发展的动态过程中,来自德国的移民做出了巨大的贡献,他们被俄罗斯巨大的市场所吸引。与农业移民不同,这是批德国移民,定居在俄罗斯的城市并从事商业领域。根据1897年的全俄人口普查,有180万名德国人居住在俄罗斯帝国境内,其中大部分(140万人)是移民,他们是叶卡捷琳娜二世和亚历山大一世时期来到俄罗斯的德国农民后裔。这些移民后代中大约有40万人居住在城市中,其中有1.2万人是商业协会登记在册的企业家。所以说,只有不到1%的德裔俄国公民属于企业家阶层,但这一群体在俄罗斯经济发展中所起的作用不可低估。

俄罗斯的德裔居民主要集中于圣彼得堡和莫斯科。根据1910年的城市人口普查,圣彼得堡约有4.6万名母语为德语者居住,其中包括外国公民(德国和奥匈帝国公民)①。在莫斯科1912年进行的城市人口普查中有2.13万名讲德语的俄罗斯公民(他们是接受了俄罗斯公民身份的"俄罗斯德意志人")和0.72万名德国公民("德意志帝国臣民")。在当时的莫斯科,德意志人是仅次于俄罗斯人的第二大民族群体,不仅在人数上超过了法国人(2.8万人)和英国人(1000人),甚至超过了作为俄罗斯少数民族的波兰人(1.78万人)、犹太人(6300人)和鞑靼人(9700人)②。

时人所称的"莫斯科德意志人"代表了一种独特的历史现象。莫斯科有许多其他西欧国家的企业家,如法国人儒勒(尤里)·古容,他创办了

---

① См.: Юхева Н. В. Этнический состав и этносоциальная структура населения Петербурга. М.,1984. С. 24.
② См.: Статистический ежегодник г. Москвы. Вып. 4: 1911 - 1913 г. Табл 5 - 7. С. 19 - 33.

第二章　企业家活动的特点与类型

一家金属加工厂（现在的"镰刀与锤子"工厂）①，再如英国的布朗利兄弟，他们是机器制造厂的所有者。19 与 20 世纪之交，德国成为俄罗斯主要的对外贸易伙伴国，加之俄罗斯国内的德意志人数量众多，德国人逐渐在俄罗斯的"外国实业家"群体中坐上了头把交椅。

在莫斯科的德国人聚居区，企业家在人口中的比例相当高。根据 1918 年居住在莫斯科的 7183 名"德意志帝国臣民"的职业统计数据（可惜的是"俄罗斯德意志人"没有相应统计数据），在当时莫斯科的德国公民（与家庭成员一起）中有 1271 名工业家和商人；339 人为"靠地租和利息收入生活者"，即食利者；在这 7183 人中，共有 1610 人属于居住在城市的企业家阶层，占莫斯科"德意志帝国臣民"的 22.4%；工商企业职员 2661 人；工厂工人 640 人；工匠 355 人；家政服务人员 127 人；从事教育事业者 482 人；在剧院和其他娱乐场所工作的有 154 人②。

事实证明，许多"莫斯科德意志人"的命运与他们口中的"莫斯科母亲"（mutterchen moskau）有着紧密的联系，他们将莫斯科称为庇护着他们的城市。7183 名"德意志帝国臣民"中有 2787 人即 1/3 以上出生于莫斯科，他们虽持有德国护照，但人生最初的十几年是在莫斯科度过的。早在 19 世纪中叶，德国的商人、推销员和工业家在俄罗斯社会中就已十分常见。19 世纪 60 年代在莫斯科的剧院舞台上就流行着 А. А. 克拉耶夫斯基创作的话剧《德裔推销员的喜剧》。该剧的主角之一，年轻的推销员威廉·罗森伯格（Wilhelm Rosenberg）解释了他的同胞移居莫斯科的经历："我出生于德国，但我们家庭中有很多人无家可归，我和父亲也一样，德国太拥挤了，我们不得不去其他地方寻找幸福。"可以看出，该剧充满了丑化德国人的色彩——作为主角的德国企业家，最终因票据欺诈而被定罪。

---

① Гужоне см.: Наумова Г. Р. – "Московский француз" – Юлий Петрович Гужон / Предпринимательство и предприниматели России от истоков до начала XX вМ., 1997. С. 321 – 328; Она же. Русская фабрика（Проблемы источниковедения）С. 219 – 229.

② См.: Статистический ежегодник г. Москвы. Вып. 4: 1911 – 1913 гг. Табл. 5 – 7. С. 19 – 33.

当然，该剧剧情并非空穴来风，当时"莫斯科德意志人"群体中充斥着一些不诚实的商人，19世纪60~70年代，俄语中出现了新词"破产"（含义为银行破产）和"办投机企业的人"（创办股份制企业后在证券交易所进行股票投机的人），这些新词都与莫斯科的德国商人形象有关。但是，这些投机商并不代表莫斯科德国企业家的整体风貌，尽管当中大多数人是贫穷的，但他们诚实而又充满活力，他们希望在俄罗斯建立起自己的企业。这种"人力资本"的出口给俄罗斯带来了直接的好处：德国企业家带来了商业文化、商业组织、与国际市场的稳定联系以及欧洲最新的技术等。

到19世纪末，德国人成为莫斯科商业协会第一等级商人中最大的非本国公民群体，他们也是工业界最权威和最富有的人群。1898年，在莫斯科登记在册的871名第一等级商人中，有112人（约占13%）是德意志人，其中43人是德国公民，其余是俄籍德裔[1]。尽管自19世纪60年代以来，外国人在俄罗斯经商已不存在国籍限制，但事实上，许多德国人的后裔都获得了俄罗斯公民身份——这证明了德国人已经融入了俄罗斯的社会生活。

一方面，德国第一等级商人的经营活动领域体现出了德国的工业结构，两者密切相关；另一方面，也反映出莫斯科工商业的特点。这些第一等级德国商人中，从事化学工业者最多（19人），德国在化学工业领域一直保持着世界领先地位，而莫斯科发达的纺织印染工业为化学工业带来了巨大的市场需求；14人从事德国的另一发达产业——机械工程和电气工程；13人从事棉花贸易——莫斯科棉纺织工厂最重要的原料；7人从事商品贸易；6人从事布匹和羊毛产品贸易；6人从事货物和原材料的物流运输；7人从事综合贸易；5人从事葡萄酒和雪茄贸易；6人从事鞋子和服装贸易；4人从事茶叶贸易；5人从事药品贸易；3人从事金属和铁管贸易；3人开办了建筑设

---

[1] Подсчитано по: Справочная книга о лицах, получивших купеческие свидетельства 1 - й и 2 - й гильдии по г. Москве на 1898 г. М., 1898.

第二章　企业家活动的特点与类型

计事务所；4 人从事仪器和五金产品贸易；3 人开办银行。

尽管"莫斯科德意志人"群体起源于德国，但不能将其归为外国资本的持有者，因为他们是在俄罗斯凭借自己的精明能干积累起的财富，这些财富的大部分也留在了俄罗斯，而俄罗斯也成为他们当中许多人的第二故乡。"莫斯科德意志人"代表着在俄罗斯最具影响力的外国企业家群体，他们活跃的经营活动为俄罗斯市场吸引外资铺平了道路①。

尽管永久居住在俄罗斯甚至成为俄罗斯公民，但同时他们仍然保持着精神和教育上的德国人身份，维护本族群在语言和宗教文化上的自主权②。著名的德国新闻工作者和公众人物克劳斯·梅纳特（Klaus Mehnert）于 1906 年出生在莫斯科的一个德国企业家家庭，他自己所属的"莫斯科德意志人"群体评价如下："他们生活在以热情好客而闻名的环境中，他们'天生吃得开'，赚了很多钱，也得到了俄罗斯人的尊重，但其仍然是德国人。他们拥有自己的教堂和教会学校，俄罗斯也热情接纳了这一存在。他们还创办了属于自己的《莫斯科德意志报》（*Moskauer Deutsche Zeitung*）和许多用来放松身心的德国民间组织（如福音派新教会扶贫联盟、健身协会、合唱协会）。'莫斯科德意志人'从来都按时缴税，将经商所得利润投资于俄罗斯并积极学习俄罗斯文化，但在政治方面，他们仍然是局外人。"③

"莫斯科德意志人"的民族属性使其在商业领域具有独特优势：通晓双语、熟悉欧洲贸易规则和习俗使他们成为俄罗斯商人与西欧合作伙伴之间的中介。反过来，想要投资俄国企业的欧洲投资者（主要是德国投资者）也需要他们在俄罗斯市场积累了数十年的经验。"莫斯科德意志人"提供的中介服务被德国各行业巨头在莫斯科设立子公司时广泛使用，如西门子、巴登

---

① Подробнее см.: Иностранное предпринимательство и заграничные инвестиции в России. Очерки / Рук. проекта В. И. Бовыкин. М., 1997.

② Dahlmann D. Lebenswelt und Lebensweise Deutscher Unternehmer in Moskau vom Beginn des 19. Jahrhunderts bis zum Ausbruch des Ersten Weltkrieges // Nordost - Archiv. Zeitschrift fuer Regionalgeschichte. Deutsche in St. Petersburg und Moskau vom18. Jahrhundert bis zum Ausbruch des Ersten Weltkrieges. Neue Folge. Band III / 1994. Heft 1. S. 133 - 163.

③ Mehnert K. Ein Deutscher in der Welt. Erinnerungen. 1906 - 1981. Stuttgart, 1981. S. 25 - 26.

苯胺-苏打、赫斯特化工、拜耳等①。

莫斯科的德裔居民曾经生活在两个世界中，并没有被迫在两者中做出选择。然而，他们安定的生活最终在一夜之间崩溃了——1914 年 7 月 19 日（俄历 8 月 1 日），随着德国向俄罗斯宣战，"莫斯科德意志人"安稳的生活结束了，他们将命运与俄罗斯联系在一起的黄金时代也随之结束了。一战开始后，他们在俄罗斯的活动受到压制，尤其是那些拥有德国国籍者。1914 年，俄罗斯对敌国公民在购置房地产方面施加了限制，政府也开始对德国和奥地利公司的活动施加限制。1915 年 7 月，俄罗斯通过了一项法律，授予政府清算企业中德国资本的权利，无论它们是否按照俄罗斯或德国的法律行事。大公司设法在政府的控制下强渡难关，德国工业康采恩在俄罗斯的分支机构经历着最为艰难的时期②。

1915 年莫斯科发生的针对德国人的屠杀③、1917 年革命后的无政府状态、1917~1918 年布尔什维克政府将银行和工业国有化——这些都是"莫斯科德意志人"在俄罗斯历史转折期所经历的里程碑事件。革命和内战实际上摧毁了莫斯科的德国社区。1918 年起，莫斯科再次成为俄罗斯首都，根据 1920 年的莫斯科人口普查，当时这座城市只剩下约 6000 名德国人居住，而战前这一数字超过 2 万④。但他们留下的轻工业工厂、重工业工厂、商店、药店当中许多至今仍在为莫斯科人服务。

为展现"莫斯科德意志人"的企业家活动在一战前的发展趋势，本书

---

① О деятелыности германских концернов в России см. : Дякин В. С. Германские капиталы в России. Электроиндустрия и электрический транспорт. Л. , 1971; Kirchner W. Die deutsche Industrie und die Industrialisierung Russlands. St. Katharinen. 1986.

② См. : Дякин В. С. Первая мировая война и мероприятия по ликвидации так называемого немецкого засилья // Первая мировая война. 1914 - 1918. Сб. ст. М. , 1968. С. 231 - 235; ПетровЮ. А. Немецкие предприниматели в Москве XIX — начала XX в. // Немцы Москвы: исторический вклад в культуру столицы. Сб. ст. /Отв. ред: Ю. А. Петров, А. А. Семин. М. , 1997.

③ См. : Кирьянов Ю. И. "Майские беспорядки" 1915 г. в Москве // Вопросы истории. 1994. No. 12. С. 137 - 150.

④ См. : Статистический ежегодник г. Москвы и Московской губернии. 1914 - 1925 г. С. 183.

第二章 企业家活动的特点与类型

将描述这一群体经营的企业中两家领先的工商业和金融公司,即"Л. 克诺普"和"沃高与K"。

*　　　*　　　*

在为俄罗斯的经济发展做出重大贡献的德国人中,"棉花大王"路德维希·克诺普(Ludwig Knop,1821~1894)居于首位。同时代的人称他为"一个强大的大型工业的创造者",在此之前工业一直依赖于农民的家庭手工业[1]。为表彰其为国内工业发展做出的贡献,克诺普被俄罗斯帝国封为男爵,去世后,他创办的一家企业(爱沙尼亚的克伦霍尔姆工厂)为他竖了一座纪念碑。

在俄罗斯,这位德裔男爵的影响力如此之大,以至于他的名字已存在于俄罗斯谚语中,该谚语大概是在工作环境中产生的:"除了教会是教士的,工厂是克诺普的,机器也是克诺普的。"的确,在这位令人称奇的企业家的参与下,莫斯科和周边省份建立起了100多家棉纺企业并投入运营,他的活动规模和商业影响力引起了当代人的关注,使他成为与洛克菲勒、艾勒克赖特等齐名的商界传奇人物[2]。

路德维希·克诺普出身于不来梅的一个商人家庭,毕业于当地一所商学院,然后在英国罗奇代尔的"德·泽西"工厂实习了一段时间。克诺普发迹于莫斯科,18岁那年他担任了英国"德·泽西"贸易公司驻莫斯科的销售代表,该公司向俄罗斯工厂提供英国棉纱。莫斯科的商务工作为这位年轻的推销员开辟了一个新的世界,由于天生的魅力及与合作伙伴建立联系的出色能力,他很快就适应了新环境。

克诺普的商业生涯主要经营以下产业:向俄罗斯纺织厂供应外国设备以及产自美国、埃及和印度的棉花原材料,由自己的公司出资向客户提供廉价

---

[1] Schulze - Gavermiz Gerhart von. Volkswirtschaftliche Studien aus Russland. Leipzig. 1899. S. 91 - 94.
[2] 关于克诺普家族企业的更多研究参见 Petroy Ju. Russian - German Economic Relations in the 19th - Early 20th Centuries: The Problem of Export of Human Capital. // Competition and Cooperation of Enterprises on National and International Markets (19h - 20h Century) /H. Pohl (Ed.). Stuttgart, 1997. pp. 57 - 72。

信贷。19 世纪 30～40 年代，俄罗斯国内的纺织业正处于从工场手工业到机器大工业的过渡时期，克诺普敏锐地抓住了这一机会，成为俄罗斯工业家与欧洲（主要是英国）蒸汽设备、织布机生产商之间的中介。1839 年，著名纺织业大亨 C.B. 莫罗佐夫计划为自己在莫斯科附近创办的尼科尔斯克纺织厂配备英国生产的机器设备。克诺普通过他在"德·泽西"工厂工作的弟弟尤利乌斯（Julius）积极地牵线搭桥，成功拿下了莫罗佐夫的一系列新订单。这笔生意的成功还得益于 1842 年英国废除了纺织设备的出口禁令，该禁令废除之前"世界工厂"生产的纺织设备只能通过非正常渠道出口。

克诺普这位谦逊的推销员很快成为在莫斯科实业界有影响力的中间人，他为莫斯科的 10 余家工业企业提供服务，这要归功于克诺普能够以相对便宜的价格和较快的交货速度为企业提供最新的欧洲技术设备。克诺普在进口机器的同时也请来了英国的工匠和工人，让其教会俄国人如何操作技术设备。克诺普通常以中介服务来换取企业股份，经常以董事会董事的身份参与企业的生产管理。

从 19 世纪 50 年代开始，路德维希·克诺普成为俄罗斯最大的棉花销售商，在新奥尔良（美国）、孟买（印度）和后来的亚历山大（埃及）设有自己的办事处。在 19 世纪 60 年代的美国内战期间，因战争需要美国对俄罗斯的棉花供应大幅减少，此时克诺普发挥的作用尤为关键。此外，自 19 世纪 60 年代末俄国商业银行网络逐渐形成后，克诺普就开始涉足银行业[①]。

这位生性谨慎的企业家的命运与俄罗斯紧密联系在一起。1852 年，他在莫斯科开设了自己的公司"Л. 克诺普"，为此他与妻子路易丝·霍耶（Louise Hoyer，德国企业家的女儿）一起接受了俄罗斯国籍，克诺普也登记为莫斯科商业协会第一等级的商人。这对夫妇定居在位于大卢比扬卡的私宅里，他们的儿子特奥多尔（俄文名费奥多尔）和安德烈亚斯（俄文名安德

---

① См.: Брандт Б. Ф. Иностранные капиталы. Их влияние на экономическое развитие страны. Ч. III. СПБ., 1901. С. 49－54.

烈）先后在这里出生。为了使孩子们能够接受家庭教育，克诺普一家于19世纪60年代初回到德国居住。在这里，老克诺普在他的故乡不来梅附近买下了穆纳塔尔庄园。但他一直对在俄罗斯的生意上着心，每年都会在俄罗斯待上3个月[①]。

克诺普经营的企业数量不断扩大，他名下最大的公司是爱沙尼亚纳尔瓦附近的克伦霍尔姆纺织厂，这家工厂是克诺普在1857年与合作伙伴——莫斯科工业家 K. T. 索尔达琼科夫、A. И. 赫鲁多夫等人合伙创办的。利用来自纳尔瓦瀑布的廉价能源，克伦霍尔姆工厂已成为为莫斯科地区的工厂供应廉价、优质纱线的领先企业。得益于这家工厂的成功，克诺普主导了棉纱市场。

1877年，在克诺普创业25周年之际，鉴于其对纺织业发展做出的贡献，在莫斯科被称为"列夫·格拉西莫维奇"的克诺普与其家族受封帝国的男爵爵位。克诺普在自己位于莫斯科大卢比扬卡的宅邸举行了庆祝晚宴，成为男爵夫人的路易丝代莫斯科交易委员会发表了贺词，贺词由克诺普首位客户的儿子季莫费·萨维奇·莫罗佐夫执笔。在这篇贺词中，季莫费·萨维奇·莫罗佐夫向这位杰出的德国企业家致敬，认为在一定程度上正是在克诺普的努力推动之下，莫斯科才能够变成"纺织之都"。这一地位直持续到1917年[②]。

在老克诺普时期，俄罗斯国内纺织工业的发展尚处于起步阶段，此时的工业家基本是大型独立企业的所有者，这些企业从原料棉收购到成品织物的销售都是一体化的，为满足自身的融资需求，他们也成立了一些银行。克诺普称自己在与客户的关系中，对方并不需要"善意的监护"。在这种高度经营一体化和决策个人化的企业管理模式下，当公司创始人去世后，这类公司往往就无法再占据以前的市场主导地位，但仍然是最大的工商和金融企业之一。

[①] ЦИАМ. Ф. 2. Оп. 1. Д. 4646. Л. 1 – 2；Wolde A. Luedwig Knoop. Erinnerungsbilder aus seinem Leben. Als Manuseript gedruckt. 1928. S. 49.

[②] Wolde A. Luedwig Knoop. S. 43 – 44.

克诺普将旗下贸易公司的管理权交给了自己多年的同事约翰·普罗夫（俄文名伊万·卡尔洛维奇），他娶了克诺普妻子霍耶的妹妹。早在1859年，他就被邀请担任该公司的管理人员。1865年后公司负责人移居德国，他担任莫斯科贸易公司的总经理直到1901年去世。普罗夫曾被授予"商业顾问"的称号（俄罗斯企业家的最高荣誉），也是莫斯科最富有的人之一（去世后留下的遗产约为250万卢布），普罗夫直到生命的尽头一直在克诺普旗下的诸多企业里任经理一职[1]。他的儿子鲁道夫·普罗夫（俄文名罗曼·伊万诺维奇）继承了他的事业，鲁道夫也是20世纪初克诺普贸易公司的共同所有者之一。

老普罗夫去世后，管理公司的职责由路德维希·克诺普的两个儿子接替。在德国接受专业教育后，费奥多尔·路德维希和安德烈·路德维希返回俄罗斯亲自经营家族企业。20世纪初，他们俩参加了26家股份制公司的董事会，其中21家是工商业企业，5家是金融企业（包括商业银行和保险公司）。克诺普的家族企集团不仅在纺织行业中是规模最大的，而且在整个俄罗斯工业领域中也是最大的家族企业集团之一。难怪莫斯科证券交易委员会在官方评价中强调费奥多尔·克诺普为"棉纺织行业的领头羊企业——'Л.克诺普'贸易公司的首席代表"[2]。

老克诺普的小儿子安德烈·克诺普（1855~1927）从事商界的特殊领域。1874年，这位19岁的男孩从德国不来梅的一所中学毕业，在德国、英国和美国的纺织工厂接受过培训后被父亲送到莫斯科。他娶了莫斯科德裔银行家约瑟夫·岑克尔（Joseph Zenker）的女儿，平时定居在自己位于科尔帕克小巷的家中，仅在度假期间偶尔回到德国。安德烈·克诺普男爵因参与慈善活动而被授予五品文官的官衔，根据俄罗斯的文武官员等级表，五品相当于将军级别。20世纪初他已经成为莫斯科商业顾问群体中最具影响力的活动家之一，并当选为证券交易委员会主席。1904年安德烈·克诺普开始担

---

[1] ЦИАМ. Ф. 142. Оп. 7. Д. 279. Л. 31 – 33；Оп. 4. Д. 942. Л. 15 – 16；Ф. 673. Оп. 8. Д. 3. Л. 248 – 249.

[2] ЦИАМ. Ф. 143. Оп. 1. Д. 208. Л. 227.

任莫斯科贴现银行与"Э.钦德尔"棉纺织公司的董事会主席,后者是莫斯科棉纺织行业的领军企业。同时,作为一名世代信仰路德教的教徒,安德烈在莫斯科德裔居民社区的生活中发挥了重要作用,他担任了位于斯塔罗萨茨基小巷的彼得保罗教堂(莫斯科路德教会的据点)的监事会负责人,他还资助建立了一座新教教堂,这座教堂于1905年完工。安德烈·克诺普男爵还资助了以德文出版的《莫斯科德意志报》,同时他还是十月党人中"德国派"的领导人之一[1]。

在老克诺普继承人的领导下,家族企业迎来了第二春。得益于与俄罗斯商业伙伴及银行开展的卓有成效的合作,克诺普贸易公司在中亚棉花市场取得了突破,他们在那里建立了子公司——安德烈工商公司(创办于1905年,固定资本200万卢布)。在棉花贸易的基础上,克诺普与莫斯科最大的商业银行——莫斯科商业银行建立了联盟,后者为公司在中亚的棉花业务提供融资,老克诺普的长子费奥多尔也进入该银行的董事会[2]。

克诺普还与莫斯科工业家 H. A. 弗托罗夫合作,一起进军国外棉纺织品市场。他们在第一次世界大战前夕成立了一家专门的出口公司——进出口贸易合伙公司。该公司负责销售3家纺织厂的产品,即克诺普与弗托罗夫联合成立的丹尼洛夫斯基棉纺厂和阿尔贝特-久布涅尔印染厂、H. H. 孔申位于谢尔普霍夫的棉纺织联合企业。

利用家族的跨国关系优势,"棉花男爵"的继承者们试图吸引外国投资者来投资俄罗斯的自然资源。1911年,他们与"沃高与K"公司一起在俄罗斯建立了一家股份公司,并开始进行实地调研,旨在为"各种矿产资源的买卖提供中介服务,包括石油"。该公司与英国和德国的公司一起开展乌拉尔铂金矿床、高加索铜矿床和欧洲北部油田的勘探工作,但在第一次世界大战爆发前他们并未成功开展经营。

---

[1] ЦИАМ. Ф. 143. Оп. 1. Д. 672. Л. 57 – 67;АйсфельдА. Карл Линдемани:Политическая и общественная деятельность московского ученого // Немцы Москвы:исторический вклад в культуру столицы,С. 271.

[2] См.:Петров Ю. А. Коммерческие банки Москвы. С. 158 – 160.

20世纪初的莫斯科企业家

"Л. 克诺普"贸易公司的广告宣传

列夫·格拉西莫维奇·克诺普男爵，
摄于19世纪70年代初

伊万·卡尔洛维奇·普罗夫，
摄于19世纪90年代

第二章　企业家活动的特点与类型

费奥多尔·利沃维奇·克诺普，
摄于 20 世纪初

罗曼·伊万诺维奇·普罗夫，
摄于 20 世纪初

安德烈·利沃维奇·克诺普，摄于 20 世纪初

20 世纪初的莫斯科企业家

安德烈·克诺普位于科尔帕克小巷的宅邸，建筑师 K. B. 特赖曼，摄于 20 世纪初

19 世纪 70 年代莫斯科贴现银行发行的股票

第二章 企业家活动的特点与类型

20 世纪初莫斯科贴现银行发行的债券

雨果·马夫里基耶维奇·马克，
大约摄于 1916 年

雨果·马克西莫维奇·沃高，摄于 20 世纪初

1912年莫斯科贴现银行发行的汇票单据

"Э. 钦德尔"棉纺织公司正在将其产品外运，摄于20世纪初

第一次世界大战的爆发结束了克诺普家族在俄罗斯的商业活动。尽管他们持有俄罗斯国籍，但在政府和公众舆论看来，他们仍是陌生而危险的因素。为了从公司名中去掉"德国味"，1916年，克诺普家族企业的领导人决定更改母公司的名称为"沃洛克诺合伙公司"，其2000万卢布的固定资本全部从"Л. 克诺普"贸易公司转移而来。新公司的经理仍是克诺普两兄弟费奥多尔和安德烈，以及费奥多尔的儿子——安德烈·费奥多罗维奇·克诺

"Э·钦德尔"棉纺织公司的工人们在下班时走出工厂，摄于1914年

普。一位与克诺普家族熟识的回忆录作者认为，如果没有发生革命，那么这位年轻的安德烈将成为克诺普家族在俄产业的继承人[1]。

"沃洛克诺合伙公司"的章程中特别强调该公司的所有股东须均为俄罗斯公民，尽管如此，1916年秋公司还是被置于政府的监控之下。俄罗斯军方部门的官员认为"该企业的爱国立场值得怀疑，因为其只有3名拥有俄罗斯姓氏的股东"。克诺普家族试图驳回这一决定，他们解释说自己的企业可是有着几十年创业史，并且还是"俄罗斯棉纺织行业最大的企业之一"，并敦促"保留企业今后有益的经营活动"[2]。但政府从未取消对企业的监控，公司的领导者们也仍旧受到束缚。

与之类似，由于被怀疑缺乏"爱国主义"，莫斯科的德裔居民在母国也遭到了迫害。1915年，克诺普家族在不来梅附近的庄园被政府控制，原因是其所有者之一约翰·克诺普是其家族企业下属的俄罗斯分公司创始人的亲

---

[1] См.: Рабенек Л. Л. Хлопчатобумажная промышленность Москвы до Первой мировой войны //Возрождение. Париж, 1965. № 161. С. 97.

[2] ЦИАМ. Ф. 16. Оп. 152. Д. 15. Т. 2. Л. 13 – 14, 16 – 20.

属，且永久居住在伦敦，他还有另一个名字——弗劳·巴罗宁·克诺普，这源于他一半的美国血统[1]。同样，在俄罗斯，跨国家族会被视作具有德国血统，而在德国，与协约国存在亲属和商业联系也会引起怀疑。

与依靠和"德·泽西"公司合作的伦敦分支机构相比，克诺普家族确实与莫斯科的联系更为密切。与英国公民约翰·朱利叶斯·德·泽西·克诺普遗产有关的文件保存在莫斯科中央历史档案馆中，他是1916年在埃及阵亡的英军军官。

从遗产文件中可以看出，死者是俄罗斯纺织企业股份的所有者，拥有的股份总价值为96.5万卢布，按当时汇率计算约为9.6万英镑。遗产主要为克伦霍尔姆纺织合伙公司78万卢布的股份以及克诺普在伦敦郡和美因河畔法兰克福的地产，后者由克诺普的遗孀埃韦利娜·伊丽莎白·德·克诺普继承[2]。自1916年以来，由于俄罗斯政府实施了对沃洛克诺公司的监控，克诺普家族开始把在俄家族企业的股份转移至在英国家族名下的"德·泽西"公司。

1917年的革命事件加速了俄罗斯的资本外流和克诺普家族的外流。在苏维埃当局于1918年对工业实行国有化之后，克诺普家族只剩下爱沙尼亚的克伦霍尔姆工厂掌握在自己手中。在俄国革命和国内战争的动荡岁月中，许多人的家庭和商业关系破裂，人们的命运发生了巨大的变化。在波茨坦的德国联邦档案馆中，留存着莫斯科克普夫公司的雇员鲁道夫·普罗夫于1918年夏天向德国发出的信函，他写道，自己在大街上偶然遇到了特奥多尔·克诺普（费奥多尔·利沃维奇）男爵的女仆，从她口中得知，自布尔什维克征收100万卢布的"革命税"之后，特奥多尔就去了高加索的基斯洛沃茨克，而他的弟弟安德列亚斯则去了相反的方向——从莫斯科搬到了克伦霍尔姆工厂[3]。

我们对留在莫斯科的克诺普家族成员的命运知之甚少。安德烈和费奥多尔在爱沙尼亚的企业中度过了余生。另外不得不提到费奥多尔的儿子安德

---

[1] Geheimes Staatsarchiv Preussischer Kulturbesitz, Abt. Merseburg. Rep. 87 b Nr. 16144, Bl. 3.

[2] ЦИАМ. Ф. 51. Оп. 7. Д. 11960. Л. 1 – 12.

[3] Bundesarchiv, Abt. Potsdam, RWV, 1312, Bl. 61 – 64.

烈·费奥多罗维奇·克诺普,他精通俄、德、英、法四国语言,一直住在爱沙尼亚管理克伦霍尔姆工厂,并在第二次世界大战期间回到德国。二战结束后,安德烈的儿子伊万·安德烈耶维奇居住在加拿大①。家族的女性后裔安德列亚·冯·克诺普在莫斯科工作,负责领导德国驻俄罗斯联邦经济总代表处。

*   *   *

第一次世界大战爆发前不久,德国驻圣彼得堡贸易代表、克房伯公司驻俄代办格尔曼·沃西伊德洛向柏林寄去了一封给首相贝特曼·霍尔维格(Bethmann Hollweg)的信函,他特别提到了创办于莫斯科的一家专门投资公司"沃高与K",认为其激发了"那些有意投资俄罗斯的德国企业的兴趣"。信中强调的重点是,"根据创始人和当前企业所有者的民族属性,沃高公司具有明显的德国特色"。

在谈到这位莫斯科德裔企业家的经营活动范围时,沃西伊德洛强调说:"他的公司在圣彼得堡和伦敦设有分支机构,在华沙设有销售办事处,在俄罗斯各个贸易和工业中心设有大量代理商,并且经营状况良好,开展有组织的贸易,主要从事金属、水泥、面粉、谷物、糖、茶叶、苏打水、棉纺织品等产品的贸易,业务范围不仅涵盖俄罗斯的欧洲部分,而且还远及西伯利亚,由于积累了巨额资本……他们入股各类工业企业,成为股东。"②的确,当时"沃高与K"贸易公司已成为俄罗斯最强大的金融与工业康采恩之一,资本总和超过5000万卢布(按当时的汇率超过1亿德国马克)③。

---

① См.: Рабемек лл. Хлопчатобумажная промышленность Москвы до Первой мировой войны. С. 97; Bundesarchiv Koblenz. R 57, Karteien 8/32.
② Bundesarchiv, Abt. Potsdam, AA, 2096, Bl. 145 – 146.
③ 关于沃高家族企业史的更多研究参见 Amburger E. Das Haus Wogau & Co. in Moskau und der Wogau - Konzern. 1840 – 1917 // Amburger E. Fremde und Einheimische in Wirtschafts und Kulturleben des neuzeitlichen Russland Wiesbaden, 1982. S. 62 – 83; Petrov Ju. Deutsche Unternehmer in Moskau: das Handelshaus "Wogau & Co". //das einzige Land in Europa, das eine grosse Zukunf hat. Deutsche Unternehmen undUnternehmer im Russischen Reich im 19. und fruehen 20. Jahrhundert. Hrgb. von D. Dahimann und C. Scheide. Essen, 1998. S. 379 – 410.

该公司的创始人马克西米利安·沃高（Maximilian Vogay，1807~1880）出身于美因河畔法兰克福一个并不富裕的贵族家庭，当他年满20岁时像许多年轻的德国人一样去了莫斯科，他们想在这个友好的邻国闯出自己的一片天地。起初，他在一家商业公司担任送信员，然后开始从事中介交易，但没有取得太大的成功。1839年他与莫斯科附近一家大型纺织厂的老板弗朗茨·拉本内克（Franz Rabeneck）的女儿结婚，这使他的事业迎来了机遇。从1840年起，马克西米利安·沃高在岳父的资助下及其兄弟弗里德里希（Friedrich，1814~1848）的帮助下，开始从事"化工产品和殖民地商品"的贸易，沃高的创业史从此开启，尽管其正式注册公司还稍晚一点。马克西米利安·沃高于1848年进入莫斯科商人的行列，在此之前，他一直被视为外国贵族[1]。

沃高在与中国茶叶贸易中发家致富，这些茶叶通过陆路经由恰克图运达俄罗斯。他还积极投身海洋贸易，进口在莫斯科受欢迎的商品，如从伦敦销售商那里进购茶叶，同时他还向俄罗斯出口染料、苏打水、棉纱、毛纱、原棉等，这是莫斯科迅速发展的纺织工业所急需的。1859年，当时接受了俄罗斯国籍的沃高和来自雷瓦尔（现为塔林）的商人威廉·路德（Wilhelm Luther）合伙成立了贸易公司"沃高与K"。1862年路德离开公司后，沃高的三弟卡尔·沃高（Karl Vogau）（1821~1870）被邀请就任公司高管，从那时起，该公司成为一家家族企业，并一直保持到1917年。

沃高公司的圣彼得堡分公司于1872年成立，由卡尔·沃高的儿子马克西姆（卒于1895年）领导，卡尔·沃高的女婿埃尔温·舒马赫（Erwin Schumacher）自1866年以来一直是公司在伦敦的茶叶采购代理，他是平民出身，最终获得了英国国籍，并在英格兰经营着一家贸易公司直到1914年去世。卡尔·沃高去世后，沃高家族的外戚莫特里茨·马克（1841~1928）和康拉德·班扎（1842~1901）继承了他的公司。

---

[1] См.: Торговый дом Вогау и К. Публикация И. Ф. Гиндина и К. Н. Тарновского // Материалы по истории СССР. Т. VI. С. 697–698.

莫特里茨·马克（M. 马克）出身于圣彼得堡和敖德萨的德国商人家庭，后来成为卡尔·沃高的女婿，直到革命前他一直是沃高公司的领导者之一。康拉德·班扎（K. 班扎）是美因河畔法兰克福一个古老商人家族的后裔，他的父亲定居在俄罗斯，常年在圣彼得堡从事贸易，并娶了圣彼得堡的纺织厂厂主詹姆斯·桑顿（James Thornton，英国人）的女儿。康拉德·班扎则迎娶了沃高公司老板的女儿埃米利娅，这段婚姻成为他开启在俄罗斯辉煌创业生涯的钥匙。班扎与沃高家族的关系非常紧密，以至于埃米利娅去世后，他又与马克西米利安·沃高的另一个女儿埃玛成婚。

1879 年，马克西米利安·沃高的两个儿子奥托（Otto，1844~1904）和雨果（Hugo，1849~1923）正式加入了家族企业，但奥托不久就离开并自己创业，他在撒马尔罕创办了一家啤酒厂。于是大儿子雨果·马克西莫维奇在父亲于 1880 年去世后，与莫特里茨·马克和康拉德·班扎成为沃高家族企业的主要领导者。19 与 20 世纪之交，沃高家族的新一代人进入了企业共同所有者之列：班扎的继子鲁道夫·格尔曼接替了已故的继父；马克的儿子雨果·马夫利基耶维奇·马克（Г. М. 马克）迎娶了雨果·沃高的女儿；沃高家族的另一位女婿乔治·鲁哈特（Georg Rühardt）也成为公司领导者。伦敦分公司的经理埃尔温·舒马赫于 1914 年去世，他的儿子沃尔特（Walter）继承了他的职位，同时他和父亲一样也是英国国籍。因此，在第一次世界大战前夕，沃高公司的 6 名主要高管中，有 2 名（雨果·沃高和鲁道夫·格尔曼）是俄罗斯帝国的臣民。

M. 马克的儿子 Г. М. 马克对于 20 世纪初沃高公司的发展具有重要意义。1918 年夏天，时年 49 岁的 Г. М. 马克在莫斯科去世，德国驻莫斯科总领事 B. 科尔哈斯在致德国总理冯·黑特林的一封信中赞赏这位逝者的功绩："'沃高与K'的大股东雨果·马克一直是这家大型企业在俄业务的灵魂，在他的领导下，这家贸易公司的影响力与日俱增。该公司涉足各类工业领域，并不断扩大业务范围。雨果·马克的商业天赋体现在他将那些沃高收购的亏损企业进行大改造与业务重组，最终使这些企业摆脱危机，并为其规划了正确的发展方向。"①

在沃高公司整个发展历史中，领导者非凡的业务素质确保了企业在俄罗斯的成功与繁荣，甚至连第一次世界大战期间负责监视沃高公司的政府监察员都注意到了德国企业家的独特品质，如"强烈的进取精神、熟练的业务组织技能、在安排和履行所承担义务方面的准确性"②。在组织上，沃高家族企业由"'沃高与K'贸易公司的成员"共同所有，他们管理着大约十几名"受信任"的职业经理人，他们大多是公司主要领导者的亲属。在一战前夕，该公司雇用了大约680名员工，其中大部分为"莫斯科德意志人"。

贸易公司的资本由共同所有人出资组成，并由其专门处置。1914年，贸易公司的营业额达到3670万卢布。此外，该公司还能够获得由交易公司成员的亲戚提供的私人贷款，年利率为6%，这些资本额约为1500万卢布，其中沃高家族在德国的亲属提供了450万卢布，其余由在俄罗斯的沃高家族成员及其众多亲属提供③。

沃高家族成员们的财富是如何积累的呢？沃高家族以出口贸易为创业开端，而后逐渐掌握了金融交易并进入了工业市场。1872年，当M. 马克和K. 班扎成为"沃高与K"贸易公司的议员时，合伙协议中写明"本公司从事俄罗斯及国外产品的国内外批发贸易，将利润转移至俄罗斯及其他国外城市，同时开展各类银行业务"④。

19世纪60~70年代，沃高家族对金融行业表现出浓厚兴趣并参与了诸多商业银行的创建，如莫斯科贴现银行、圣彼得堡外贸银行和里加商业银行，其中前两家银行在俄罗斯直到一战前都具有一定影响力⑤。

由于自身良好的财务运作和银行的协助，沃高最终将许多工业企业纳入

---

① Bundesarchiv, Abt. Potsdam, AA, 2510, B1. 285 – 286.
② РГАЭ. Ф. 7733. Оп. 1. Д. 8653. Л. 48.
③ См.：Материалы по истории СССР. Т. VI. С. 700.
④ РТАЭ. Ф. 7733. Оп. 1. Д. 8653. Л. 48.
⑤ Подробнее см.：Петров Ю. А. Коммерческие банки Москвы. С. 163 – 166.

了自己的旗下，其中大部分是从先前所有者手中购得的。驻沃高公司的政府监察员写道："许多工业公司在经营困难时刻急切地抓住了沃高贸易公司这根救命稻草，后者完全懂得如何让企业生存下去，而不是去嘲讽它们。但是，沃高也会最终控制被其帮助的企业……"① 据沃高公司所有者称，在第一次世界大战前夕，他们完全控制了13家俄罗斯的工商企业和另外8家他们感兴趣的银行和保险公司②。

沃高旗下最大的工业企业首先是乌拉尔的别洛列茨克钢铁工业公司，沃高家族于1874年以100万卢布的价格从该企业前所有者帕什科夫家族手中购得，此外还有成立于1876年的科利丘金轧铜厂。乌拉尔地区的主要财富在于丰富的资源，沃高家族在这里拥有24万俄亩的土地，其中以马格尼特铁矿山为代表。20世纪初，沃高家族在乌拉尔的企业很长一段时间没有收入，但发展水平达到了新的高度。

伴随着磁铁矿的开发，沃高家族工厂中的高炉和平底炉投入运行，自营的发电站为生产提供了电力，泥炭和进口煤也越来越多地被用来代替原木燃料。沃高工厂一系列改革的成功得益于家族年青一代的不懈努力，德国驻莫斯科总领事在给德国首相的信中认为发挥了最重要作用的是雨果·马克——"他的主要贡献之一是发展壮大了别洛列茨克钢铁工业公司，这家公司在15年前只是一家几乎不盈利的企业，但是在他的经营下，该公司当前已成为南乌拉尔地区最重要的采矿企业，拥有欧洲化的管理组织、现代化的技术设备以及全长160公里的自营铁路网。"③

在俄罗斯的事业为沃高家族带来了巨大的财富，并使其成为具有影响力的金融工业集团。但是他们的活动对俄罗斯的整体经济进步有多大帮助呢？沃高本人在强调自己对俄罗斯工业发展的贡献时强调，几乎所有被自己收购的企业"都从默默无闻的公司成为行业内的翘楚"④。

---

① РГАЭ. Ф. 7733. Оп. 1. Д. 8653. Л. 49.
② См.：Материалы по истории СССР. Т. VI. С. 702-703.
③ Bundesarchiv. Abt. Potsdam, AA, 2510, B1. 285.
④ Материалы по истории СССР. Т. VI. С. 703.

与沃高的自我评价相呼应的是莫斯科证券交易委员会的结论,该委员会在1899年谈到了沃高家族的成就:"他们除从事贸易之外,还主要投身于工业原材料加工产业……其中一些产业已经处于衰败阶段,但他们成功地将此类产业发展了起来,并使其成为优秀的产业。"[1] 尽管在第一次世界大战期间政府决策层中存在"反对德国经济控制"的情绪,但人们还是认可沃高家族,因为他们"通过为许多俄罗斯企业提供融资服务,努力使俄罗斯摆脱对德国工业品的依赖,这为俄罗斯工业提供了实质性的帮助"[2]。

自创业之初,沃高的业务范围就不限于俄罗斯国内,还积极在国际市场开展业务。我们对沃高家族与欧洲的合作伙伴进行接触的性质抱有极大兴趣。那么,沃高家族是否像德国总领事在信中提到的那样是德国商业界的希望?第一次世界大战期间,沃高公司的领导者是否被指控过存在"私通德国"的任何表现?驻沃高公司的政府监察员针对此问题写道:"很难承认,沃高公司的成员完全无视德国的利益,尽管德国是他们的母国,也是他们的孩子与兄弟姐妹的唯一家乡。"[3] 尽管俄国政府尽了一切努力试图找出沃高与德国私通的蛛丝马迹,但最终"并未在其活动中发现任何与德国亲近的具体表现"[4]。

当然,沃高家族并非完全无视自己同胞的利益,但仅限于对莫斯科德国社区慈善事业的投入。他们与"棉花大王"克诺普家族一起成为德国社区最有影响力的团体,为"莫斯科德意志人"群体中的众多宗教和教育组织提供了支持,如成立了帮扶贫困人口的福音联盟等。康拉德·班扎就是成立于1883年的福音派医院的名誉受托人,为此沃高家族还向医院捐款,使院方能够在沃高公司领导人居住的列福尔托沃区购买房屋。班扎于1901年去

---

[1] ЦИАМ. Ф. 143. Оп. 1. Д. 17. Л. 245–246.
[2] Материалы по истории СССР. Т. VI. С. 673.
[3] РГАЭ. Ф. 7733. Оп. 1. Д. 8653. Л. 51.
[4] Материалы по истории СССР. Т. VI. С. 671.

世后，他的遗孀埃玛向医院捐赠了 15 万卢布给妇科部门用于购入设备①。

第一次世界大战改变了莫斯科德国社区旧有的生活方式，并导致德国人在俄罗斯社会生活领域中地位的下降。莫斯科彼得保罗教堂历史纪事的编纂者也指出："德国与俄罗斯之间的战争对德裔居民群体产生了深远的影响，德国社区的许多成员都被迫离开城市，其中一些人返回家园，其余的则被拘禁。"②

战争伊始，沃高家族的大多数成员试图证明自己对俄罗斯的忠诚。马克父子从萨克森－科堡－哥达籍转为俄罗斯国籍，沃高家族还向救护俄罗斯伤兵的医院总共捐赠了约 90 万卢布。但是，在俄罗斯社会反德情绪高涨的气氛中，他们逐渐失去了社会地位。

1915 年 5 月，莫斯科发生了针对德裔居民的大屠杀，这对沃高公司的威望造成了沉重打击，在此期间，公司在瓦尔瓦尔卡大街上的总部办公室遭到打砸。暴徒们撬开了保险箱，现金和其他贵重物品被抢走，然后德裔居民社区被纵火。大屠杀造成的损失估计高达 200 万卢布③。1915 年夏天，政府为沃高公司安插了政府监察员，未经该人员的同意，沃高不能开展商业经营。

所有这些负面因素导致沃高家族大大减少了在俄罗斯的经营活动。1916 年，沃高公司将最有价值的工业业务出售给了俄罗斯金融集团。轧铜厂转让给了俄亚银行，别洛列茨克钢铁工业公司也转让给了彼得格勒的两家银行——国际银行和贴现信贷银行④。1916 年秋的政府高层会议讨论了沃高公司的资产清算问题，但最终该公司幸免于难，因为官员们担心资产清算会造成从国库中支出大笔费用。

精力充沛的沃高家族仍然试图在俄罗斯发展自己的事业。正如德国驻莫斯科总领事向柏林通报的那样，"雨果·马克认为自己被禁止从事商业活动是不公正的，随后他对科学研究产生了兴趣，把精力投向了在莫斯科建立研

---

① Bundesarchiv Koblenz, R 57, 1727, 1728.
② Mitteilungen aus der Geschichte der St. Petri－Pauli－Gemeinde zu Moskau // Die evangelische Diaspora. Zeitschrift des Gustav－Adolf－Vereins, Leipzig, 1931. H. 3. S. 158.
③ ЦИАМ. Ф. 142. Оп. 17. Д. 1663. Л. 79－81.
④ См.: Материалы по истории СССР. Т. VI. С. 659－660.

究所和出版社的事业中，并慷慨出资实现计划"。莫斯科银行家弗拉基米尔·里亚布申斯基与马克·雨果私交很深，他回忆道，马克匿名捐赠了200万卢布用于创建生物物理研究所，以免使沃高公司因德国背景而声名狼藉[①]。1918年《布列斯特和约》缔结后，马克·雨果去世，他在一生的最后几个月致力于撰写有关恢复俄罗斯和德国之间经济关系的手稿，他坚信这一倡议"将在未来取得成功"[②]。

十月革命后"莫斯科德意志人"开办的企业遭受了和其他俄罗斯企业一样的命运，被苏维埃政府强制国有化，此类经济措施（工厂和银行被国有化，外贸也被国家垄断等）不仅毁灭了国内的企业家阶层，还强行中断了俄罗斯德裔企业家长期富有成果的商业活动。

第五节 拉扎尔·波利亚科夫："莫斯科的罗斯柴尔德"

在莫斯科的企业家群体中，出生于外国的企业家代表者还包括犹太银行家，他们在圣彼得堡的金融界非常常见[③]。第一次世界大战前夕，莫斯科的犹太人社区相对较小（根据1912年莫斯科的城市人口普查，有1.53万人信仰犹太教，其中约6300人的母语为希伯来语），因为在犹太聚居区之外犹太人也可以依法居住（主要为第一等级的商人、接受过大学教育的"光荣公民"等），同时，一些犹太企业家也取得了巨大的商业成功。在莫斯科，金融家拉扎尔·所罗门诺维奇·波利亚科夫的成就可与欧洲同行相媲美，其被时人称为"莫斯科的罗斯柴尔德"。

1914年1月，莫斯科举行了一位著名银行家——拉扎尔·波利亚科夫的盛大葬礼，他在巴黎与金融伙伴进行谈判时突然去世，逝者的尸体装在棺材里乘火车从巴黎运回莫斯科。各类商业和公共组织为其坟墓献上了60多

[①] См.: Рябушинский Вл. Купечество московское C. 183.
[②] Bundesarchiv, Abt. Potsdam, AA, 2510, Bl. 286.
[③] См.: Ананьич Б. В. Банкирские дома в России. 1860–1914. C. 37–71.

个银花圈，葬礼上莫斯科的拉比强调波利亚科夫为莫斯科犹太人社区做出的巨大贡献，他在社区任职达 35 年。他还指出金融家的身份已成为俄罗斯"犹太人梦想"的真实体现，是商业成功的象征——"波利亚科夫的名字已成为犹太人社区居民口中的传奇，以至于在犹太婚礼中祝福贫困的新人时都会说：'上帝会像青睐波利亚科夫一样青睐你。'"[①]

拉扎尔·波利亚科夫的人生道路自然赢得了犹太同胞的钦佩，他的父亲是一位来自奥尔沙的贫穷商人，但拉扎尔的一生成就惊人——成为百万富翁、政府的商业顾问、数家银行的老板、世袭贵族（他的爵位是由沙皇亲自下圣旨册封的）、土耳其和波斯驻莫斯科的总领事，他还曾获得许多俄罗斯和国外的勋章，由于在慈善领域的突出贡献，他还被授予了三等文官官衔，以上便是这位杰出莫斯科银行家简短的"履历表"。他在生命的最后 10 年里实际上是一位破产者，却鲜为人知，在他去世后这一秘密才被公之于众。

拉扎尔·波利亚科夫还有两个哥哥，三兄弟每人从事着各自的产业：大哥雅科夫（1832～1909）定居在塔甘罗格，参与了当地银行（顿河土地银行、圣彼得堡－亚速银行、亚速－顿河银行）的创办；二哥萨穆伊尔（1837～1888）从事铁路领域的经营，成为俄罗斯最大的铁路建造商之一。在他的直接参与下，俄罗斯建设了 9 条新铁路线并投入运营，总里程达 4000 俄里。1877～1878 年的俄土战争极大地刺激了俄罗斯商界新贵的崛起。俄罗斯为满足战争需要亟须建设新的铁路线、获得足够多的铁路机车并在多瑙河上建设渡口，萨穆伊尔抓住了这一机遇，承包下了这些建设项目，并获得了财政部 2020 万卢布的巨额投资。他去世后留下了 3200 万卢布的巨额财富，其中包括 3000 万卢布的证券财产（主要是铁路公司的股份）[②]。

---

① Мазэ Я. И. Заключительное слово московского раввина, произнесенное 22 января 1914 г. у гроба Л. С. Полякова. М. , 1914.

② О братьях Поляковых см. : Ананьич Б. В. Банкирские дома в России. 1860 – 1914. C. 72 – 110; Баханое А. Н. Крупная буржуазия России. Конец XIX в – 1914 г. М. , 1992. C. 64 – 66; Соловьева А. М. железнодорожные "короли" России （П. Г. фон Дерви и С. С. Поляков）// Предпринимательство и предприниматели России от истоков до начала XX в. C. 274 – 285.

三弟拉扎尔（1843~1914）最初是二哥萨穆伊尔的承包商，后来涉足金融领域，成为三兄弟中最著名的一位。他于19世纪70年代初期在莫斯科定居，并跻身商业协会第一等级，创办了"Л. С. 波利亚科夫"银行，拥有500万卢布的资本。在19世纪70年代初期的"银行创业潮"背景下，波利亚科夫发起创办了许多商业银行和抵押银行，在这一时期，他成为许多银行的大股东和总经理：莫斯科土地银行（1871年创办）、梁赞贸易银行（1872年创办，于1892年更名为莫斯科国际贸易银行）、奥廖尔银行（1870年创办）、雅罗斯拉夫尔-科斯特罗马土地银行（1873年创办）。后来，他还于1884年在圣彼得堡创办了圣彼得堡-莫斯科银行，于1897年收购了基辅的南俄工业集团，并将总部迁至莫斯科。位于莫斯科罗日杰斯特文卡大街和库兹涅佐夫桥交会处的莫斯科国际贸易银行大楼是波利亚科夫雄厚商业实力的象征，其建于19世纪90年代后期，建筑师为С. С. 埃布希特茨，这家银行也是他旗下最主要的银行机构。

拉扎尔的成功扩大了波利亚科夫家族与金融界的联系。萨穆伊尔的一个女儿嫁给了圣彼得堡银行家Л. А. 瓦尔沙夫斯基，另一个女儿嫁给了英国金融家约翰·吉尔什男爵，还有一个女儿嫁给了法国贴现经纪人让·圣保罗。这些联姻关系使波利亚科夫家族被欧洲主要的大银行家看作"自己人"。

这位银行家的影响范围还包括许多工商业企业：莫斯科橡胶制造合伙公司（成立于1887年）、波斯中亚工贸合伙公司（成立于1889年）、莫斯科森工合伙公司（成立于1889年）等。拉扎尔·波利亚科夫在莫斯科和圣彼得堡拥有6栋豪宅，总价值超过400万卢布[①]。

拉扎尔·波利亚科夫渴望开辟更多商业领域，这使他对波斯产生了浓厚的兴趣，并在那里创办了一家公司，以修建从俄罗斯边境地区到德黑兰的公路。出于这些成就，他被授予了波斯的"狮子与太阳"勋章以及俄罗斯的

---

① ЦИАМ. Ф. 277. Оп. 10. Д. 1. Л. 34 - 36；Д. 2. Л. 689；Д. 107. Л. 11, 38 - 39；Д. 100. Л. 5 - 7, 9а；Д. 107. Л. 3.

圣弗拉基米尔三世勋章和圣斯坦尼斯拉夫一世勋章。1897 年，沙皇尼古拉二世册封波利亚科夫为世袭贵族，自此他成为俄国历史上第一位被封为贵族的犹太企业家，并被列入了顿河军区的贵族社会（莫斯科贵族社会拒绝接纳他），波利亚科夫的家族徽章上篆刻着他的人生座右铭——"上帝助我"①。

到 20 世纪初波利亚科夫已经是俄罗斯领军的私营银行家之一，他在商业贷款和抵押贷款领域均取得成功。他旗下的莫斯科土地银行的固定资本为 1050 万卢布，储备资本为 660 万卢布，资本规模在俄罗斯的股份制抵押信贷机构中排名第一。1912 年，在庆祝该银行成立 40 周年时董事会强调是波利亚科夫"领导我们的银行成为俄罗斯最好的土地抵押银行"②。

除了抵押银行，波利亚科夫在莫斯科还控股两家商业银行——国际贸易银行和俄罗斯南俄工业银行。波利亚科夫集团的主要支柱就是国际贸易银行，19 世纪 90 年代中期之前其固定资本高达 1000 万卢布，这在莫斯科已经没有旗鼓相当的竞争对手了。到 20 世纪初，国际贸易银行的分支机构网络也得到了发展，达到 29 家，其中包括 7 个海外分支机构，分别位于科尼斯堡、但泽、莱比锡、马赛、鹿特丹、什切青和德黑兰。大多数分支机构都为粮食出口贸易提供融资，从而促进了俄罗斯粮食向西欧的出口。

国际贸易银行主要经营两大领域：一是粮食出口贸易融资，主要通过遍布国内各省和欧洲的分支机构网络进行；二是对中亚和伊朗进行业务渗透。在莫斯科，波利亚科夫的银行没有固定的工商业客户，因为当地商界并不认可波利亚科夫为"自己人"，他们对这位金融家的"投机偏好"持谨慎态度③。

① См.：Боханов А. Н. Коллекционеры и меценаты в России. М., 1989. С. 67 – 68.
② ЦИАМ. Ф. 277. Оп. 10. Д. 3. Л. 96.
③ 对作为波利亚科夫金融工业集团一部分的莫斯科各家银行的更多研究参见 Петров Ю. А. Коммерческие банки Москвы. С. 49 – 56, 85 – 99 О начале проникновения Поляковых в Иран см.：Ананьич Б. В. Российское самодержавие и вывоз капитала. 1895 – 1914 гг. (по материалам Учетно – ссудного банка Персии) Л., 1975. С. 14 – 18.

银行是波利亚科夫旗下企业中创造利润的核心，他的企业集团中除银行外还包括 1 家保险公司、5 家运输公司（铁路和公路）及 6 家工商业公司。控股总公司为"Л. С. 波利亚科夫"银行，到 1900 年，资本额为 500 万卢布，此外该银行还拥有价值 4000 万卢布的证券，这其中主要是波利亚科夫本人持有的企业和银行的股份。由于在俄罗斯，私营银行家的活动被"商业机密"所笼罩，因此这些银行家的经营活动能够不受政府的管控。与股份制银行不同，它们不需要公开发布财务报表。С. Ю. 维特担任财政大臣期间，于 1894 年批准其部门有权对银行进行审计并要求银行提供相关业务信息，但私营银行家的经营活动不受法律管制[1]。

拉扎尔·所罗门诺维奇·波利亚科夫，
摄于 20 世纪初

---

[1] См.：Ананьич Б. В. Правовое положение банкирских заведений в России（1880 – е гг. – 1914 г.）// Социально - экономическое развитие России. М.，1986. С. 206 – 220.

第二章 企业家活动的特点与类型

位于罗日杰斯特文卡大街和库兹涅佐夫桥交会处的联合银行的
总部大楼（曾经是莫斯科国际贸易银行的总部大楼），
建筑师 C. C. 埃布希特茨，摄于 20 世纪 10 年代

位于 Б. 布罗内大街上的雅罗斯拉夫尔－科斯特罗马土地银行，
建筑师 Б. M. 韦利科夫斯基，摄于 20 世纪 10 年代

219

20 世纪初的莫斯科企业家

弗拉基米尔·谢尔盖耶维奇·塔季谢夫伯爵，摄于 20 世纪初

位于特维尔林荫道上的莫斯科土地银行大楼，摄于 20 世纪初

波利亚科夫在 19 世纪 90 年代银行不断被倒手转卖的市场形势下，采取了完全的冒险策略。他经常把收购的企业股份抵押给自己旗下的银行，然后将获得的贷款用于新的收购与企业创办。在这一策略下，到 1901 年 "Л. С. 波利亚科夫"公司的各类贷款总额已达 4100 万卢布，其中包括国际贸易银行向其发放的 680 万卢布贷款，后来国际贸易银行又为波利亚科夫旗下的企业提供了 1010 万卢布贷款，波利亚科夫公司还欠有 150 万卢布的期票和 530 万卢布的有价证券抵押贷款①。С. Ю. 维特在 1901 年末向沙皇的报告中指出："波利亚科夫旗下的银行发行了数额巨大的贷款，这已超出了银行政策所许可的范围，使他旗下的企业获得了大量资金。"②

此类操作在 19 世纪后期的经济复苏中为波利亚科夫带来了可观的利润，但是 1899 年爆发的股市危机使他的金融工业集团陷入了崩溃的边缘。波利亚科夫在 1901 年夏天开始纠缠国家银行，想要申请 400 万~600 万卢布的股份抵押贷款，财政大臣维特对波利亚科夫的一再要求感到震惊。引起政府关注的还有与波利亚科夫家族有关的圣彼得堡－亚速银行的情况，1900 年，这家银行已经处在崩溃的边缘，而与亚速－顿河银行的合并似乎可以拯救它，但合并并未实现，根据 1900 年财政部的报告，圣彼得堡－亚速银行因交易所股价下跌而蒙受了 135 万卢布的损失。1901 年 8 月，财政部对该银行进行了审计，随后维特决定对其进行破产清算并将分支机构合并至北方银行③。至此，以 Я. С. 波利亚科夫为首的圣彼得堡－亚速银行不复存在。

政府于 1901 年底对 Л. С. 波利亚科夫银行的审计显示，该银行因交易所股价下跌造成的损失为 1500 万卢布，相当于银行资本总额的 3 倍。波利亚科夫的公司实际上破产了，依照法律也应当宣布破产④。波利亚科夫旗下

---

① РГИА. Ф. 587. Оп. 40. Д. 503. Л. 36 – 40；Оп. 56. Д. 1665. Л. 73，75.
② РГИА. Ф. 587. Оп. 56. Д. 1665. Л. 72.
③ РГИА. Ф. 583. Оп. 4. Д. 314. Л. 86 – 87；Ф. 588. Оп. 2. Д. 215. Л. 32，35：Протокол собрания акционеров С. － Петербургско － Азовского банка 29 апреля 1901 г. // Отчет С. － Петербургско － Азовского банка за 1900 г. СПб.，1901.
④ ЦИАМ. Ф. 450. Оп. 2. Д. 152. Л. 266；Оп. 8. Д. 1210. Л. 8.

的商业银行（国际贸易银行、奥廖尔银行和南俄工业银行）因商业融资和股价下跌而遭受的损失约为 2000 万卢布，而这几家银行的总股本才 2700 万卢布。维特在向尼古拉二世的汇报中认为："困难之处在于，波利亚科夫旗下银行的董事会将银行的大部分资金以股份抵押贷款的形式贷给了波利亚科夫旗下的各类工业企业，在这些企业中波利亚科夫要么是大股东，要么是其唯一所有者。"由于波利亚科夫的资产已被冻结，在这种情况下一旦这些银行出现挤兑就很容易破产。

尽管情况非常明显——波利亚科夫需要宣布破产，但财政部不同意波利亚科夫进行正式的破产清算，因为其担心波利亚科夫旗下银行和公司的倒闭会产生连锁反应。在财政委员会的一次会议上，维特起初倾向于认为"如果上述银行的倒闭只会给某些企业（主要是莫斯科地区）的经营造成暂时的困难，那么这几乎不会影响到整个帝国工商业的长期发展"。尽管如此，他还是向沙皇和财政委员会成员提出："政府应将拉扎尔·波利亚科夫的企业纳入补贴企业的范围之内，尤其是他的银行机构。"①

财政委员会戏剧性的讨论引起了 И. Ф. 根金的注意②，我们只注意到委员会的一些成员和尼古拉二世本人的反犹情绪，尽管他们要求"将莫斯科从犹太人的巢穴中解放出来"，却始终无法克服对波利亚科夫一旦崩溃所带来的危机加剧的恐惧。莫斯科证券交易委员会主席和莫斯科商业银行的董事长 Н. А. 奈焦诺夫对当时莫斯科工商界的反应印象深刻，其指出："援助波利亚科夫是商界不可否认的共识，因为这样能够阻止局面持续恶化。"③

最终，财政委员会做出了一个折中的决定：国家银行向波利亚科夫提供资金援助，不限制数额（"由财政大臣酌情决定"），但目的是逐步清算波利

---

① РГИА. Ф. 587. Оп. 56. Д. 296. Л. 62 – 64.

② 关于财政部针对波利亚科夫案采取的政策可参见 Гиндин И. Ф. Не уставные ссуды Государственного банка и экономическая политика царского правительства // Исторические записки. Т. 35. М., 1950. С. 117 – 119；Он же, Московские банки в период империализма// Исторические записки. Т. 58. М., 1956. С. 78 –85。

③ РГИА. Ф. 587. Оп. 56. Д. 1665. Л. 4.

亚科夫的银行①。维特也请示沙皇要求国家银行以优惠条件向波利亚科夫的银行提供大笔贷款,并下令财政部官员"将银行的进一步活动置于政府的实际控制之下"②。

如此一来,1902 年之后波利亚科夫的银行总部和他旗下的银行转为国家监督企业,实际上由进入银行董事会的财政部代表控制。笔者从最新档案文献中整理出了 1915 年财政大臣 П. Л. 巴尔克的《关于 Л. С. 波利亚科夫银行的备忘录》③,这才如实还原了这位银行家在生命中最后 10 年的遭遇。

国家银行首先清算了波利亚科夫银行的负债账户,向债权人支付了约 2350 万卢布,其中包括 950 万卢布的存款和活期账户资金、710 万卢布的俄国企业有价证券和 300 万卢布的国外企业有价证券。国家银行接收了波利亚科夫公司的资产,波利亚科夫旗下的银行所抵押的证券总额约为 1760 万卢布,其余未偿还的 600 万卢布由银行家的本票担保。最终,对波利亚科夫银行提出索赔要求的有国家银行(索赔额 2350 万卢布)和波利亚科夫旗下的 3 家银行(索赔总额 2300 万卢布,其中奥廖尔银行 530 万卢布,南俄工业银行 770 万卢布,国际贸易银行 1000 万卢布)。财政部的官员指出:"由于旗下银行均被总行控制,它们无法诉诸强制手段收回债务(强制出售抵押证券),这让波利亚科夫旗下的商业银行背负了沉重的债务负担,并最终导致他的银行帝国崩溃。"④

波利亚科夫名下与财政部有直接利益关系的企业均被国家接收,1902年,财政部收购了恩泽利-德黑兰公路公司,该企业成立于 1895 年,初始资本为 150 万卢布,4/5 的股份属于波利亚科夫,这家公司 410 万卢布的证券股本全部被财政部收购。当时财政部已经将恩泽利-德黑兰公路公司完全

---

① См.: Гиндин И. Ф. Неуставные ссуды Государственного банка и экономическая политика царскогоправительства. С. 119.
② РГИА. Ф. 587. Оп. 56. Д. 296. Л. 57.
③ ЦИАМ. Ф. 450. Оп. 8. Д. 1210. Л. 8 – 14; РГИА. Ф. 563. Оп. 2. Д. 520. Л. 1 – 13.
④ ЦИАМ. Ф. 450. Оп. 8. Д. 530. Л. 22 – 30, 84.

掌握在自己手中，在1902年5月17日呈交给沙皇的一份报告中，维特表示，"这家公司的业务已经完全没落"，但是，"考虑到恩泽利－德黑兰公路对于国家具有重要意义"，他坚持要赎回这条公路并获得相应许可①。

波利亚科夫的银行业务实际上受到了限制。1904年，为了寻求出路，波利亚科夫求助于国家银行，提出了让自己的3家银行15年分期偿清债务的申请，但国家银行拒绝了该申请，理由是"波利亚科夫的银行作为一家银行企业的价值已经完全丧失，当前急需解决的问题是偿清波利亚科夫欠国家银行和其他私人银行的债务"②。但随之而来的经济危机、1904～1905年的日俄战争、1905～1907年的革命这一系列事件对证券交易所的地位产生了负面影响，因此对这位银行家的债务清算也被推迟了。

为了出售波利亚科夫银行的资产，国家银行驻莫斯科办公室成立了特别会议，其目的在于偿还其债务并逐步完成破产清算。国家银行实际上接管了波利亚科夫银行的管理工作，财政部的代表也被安插进了董事会③。被排除在外的波利亚科夫则竭尽全力去抵制特别会议的工作，因为企业的资产清算只能在所有者同意的情况下才能进行。由于这种荒谬的情况，国家银行对莫斯科森工公司的不动产和莫斯科土地银行的540万卢布股份的出售未能实现④。

在1905年4月的财政委员会会议上，新任财政大臣科科夫佐夫敦促不要因为亏损而急于出售波利亚科夫的资产。由于在证券交易所波利亚科夫企业的股价仍然很低，因此委员会决定"格外谨慎地"进行破产清算，直到日俄战争结束、《朴次茅斯和约》达成后，政府再次尝试变现莫斯科土地银行的股份，但由于1905年秋季的革命事件引起股价下跌，波利亚科夫股份的出售再次被推迟⑤。

---

① РГИА. Ф. 587. Оп. 56. Д. 296. Л. 65 – 66；ЦИАМ. Ф. 450. Оп. 8. Д. 1210. Л. 10；Д. 530. Л. 77.
② ЦИАМ. Ф. 450. Оп. 8. Д. 1210. Л. 10；Д. 530. Л. 77.
③ 关于这次会议的更多活动情况可参见 Гиндин И. Ф. Московские банки в период империализма. С. 79 – 80。
④ ЦИАМ. Ф. 450. Оп. 8. Д. 530. Л. 81 – 99；Д. 738. Л. 176 – 179.
⑤ ЦИАМ. Ф. 450. Оп. 8. Д. 530. Л. 84 – 99.

第二章　企业家活动的特点与类型

当时国家银行与波利亚科夫企业的账户往来资料留存了下来，从中可以看出，到 1908 年，波利亚科夫银行的资本债务从 2000 万卢布略微减少到 1810 万卢布。同时，未付的债务利息增加到 400 万卢布，"出于对波利亚科夫偿还能力的不信任"，它们没有将债务利息纳入国家银行的收支平衡表，这又给这位莫斯科银行家造成了隐性损失。结果，到 1908 年，波利亚科夫总共欠了 2210 万卢布的债务①。

1909 年，波利亚科夫的 3 家银行（国际贸易银行、奥廖尔银行和南俄工业银行）合并为一家新银行，联合银行的初始资本为 750 万卢布，其仍背负 1750 万卢布的旧债，同时政府与波利亚科夫的和解步伐也在加快②。新银行在财政部官员 B. C. 塔季谢夫伯爵的领导下，将一大笔股份转让给了法国的巴黎联合银行，波利亚科夫对新银行没有影响力，尽管他还在自己集团旗下的抵押银行以及工商业企业中保持领导地位③。

财政部终于有能力偿还沉重的债务，从 1909 年初开始，其开始在新恢复的证券交易所内"间歇性地"分批出售波利亚科夫银行的股份。1909 年 6 月，国家银行董事会决定开始出售波利亚科夫银行的证券后，第一批被出售证券的是莫斯科土地银行和雅罗斯拉夫尔－科斯特罗马的土地银行，波利亚科夫再次试图挽救他的公司，他向财政部提出上诉，要求分期偿还债务并中止银行的有价证券出售④。

在 1909 年 9 月 4 日给沙皇的报告中，科科夫佐夫承认波利亚科夫的债务问题引起了"异常情况"，波利亚科夫"仍然是公司股份的名义所有者"，因此"这位明显已经破产的债务人仍然在领导着大型工业企业"。财政部部长坚持拒绝波利亚科夫的上诉申请并想要尽早出售银行的证券，因为"波利亚科夫的债务是银行（指国家银行）最困难的资产项目之一，引起了媒

---

① ЦИАМ. Ф. 450. Оп. 8. Д. 458. Л. 6 - 7, 19 - 20, 30 - 31, 47 - 48；Д. 1210. Л. 11.
② РГИА. Ф. 1276. Оп. 20. Д. 28. Л. 55 - 59.
③ 关于这次银行合并及其法国伙伴的详情可参见 Петров Ю. А. Коммерческие банки Москвы. С. 191 - 216.
④ ЦИАМ. Ф. 450. Оп. 8. Д. 1210. Л. 12；РГИА. Ф. 587. Оп. 56. Д. 296. Л. 90.

体和金融界的持续关注"①。

根据尼古拉二世的批示,此案的处理权移交给了大臣会议,大臣会议于1909年10月得出结论:"政府主管部门已认定波利亚科夫的经营活动显然属于投机行为,国家银行花了巨额资金防止波利亚科夫银行破产,实际上前者接手了债务并进入了对银行财产的处置,但这些财产的价值远远不及国家银行付出的代价。"为了尽快消除这起丑闻,大臣会议指示科科夫佐夫"让国家银行迅速抵押波利亚科夫的动产和不动产"②。

关于这次清算的进展和结果,波利亚科夫银行于1902年1月1日、1909年1月1日和1910年11月1日分别将抵押金存入国家银行的账户。这些通常印有"秘密"字样的汇票由国家银行驻莫斯科办事处的官员以"官方使用"为目的印制③。从银行账户余额中能够明显看出,到1909年,波利亚科夫银行名义上仍然存在,其完全由国家银行和波利亚科夫个人来维持运转。上溯到1902年,波利亚科夫银行的债务中包括290万卢布的存款、欠下属企业(莫斯科道路公司、莫斯科房产公司)的440万卢布债务、欠国家银行的390万卢布债务、欠波利亚科夫自己的私营银行的1780万卢布债务。然而到了1909年,波利亚科夫银行的债务结构发生了巨大变化,自我债务消失了,但是欠国家银行的各类债务达到了2590万卢布,包括650万卢布的未偿利息,欠私营银行的债务为2280万卢布。与此同时,波利亚科夫银行的资产结构基本稳定:大部分资产是它自己的无担保有息证券(1902年为4340万卢布,1909年为4040万卢布),即银行在被"清算"了8年后,国家银行仅出售了波利亚科夫300万卢布的资产。

财政部在接下来的一年半取得了显著成果。到1910年11月1日,波利亚科夫银行对国家银行的债务减少至2210万卢布,其中包括790万卢布的

---

① РГИА. Ф. 587. Оп. 56. Д. 1665. Л. 117 – 118; ЦИАМ. Ф. 450. Оп. 8. Д. 738. Л. 16 – 17, 176 – 179.
② ЦИАМ. Ф. 450. Оп. 8. Д. 735. Л. 9 – 13; Д. 1210. Л. 12.
③ РГИА. Ф. 587. Оп. 40. Д. 509. Л. 1 – 2, 46.

利息，它欠私营银行的债务为 1040 万卢布，无担保证券资产减少至 2720 万卢布，即减少了 1320 万卢布。当时，根据 1914～1917 年任财政大臣的 П. Л. 巴尔克的说法，国家银行"将波利亚科夫银行的部分股份在证券交易所出售，同时以证券价格将波利亚科夫债务中的全部有价证券添加进国家银行的投资组合中"①。科科夫佐夫后来回忆说，由于这些原因，他在 1910 年不得不面对与 П. А. 斯托雷平的冲突，后者坚持要迅速出售波利亚科夫的银行，不过财政大臣最终设法说服了总理大臣信任他的部门，而财政部正在等待有利局势的到来②。

1910 年 11 月，国家银行出售了波利亚科夫价值近 790 万卢布的有价证券。到 1912 年，该银行仍欠国家银行 340 万卢布的资本债务和 810 万卢布的利息。到 1914 年，Л. С. 波利亚科夫去世时债务仅剩 140 万卢布，利息债仍为 810 万卢布。波利亚科夫去世后的遗产主要是他在不同银行抵押的企业股份，估计只有 130 万卢布，并且波利亚科夫生性谨慎的儿子拒绝了财产继承权，以免承担父亲的债务责任，并建立了对财产的监管③。

在对波利亚科夫银行进行实际清算之后，其资产于 1910 年转移到了国家银行和联合银行。波利亚科夫这位精明的金融家随即又创办了一家专门的控股公司——莫斯科贸易公司。其成立于 1901 年，主营业务是在莫斯地区开发泥炭田，但到 1914 年，公司的面貌发生了根本性改变：泥炭业务的盈利仅为 5.6 万卢布，而该公司拥有的有价证券价值却达 1340 万卢布。莫斯科贸易公司的大股东包括波利亚科夫旗下的莫斯科土地银行（1.11 万股，价值 850 万卢布）、雅罗斯拉夫尔 - 科斯特罗马银行（5338 股，280 万卢布）和联合银行（4545 股，120 万卢布），以及波利亚科夫入股的许多其他企业（莫斯科道路公司占股 44.5 万卢布，莫斯科 - 基辅铁路公司占股 22.3

---

① ЦИАМ. Ф. 450. Оп. 8. Д. 1210. Л. 13.
② См. : Коковцов В. Н. Из моего прошлого. Воспоминания 1903 – 1919 гг. Т. 1. Париж，1933. С. 425 – 428.
③ ЦИАМ. Ф. 450. Оп. 8. Д. 746. Л. 117 – 126；Д. 1154. Л. 7，20 – 21，65.

万卢布)①。如此一来，波利亚科夫家族的财产就被转移到了莫斯科国际贸易公司，免于因银行债务而被没收的风险。

波利亚科夫银行剩余的资本债务被冲销，这损害了国家银行的利益，但并未反映在其收支平衡表中，这些"坏账"中也包括未付利息。财政大臣巴尔克在收回部分债务后试图结束此事，但最终导致了这样一个事实，即1917年9月 Л. С. 波利亚科夫的儿子 М. Л. 波利亚科夫向国家银行提出了在10年内支付完100万卢布的最终结算建议②。没有更优选择的国家银行只能接受这些条件，但国家银行没有得到任何补偿以抵消与即将发生的革命有关的债务。财政部部长期参与的波利亚科夫破产案终于结束，这也是政府"监护人"政策最明显的表现之一，不可避免地对莫斯科金融界产生了深远影响。

尽管在生命的最后阶段一直在财务崩溃的边缘保持平衡，但拉扎尔·波利亚科夫依旧在他的莫斯科犹太同胞群体中开展了广泛的慈善工作。在这位银行家的葬礼上，演讲者强调了他的多面性特征："犹太人已经习惯了这样一种可悲的现实——成为富人的人是被以色列的上帝所天选的，但在波利亚科夫身上，犹太人民看到，财富根本不是叛教的必要属性。作为一名慈善家，他不仅慷慨大方，而且宽宏大量。每当我们灰心时，他总是以他所珍视的格言鼓励我们：'这一切都会过去。'"③ 波利亚科夫领导莫斯科犹太人社区多年，最初在自己私人宅邸所在的大布罗内大街上修建了一座犹太教堂，然后又出资在莫斯科市中心的阿尔希波夫大街上建造了至今仍在使用的犹太教堂。

总而言之，可以说莫斯科这座城市的商业精英群体反映了当时整个俄罗斯商界多样化的民族宗教组成。而"莫斯科商人"群体中的领导者无疑是纺织工业的金融家，他们体现了19世纪末俄罗斯资本主义自下而上的有机

---

① ЦИАМ. Ф. 51. Оп. 10. Д. 1441. Л. 17, 19 – 20.
② ЦИАМ. Ф. 450. Оп. 8. Д. 458. Л. 59, 62 – 63, 67 – 68, 71, 73 – 74; Д. 1210. Л. 132 – 133.
③ См.: Мазэ Я. И. Заключительное слово московского раввина, произнесенное 22 января 1914 г. у гроба Л. С. Полякова. С. 3 – 4.

增长，并发展到了最新的技术和财务形式。这一群体也是当时社会政治生活中最活跃的阶层，具有热衷于资助慈善活动与科学艺术事业的特征①。

在莫斯科定居的外国商人群体也得到了蓬勃发展，其业务主要与引进最新技术以及与西欧国家积极开展贸易有关。对欧洲商业环境的了解以及与外国合作伙伴的业务关系使"莫斯科德意志人"扮演了中介桥梁的角色，将俄罗斯企业家与外国机器设备供应商和投资者联系起来。德国裔企业家们利用在俄罗斯经营获取的利润，对他们在俄罗斯的公司和银行进行了再投资，这样，他们的经营逐渐与俄罗斯经济深度融合，俄罗斯也成了他们当中许多人的第二故乡。只是第一次世界大战损害了"莫斯科德意志人"的地位，迫使他们减少了在俄罗斯的活动。

最后，尽管犹太人在莫斯科人口中所占的比例很小，但犹太银行家在该市的商业精英中仍占有重要地位。他们的主要商业活动包括在证券交易所发行证券、入股私营银行机构，其中主要为商业银行和抵押银行。在19世纪末股市上涨的情况下，一些犹太企业家如波利亚科夫建立起了庞大的金融和工业集团，但随后20世纪初的经济危机又证明它们的稳定性不足。这些犹太企业集团的崩溃加剧了国家对经济生活的干预，政府试图通过亲自干预来阻止危机的蔓延，这使得通常在莫斯科商人阶层中较为罕见的贵族人士介入了金融和工业精英阶层（例如，财政部前官员 В. С. 塔季谢夫便成为 Л. С. 波利亚科夫银行董事会的掌舵人）。但在当时的莫斯科这仍然是非常罕见的现象，与20世纪初的圣彼得堡不同，后者的金融精英阶层中不断有政府高官加入②。

---

① См.: Ульянова Г. Н. Благотворительность московских предпринимателей. 1860 – 1914 гг. М., 1999; Гавлин М. Л. Российские Медичи. Портреты предпринимателей. М., 1996.
② См.: Беляев С. Г. Петербургские банкиры в начале XX в. // Из глубины времен. СПб., 1996.

# 第三章
企业家与政权

第一节 俄罗斯企业家和19世纪下半叶的专制制度

最早研究俄罗斯资产阶级的学者明确指出了1861年改革后政商关系的困境："政府以最广泛、最慷慨的方式支持和鼓励大型工业的发展，从而使工业资产阶级习惯了在政治上顺从，这也就扼杀了资产阶级重塑政治秩序的意愿。"[①] 为了经济的发展，专制政权允许企业家成立自己的代表和咨议组织，但此类组织受到政府经济政策的严格限制。圣彼得堡的政要们虽然需要商界人士的专业知识，但在后农民改革时期他们对企业家的政治主动性极为警惕，担心他们在经济和政治领域形成联合反对力量[②]。

另外，资产阶级本身在1861年改革的影响下也认为自身有权在国家政权面前捍卫工商业的利益。1865年，在莫斯科商人的倡议下，市杜马召开了一次贸易代表大会，讨论俄德贸易协定的修订问题。代表们拟订了一份草案，强调需要保护俄罗斯的朝阳产业免受外国竞争。1867～1868年成立的关税审查委员会在莫斯科证券交易委员会主席 Н. А. 奈焦诺夫的倡议下也贯彻了这一精神。关税审查委员会主张采用贸易保护主义政策作为经济政策的

---

① Беран П. А. Русская буржуазия в старое и новое время. Пг., 1922. С. 141 – 142.
② См.: Шепелв Л. Е. Царизм и буржуазия во второй половине XIX в. Проблемы торгово-промышленной политики. Л., 1981. С. 127.

第三章 企业家与政权

主旋律。

莫斯科证券交易所在回应关税草案时表示："在我们还没有准备好的情况下采取关税保护措施，这是保护我们脆弱的经济自主性免遭瘫痪的最佳方式。"①

总体上政府对这种声明做出了积极的反应，因为这恰好与其摆脱自由贸易原则并加强贸易保护主义的总体思路相吻合②。19世纪80年代，莫斯科证券交易所的经纪人"在政府面前熟练而持久地捍卫工商业利益"，这被认为是他们组织的主要优点③。

俄罗斯政府自19世纪60年代以来开始认真听取企业家的建议，并表明愿意在经济政策制定领域进行合作。财政大臣 M. X. 赖滕1872年在与莫斯科工业展览会组织者会面时表示："可以确信，当商人成为大臣的时候，任何与工业有关的措施都不会轻易施行。"④ 工业保护主义领域内工商界的这种折中路线在1894年的俄德贸易协定中得到了充分体现，该协定具有保护主义色彩，企业家积极参与了该协定的拟定过程⑤。

然而，政商关系在经济政策领域并非毫无波折。企业家参与的主要咨政机构是成立于1872年的贸易和工场手工业委员会，用于替代对经济决策的制定过程没有产生真正影响的前工场手工业委员会。时人认为，这种咨政机构纯粹流于形式，"只能提出请求，但没有任何实权"。这类企业家代表机构（证券交易委员会、行业和地区代表大会）仅拥有类似于"请愿"的职能，后来政府并不情愿地于19世纪70~80年代扩大了此类机构的分布网络。19世纪90年代，财政大臣 C. Ю. 维特计划建立一个由政府官员领导的综合咨询机构系统，企业家将参与制定具体的经济措施。即便这位无所不能

---

① Цит. по: Лаверычев В. Я. Крупная буржуазия в пореформенной России. 1861 – 1900. М., 1974. С. 175.

② Подробнее см.: Куприянова Л. В. Таможенно – промышленный протекционизм и российские предприниматели (40 – 80 – е годы XIX в). М., 1994.

③ ЦИАМ. Ф. 143. Оп. 1. Д. 544. Л. 68.

④ Найдёное Н. А. Воспоминания о виденном, слышанном и испытанном. ч. 2. М., 1905. С. 142.

⑤ Подробнее см. Субботин Ю. Ф. Россия и Германия: партнеры и противники (торговые отношения в конце XIX – 1914 г.). М., 1996.

的财政大臣也承认:"在没有吸引各类专家、知识渊博的人以及对工商业感兴趣的人士参与的情况下,想要顺利完成贸易和工业领域的变革是完全不可能的。"①

但是,经济领域转型的主动权仍牢牢掌控在政府手中。尽管大力赞扬专业人士的作用,但维特的计划(一直未实现)的实质在于将经济领域的事务自下而上地全面置于国家控制之下。与之相反,企业家要求在俄罗斯建立起常态化和正式化的利益代表机制,如西方国家的工商局,下文将讨论关于在俄罗斯建立这种制度的问题。但是,直到1917年俄罗斯也未建立起这一制度。

圣彼得堡工商界联合会的领导人在1910年编写的报告《俄罗斯工商业的基础和发展趋势》中对维特建立的经济管理体系进行了评估,尽管财政部自19世纪90年代以来取得了推动经济发展的成就,但评估中还是对财政部的政策提出了尖锐批评。报告中强调:"90年代我国的经济发展具有人为主导的特性,这主要体现为对人民主动性的侵犯。事关国民经济的全部决策权都集中在财政大臣的办公室里,没有他的允许及指示什么也做不了。官员的权势和干涉变得越来越难以忍受。"②

俄罗斯企业与政府之间关系的绊脚石是当时实行的股份制公司审批制度,其规定任何股份公司的章程均须经财政部批准。直到1917年,在俄国一直存在关于是否需要引入西方式企业注册制度的争论,在该制度下股份公司的注册不需要经过官方的批准程序。但是,俄国政府并没有屈服于商界的要求,依旧保留了这一对企业家活动进行控制的重要手段。

与政府的冲突也是由集中在金融领域的工商业经济管理组织所引起的。自19世纪70年代以来,企业家一直主张成立专门的工商部,但由于财政原因,政府反对从财政部中分离出新的政府部门来。在 М. Х. 赖滕看来,合并

---

① Цит, по: Шепелев Л. Е. Царизм и буржуазия во вхорой половине XIX в. С. 216. О политике Витте на посту министра финансов подробнее см. : Корелин А. П. , Степанов С. А. С. Ю. Витте – финансист, политик, дипломат. М. , 1998. С. 25 70; Ананьич Б. В. Ганелин Р. Ш. Сергей Юльевич Витте и его время. СПБ. 1999. С. 67 – 126.

② РРГИА. Ф. 150. Оп. 1. Д. 397. Л. 35 – 36.

管理有利于在商业领域推行新的间接税制度，如消费税。19 世纪 80 年代，尼科尔斯克工厂的所有者 T. C. 莫罗佐夫提出了对财政部进行重组的申请，并强调"在政府机构中，没有哪个机构将保护俄罗斯人民的劳动视为主要而非次要问题"[①]。然而，仅在 1905 年专制政权面临严重政治危机期间，独立的工商部才成立。

俄国在克里米亚战争中遭受惨败之后，人们对快速的经济现代化产生了兴趣，这促使俄罗斯这一专制国家开始设法鼓励本国的工业进步，努力使本国工业发展追上其他大国的脚步。为此，俄国实行了具有贸易保护主义色彩的关税政策，并建立起了必要的运输和信贷基础设施（铁路和银行机构网络）。但是，贵族官僚政权不会与新兴的资产阶级分享对经济生活的控制权。沙皇政府在将商界代表吸纳为专家的同时，也规定了私营企业家对经济领域发挥影响的条件和范围。

同时，新兴的贵族资产阶级却能够跻身于帝国社会等级的上层[②]。企业家阶层自 1832 年开始建立起了个人及世袭"光荣公民"头衔制度（后者的头衔也扩展至家庭成员）。到 1865 年，进入第一等级商人 20 年以上且无劣迹者可以自动获得世袭"光荣公民"的称号。后来，这个称号也开始授予给其他较低城市阶层的代表。企业家可以通过参与各类阶层代表组织、国家机关及慈善组织的活动（主要是采用捐赠的形式）来获得正式的官衔。同时，政府官员也开始积极投身创业。商界和政府的这种相互渗透是改革后俄罗斯的典型特征。在俄罗斯，企业家的成功与否通常取决于与政府官员的个人私交，这涉及国家订货与经营许可权的发放，如铁路建设[③]。

保罗一世时期开始实行的"商业顾问"与"工业顾问"荣誉称号制度鼓舞了商界的杰出人士，称号获得者可被尊称为"大人"，并被邀请参加

---

① Цит. по: Лаверычев В. Я. Крупная буржуазия в пореформсиной России. С. 227.
② 详情参见 Боханов А. Н. Крутная буржуазия России. Конец XIX в. 1914 г. М., 1992. С. 51 – 91。
③ См.: Соловьева А. М. Железнодорожный транспорт России во второй половине XIX в. М., 1975. С. 95 – 118; Корелин А. П. Дворянство и торгово – промышленное предпринимательство в пореформенной России (1861 – 1904 гг.) // Исторические записки. Т. 102. М., 1978.

"工商业会议",同时列入世袭"光荣公民"之列。然而,这一群体在参与制定经济决策方面却发挥不了实质性作用,真正的财政部顾问人选往往由财政大臣亲自指定。但在商业界,"工业顾问"与"商业顾问"的称号被广泛视作成功人士和较高社会地位的象征。例如,于1867~1868年负责主持关税审查委员会工作的莫斯科第一等级商人 И. А. 利亚明被授予"商业顾问"的头衔,而他在委员会的副手,烟草厂厂主 В. М. 博斯坦焦格洛也在随后获得了这一头衔[1]。

在当时的俄罗斯,对企业家而言被国家所承认的最高功绩是跻身"俄罗斯帝国世袭贵族"之列,而商人和世袭"光荣公民"及其家人则都属于有能力跻身贵族的"首要社会阶层"。虽然在后农民改革时期,资产阶级"贵族化"的例子并不多(只有30个企业家家族成功跻身贵族之列),但在当时最杰出的企业家会具有与贵族"平等"的地位。大多数有机会封爵的商业精英都心怀感激地接受了贵族头衔和荣誉,但也有个别企业家拒绝了这一机会。例如,莫斯科证券交易委员会主席 Н. А. 奈焦诺夫就拒绝了被封爵的荣誉,他称自己生为商人,死也为商人。类似这样的事实(尽管很少见)证明了新兴资产阶级具备作为企业家的自我认同感。

企业家基于其经济实力逐渐意识到了自身对国家的重要性,同时他们对公共服务的需求可以通过代表组织和市政当局来得到满足。贸易银行董事会主席兼多家工商业企业的负责人 Н. А. 奈焦诺夫在从1877年到1905年去世将近30年的时间里领导着莫斯科证券交易委员会——这是俄罗斯农民改革后最重要的商人组织,同时他还是城市杜马的议员。为了表彰莫斯科商界的杰出人物,杜马于1905年决定设立以奈焦诺夫来命名的奖项,"以表彰对莫斯科宗教事业和工商业发展做出贡献的人"。这一奖项不寻常的组合模式也源自奈焦诺夫的个人活动,他与莫斯科的历史学家和商人阶层相处融洽。同时他还参与了许多涉及经济改革的工作(如修订关税、雇用工人、商业诉讼等方面),奈焦诺夫与历任财政大臣特别是维特关系密切,他们建立起了

---

[1] См.: Найдёнов Н. А. Воспоминания о виденном, слышанном и испытанном. Ч. 2, С. 90.

互相信任的关系。奈焦诺夫的活动领域也超出了作为一名经济专家的范围，其在多方面涉足公共事业领域①。

一位熟识奈焦诺夫的时人回忆说："尼古拉·亚历山德罗维奇（指奈焦诺夫。——译者注）过去是一名出色的商人，但现在他主要从事公共服务领域……在莫斯科他是一位具有商人自我认同感的伟大人物，但他没有阶级利己主义。他做贡献源于对故乡及其历史、传统和日常生活的热爱。"② 奈焦诺夫自己出资拍摄了莫斯科教堂和修道院的照片，并对这座古都所有引人注目的建筑物进行了全景摄影，最后公开发行了 14 部著名的相册，包含 680 张照片，至今研究莫斯科的学者仍会参考这些资料。此外，在 25 年的时间里奈焦诺夫编写并出版了 80 余部有关莫斯科和莫斯科周边地区城市历史的出版物，其中包括莫斯科 18 世纪的《人口调查册》、9 卷本的《莫斯科商人史》等。他人生中做的最后一件事是编写回忆录《看过、听过和经历过的回忆》，其是研究 19 世纪 50～70 年代莫斯科商业史的宝贵资料。

后农民改革时期莫斯科商界另一位具有全俄声望的著名人士是 1885～1893 年担任莫斯科市市长的 Н. А. 阿列克谢耶夫，他出身于著名的商人家族，К. С. 斯坦尼斯拉夫斯基也属于这一家族。在当代人看来，阿列克谢耶夫是一个"大力推动城市经济发展的精力旺盛的人物"③。他对改革后莫斯科城市公共事业现代化做出的重要贡献也得到了该市公共事业研究者的认可④。

对阿列克谢耶夫而言，人生的意义不在于家族企业，而在于为自己的家乡莫斯科服务。在他的领导下，梅季希（今莫斯科州的城市。——译者注）的供水系统得到了扩建，为莫斯科提供了饮用水，同时污水处理系统也开始建设，莫斯科屠宰场的建设规模不亚于著名的芝加哥屠宰场。阿列克谢耶夫

---

① ЦИАМ. Ф. 179. Оп. 21. Д. 2361. Л. 11 – 15；Иванова Л. В. Николай Найдёнов — коммерции - советник и историк Москвы//Предпринимательство и предприниматели России от истоков до начала XX в. 1997，С. 216 – 227.

② Рябушинский В. Л. Купечество московское // День русского ребенка. Сан - Франско. Апр. 1951. С 181.

③ Бурышкин П. А. Москва купеческая. М.，1991. С. 153.

④ СМ.：Писарькова Л. Ф. Московская городская дума. 1863 – 1917. М.，1998. С. 170 – 175.

还向莫斯科城市杜马捐款以建设学校、医院和慈善机构网络，莫斯科市政当局还利用他的捐款在沃斯克列先斯克广场建造了新的办公楼。另外，阿列克谢耶夫作为1892年去世的 C. M. 特列季亚科夫的遗嘱执行人，对特列季亚科夫画廊的建设做出了重要贡献。

政府当局对民间领袖的积极活动持怀疑态度，莫斯科省省长 B. A. 多尔戈鲁科夫将阿列克谢耶夫视为"莫斯科商人阶层中自由主义者"的领导人。政府的不满源于民间领袖权力的不断扩大，他们试图多次免除阿列克谢耶夫在社会组织中的职务，但多亏了圣主教公会无所不能的总监 K. П. 波别多诺斯采夫对他的支持，阿列克谢耶夫保住了职务。然而造化弄人，曾创办了莫斯科著名精神病院"卡纳特奇科夫别墅"的阿列克谢耶夫却在42岁被一名精神病患者枪杀在办公室。葬礼上前来送别这位"商人市长"灵柩的莫斯科人超过20万。19世纪80年代初继任莫斯科市市长的 Б. H. 契切林写道："阿列克谢耶夫就像一颗闪耀的流星照亮了莫斯科，这座城市不会忘记他。"[1]

但是，如果政府在经济领域、代表组织和城市管理中能够与影响力日益增长的商界和平共处，那么企业家在公共政治舞台上表达自己诉求的努力就不会受到严重遏制。农民改革唤醒了包括企业家在内的整个俄罗斯社会。杰出的俄罗斯实业家、银行家、包税商 B. A. 科科列夫在19世纪50年代后期提出了一个解放农奴的原始计划，他组织了一系列自由派知识分子的集会，以支持农民改革。但由于圣彼得堡担心自由主义思想的传播，政府坚决否决了他的倡议，科科列夫本人也受到秘密警察的监视[2]。

随后的19世纪60～70年代，俄罗斯的企业界尤其是莫斯科企业界受到了斯拉夫主义思潮的影响。这一思潮的引领者 И. C. 阿克萨科夫在1884年写道，有文化的斯拉夫派首先是贵族，"贵族充实了西方意义上的俄国的第

---

[1] Чичерин Б. Н. Воспоминание, Т. 4. М., 1934. С. 184.
[2] См.: авермчее В. Я. "Русский самородок". Предприимательство и общественно - политическая деятельность В. А. Кокорева // Предпринимательство и предпрнматели России от истоков до начала XX в. С. 166 - 177.

三等级，同时也使俄国免受西方资产阶级腐化的影响"①。他认为只要斯拉夫派向企业界灌输了自己的理念，就能理想地将企业界与政权相联合。

根据研究莫斯科农民改革后商人阶层的美国学者欧文的说法，斯拉夫主义思潮最终对俄国和莫斯科资产阶级的精神发展产生了不利影响，尤其是令后者吸收了民族保守主义并对西方自由主义抱有消极看法②。似乎当时俄罗斯对斯拉夫主义的热情源于大国崛起的氛围以及农民改革后几十年时间里对民族认同的寻求。因此，斯拉夫主义在商界中占据主导地位也是顺理成章的，毕竟在当时的意识形态领域这是唯一的选择。尽管20世纪初西方自由宪政制度的理想开始在国内资产阶级领导人中盛行，但产生于与外国竞争的保护主义基础上的民族主义仍是弥漫在企业家群体中的重要思潮。

尼古拉·亚历山德罗维奇·阿列克谢耶夫，摄于19世纪80年代

萨瓦·季莫费耶维奇·莫罗佐夫，摄于1898年

---

① Цит. по: Лаверычев В. Я. Крупная буржуазия в пореформенной России. С. 145.
② Owen Th, *Capitalism and Politics in Russia: A Social History of the MoscowMerchants*, 1855 - 1905, Cambridge University Press, 1981.

20 世纪初的莫斯科企业家

谢尔盖·尤里耶维奇·维特，
摄于 19 世纪 90 年代

格里戈里·亚历山德罗维奇·克列斯
托夫尼科夫，摄于 20 世纪初

瓦西里·亚历山德罗维奇·科科列夫，
摄于 19 世纪 60 年代

第三章　企业家与政权

在农民改革后的几十年中，企业界的政治觉醒在很大程度上表现为忠君。俄国政府也一直阻止企业界脱离政治活动界限的企图。例如，在1877年俄土战争爆发后，莫斯科证券交易协会提出了为德国皇帝寄去感谢信的想法，因为德皇在欧洲外交舞台上对俄罗斯施以友好援助。但是，莫斯科市市长 В. А. 多尔戈鲁科夫对这一提议明令禁止，并不允许再提及此事。民意党人刺杀沙皇亚历山大二世事件发生两年后，政府对莫斯科商人的倡议做出了回应，当时政府以皇帝的名义起草了针对躲过刺杀的贺词。特别是由莫斯科"皮毛大王" П. П. 索罗科乌莫夫斯基主持的代表团得到了沙皇的接见，并因忠诚而得到沙皇的感谢①。

19世纪80年代初期，在亚历山大二世遇刺身亡事件的影响下，俄国的保守主义趋势开始加剧。为保护新的亚历山大三世皇帝而创建的御前决策圈"神圣侍从"组织中拥有包括大约70名来自圣彼得堡、莫斯科和下诺夫哥罗德商人的代表，占"神圣侍从"总人数的10%②。

19世纪80~90年代是企业与政府之间形成完全政治共识的时期。以"胜利完成改革"为口号的土地自由主义宪政运动未波及商界。1896年，随着新沙皇尼古拉二世统治的开始，自由主义运动迅速发展，但在下诺夫哥罗德召开的全俄工商代表大会上不会听到任何涉及政治动机的声音。会议主席 Д. Ф. 科别科在圣彼得堡指出："在大会上，人们对于政府实现国家利益的方式没有也不会有疑问，因为俄罗斯人民已经习惯了君主及其政府的智慧和正义。"③

尽管不能否认商人与自由派阵营的联系，但这几乎没有引起多少注意。参与20世纪初莫斯科自由派座谈会议的企业家包括 Н. И. 古奇科夫（十月党的创始人 А. И 古奇科夫的弟弟，于1905~1913年担任莫斯科市市长）和

---

① См.: Лаверычев В. Я. Крупная буржуазия в пореформенной России, С. 151 – 152.
② См.: Сенчакова Л. Т. "Священная дружина" и её состав // Вест. МГУ. Сер. История. 1967. № 2. С. 72 – 83.
③ Цит. по: Лаверычев В. Я. Крупная буржуазия в пореформенной России. С. 161 – 162; см. также: он же. По ту сторону баррика (из истории борьбы московской буржуазии с революцией). М., 1967.

М. В. 切尔诺科夫（后来加入了立宪民主党，于 1914～1917 年担任莫斯科市市长）。

20 世纪初兴起的土地自由主义运动对工商界产生了较大影响。企业家没有缺席自由主义者于 1904 年 11 月发起的"宴会运动"。据 М. В. 萨巴什尼科夫回忆："工商界努力将自身团结在 С. Т. 莫罗佐夫和里亚布申斯基兄弟（П. П. 里亚布申斯基和 В. П. 里亚布申斯基）的领导下，公开地共同反对 11 月的'宴会运动'。"笔者认为，从理性推测的角度出发，作为竞争对手的 С. Т. 莫罗佐夫和 П. П. 里亚布申斯基两者中里亚布申斯基是主要的领导者[①]。

在自由派企业家议员的支持下，1904 年 11 月 30 日，由 Н. Н. 谢普金和 С. А. 穆罗姆采夫起草的著名声明得以在莫斯科城市杜马通过。这一声明要求民主自由以及"基于行政活动合法性要求"实施对公共权力的监督。正是在那时，商界出现了两极分化情绪：签署这一声明明显超出了城市杜马的职权范围，因此证券交易所的领导人 Н. А. 奈焦诺夫拒绝签署这一声明，并与其他保守派议员（В. И. 格里耶、莫斯科副市长列别杰夫等）一起离开了杜马。杜马向政府提出的申请被拒绝，却得到了莫斯科舆论界的支持，尤其是 1904 年底当选的莫斯科城市杜马的新议员大多对这一声明表示支持[②]。

俄国资产阶级的政治幻梦终于在 1905 年破灭了，当时俄国独裁政权的根基遭到了动摇，似乎"无法解决"的国家体制问题成为人们之间热烈讨论和各种社会力量冲突的主题。政府当局对社会的严格控制加之资产阶级缺乏加强团结的内部动力，导致俄国资产阶级没有一个全国性的代表组织政党来表达这一迅速壮大的社会阶层的利益诉求，这最终导致了革命的爆发。

[①] Записки Михаила Васильевича Сабашникова. М., 1995. С. 291. О "банкетной кампанни" 1904 г. см.: Шацилло К. Ф. Русский либерализм накануне революции 1905 – 1907 гг. М., 1985. С. 292 – 302.

[②] См.: Писарькова Л. Ф. Московская городская дума. 1863 – 1917, С. 246 – 248.

第三章　企业家与政权

第二节　设立工商局的计划

1905年10月，财政部商业司发布了《关于工商业选举代表机构和证券交易制度的规定（草案）》，并附有解释性说明。当时关于资产阶级代表机构的改革迫在眉睫，企业界和政府都认识到了改革的必要性①。

俄罗斯社会制度中的一个根本缺陷是缺乏一个能够代表特定区域内所有企业家利益的普遍代表机构。在西欧特别是在德国，此类机构叫作商会。根据西欧国家的法律规定，一个地区内的所有商人和企业家都被强制入会，根据企业规模向商会支付专门费用。在俄罗斯关于资产阶级代表机构的立法中，以上两项原则均不存在，公司对代表组织（区域证券交易委员会或行业协会）的"依附"是自愿的，且在这种依附关系的建立过程中组织也不会将企业规模考虑在内②。

实际上，"证券交易制度改革"问题最早是在1903年由财政部组织的一次商业界代表会议上提出的。证券交易委员会的领导人担心建立新的代表机构会使自己失去影响力，他们坚持将现有委员会进行重组才是"最重要的"。而财政部的领导人倾向于设立新的机构取代证券交易委员会或者将其建立在后者的基础之上。这种倾向也体现在1905年出台的条例草案之中，根据该草案，包括证券交易委员会在内的各类工商业代表组织均并入新成立的"工商业理事会"。

这一改革方案的直接制定者为财政部商业司司长 M. M. 费奥多尔，维特认为其是"一个受人尊敬的、有教养的人，但也纯粹是一位俄罗斯本土

---

① 关于设立工商局的相关计划可以参考 Шумилов М. М. Проекты реформы представительных торгово‐промышленных организаций России в конце XIX – начале XX в. / Исторические записки. Т. 118. М.，1990. С. 292 – 312；Епифанова Л. М. Московский биржевой комитет как представительная организания буржуазии（1870 – 1913 гг.）. Дис. канд. ист. наук. М.，1998. С. 220 – 240。

② См.：Лурье Е. С. Организация и организации торгово‐промышленных интересов а России. СПБ. 1913. С. 64 – 65。

环境所培养的人才，他对外国生活、文化缺乏了解和参与"①。然而，却是费奥多尔计划在俄罗斯组织引入欧洲模式的企业家利益代表制度。费奥多尔是一位全方位的、知识渊博的经济人才（他曾担任过财政部主办刊物《金融与工商业通报》的编辑），在 1905 年秋天工商部成立后，他成为部长 В. И. 季米里亚泽夫的同事，在季米里亚泽夫于 1906 年 2 月辞职后，费奥多尔临时担任部长职位一直到 4 月底，其后来出于原则问题拒绝在 И. Л. 戈列梅金领导的政府中任职，但一直从事工商管理和政治活动直到 1917 年。他担任了俄罗斯最大的商业银行之一——亚速 - 顿河银行的董事，后来升任董事会主席。此外他还是《意见报》的出版商——该报是和平改革党的机关报，费奥多尔后来加入了立宪民主党，并成为该党的关键人物之一②。

担任部长级职位是费奥多尔官员生涯的巅峰，1905 年的证券交易制度改革项目是他的主要政治成就。作为改革方案的起草者，费奥多尔认为，"政府和工商界早就意识到……在工商业阶层的利益代表方面，俄罗斯的证券交易组织存在明显的缺陷，改革迫在眉睫"③。

为了建立起覆盖全国企业家阶层的代表制度，费奥多尔强调改革不能仅限于证券交易制度，应借鉴德国的经验，设立"从属于工商阶层"的新机构。他为此倾注了大量精力，并批评企业家对商人身份等级的认同感，费奥多尔非常正确地否定了企业家秉持的等级原则，认为在俄国社会保留 20 世纪初的身份等级意识完全属于落后的体现，"是农民改革前旧律法的余孽"④。

财政部商业司司长的观点是理性的：为了发挥阶层的凝聚力和社会影响力，企业家阶层需要一个统一的、具有普遍代表性的组织。改革法案的最终文本和解释性说明是在 1905 年 10 月敲定的，当时面对激烈的革命形势，满

---

① Витте С. Ю. Воспоминания. Т. III. М., 1960. С. 351.
② См.: Материалы по истории СССР. Т. VI. Документы по истории монополистического катитализма в России. М., 1959, С. 772; Шепелев Л. Е. Царизм и буржуазия в 1904 - 1914 гг. Проблемы торгово - промышленной политики. Л., 1987. С. 39.
③ ЦИАМ. Ф. 143. Оп. 1. Д. 637. Л. 33 об.
④ ЦИАМ. Ф. 143. Оп. 1. Д. 637. Л. 38 об., 40.

足企业家的利益诉求变得尤为重要。

然而,费奥多尔的改革计划与许多合理的改革措施一样,受制于官僚主义,同时也与俄罗斯的"商业巨头"和新的工商业代表机构的冷淡有关。圣彼得堡商界和该市各类行业协会的领导人共同创建了自己的全俄代表组织(1906年4月成立的圣彼得堡工商代表大会委员会),他们对财政部的改革项目反应消极,因为他们认为财政部商业司"设计了全新的组织,并把证券交易所置于这些新机构的领导之下"①。

相比之下,莫斯科的大多数工业家却对改革项目抱有支持态度,他们在改革中看到了制衡圣彼得堡工商代表大会委员会的可能性。1906年1月,莫斯科证券交易委员会主席克列斯托夫尼科夫向圣彼得堡建议,用覆盖帝国全部13个主要经济区的商会体系——工商代表大会来取代圣彼得堡工商代表大会委员会(莫斯科人主要担心自己在圣彼得堡同行的主导下能否保持独立性,毕竟后者发起成立了帝国境内的大部分工商业代表组织)②。

1906年3月,工商部组织了一次关于费奥多尔改革项目的讨论,并通过了修订后的改革方案:取消了过去的工商行政管理机构(其曾被视为重组后的证券交易委员会),代之以成立工商代表大会——保持了自身独立性的区域代表组织。这一组织由企业家"通过强制吸引当地主要营业税缴纳者加入"。这一修订后的改革措施是政府对地方企业界的让步,后者不希望失去在传统代表机构(主要是证券交易委员会)中的职位③。

改革计划的起草者准备将修订后的草案提交给1906年4月27日的国家杜马会议审议。但是,由于证券交易所的经纪人需要在5月的证券交易委员会代表会议上讨论该草案,因此该法律草案的最终版本直到6月才准备就绪,未能提交杜马审议。此外在政府方面,早在1906年,尼古拉二世就批

---

① Вольский А. Представительство русской промышленности и торговли в настоящее время и основы представительства, необходимого в ближайшем будущем (доклад Первому съезду Союза промышленных и торговых предприятий Российской империи). СПБ. 1906. С. 4.
② ЦИАМ. Ф. 143. Оп. 1. Д. 247. Л. 14 – 15.
③ Шепелев Л. Е. Царизм и буржуазия в 1904 – 1914 гг. С. 111 – 114; ЦИАМ. Ф. 143. Оп. 1. Д. 251. Л. 37.

准了由圣彼得堡商界提议设立全帝国工商界代表大会的提案，而费奥多尔提出的同样关于设立全俄工商代表大会的提案却被搁置了①。

尽管已离职的财政大臣维特坚持公开演讲，支持建立工商代表组织特别是地方性的代表组织，并要求"政府强制成立"，但收效甚微。一些省份的交易所经纪人暗中反对，阻碍了改革的最终实施，这些经纪人担心一旦成立全国性的工商代表组织，他们的影响力可能会丧失。1905年后，相对较小的城市中的证券交易委员会数量迅速增长，这主要是由于当地商界领袖希望从较大的经济中心城市获得担保②。

随后，莫斯科证券交易委员会继续努力推动设立全国性的工商代表组织，其将这一组织视为与圣彼得堡工商代表大会委员会相制衡的重要手段。中部地区的纺织业在组织程度上相对要弱于圣彼得堡的采矿业和冶金业，因此中部的纺织业资本家希望借新成立的工商业代表组织来强化自身，并将其纳入莫斯科商会的框架内运行，该商会的影响范围包括莫斯科周边的10个自治省区③。总的来说，莫斯科人对圣彼得堡工商代表大会委员会的态度非常冷淡。在 П. А. 布雷什金看来，"莫斯科认为圣彼得堡工商代表大会委员会并不具备全俄代表作用，不过就是摆设，莫斯科商界基本没有参与这一组织，他们对该组织也没有兴趣"④。

值得注意的是，莫斯科证券交易委员会的经纪人是在圣彼得堡工商代表大会委员会的成员中定期选出的，但他们很少参加委员会的会议，也从未参加过委员会主席的选举和委员会的工作。主要原因是圣彼得堡工商代表大会委员会的积极活动侵犯了企业家组织中莫斯科证券交易委员会的主导地位，使后者在全俄工商业代表组织成立之前失去了作为俄罗斯工商界唯一利益诉

---

① 当时的费奥多尔领导着一个工商代表大会特别委员会，该委员会为1909年的下届大会起草了一份报告，在1909年的大会上对该问题的讨论再次被推迟。

② См.: Гушка А. О. Представительные организадии торгово – промышленного класса в России. СПБ. 1912. С. 53 – 54.

③ См.: Гушка А. О. Представительные организадии торгово – промышленного класса в России. СПБ. 1912. С. 82.

④ Бурышкин П. А. Москва купеческая. С. 250.

求代言人的角色。莫斯科证券交易委员会试图以捍卫自身独立性的方式来维持自身的特殊地位和权威，并要求工商业代表组织改革草案确立莫斯科在全帝国工商界的领导地位①。

在1907年5月于莫斯科举行的工商代表大会上，与会代表就设立全俄工业家组织采取何种形式的问题展开了激烈辩论。会上莫斯科证券交易委员会的代表 A. И. 科诺瓦洛夫表示赞成的方案是在俄罗斯引入全国性代表商会，同时解除所有其他商业代表组织的代表职能，理由在于"避免分散力量及在具有相同职能的两个代表机构之间产生恶性竞争"。这项计划的实施可能会带来一种新型的商业利益代表制度，并导致传统资产阶级群体的影响力急剧减弱。因此，科诺瓦洛夫的提议并未在工商代表大会的组织和领导人中获得支持②。

尽管如此，由 A. И. 科诺瓦洛夫领导的于1909年底成立的莫斯科证券交易委员会特别委员会仍准备了自己的草案及理由③。该草案的直接起草者是证券交易委员会秘书——В. И. 马萨利斯基，他曾被派往西欧考察商会组织。科诺瓦洛夫的改革方案与费奥多尔大致接近，但前者的版本在一个重要方面有所不同：莫斯科的工商界领导人提议根据德国模式，通过法律强制在全国范围内建立工商业代表组织（在费奥多尔的改革方案中，商会活动的时间和地域范围留给企业家自主裁定）。这是俄罗斯第一次尝试将历史上形成的16个工业地区通过代表组织联系在一起。

按照科诺瓦洛夫的计划，莫斯科工商业代表组织的覆盖区域应包括俄罗斯中部的10个省级行政区（莫斯科、科斯特罗马、弗拉基米尔、雅罗斯拉

---

① 有关莫斯科证券交易委员会与工商代表大会委员会的关系，详细信息可参见 Изгаршев В. В. Представительные организации российской буржуазии： Московский биржевой комитет и съездыпредставителей промышленности и торголи. Дис. Канд. ист. наук. М.，1998. С. 117－124。

② См. : Барышников М. Н. Политика и предпринимательство в России. СПБ. 1997. С. 210－211.

③ См. : Общее положение о торгово－промышленных палатах (проект)，М.，1911；Овведении торгово－промышленных палат в России. М.，1911.

夫尔、特维尔、斯摩棱斯克、卡卢加、图拉、梁赞和下诺夫哥罗德)。这些省份在产业上趋于同质化，纺织业均为主导产业，各省企业通过商品流通和销售市场与莫斯科紧密联系，且大多在莫斯科设有办事处。同时，传统上莫斯科也被视为俄罗斯中部地区的中心。

根据科诺瓦洛夫的设想，所有涉及工商业利益的问题都将提交给代表组织统一处理，代表组织的所有其他分支机构（代表大会和各类协会）在解决一般性经济问题时只具有发言权但无表决权。莫斯科的工商界最终对圣彼得堡工商代表大会委员会采取了更具进攻性的立场。政商关系同样重要，莫斯科工商界提出的改革计划的隐含意义在于，在整个帝国范围内建立起主要由莫斯科商界精英领导的集中的、统一的工商业代表组织，在该组织的主导下最终确保"莫斯科商人"群体对政府经济政策的影响力要比过去杂乱无章的区域和行业代表组织主导时更强①。

但是，圣彼得堡工商代表大会委员会和各省的实业家对莫斯科证券交易经纪人的"专横"感到震惊。1911～1912年在工商大臣 С. И. 季马舍夫主持的一系列例会中，科诺瓦洛夫的特别委员会与工商部就改革方案未达成一致意见。圣彼得堡证券交易委员会主席 А. Я. 普罗佐罗夫在会上指出："为什么莫斯科要求设立覆盖全境的工商业代表组织呢？这只是因为莫斯科害怕竞争，俄罗斯其他工业区正在稳步增长，例如，当前圣彼得堡地区的工业发展程度已不亚于莫斯科。如今，在其他工业地区不断发展的压力下，莫斯科为了保持重要性和影响力，计划效仿德国设立一个置于自己管辖范围内的大型商业代表组织。"② 大多数省级证券交易委员会对莫斯科的改革计划持保留态度，其担心一旦形成全域式的代表组织，自己的影响力就会丧失。

尽管工商大臣 С. И. 季马舍夫保证，"政府在俄罗斯设立商业代表组织的决心是坚定的"，但由于部门内部存在分歧，改革再次陷入僵局：财政大

---

① См.: Епифанова Л. М. Московский биржевой комитет как представительная организация буржуазии (1870 - 1913 гг.), С 229 - 230, 238 - 239.
② ЦИАМ. Ф 143. Оп. 1. Д. 725. Л. 42 - 42а.

臣 В. Н. 科科夫佐夫与土地管理大臣 А. В. 克里沃舍因均不满意工商部的改革计划①。此时帝国的高官们并不急于将企业家阶层凝聚在覆盖全俄的代表组织当中。

改革计划在各省的证券交易所层面也遭到了强烈反对，时人指出"莫斯科证券交易委员会与其他有影响力的企业家组织及各领域的工商业代表组织之间显露出了分歧，这令人担心距离工商部敲定最后的改革方案仍需要很长的时间"②。

最终，1914年初，改革计划准备就绪，但是很快世界大战的爆发将资产阶级的代表组织问题推后了③。但是，如果季马舍夫领导的工商部拒绝执行项目，那么企业家自己就不会对组织建设问题失去兴趣，尤其是在1915年军事工业委员会系统建立之后。1916年秋天，在时任中央军事工业委员会副主席的 А. И. 科诺瓦洛夫的倡议下，商界精英们（Г. А. 克列斯托夫尼科夫、Ю. П. 古荣、С. Н. 特列季亚科夫、П. А. 布雷什金）再次开始讨论工商业代表组织的问题④。

1916年9月19日，那些聚集在科诺瓦洛夫在彼得格勒的寓所里的支持者们再次向工商部发出请求，要求重新讨论工商业代表组织的问题。根据 С. Н. 特列季亚科夫的说法，战后俄罗斯必须承受住其他大国的经济扩张，而如果没有俄罗斯企业家阶层的联合，就不可能实现这一目标。此时政府需要在莫斯科证券交易委员会和圣彼得堡工商代表大会委员会的方案中做出选择⑤。然而，这些努力仍然徒劳无功，资产阶级在没有广泛而统一的代表组织的情况下迎来了二月革命。

在革命热情日益高涨的无政府状态下，俄罗斯企业家竭力去弥补之前无休止讨论所浪费的时间，以克服分歧并完成沙皇政府未竟的事业。П. П. 里

---

① ЦИАМ. Ф. 143. Оп. 1. Д. 725. Л. 3 – 3 об. Д. 722. Л. 286 – 302.
② Лурье Е. С. Организашия и органидации торгово – промыиленных интересов в России, С. 68 – 69.
③ См. : Шепелев Л. Е. Царизм и буржуазия в 1904 – 1914 гг. С. 115 – 116.
④ ЦИАМ. Ф. 143. Оп. 1. Д. 725. Л. 2.
⑤ ЦИАМ. Ф. 143. Оп. 1. Д. 725. Л. 49 – 52.

亚布申斯基于1917年3月在省级代表组织系统——工商委员会（建立在地方证券交易委员会基础之上）的基础上创建了全俄工商联盟。А. И. 科诺瓦洛夫于同年3月7日成为临时政府第一任内阁的工商部长，他继续推行自己的主张并提出"在近期研究关于设立工商业代表制度的立法"[①]，旨在将其提交给新成立的立宪会议进行审议。

1917年5月，科诺瓦洛夫辞职，未能实现自己的计划，但他并没有放弃。1917年8月，在第二届全俄工商代表大会上科诺瓦洛夫强调了设立"普遍和切合实际的新型工商业自治机关"的重要性。在自己担任克伦斯基内阁工商部长的第二个任期内，科诺瓦洛夫设法将设立工商业代表组织的问题长期化。1917年10月6日，关于设立工商业代表组织的法律最终获得通过和发布。但是，该行为已不再具有实际意义，因为此时俄罗斯的私营企业制度已经走到了尽头。

十月革命之后，在С. И. 切特韦里科夫的主持下莫斯科成立了专门委员会，负责讨论莫斯科工商业代表组织的章程设立问题，直到1918年初委员会解散[②]。毫不夸张地说，缺乏常态化的利益代表机制是革命前俄国资产阶级失败的重要原因。工商代表组织可以巩固和组织很大一部分中小型企业家，从而扩大资产阶级的社会基础，这正是俄国商界精英们在1917年所缺乏的能力。

第三节　1905年：政治地震

1905年初发生的戏剧性事件（圣彼得堡流血星期日事件）极大地坚定了企业界为获得政治自决权而努力的决心。1905年2月18日沙皇下旨后，Н. А. 奈焦诺夫在莫斯科证券交易委员会的讲话中发出倡议，"希望吸引社会人士参与国家事务"。这无疑是具有自由主义精神的言论，然而，依照俄

[①] ЦИАМ. Ф. 143. Оп. 1. Д. 725. Л. 58 – 59.
[②] ЦИАМ. Ф. 143. Оп. 1. Д. 725. Л. 92 – 92 об., 110, 114; Д. 726. Л. 87 – 88.

罗斯的政治传统,"只有专制政权的最高领导人才能保护俄罗斯的权力和完整性以及这个国家的进一步成功"①。

但绝不是商业界的所有人士都拥有"被保护"的地位。1月9日的悲剧发生后,成立了一个委员会,委员会主席、财政大臣 В. Н. 科科夫佐夫就工人问题做出表态,他认为解决这一严重问题的方式不在于对工人做出让步,而在于"改变整体的政治环境"。С. Т. 莫罗佐夫于1月下旬至2月初编写的有关善后工作的计划说明反映了莫斯科商界的政治倾向,他认为,若要解决俄罗斯的工人问题并确保俄罗斯的工业进步,需要满足5个方面的政治需求:"法律面前人人平等""人身和住所完全不受侵犯""言论和新闻自由""普及义务教育""确保包括工业家和工人在内的各阶层人民都能选举自己的代表参与立法活动"。从本质上讲,这是一个自由主义计划,与土地自由主义运动的意识形态相吻合②。

1905年2月之后,确保自身在未来杜马中的"独立代表席位"成为商界的关注重点。同年6月27日,在圣彼得堡和莫斯科企业家倡议小组的会议上通过了一项决议,要求"尽快召开工商代表大会,以协调相关政治和经济诉求,以便在杜马选举中提前做好组织和行动上的准备"③。

在1905年7月4日于莫斯科开幕的工商业代表会议上,以证券交易委员会主席 Н. А. 奈焦诺夫为首的保守派和带有激进倾向的"少壮派"实业家(П. П. 里亚布申斯基、А. С. 维什尼亚科夫、С. И. 切特韦里科夫等)之间最终决裂。后者要求建立宪法制度的呼吁在与会的保守派中

---

① Цит. по: Лаверычев В. Я. Крупная буржуазия в пореформенной России. С. 165.
② См.: Морозова. Т. П., Поткина И. В. Савва Морозов. М. 1998. С. 177 - 180。值得注意的是,这部传记中记录最多的是 С. Т. 莫罗佐夫的自由主义思想及其与俄罗斯社会民主党领导人的关系,尽管后者的观点莫罗佐夫并不苟同。
③ Цит. по: Рейхардт В. Партийные группировки и "представительство интересов" крупного капитала в 1905 - 1906 гг. // Красная летопись, 1930. Т. 6 (39). С. 15 - 16. О процессе политического самоопределения российской буржуазии весной — летом 1905 г., о взаимоотношениях московской и петербургской групп подробнее см.: Барышников М. Н. Политика и предпринимательство в России. С. 68 - 82.

引起了负面反应。由于代表大会偏离了计划中的议程（议程中只包含了关于工业家参与未来杜马的议题），最终奈焦诺夫离开了会议，举行会议的场所也被市长下令查封。但是，自由派工业家在私人寓所里继续进行了这次会议。

尽管如此，大趋势已经不可阻挡，资本家们决定成立一个常设机构——自治局来负责定期召开会议（该机构由圣彼得堡钢铁工业家组织的代表 М. Ф. 诺尔配领导）。大会通过的决议强调，工商业人士"在现有的国家秩序中看不到对其财产、正常活动乃至生命安全的相应保障，因此，他们不得不团结一致，以实现自己的政治诉求：协助在俄罗斯建立起永久的法治以及秩序井然的公民生活和经济生活"。

资产阶级设想"与各类资产阶级政党一起促进这些政治愿望的实现，并以一切可能的方式去支持那些主张改良俄罗斯人民生活方式的政治因素"。俄罗斯资产阶级首先与土地自由主义运动之间建立起了基于共同立场的合作，即召开了"宪政国家的人民代表大会"。这次大会的与会者宣布他们坚决反对"暴力革命"以及采取这种方式的政党[①]。

但从一开始，资产阶级的政治运动就是孤立的。一方面，土地自由主义者并不认为企业家是盟友。工商界代表认为土地自由主义者的要求是"通过和平手段恢复俄罗斯的秩序"，但他们以书面形式呈交的主张未在代表大会上获得通过。另一方面，沙皇政府试图通过惯用的警察手段来压制商业界的反对派（例如，М. Ф. 诺尔配就遭到搜查，其所有有关7月工商业代表会议的资料被没收）。

资产阶级的各个派别之间在具体任务和行动方式上的分歧也阻碍了资产阶级力量在全俄的政治统一。资产阶级"少壮派"在被称为"沙皇走卒"的著名布料制造商 С. И. 切特韦里科夫的呼吁下，提议禁止参加杜马甚至关

[①] 关于1905年7月4~6日大会的详情可参见 Лаверычев В. Я. По ту сторону баррикад. С. 34-40；Шепелев Л. Е. Царизм и буржуазия в 1904-1914 гг.；ЦИАМ. Ф. 16. Оп. 95. Д. 69. Л. 16-17. ГА РФ. Ф. 102. （ДП）ОО. 1905. 2 отд. Д. 999. Ч. 44. Л. 4-6, 10-11, 13, 16-19。

闭工厂，以免引起大规模的劳工运动向政府施加压力①。当然，这一呼吁没有在莫斯科资产阶级领导人中得到回应。

资产阶级激进主张的部分原因与镇压有关，也与1905年8月6日颁布的一项法令有关，该法令规定将"布雷金斯基"杜马与立法权联系在一起，如此一来资产阶级的全俄政治统一思想未能实现。随后，在圣彼得堡7月代表会议的发起者中，建立经济组织来代替政治组织的想法开始盛行。М. Ф. 诺尔配写道："政治联盟没有成功，自治局决定放弃建立政治联盟的想法，而将自己的职能仅限于经济方面。"如果早些时候资产阶级的目标主要体现在诺尔配集团及其背后颇具影响力的圣彼得堡集团希望组织起全俄罗斯的企业家来捍卫杜马的立法权，那么现在资产阶级的计划则转变为在纯经济层面实现统一。资产阶级联盟将成为众所周知的制衡"布雷金斯基"杜马的组织，并且还是从外部向官僚机构施加压力的工具。

1905年8月6日的法令颁布之后，圣彼得堡资本家集团的一名骨干成员 А. А. 沃尔斯基证实，"工业家和商人相信他们的事业已经结束，因此放下了他们的政治使命"。由于首都商业界的政治合并是在十月党人的主持下进行的，沃尔斯基-诺尔配集团被迫重新调整方向②。圣彼得堡资产阶级的活跃分子编写了一份有关设立工商代表大会的草案。该组织于1906年初成立，宣称自己的目标在于"将俄罗斯的工商业联合统一起来，无论政治信仰如何"。俄罗斯首个由企业家组成的经济组织的建立反映了资产阶级建立统一政治平台的尝试失败③。

最终，资产阶级公共活动的普遍发展趋势是在杜马尽可能多地吸纳来自工商界的代表，并"采取一切措施，以使轻重工业工厂主、证券经纪人之

---

① 详情参见 Шацилло М. К. Сергей Четвериков и его дело // Предпринимательство и предприниматели России от истоков до начала XX в С. 255 - 265；Четвериков С. И. Невозвратное прошлое. М. 2001。
② См.: Барышников М. Н. Политика и предпринимательство в Россни. С. 100 - 101.
③ СМ.: Шепелев Л. Е. Царизм и буржуазияв 1904 - 1914 гг. С. 74 - 97；Петров Ю. А. Партии промышленников и предпринимателей // Политическая история России в партиях и лицах. М., 1994. С. 12 - 13.

间保持紧密关系"。原定于 8 月在圣彼得堡举行第二次工商代表大会被当局认为是不受欢迎的,因此被禁止。

1905 年 10 月 17 日沙皇下达的诏书允许自由组织政治联盟,这受到了商界的热烈欢迎。随后社会上出现了几个代表大中型资产阶级的政党,其中的佼佼者包括进步经济党、温和进步党、工商党、全俄工商业联盟和法律程序党①。

进步经济党是首次创立的,它的核心成员是圣彼得堡的几位工业家,领导者是钢铁工业家 M. H. 特里波利托夫和圣彼得堡国际银行经理 C. C. 赫鲁廖夫。在 1905 年 10 月 31 日的一次会议上,特里波利托夫指出资本家不会依附于任何人(立宪民主党人似乎太"左"倾,而十月党则仍处于起步阶段)。因此,唯一的出路是"利用党的自身组织与天然的敌人——社会主义做斗争,后者出现于 19 世纪初,是现行制度的反对者","每个人都团结起来,联合起来,正如彼得大帝 200 年前所说,而工商业者却除外,他们仍然散落在各自富丽堂皇的宅邸中"。特里波利托夫说服了与会者相信一个纯粹由企业家组成的代表组织的生存能力,尽管有些与会者对不太明显的"资产阶级"政治力量表达了更加谨慎的态度:"如果您组成一个进步经济党或别的什么党,舆论都会说这是一个富豪政党、资本家政党。这样在这个党的名分下做任何事情都是困难的,因为资本家是小众群体。"②

进步经济党的纲领设计没有获得选民的广泛支持,该党将一位木匠的形象作为党的象征,并提出了一个相当抽象的口号——"自由、知识、劳动"。在进步经济党看来,俄罗斯两个最主要、最尖锐的问题是农业和工人问题,该党认为这些问题的解决方法是解散村社(不触及地主的土地所有权),并在法律上限制妇女和未成年人(但不包括成年男子)的工作时间③。该党

---

① 详情参见 Петров Ю. А. "Третье сословие": вхождение в полтику //Полис. Политические исследования. 1993. № 3. C. 176 – 180。

② Цит. по: Черменский Е. Д. Буржуазия ицаризм в Первой русской революции. М., 1970. C. 188.

③ 进步经济党的详细纲领可参见 Программы политических партий России. Конец XIX – начало XX в. / Редкол.: В. В. Шелохаев(отв. ред.)и др. М., 1995. C. 391 – 395。

试图在群众中普及其思想：他们建立了"萨阿尔达姆斯基木匠读书俱乐部"，组织了公开演讲，并于1906年1~3月与十月党一起出版了报纸《新道路》。但该党在人员组成上仍然纯粹是资产阶级政党，仅拥有3800余名党员，党代会通常不超过220人出席。

莫斯科本地的左翼资产阶级政党是以 П. П. 里亚布申斯基和 С. И. 切特韦里科夫为首的温和进步党，其对选民呼吁："我们的纲领在许多问题上都与立宪民主党人的纲领相似，但在某些问题上我们与他们立场不一致，我们强烈反对地方自治和联邦制……我们认为，俄罗斯应该是一个整体。此外，我们对某些劳动立法问题持不同态度，我们绝不同意建立8小时工作制（这正是立宪民主党的重要主张），否则我们的企业将无法承受与外国的竞争……"与此同时，该党的纲领中允许工人成立工会，主张集会自由和工人拥有和平罢工的权利。在农业方面，温和进步党提出了类似立宪民主党的要求，即"通过国家征收贵族封地、皇室土地、修道院土地和私人土地来增加农民的土地所有量"①。但是，温和进步党并没有成为商界的主流政党，因为此时的商界以右翼政党为主流。

工商党由以 Г. А. 克列斯托夫尼科夫（他于1905年末接替去世的 Н. А. 奈焦诺夫担任莫斯科证券交易委员会主席）为首的实业家团体领导。在1905年11月12日该党对选民的呼吁中，其收集了87位"莫斯科商人"群体中知名人士（包括 В. П. 里亚布申斯基和 М. П. 里亚布申斯基、А. И. 科诺瓦洛夫、Н. Н. 孔申和 С. Н. 孔申、А. Л. 克诺普和 Ф. Л. 克诺普、С. С. 卡尔津基内等）的签名。工商党人强调："俄罗斯人民在新国家体制的政治生活中是无组织的。只有极端的社会主义和革命政党才能使人民团结起来。"该党呼吁"守法公民"团结一致，工商党人坚信"只有这样强大的政党，政府才能依靠其完成即将到来的艰巨、进步和建设性的工作"②。

---

① См.: Иванович В. Российские партии, соозы и лиги. Сборник программ, уставов и справочных сведений. СПБ., 1906. С. 25-27; Программы политических партий России. Конец XIX – начало XX в. С. 398-401.

② Иванович В. Российские партии, союзы и лиги. С. 75-77.

与十月党的纲领性要求类似，工商党的原则主张包括：全面协助政府实施10月17日宣布的新法令，并维护"法律秩序"；维护俄罗斯的完整性，防止自治化（"我们不同意赋予俄罗斯边疆地区特殊自治权，这对于俄罗斯的领土完整而言是危险的"）；赋予公民自由权；在工业领域采取保护主义；国家杜马能够自主活动；在必要的情况下，在改组后的农民银行的帮助下增加农民的土地所有量；"以较发达的工业化国家所取得的成果为标准，改造俄罗斯的工作条件、生活条件和工人组织"[①]。

依靠工商党的指导思想，该党的领导人将修订税制、征收所得税、发展地方自治、实现国民教育目标等问题纳入了党的工作范畴。对于斯托雷平改革，他们坚持认为不仅应让农民离开村社，还应有效地帮助他们经营自己的产业。

工商党的支持者被邀请来到老广场著名的"博亚尔斯基庭院"商业大楼的党筹备委员会所在地报名入党。该党的思想家认为有必要公开阐述自身的特殊性，其冠以"工商"的名称在欧洲政治实践中尚无先例。他们认为党的具体任务是促成"工商业阶层"的统一，按照该党思想家的传统观点，该阶级不仅包括雇主，还包括管理人员和工人。"工商"这个名称恰恰是阶级统一的标志，不允许"本阶层"的成员分散到其他组织中。然而，就组成而言，尽管该党竭尽全力扩大其社会基础（在俄罗斯中部的9个省成立了地方委员会），但该党仍然是大资产阶级政党且党员人数很少，在竞选活动中注定要失败。许多企业管理人员是在雇主的要求下被迫加入该党的，一有合适机会他们就会放弃党员身份。

如果说以上3个政党主要是商界上层人士的党派，那么1905年11月在圣彼得堡成立的全俄工商业联盟主要是代表工厂主和中等商人的利益。联盟对选民呼吁，"工商业阶层及其雇员组成的经济共同体"对于完善"私营和国营企业发展所需的正常条件以及在我国建立工商业的完整供应链"极其重要。他们建议更新"极度古老的工商法"，以减少"由政府任意决定企业

[①] Программы политических партий России. Конец XIX – начало XX в. C. 395–397.

税率"的不合理情况，强调必须完善发展经济所需的基础设施（运输、信贷机构、通信）。

弗拉基姆尔·尼古拉耶维奇·科科夫佐夫，摄于20世纪初

谢尔盖·伊万诺维奇·切特韦里科夫，摄于19世纪90年代

阿列克谢·谢苗诺维奇·维什尼亚科夫，摄于20世纪初

20 世纪初的莫斯科企业家

圣彼得堡国家杜马大楼,照片来自 20 世纪初的明信片

国家杜马第一会议大厅,1906 年

第三章 企业家与政权

第一届国家杜马的复选代表在莫斯科城市杜马签字,1906年

工商党第一次代表大会,莫斯科,1906年

联盟的领导人呼吁当局减轻对企业界的税收；精简过度臃肿的国有经济部门（"国家本身没有能力经营工商业，即使通过专门的工商经营机构也不行"）；放弃支持权贵商人和行业垄断的政策。但是，联盟的纲领触及了俄罗斯最尖锐的社会问题——农业和工人问题。

全俄工商业联盟的总体政治定位相比于立宪民主党要更加右倾。在一次党员大会上，联盟的领导人 И. Я. 别利亚耶夫直言不讳地表示与立宪民主党的联合是不可能的："立宪民主党人要求设立制宪会议，但对我们这些工商界的代表来说，制宪会议的主张只会带来巨大损失。在整个解放运动中，我们只看到被红色渲染的肮脏理念，立宪民主党对于工商业利益而言毫无意义。"①

尽管在1905年11月联盟的第一届代表大会上有700多人参加，但后来该党的人数几乎没有增加。此外，由于劳资冲突在1905年底加剧，许多工商企业的雇员离开了该党，最终联盟的活动范围仅限于圣彼得堡。

在1905年的政治运动高潮之后兴起的工商业政党中，法律程序党占据了重要地位。该党早在1905年10月17日的宣言发布之前就已成立，其代表了自由反对派的右翼力量，他们不满土地自由主义运动中的联邦主义趋势。该党的思想家坚持"俄罗斯的统一和不可分割性"，同时强调"法律程序党绝不是主张君主立宪的政党"。该党处于"10月17日同盟"（十月党的另一称呼。——译者注）与极端反动组织之间的中间位置，位于自由派阵营的最右翼。法律程序党的活动由位于圣彼得堡的中央委员会领导，中央委员会主席为圣彼得堡的大房产主 A. A. 塔拉索夫。

法律程序党主要由资产阶级人士组成（党内的关键职位中也包括雇员、地方贵族以及知识分子的代表），该党主张建立强大的国家政权作为维持"国家生存能力"和保护公民的自由不受"暴力侵犯"的基本条件。在1905年11月全俄邮电工人罢工期间，法律程序党的支持者向罢工的邮电职员发出呼吁，敦促他们"抛弃革命的枷锁"并停止罢工。该党在主要活动中

---

① Цит. по: Сеф С. Е. Буржуазия в 1905 году. М. , 1926. С. 93.

心圣彼得堡开办了颇受欢迎的人民阅览室，但是后来社会民主党人利用其进行宣传活动，在警察的压力下，阅览室很快被关闭①。

由于缺乏统一的政治组织，政治力量的分散削弱了企业家阶层在杜马竞选活动中的地位。他们公开宣传的带有"资产阶级"性质的主张使之与大多数选民无缘。这其中的关键问题在于，与社会主义立场的政党不同，资产阶级政党不能保证俄国普通民众的生活会得到迅速而根本的改善。

1905年秋天的革命事件再次加强了商界对十月党的向心力。当年11月底，十月党中央委员会圣彼得堡分部组织了一个联合代表委员会，进步经济党、全俄工商业联盟、法律程序党以及莫斯科的工商党、温和进步党参加了该委员会②。

在莫斯科的武装起义中，十月党、工商党、温和进步党和法律程序党发表了联合声明："在莫斯科街头，鲜血四处流淌，杀戮、抢劫和大火遍布俄罗斯各地，这些无耻的叛乱袭击的幕后推手既不是政府，也不是政府的支持者，而是革命者。"声明直接指责左翼激进政党"用谎言欺骗人民"，资产阶级政界人士呼吁社会各界团结一致，以维持"置于沙皇和国家杜马之下不可分割的统一俄罗斯"③。

随着1906年春季杜马大选的临近，限制本国党派活动的必要性变得越来越明显。十月党的领导人之一 B. M. 彼得罗夫－索罗沃夫在1906年前夕发表的讲话中描述了与企业家阵营中最亲密的政治盟友建立关系的前景："它们（指企业界政党）在主要的政治和经济原则上趋于一致，但在一些次要方面存在细节差异甚至分歧。希望它们在最短的时间内，即使不合并为一个共同的政党，至少也结成紧密的选举联盟。"④ 最终商业领域的政党未能

---

① См.：Программы политических партий России. Конец XIX － начало XX в. C. 401－418；Политические партии России. Конеи XIX － перая треть XX века. Энциклопедия. М.，1996. C. 428.
② См.：Барышников М. Н. Политика и предпринимательство в России. C 106－108.
③ Цит. по：Черменский Е. Д. Буржуазия и царизм в Первой русской революции. C. 210.
④ Цит. по：Спирин Л. М. Крушение помещичьих и буржуазных партий в России（начало XX в. －1920 г.），М.，1977. C. 146.

将大量选民吸引到自己的一边。尽管他们做了大量的呼吁与沟通工作,但在1905年12月11日选举法颁布后获得投票权的大多数企业管理人员和工人对温和的工商业改革方案并不感冒。这些选举群众对立宪民主党的纲领更感兴趣,即成立立宪会议并推行8小时工作制。

1905年12月31日,十月党宣布与莫斯科工商党建立选举联盟,前者决定通过与这个莫斯科最强大的资产阶级政党的联盟来稳固自己的地位,这样杜马候选人将只出自这两个政党,无须与其他党派协调。十月党与工商党在中部地区的一些城市(科斯特罗马、雅罗斯拉夫尔、斯摩棱斯克、图拉等)展开活动。与此同时,十月党还在下诺夫哥罗德缔结了与温和进步党的同盟。工商党的领导人在发表的声明中承认"在即将举行的选举中有必要与'10月17日同盟'中央委员会联手"①。

1906年春天国家杜马的竞选结果出乎大资产阶级政党的意料,令其非常失望:大资产阶级政党在杜马的448名代表席位中只取得了16个席位,其中13人是十月党人,2人来自温和进步党,1人来自工商党,而立宪民主党在杜马选举中却获得了153个席位。在圣彼得堡和莫斯科这两个主要的经济中心,十月党及其政治盟友的候选人均未能获得杜马席位②。此外,大资产阶级政党与十月党保持密切联系的后果之一是,其大量成员(包括领导人)加入了十月党,这大大削弱了工商界的政治力量。

总的来说,当时俄罗斯工商界政党的利益代表面狭窄,甚至缺乏基本的民主精神,这也是它们不敌立宪民主党的重要原因。十月党中央委员会成员H. H. 佩尔佐夫谈到他对大选的印象时表示:"从工商业政党的名称中就可以看出,它们纯粹就是具有专家性质的政党,同时,目前我们(首都)的政党联盟完全由大资产阶级组成,其绝对不能,也不想走上'街头'对全民进行宣传。"③

选举失败后,大多数企业家政治联盟不复存在,部分自我解散,部分加

---

① Бармаников М. Н. Политика и предпринимательство в России. С. 157 – 167,194.
② См.: Шелахаев В. В. Партия октябристов в 1905 – 1907 гг. М.,1987. С. 97.
③ Цит. по: Обшественное движение в России в начале XX в. Т. 3. Кн. 5. СПБ.,1914. С. 169.

入了十月党，奉行保守自由主义的十月党暂时成为企业家利益的唯一代言人。资产阶级对自身能否在俄罗斯议会中获得足够影响失去了信心，其仅能够代表自己发言。特里波利托夫在一份出版物中宣称，"工业家不相信在现行选举法下能够在国家杜马拥有自身利益的代表"①，这最终导致进步经济党在1906年解散。悲观情绪也弥漫在莫斯科商人群体中，他们开始倾向于将十月党视为唯一能够维护商人利益的政治力量。

十月党的领导者——А. И. 古奇科夫赋予了该党在商业界的特殊吸引力，古奇科夫是莫斯科一流的商业人才，后来成为革命前俄罗斯的主要政治人物之一。В. Я. 勃留索夫在日记中回忆与温和进步党创始人的弟弟 В. П. 里亚布申斯基的座谈中的印象时写道："古奇科夫对于 В. П. 里亚布申斯基来说是一位天才。"② 亚历山大·古奇科夫在身份上属于"莫斯科商人"，在那个时代他被商业界广泛视为唯一能够凭借自由传统主义将工商业阶层团结起来的政治领袖。

君主立宪主义者坚信，作为十月党的创始人之一，古奇科夫能够以一种渐进的方式在俄罗斯建立君主立宪制度。古奇科夫的政治信条在于："我既不赞同斯拉夫主义者的观点，也不赞同社会主义者的观点，他们过去一直在等待，未来也会继续期待在俄罗斯出现救世箴言。我认为我们应该像其他国家一样，遵循经济、政治和社会发展的常规道路。"③ 后来古奇科夫成为斯托雷平的忠实拥护者，作为第三届国家杜马主席，他支持总理大臣所推行的"稳定与改革"政策。他与斯托雷平政府的接近使一些自由派企业家感到失望，但在1905~1906年，他仍然是商界的重要人物④。

"10月17日同盟"以及与之接近的政党和组织代表了俄罗斯自由派阵营的右翼，在立宪民主党和极端右派之间占据了中间位置。作为一种政治流

---

① Слово. 1906. 27 июня.
② Брюсов В. Я. Дневники. 1891 - 1910. М., 1927. С. 138.
③ Цит, по: Барышников М. Н. Политика и предпринимательство в России. С. 112.
④ Об А. И. Гучкове см.: Боханов А. Н. А. И. Гучков // Россия на рубеже вков: исторические портреты. М., 1991; Gleason W. Alexander Guchkov and the End of Russian Empire. Philadelphia, 1983; Сенин А. С. Алексанар Иванович Гучков, М., 1996.

派，十月主义是于 1905 年 10 月下旬至 11 月上旬在右翼少数派——城市自治联盟的基础上出现的。1905 年 10 月 17 日沙皇诏书发布后，十月党基本确立了自由反对派的自身定位。其前身城市自治联盟考虑在俄国创造实行君主立宪制度的必要先决条件，于是其中的右翼分子着手建立自己的政党，并以沙皇诏书的公布日期为名称，这就是"10 月 17 日同盟"也就是十月党的由来①。

俄罗斯第一次大革命期间企业家与政府关系的研究者 M. H. 巴雷什尼科夫指出，"资产阶级自由主义"并非俄国资产阶级所特有的现象，但俄国资产阶级的团结程度"超出了自由主义运动的框架"。巴雷什尼科夫的论证起始点与其结论明显存在矛盾，因为俄罗斯的企业家阶层是 1905～1907 年在十月党"自由保守主义"的主张下才团结起来的。② 笔者认为，从俄罗斯自由主义阵营中"抹去"十月党组织是不合理的。

总的来说，在当时的社会中，"10 月 17 日同盟"是代表贵族、大工商业资本家和金融资本家的政党。在 1905～1907 年的党员组成中，有 53% 是贵族，21% 是商人和"光荣公民"，17% 是农民但从事企业经营。若按职业划分，大约 1/3 的党员（31%）是国内的企业家③。这个同盟的内部也并非"铁板一块"：一些十月党人企业家对党内一群大地主占据关键岗位感到不满。

俄罗斯国家政权的性质和结构问题是十月党纲领中的核心，其纲领中的第一条主张就是："俄罗斯帝国是世袭的君主立宪制，皇帝作为最高权力的拥有者受到宪法的制约。"同时十月党主张废除君主权力不受限制的专制制度，并坚决反对在俄罗斯实行议会制，认为议会制与俄罗斯的历史和政治传统格格不入。尽管后来对沙皇政权过于忠诚的态度使得一些激进的商人和政

---

① Об идеологических и организационных основах партии октябристов в 1905 - 1907 гг. см. : Шелохаев В. В. Партия октябристов в 1905 - 1907 гг. М. 1987.
② См. : БарышниковМ. Н. Политика и предпринимательство в России. С. 14，16，230 - 231.
③ См. : Павлов Д. Б. "Союз 17 октября" в 1905 - 1907 годах: численность и социальный состав // Отечественная история. 1993. № 6. С. 182 - 183.

客脱离了该党，但在1906～1907年，"10月17日同盟"在事实上完全反映了商界的政治地位。

总的来说，在1905年革命浪潮的影响下，俄国企业家在阶级自决方面进步迅速，成为政治舞台上的一股独立力量。自那时起，建立全俄工商业政党的主张就诞生了。但考虑到俄罗斯商界内部的巨大异质性，很难说资产阶级政治力量能有多大变革性，因为资产阶级对专制政体"自我改革"的可能性抱有过多幻想，且过于恐惧国家强权的缺失。无论如何，企业家这一新的社会阶层已经开始积极地在众多经济组织（工业家和商人的代表大会）和政治组织中寻求表达自身诉求，资产阶级政治力量通过互相联合以及参与议会斗争一类的互动积累下了一定经验。

但是，无论是从阶级组成、政治纲领内容、小圈子活动特点还是精英主义的行动方式来看，资产阶级的政治力量都无法引领俄罗斯和平地转向变革和现代化以及阻止国家和社会的割裂。这种结果是由许多主客观因素共同导致的，如中产阶级群体未能成形，而其正是社会变革的支柱力量；俄罗斯大多数民众存在反资产阶级心态；资产阶级及其领导人缺乏政治经验，不愿意也不能够妥协。同时，1905～1907年的一系列事件也显示出了企业家具有快速进行政治自学的能力以及从选举失败中吸取教训的能力。1907～1917年这10年极大地丰富了俄国资产阶级的政治阅历，其领导者已为成为全俄层面的政治人物和临时政府的部长做好了准备。

第四节 "商人，前进！"：巴维尔·里亚布申斯基

工业家和金融家巴维尔·巴甫洛维奇·里亚布申斯基（1871～1924）的个人经历可以体现出十月革命前10年莫斯科自由派企业家的政治演变。1917年秋天，身处克里米亚的里亚布申斯基因涉嫌参与叛乱而被捕，但不久后就被克伦斯基下令释放。在关于为何自己被释放这一问题的一次采访中，他明确地指出，自己处于垂死的专制制度与反资产阶级的人民大众之间的矛盾位置，这一位置将他置于两面不讨好的境地："在旧政权下，我一直

是行政部门迫害的对象,但现在和旧政权那时一样,我也不受新政府的欢迎。"① 既反对专制政权又反对革命极端主义,这确实是莫斯科商界政治主张的显著特点,体现了资产阶级自由主义者的政治愿望。

巴维尔·里亚布申斯基(简称 П. П. 里亚布申斯基。——译者注)的弟弟弗拉基米尔·里亚布申斯基(简称 В. П. 里亚布申斯基。——译者注)在侨居国外后回忆说,20 世纪初的俄国社会经历着一场精神危机,这同样影响到了商业界。当时出现了精神分裂的"忏悔商人","这些人觉得成为'虔诚有钱人'的旧理想似乎太天真,尽管西方人教导着,若富有而不敬虔,灵魂就不会接受自我"。从另一方面来看,俄罗斯内生的资本主义模式与纯粹的"西方式"资本主义格格不入:"俄罗斯的资本家们不受以下问题的折磨:我为什么有钱?我有钱又是为了什么?富有——说到底这就是我的幸福(还有警察和军队来防御仇富的人)。"

当时商业界还出现了另一种意识形态,代表者是巴维尔·里亚布申斯基和他的同志们,这些人被统称为"少壮派"莫斯科资本家。与在很大程度上去政治化的上一代人不同,他们坚持企业家应该直接参与国家的政治生活。"少壮派"坚信,新的 20 世纪应该成为俄罗斯历史上资产阶级的世纪,资产阶级应当在国家管理中享有应有的地位。苏联"国民布尔什维克主义"研究者 М·阿古尔斯基认为,以 П. П. 里亚布申斯基和他的同志们为代表的莫斯科"国民自由主义者"提出了泛斯拉夫主义的理念,这压倒了过去的斯拉夫主义②。

实际上,在"少壮派"政治团体领导人的世界观中,泛斯拉夫主义的理念与方法论并不占主导地位。他们的政治信念是"资产阶级主义"——这是一种基于对资产阶级创造力的笃信、对落后的君主专制制度的反对以及对底层民众采取自由家长制的态度之上的信仰体系,俄国的"工业领袖"们试图通过这一意识形态来将民众争取到自己的一方。弗拉基米尔·里亚布

---

① Утро России. 1917, 26 сент.
② См.: Агурский М. У истоков национал-большевизма//Минувшее. Исторический альманах. Вып. 4. М., 1991, С 140 – 165.

申斯基写道:"就在最近几年(十月革命之前),资产阶级开始学会发表意见并听取那些'意见领袖'的言论,但是他们当然不能忍受俄罗斯发生革命,如果革命真的爆发了,俄国的旧商人阶层会在经济上被消灭,就像俄国的地主一样。"① 在革命起伏不断的 1907~1916 年,喜欢自称为"生意人"的里亚布申斯基的活动为研究资产阶级领袖人物在社会政治斗争中的作用提供了依据。

资产阶级积极参与 20 世纪初期的政治热潮,温和进步党的创建者 П. П. 里亚布申斯基后来对第一次俄国革命期间资产阶级自由派的政治演变做出了如下评价:"直到 10 月 17 日之前,资产阶级一直遭到绝大多数人的反对,10 月 17 日之后,资产阶级以为自己的目标能够实现,就开始疏远无产阶级并转向亲政府立场,结果就是政府大获全胜,反动势力更加毫无顾忌。"②

反对 1905 年 10 月 17 日的沙皇诏书中对宪政承诺的拒绝及与政府反动派的斗争成为 П. П. 里亚布申斯基政治活动的核心。革命浪潮平息后,俄国社会的自由派开始对新政治制度的合宪性产生严重怀疑。1906 年 1 月 8~9 日,十月党中央委员会在莫斯科和圣彼得堡的分支机构就总理大臣 С. Ю. 维特在《新时代报》上发表的声明召开会议。维特在这份颇受读者欢迎的报纸中解释说:"10 月 17 日的诏书没有改变我们政治制度的基础,沙皇仍然是权力不受限制的统治者。""10 月 17 日同盟"的领导人发现自己陷入了困境,因为他们坚信诏书宣示着"君主立宪制的开始"。当选为十月党中央委员会莫斯科分部的成员后,里亚布申斯基坚决反对 А. И. 古奇科夫提出的"自行理解诏书"这一建议,并强调必须明确表明"同盟站在宪法的立场上"。最终,十月党的领导人商定了一个折中方案:保留"专制制度"并不与沙皇诏书的精神相抵触,毕竟诏书废除了君主的无限权力③。

---

① Рябушинский В. П. Судьбы русского хозяина // Русский колокол. Берлин. 1928. № 3. С. 52 – 53.
② Утро России. 1910. 18 мая.
③ См.: Черменский Е. Д. Буржуазия и царизм в Первой русской революции. С. 220 и сл.; Партия "Союз 17 октября". Потоколы сьездов и заседания ЦК. Т. I; 1905 – 1907 гг. / Сост. Д. Б. Павлов. Отв. ред. В. В. Шелохаев, М., 1996. С. 45 – 61.

同样，由里亚布申斯基资助的旧礼仪派报纸《人民报》对维特的声明发表了评论。该报于1906年1月中旬首发，其社论敦促政府忠于10月17日诏书的宪法精神："现在是踏上坚实的宪法道路的时候，我们坚信，无论是俄罗斯社会还是全体俄罗斯人民都不会允许诏书精神被背叛，我们更不会允许政府去背叛，如果维特真的希望俄罗斯人民拥有幸福的话。"①

1906年初，"少壮派"在争夺对证券交易委员会的影响的斗争中取得了胜利。Н. А. 奈焦诺夫去世后，Г. А. 克列斯托夫尼科夫当选为证券交易委员会主席。里亚布申斯基也进入了证券交易委员会新一届核心领导圈，与А. Н. 奈焦诺夫（前委员会主席之子）、А. И. 科诺瓦洛夫、А. Л. 克诺普和Л. А. 拉别涅克一起成为委员会的主要领导者，这些人均为志同道合者，且都属于十月党人之列②。

为了增强对公众有利的舆论影响，巴维尔·里亚布申斯基和弗拉基米尔·里亚布申斯基试图创办一份受众广泛的社会政治类报纸。1906年5月，А. В. 莫罗佐夫受邀写给 В. П. 里亚布申斯基的信中谈到了自己对新出版物的建议："坦率地说，我认为这份温和自由主义立场的报纸不会对俄罗斯正在走下坡路的历史进程产生多少影响。社会局势的发展距离我们的理想越来越远，我不相信资产阶级温和派的政党可以取得胜利。"③

А. В. 莫罗佐夫是著名纺织工业家，当然不能否认他具有远见卓识，但是当读到这封信时会留给人们这样一种感觉，正是资产阶级这种想要使自己摆脱政治的逃避心理导致了为国家未来而战的资产阶级自由运动的失败。像里亚布申斯基一样，企业界精英也希望将社会力量吸引到他们这边，使自身能够向社会公众解释他们想要什么以及他们将通过什么方式实现理想。

为达到此目的，没有比创办具有大众传播功能的报纸更好的手段了。这份报纸的印刷原本打算利用位于大普京科夫斯基小巷的一家印刷厂，当时里

---

① Народная газета. 1906. 15 янв.
② ЦИАМ. Ф. 143. Оп. 1. Д. 167. Л. 50 – 50 об.；Д. 243. Л. 16.
③ ГАРФ. Ф. 4047. Оп. 1. Д 38. Л. 1 – 1 об.

亚布申斯基已经着手建造。但是报纸的出版遭到了莫斯科市市长的反对,因为市长记得 1905 年 7 月 П. П. 里亚布申斯基参加了具有"煽动性"的工商代表大会。结果,1906 年秋,沙皇官员"没有意识到需要满足里亚布申斯基的要求"①。经历了许多困难之后,报纸才最终获得出版许可。

被自由主义者称为"官僚主义余孽"的沙皇政府部门在改变巴维尔·里亚布申斯基的党派所属中发挥了作用。1906 年 10 月,巴维尔·里亚布申斯基参加了在圣彼得堡举行的由 П. А. 葛伊甸伯爵领导的十月党左翼会议,会上决定组建新党派的中央委员会,该党被称为"和平革新党"。和平革新党中央委员会圣彼得堡分部由葛伊甸领导,莫斯科分部由著名的地方自治工作者 Д. Н. 希波夫领导。里亚布申斯基与 А. С. 维什尼亚科夫等人正式请求加入这个新成立的政党,该党处于十月党和立宪民主党之间的政治位置。这次发生在 1906 年 10 月的分裂事件是十月党左翼对党魁 А. И. 古奇科夫的政策做出的反应,即古奇科夫公开支持同年 8 月 П. А. 斯托雷平通过设立流动军事法庭审判社会革命党极端分子这一"打击革命的决定性措施"②。

莫斯科资产阶级的自由派代表不接受革命的做法,但他们也不接受斯托雷平内阁解散第一届杜马和设立流动军事法庭的措施。"和平革新党的领导人之一 Е. Н. 特鲁别茨科伊公爵宣布了该党的信条源于对人的无上价值的认识……从这个角度来看,和平革新党当然谴责一切血腥恐怖活动,无论是来自政府的还是革命的。"俄罗斯和平革新党的拥护者看到了实现这一目标的方式在于使政府严格遵守宪法规范,而斯托雷平无耻地践踏了宪法规范。"与'10 月 17 日同盟'不同,特鲁别茨科伊认为,和平革新党是任何违反宪法的政府的坚定反对者,因此他们坚决拒绝支持当前的斯托雷平政府。"③

很快里亚布申斯基就尝到了斯托雷平的厉害。1906 年 10 月,政府以

---

① ГАРФ. Ф. 63. Оп. 29. Д. 729. Л. 81 – 81 об., 119.
② Черменский Е. Д. Буржуазия и царизм в Первой русской революции. С. 336;Спирин Л. М. Крушение помещичьих и буржуазных партий в России(начало XX в. —1920 г.). С. 330 – 331.
③ Трубецкой Е. Н. Партия мирного обновления. М., 1906. С. 4 – 5.

"恶意引导舆论"为由查封了总是批评达官显贵的《人民报》①。显然，《人民报》被查封事件是促使里亚布申斯基这位旧礼仪派富豪从十月党转向和平革新党的决定性因素。

里亚布申斯基与政府当局的冲突仍在继续，1906年12月11日，经过漫长的拖延后，他得到了政府的许可开始出版新的报纸《晨报》，但不再是旧礼仪派的报纸，而是供普通大众阅读的。该报的发行量达到1.7万份，和立宪民主党的半官方刊物《言论》达到同一水平。但是里亚布申斯基的新报纸很快遭受了和《人民报》一样的命运，政府当局采取了各种措施去迫害他们认为"有害"的出版物。

1907年1月，莫斯科书刊检查委员会查办了《晨报》的编辑H. E. 波波夫，因为其发表了《1905年1月9日，俄罗斯革命的序幕》一文，此文真实反映了"流血星期日"这天血腥大屠杀的细节，"煽动读者对现行制度和政府首脑的仇恨"。书刊审查员对《晨报》的忍耐最终被专栏作家T. 阿尔多夫在1907年2月17日发表的一篇短讯所突破，这篇短讯中声称要保护"俄罗斯人民联盟"免受极端反动的"政府高层"的伤害，还称在俄罗斯任何人都无法拥有秘密。书刊检查委员会要求将这份"高度革命性出版物"停刊，并查封了印刷厂车间。2月28日，《晨报》又因同一作者的一篇涉及"舆论引导"的文章而被停刊一周，因为这篇文章中包含对东正教圣徒圣谢拉菲姆及其信徒的"亵渎性批评"，文章称其会使人们无法真正改善生活②。

1907年4月10日，莫斯科市长签发命令取缔《晨报》，该报仅存在了4个月就被完全封禁了。直接原因是报纸在3月31日的一篇文章中对斯托雷平政权提出了尖锐的批评，并以"独裁者伊万诺夫十六世"来形容总理大臣。该报纸暗示总理大臣斯托雷平与极端反动主义有联系，谴责他想用流动军事法庭网络覆盖整个俄罗斯，并预测杜马将会很快解散（3个月后预言实现：第二届国家杜马于1907年6月3日被斯托雷平解散）。

---

① См.: Боханов А. Н. Из истории буржуазной печати, 1906 – 1912 г. // Исторические записки. Т. 97, М., 1976. С. 266 – 268.
② ЦИАМ. Ф. 31. Оп. 3. Д. 728. Л. 2 – 3, 18 – 19, 25 – 26, 44 – 45.

这次，政府当局对《晨报》风波很不满意。1907年4月，根据市长签发的命令，П. П. 里亚布申斯基被驱逐出莫斯科，理由是"无视政府的一再警告，在莫斯科出版反政府立场的《晨报》"①。

П. П. 里亚布申斯基的流放之旅并没有持续很长时间。1907年9月初开始，他就开始出版自己的第三份也是最著名的报纸《俄罗斯晨报》②。这份报纸清楚地反映出了俄国自由资产阶级的意识形态转折，即逐渐从十月主义转向进步主义。第三届国家杜马中的"进步党"成为和平革新党的继承者。进步党的资本家强烈反对"10月17日同盟"领导人的策略，认为后者的措施太合乎政府的要求，进步党则主张在警察专横的社会公共生活中贯彻宪法原则。

十月党的领袖 А. И. 古奇科夫强调说，在俄罗斯君主立宪制之所以成为政治改革的标杆，不仅因为"君主立宪制作为一种人民代表制，能够在立法、监督和治理方面给予人民广泛的权利，同样能使政府仅对君主负责而不是对各种政治党派负责"③。代表资产阶级的进步党在莫斯科的领导人一直主张沿着君主立宪制的方向进行彻底的政治改革，最终使政府对杜马负责。

古奇科夫试图在十月党的纲领内解决农业和工人问题，但这也招致了反对。"10月17日同盟"在里亚布申斯基及其支持者看来是注定要被历史淘汰的。П. П. 里亚布申斯基强调说："目前的情况是这样的，无论是农民阶级还是工商业阶级都会影响政治……但农民阶级与工商业阶级之间的联合是不可能的。"④ 1907年，在第二届工商代表大会上，里亚布申斯基提议对大地主们"不劳而获的收入"征税，即土地增值税。从本质上讲，这意味着

---

① ГА РФ. Ф. 102. （ДП）. 6 д - во. 1913. Д. 16. Т. 1. Л. 107.
② 关于 П. П. 里亚布申斯基办报经历的详情可参见 Лаверычев В. Я. По ту сторону баррикад. С. 114 - 138 и др. ; Баханов А. Н. Из истории буржуазиой печати, 1906 - 1912 гг. С. 264 - 270; Hardemann H. A. "Bourgeois" Newspaper in the Russian Revolutions. "Utro Rossii", Moscow 1917 - 1918 // Россия//Russia. Venezia, 1989。
③ Цит. по: Вишнески Э. Либеральная оппозиция в России накануне Пераоймировой войны, М. 1993. С. 28.
④ Утро России. 1909. 2 дек.

只能从自己的地产中获得收入的俄罗斯地主阶级应当把收入和地产分离开来①。

在新报纸《俄罗斯晨报》的第一期中,里亚布申斯基先拒绝与地主阶级达成任何妥协,他解释说:"因为在地主阶级中,对自身财产的盲目恐惧笼罩着他们。"随后,里亚布申斯基还在报纸第一期中指责俄国知识分子阶层脱离了人民且自私自利。同样遭到批判的还有企业界的保守主义者和十月党人,里亚布申斯基称他们"出于对自己'爷爷辈的'老式商人生活方式的偏爱,害怕一切公开和张扬"。作为"少壮派"的莫斯科资本家,里亚布申斯基表示:"我们打算为俄罗斯创办一种传播新型政治文化的报纸,我坚信只有强大的文化工作才能巩固我们所有的政治成就……政治活动应与文化活动有机地联系在一起,并在此影响下,阻止各类政治上不成熟想法的出现。"②

但是,《俄罗斯晨报》发行仅一个月就被取缔了,因为政府当局称,该报纸"比里亚布申斯基的上一份报纸更具革命性"③。这种所谓"革命性"的方向主要表现在对十月主义及其领导人的尖锐批评中,当时十月主义及其领导人已成为斯托雷平政府的政治支柱。在《俄罗斯晨报》被取缔前不久,十月党领导人 А. И. 古奇科夫和他的兄弟、莫斯科市市长 Н. И. 古奇科夫甚至想要起诉 П. П. 里亚布申斯基,指控他"诽谤"十月主义④,但最终并未呈送法院。

尽管受到了镇压,但里亚布申斯基甚至要感谢他们,因为这些压迫让他在商业界越来越受欢迎。1908~1909 年,他当选为工商代表大会委员会委员、莫斯科证券交易委员会主席、所得税委员会主席、林业委员会主席、棉花种植委员会主席,同时他还是其他多个委员会(棉花委员会、工厂立法

---

① См.: Власть и реформы. От самодержавной к советской России / Отв. ред. Б. В. Ананьич. СПб., 1996. С. 562.
② Утро России. 1907. 16 сент.
③ ГА РФ. Ф. 4047. Оп. 1. Д. 43. Л. 4.
④ СМ.: Голос Москвы. 1907. 13 окт.

问题委员会、法律委员会等）的成员。他还是 1909 年成立的纺纱和织布委员会的成员，该委员会是棉纺工业家的代表机构[①]。

里亚布申斯基的名字在当时社会上受过教育的公众中广为人知，这主要源于著名的"经济座谈会"，该座谈会于 1908 年在里亚布申斯基位于普列坚斯克小巷的豪宅及其政治盟友 А. И. 科诺瓦洛夫位于大尼基茨基的宅邸举行。著名的自由主义活动家 П. Б. 司徒卢威积极参与了这场由科诺瓦洛夫和里亚布申斯基组织的座谈会，此会旨在使商人与先进知识分子接近以便共同制定国家的经济发展规划。П. А. 布雷什金回忆道，座谈会由 С. А. 科特利亚列夫斯基教授主持，其间"科学"一词被提及的次数不多，但"产业"一词被反复提及，虽然他们邀请参与座谈会的主要是那些"够格"参加的人。"当时人们经常谈论起这场座谈会，阅读着报纸上的采访报道，都渴望着被邀请，总之，这场座谈会被视为当时最盛大的工商业活动之一。"[②]

1908 年 11 月，会议正式开幕，司徒卢威做了题为"国民经济和知识分子"的演讲。这位司徒卢威有句名言——"我们要承认我们的文化落后性并应当积极学习资本主义"，他还是一名前马克思主义者，但后来转变为私营企业倡议的拥护者。他在演讲中大骂俄罗斯的知识分子，因为后者对资本主义和资本家不友好并且存有偏见，而且因为知识分子秉持"生产前进行分配"的世界观，他鼓励知识分子重视生产力和经济知识。

司徒卢威提出的"知识分子资产阶级化"口号得到了 Н. А. 别尔嘉耶夫、А. С. 伊兹戈耶夫、С. А. 科特利亚列夫斯基和其他各党派政论家的支持[③]。这种能够使企业界摆脱外界对自身传统偏见的"经济座谈会"也受到了圣彼得堡工商代表大会委员会领导人的欢迎。А. А. 沃尔斯基在 1909 年 11 月第四届全俄工商业大会上称莫斯科座谈会中的倡议为"俄罗斯经济思

[①] ЦИАМ. Ф. 143. Оп. 1. Д. 245. Л. 16 – 43；Д. 35. Л. 1；Д. 266. Л. 23.

[②] Бурышкин П. А. Москва купеческая. С. 271.

[③] См.：Дякин В. С. Самодержавие, буржуазия и дворянство в 1907 – 1911 гг. Л.，1978. С. 66 – 67.

271

想的转折点之一,使俄罗斯知识分子的注意力从理想主义转到那些与日常生活直接相关且至关重要的现实问题"①。

在座谈会的讨论过程中,司徒卢威还说服了贸易商和实业家们,指出他们有必要超越狭窄的阶级利益框架,并在全国范围内进行思考。他的观点完全符合座谈会组织者的愿望。司徒卢威传记的作者 P. 派普斯认为 П. П. 里亚布申斯基这位杰出的自由主义活动家已经深受司徒卢威这位知识分子的思想影响(在笔者看来,我们可以在这一基础上谈论商人知识分子群体观点的相似性)②。

涉足政治活动的俄国资本家需要知识分子的支持,这种互动的形式之一便是"经济座谈会"。工商界代表在会上强调:"政府在感受到工商界的力量后将会在广泛的政治问题上听取工商界的声音,为此,工商界必须与社会各界以某种方式、某种程序进行融合,以介入国内的政治生活。社会各界和工商界对于提升国家经济力量、优化国内市场和消费者群体都很感兴趣。这将为双方之间的和睦与接近奠定基础。"③

同时,工商界也在积极与自由主义者进行接触,以便在西方自由主义的旗帜下进行政治教育并巩固自身。П. П. 里亚布申斯基在写给座谈会的一位参与者的信中表示:"显然,我们无法回避西方所走的道路,也许会有一些偏差,但可以肯定的是,在不久的将来,富裕阶层的人民将挺身而出,接管国家事务的领导权。从这个角度出发,我组织的经济座谈会这一新生政治力量的俱乐部,肯定会被认为有益于公众利益。"④

在定期参加座谈会的学者中,值得一提的有经济学家、莫斯科大学的校长 А. А. 马努伊洛夫,社会学家 М. М. 科瓦列夫斯基,法学家 С. А. 科特利亚列夫斯,中世纪历史学家 П. Г. 维诺格拉多夫,经济学家和神学家 С. Н. 布尔

---

① См.: Дякин В. С. Самодержавие, буржуазия и дворянство в 1907 – 1911 гг. Л., 1978. С. 187.
② Pipes R. Struve, Liberal on the Right, 1905 – 1944, Cambridge, 1980, pp. 182, 184.
③ Бурыкин П. А. Москва купеческая. С. 273.
④ ГА РФ. Ф. 4047. Оп. 1. Д. 18. Л. 15.

第三章 企业家与政权

加科夫,而"第一小提琴手"(俄罗斯谚语,即起主导作用的人。——译者注)则是司徒卢威,他定期从圣彼得堡赶来莫斯科参加座谈会。座谈会每月举行一次,知识分子和商业精英聚集在这里讨论关于当前经济发展的各类战略问题。巴维尔·里亚布申斯基和弗拉基米尔·里亚布申斯基定期与司徒卢威就下一次座谈会的主题交换信件①。

座谈会讨论的问题非常广泛和多样,会中谈到了诸多经济生活中的关键问题。例如,1910 年的一次座谈会包括以下议程:①关于工人的法律中保险和医疗援助法案的立法机关的立法原则;②土地税;③俄罗斯经济生活中的国家干预;④俄罗斯小额信贷业务的形式和状况②。

会议在"П. П. 里亚布申斯基豪宅中涂着雅致的淡巧克力色漆的大厅中举行,厅内桌上摆满了糖果和水果"③。座谈会一直持续到 1912 年,成为自由主义组织与工商界统一的基础。除经济问题外,座谈会还讨论了一般政治问题。"学者与富豪"之间合作的成果之一便是出版了两卷本的《大俄罗斯的军事和社会问题论文集》,该论文集出版于 1911~1912 年,主编为 В. П. 里亚布申斯基,思想启发者是 П. Б. 司徒卢威,同时 Е. Н. 特鲁别茨科伊公爵也积极参与了论文集的出版工作。该论文集的标题呼应了 П. А. 斯托雷平的名言——"我们需要一个大俄罗斯",实际上两者的含义有所不同。

1908 年,司徒卢威发表了一篇文章《大俄罗斯》,在这篇文章中他与斯托雷平进行了论战,司徒卢威认为该口号并非呼吁恢复昔日伟大的俄罗斯,与之相反,是要树立新俄罗斯国家的座右铭。两年后他又发表了一篇文章《两种民族主义》,在其中阐述了自己理论的精髓。在这篇文章中,司徒卢威将恶劣的"官方"民族主义与符合国家根本利益且富有成效的"人民"民族主义进行了对比。斯司徒卢威写道:"亲手创造了强大国家的伟大人民

---

① Отдел рукописей Российской Национальной библиотеки(ОР РНБ). Архив "Дома Плеханова". Ф. 753. № 94,95,96;ГА РФ. Ф. 4047. Оп. 1. Д. 43. Л. 28 – 29.
② Утро России. 1910. 13 окт.
③ Речь. 1912. 3 марта.

不仅在道德上具有合理性，而且这种开放、勇敢、富有征服性且宣扬并实现了民族自由竞争的民族主义也是健康的。"① 正是这种"人民民族主义"精神，与官方的民族主义背道而驰，旨在催生一个焕然一新的、宪政的俄罗斯，这些思想渗透在弗拉基米尔·里亚布申斯基出版的论文集之中。

由于担心日俄战争后俄罗斯强大军事力量的衰落，该论文集的作者向俄罗斯社会呼吁重塑本国的军事力量，以确保俄罗斯社会的复兴。弗拉基米尔·里亚布申斯基在论文集第一卷的序言中指出："有些内容贯穿整个论文集，这是对祖国、军队和文化的热爱。俄罗斯军事力量的崛起与未来的文化繁荣密不可分。对祖国的热爱也必然带来对军队的热爱。"司徒卢威更加明确地将国家的经济状况与战争准备联系起来。他在《大俄罗斯的经济问题》一文中写道："从俄罗斯的战备状态来看，没有比加强经济力量更紧迫的任务了……解决这个问题的唯一办法是个人创新与国家政策相结合。"②

自由资产阶级在支持者的造势下宣布计划参加军事建设，这在传统上属于专制国家的垄断领域。他们敦促专制政权接受共赢的原则，并尊重工商界的地位。П. П. 里亚布申斯基在自己的同志中宣传称："我们想要进军军事领域的主要障碍不在于资本，资本易于获得，主要障碍在于公共和私人领域的创新不足，这使工商界对开辟新业务的渴望和兴趣大减。当前在全国范围内警察监管和各类保护措施随处可见且干扰着我们。"③

除了为企业和学术界搭建合作平台外，"经济座谈会"还带来了许多成就。第一次世界大战前夕，一位俄罗斯富豪出资支持了一支在俄罗斯寻找镭矿的勘探队。随后，被这支探险队发现的最新稀有元素——镭作为一种有前

---

① Струве П. Б. Patriotica. Политика, культура, религия, социализм. Сборник статей за пять лет (1905 – 1910). СПБ., 1911. C. 73 – 75, 303.

② Великая Россия. Сборник статей по военным н общественным вопросам. Т. I. М. 1911. С. VI – VII; Т. II. М., 1912. C. 152 – 153. О струвистекой идеологии 《здорового милитаризма》, легшей в основу сборника 《Великая Россия》, см.: Шелохаев В. В. Либеральная модель переустройства России. М., 1996. С. 178 – 180.

③ Цит. по: Берлин П. А. Русская буржуазия в старое и новое время. C. 296 – 297.

途的癌症治疗物质引起了国际科学界的关注。伟大的俄国科学家 В. И. 维尔纳茨基于 1909 年最早提出要在俄罗斯寻找镭矿。

但维尔纳茨基的计划因缺乏必要的资金而受阻。勘探所需的 77 万卢布中,国库仅拨款 1.4 万卢布。维尔纳茨基为筹集资金四处奔走,造访了包括莫斯科城市杜马在内的许多政府和公共组织部门,但直到他与巴维尔·里亚布申斯基会面之后,才筹集到必要的资金。1913 年秋天,维尔纳茨基在里亚布申斯基豪宅座谈会中(许多商界精英在场),宣读了一份有关镭及其在俄罗斯可能找到镭矿的矿产地的报告。这一信息极大地鼓舞了富豪们,以至于维尔纳茨基决定组织的"莫斯科镭矿勘探队"吸引了 40 多家莫斯科工商企业的赞助,其中包括一些有影响力的人物,如 Г. И. 马利佐夫、П. А. 莫罗佐夫、Н. И. 杰尔别涅夫等[1]。

该勘探队原定于 1914 年春在两个有希望找到镭矿的区域——外贝加尔和费尔干纳河谷开展勘探工作。根据资助协议条款,矿产地要以 П. П. 里亚布申斯基之名命名,他还能够获得勘探队所搜集的岩石和矿物的样本,以及勘探队所获得的所有其他材料及其工作报告。里亚布申斯基的勘探活动计划与俄罗斯科学院共同进行,但后者设法"争取"到了维尔纳茨基。1914 年春天,勘探队起身前往西伯利亚和中亚,但很快由于第一次世界大战的爆发,其活动受到限制,对镭元素的勘探活动被迫推迟了很多年[2]。

里亚布申斯基在各类公开场合疾呼,宣扬企业界的政治主张,同时"经济座谈会"帮助拓宽了商人的视野,使"第三等级"(指商人。——译者注)坚信正是他们而不是过时的贵族将扮演俄罗斯历史开拓者的角色,这对于商人而言是有益的,同时也改变了知识分子对"买卖人"的不信任感。通过定期举行的座谈会,知识分子逐渐开始相信企业家的创造力。媒体对座谈会的广泛报道在社会上引起了很大反响。但政府对莫

---

[1] ЦИАМ. Ф. 179. Оп. 21. Д. 3235. Л. 1 – 1 об., 8, 12 об.; ОПИ ГИМ. Ф. 10. Оп. 1. Д. 63. Л. 24 – 25.

[2] ОПИ ГИМ. Ф. 10. Оп. 1. Д 63. Л. 27 – 29, 34, 36 – 37 об.

斯科富商想要参与国家经济政策的制定感到不满，同样不满的还有社会主义左翼激进派，后者担心"学术界和资本家的勾结"会不断提升资产阶级的社会声望。

座谈会中还提出并激烈讨论了俄德1904年贸易协定的问题，该协定于1914年到期。在1912~1913年的座谈会上，与会者认为应该修改协定条件以促进俄罗斯外贸结构的改变，实现俄罗斯的加速工业化。同时，座谈会的参与者也了解到工业的迅速发展将为农业提供国内销售市场，从而减轻国内农业对外部市场（主要是德国）的依赖。俄罗斯的地主阶级更希望本国农业依赖主要的外贸伙伴以出口农产品，并且降低粮食出口关税，而俄罗斯的工业家认为应该通过工业的发展来扩大国内农产品的消费市场，将其从外部市场的依赖中解放出来①。

根据 П. П. 里亚布申斯基及其同志们的构想，新的贸易条约应当改变德国以优惠关税进口俄罗斯农产品并向俄罗斯出口工业制成品和机器的状况。按照莫斯科资产阶级领导人的想法，俄罗斯应该抵御经济较发达邻国的工业扩张并提高本国工业的生产效率。但他们的观点并不总会在知识界得到回应。主持座谈会贸易条约议题的 A. A. 马努伊洛夫赞成在修改条约时维护俄罗斯农业的利益，因为他认为"工业化进程的速度和结果仍是不确定的，现在就出于工业化的要求来修改条约中的农业条款为时尚早"②。

尽管如此，工业家的主张还是被纳入了1914年春新条约的制定过程中。新条约对某些商品进行退税，以支持俄国纺织品制造商在巴尔干国家和土耳其的市场与德国和匈牙利的产品竞争③。П. П. 里亚布申斯基积极参与到了和德国签订新条约的过程中，他在商界赢得了"反德斗士"的称号，这大大促进了他政治事业的发展。

---

① См.: Русские ведомости, 1912. 28 февр.
② См.: Русские ведомости, 1912. 3 марта.
③ См.: Аветян А. С. Русско - германские дипломатические отношения накануне Первой мировой войны. 1910 – 1914. М., 1985. С. 63; Субботин Ю. Ф. Россия и Германия: партнеры и противники（торговые отношения в конце XIX в. — 1914 г.）. С. 196 – 209.

巴维尔·里亚布申斯基将自由派企业家的要求都刊登在《俄罗斯晨报》上，该报纸于1909年秋天恢复出版。在十月党人的圈子里，里亚布申斯基的积极活动颇受嫉妒。费奥多尔·古奇科夫在1909年写给哥哥亚历山大的信中写道："工商业资本家阶层新的半官方刊物便是里亚布申斯基（他一直在积极准备《俄罗斯晨报》的各项工作）的冉冉升起的'早晨'（指《俄罗斯晨报》）。"①

《俄罗斯晨报》发行的最初几年，出版工作完全是由所有者里亚布申斯基承担的，他也是位于莫斯科大普京科夫斯基小巷印刷厂的唯一所有者。该报纸以消息灵通和公开的反对派立场吸引了读者，其在革命前俄罗斯的总发行量很大，达30000～40000份。然而，该报纸对于创办者而言是无利可图的，还带来了数万卢布的年度亏损。为了与政治伙伴分担成本，里亚布申斯基后来将报业机构重组为股份制企业"里亚布申斯基印刷合伙公司"，公司章程于1913年4月通过。他们缔结了一份持续出版的协议，根据该协议，公司的联合创始人（А. И. 科诺瓦洛夫、С. Н. 特列季亚科夫、В. П. 里亚布申斯基、Н. Д. 莫罗佐夫等）共同出资弥补了报纸过去亏损的7.5万卢布，并为报业未来的发展投资了35万卢布。随后不久，下诺夫哥罗德的一个自由派企业家团体加入了公司股东的行列，他们由大船东、下诺夫哥罗德市市长和旧礼仪派信徒 Д. В. 西罗特金领导，与里亚布申斯基有着多年的交情②。

这些"赞助人"大笔出资使《俄罗斯晨报》得以继续出版，成为莫斯科进步资产阶级的真正代言人。一份保存至今的 П. П. 里亚布申斯基亲自提笔的手稿中制定了《俄罗斯晨报》的阶段性任务：①进步主义的总方向；②资本主义的观点；③解决工人问题、改善工作条件的可能性；④保护社会生产者阶级即工业家和地主的利益；⑤建构工商业内部组织

---

① ГА РФ. Ф. 555. Оп. 1. Д. 681. Л. 10.
② ОПИ ГИМ. Ф. 10. Оп. 1. Д. 9. Л. 5; ЦИАМ. Ф. 303. Оп. 1. Д. 106. Л. 13. См. также: Лаверычев. В. Я. По ту сторону баррикад. С. 66，82; Баханов А. Н. Из истории буржуазной печати, 1906 – 1912. С. 272.

的可能性（托拉斯和媒体）；⑥期望逐步瓦解村社；⑦反对国有企业；⑧保护主义。①

从这份文件中可以看出，里亚布申斯基的观点建立在资本主义工业对国家命运具有决定性的基础之上。"进步主义的总方向"本质上与瓦解村社联系在一起，从而使资产阶级的个人主义原则在农业领域取得胜利。土地贵族却没有被里亚布申斯基纳入社会生产者阶级，虽然没有得到里亚布申斯基的认可，但土地贵族对俄罗斯的经济发展还是做出了很大贡献的。与此同时，商人希望维持对私营工商企业有利的保护主义体系，他们还希望建立垄断性的联盟并尽可能解决工人问题。

从这位报纸创办者的理念中可以看出当时莫斯科富豪群体普遍的世界观。在《俄罗斯晨报》的版面上，他宣扬自身理念的最明显方式就是广泛地抨击土地贵族和官僚机构。先前办报被取缔的悲惨经历并没有削弱里亚布申斯基政治立场的坚定性。报纸强调俄罗斯的"主人"与人民之间注定的联系，认为资产阶级作为一种新兴的社会力量，"无法忍受无处不在的警察监视，并努力想要解放人民"，"农民永远不是商人的敌人，地主和政府官员才是"，"最终，生活将跨过冷漠的阻碍者的尸体，就像水从大坝中泻出一样"②。里亚布申斯基本人化名 B. 斯捷科利希科夫将以上类似观点发表在《俄罗斯晨报》上。资产阶级反对派和执政的贵族官僚成为里亚布申斯基报纸中最热衷的话题。

由于审查制度的存在，在俄罗斯出版报刊一直有很大的困难，像《俄罗斯晨报》这样的反对派新闻媒体当然也不例外。1905年，革命浪潮促使政府取消了初步的审查制度，但警方的书刊审查机构仍警觉地监视着新闻界。印好的报纸首先被呈送至新闻检查员处，由检查员定夺是否允许出版。同时审查部门有权对编辑部实施制裁（罚款、起诉编辑等）。

在《俄罗斯晨报》的一期中，一篇文章以这种方式描述了新闻界与政

---

① ГА РФ. Ф. 4047. Оп. 1. Д. 12. Л. 2-3.
② Утро России. 1910. 18 марта；16 мая.

府检查员之间的关系。"在过去的 6 年中,新闻界沉着冷静地忍受着行政上'中世纪'式的难以承受的负担,甚至没有一天,俄罗斯帝国不会没收上几份报纸、对报纸编辑部进行行政罚款或对编辑进行追责。"① 值得注意的是,对于广大读者而言,审查制度是陈腐而无用的,尽管检查员认为《俄罗斯晨报》的这篇文章"散布关于政府活动的虚假信息"。审查机关甚至试图将刊登了这篇煽动性文章的报纸没收,但地方法院拒绝受理审查机关提起的法律诉讼与逮捕申请②。

根据莫斯科新闻事务委员会的资料,1909 年 11 月中旬《俄罗斯晨报》被罚款两次,共计 1000 卢布;在 1910 年被罚款 6 次,共计 2100 卢布。报纸责任编辑、莫斯科著名律师的儿子 С. Ф. 普列瓦科甚至因在《俄罗斯晨报》3 月 25 日的那一期中刊登了一篇题为《对君主制联盟的最高谢意》(文中言及了尼古拉二世对极端反动组织"俄罗斯人民联盟"正式宣布感谢一事)的短讯而被法庭传唤。《俄罗斯晨报》刊登的以下信息丝毫没有逃过报刊检查员的视线:1910 年 1 月 4 日因刊登了一篇关于免除义务兵役者的军税务问题的文章被罚款,因为文章"煽动对政府的不满情绪";同年 1 月 10 日因一篇涉及官方禁酒措施的文章再一次被罚款,因为此文"激发了对政府的敌对情绪";12 月 2 日又因《城市有轨电车员工骚动》一文被罚款,因为检查员认为这篇文章在报道城市交通工人的持续罢工事件时传播了"虚假的、引发公众不安情绪的信息"。

作为报纸出版者的 П. П. 里亚布申斯基本人也没有逃脱行政处罚,他在《俄罗斯晨报》1910 年 5 月 18 日的专栏文章《生意人和书吏》中流露出的反贵族情绪被认为"对政府怀有敌意"。也许,只有在这种情况下,审查机关才有不满的理由,因为以 В. 斯捷科利希科夫为笔名发表的文章带有明显的反对派色彩。在此文中,政府作为俄国资产阶级的代表被要求承担不合理的宪法期望,"生意人"公开提出了自己的主张,"1905 年,资产阶级帮助

---

① Утро России. 1912. 27 янв.
② ЦИАМ. Ф. 31. Оп. 3. Д. 1503. Л. 1, 6.

旧政权镇压了革命。但是现在的形势如同无政府状态一样野蛮，资产阶级无法接受"。俄罗斯商人通过里亚布申斯基之口公开警告政府，他将抵制落后的书刊检查运动，并努力实现俄国官吏"从领导者转变为国家公务人员"。

尽管遭到了罚款和起诉，该报纸仍然坚持鲜明的反对派路线。在斯托雷平被刺杀后，《俄罗斯晨报》在1911年10月9日那一期上刊登了由长期签约作者 T. 阿尔多夫撰写的总结斯托雷平执政生涯的文章，标题为《尸体与复活》，"极端地不恰当"——莫斯科出版业委员会这样评价这篇文章。这引发了 А. И. 古奇科夫与 С. Ю. 维特之间在报纸上就这位已故总理大臣政策的辩论。古奇科夫是斯托雷平的忠实拥护者，他指责维特怀揣阴谋反对这位总理大臣，认为反对建立"新制度"的不是斯托雷平，而正是维特。不谦逊的维特伯爵将继承了自己政府首脑职位的斯托雷平视为"真正的莱昂纳多·达·芬奇所创造出的假乔康达夫人"（画作《蒙娜丽莎》的主人公。——译者注）。

《俄罗斯晨报》的评论员同意维特的说法，认为斯托雷平的"新制度"违背了10月17日诏书的精神，他回忆说最初销毁宣言者是维特，后者将引人反感的 П. Н. 杜尔诺沃提拔为内政部长，拒绝将自由派公众代表吸纳进政府。《俄罗斯晨报》强调说："斯托雷平只是完成了维特已经开始的工作。"可以说，在俄罗斯并没有"新制度"，只有新制度的尸体，至于到底是谁创造了这块腐肉并不重要，而重要的是"尽快消灭已死的制度，并建立起具有生命活力的新制度，复兴不幸的俄罗斯，复兴10月17日诏书的精神"。由于发表了这篇充满激情的长篇大论，这期报纸被封禁，大部分已印刷好的报纸被销毁。出于对"未履行的诏书"（10月17日诏书的支持者对诏书的称呼）的渴望，俄罗斯自由派资本家拒绝越来越不符合宪法规范的政府决策，同时他们怨恨和失望的政治情绪也更加无法消退。

自由主义运动的座右铭是一句响亮的口号："商人，前进！"这句口号源自巴维尔·里亚布申斯基的一次公开演讲。在1912年5月于圣彼得堡举行的第五届工商代表大会上，莫斯科的商界领袖以极为坦率的态度阐述了自己的立场。会上还讨论了关于设立官方粮食垄断制度的议题,该议题由第三届国家杜马的代表提出,其倡议将粮食行业转为国营。在辩论中里亚布申斯基从原则上反对这一提议,他认为该主张体现出了俄罗斯精英阶层的国家资本主义情怀。他对这一主张的印象是:"很典型,这些人完全想要依靠我们政府的组织才能,而不是私人经济活动的成果,他们认为繁荣完全取决于国有经济……"他继续补充道,在俄罗斯历史甚至是世界历史上都没有国营经济超越私营经济的先例。相反,一个国家生产力的发展总是与私有制的创业精神有关,俄罗斯已经落后于其他欧洲国家,没有比在最短的时间内尽快走完同样的历史道路更紧迫的任务了。

里亚布申斯基继续解释说:"在整顿和促进贸易方面,商人的重要性已经十分清楚地展现了出来。只有商人能够发展自己所熟悉的专业业务,并将其发展到相应的高度。也许我们国家的整体发展状况延缓了商人阶层的出现和发展。我们知道,俄罗斯商人经历了艰难的发展历程:他从底层社会中崛起,经过长期的努力,才从小商人变成了大商人。如果我们俄罗斯拥有和西欧国家一样的社会环境,那么我们本来就会有许多这样的商人及工商业组

亚历山大·伊万诺维奇·古奇科夫,摄于 20 世纪 10 年代

20 世纪初的莫斯科企业家

城市和地方自治活动家大会，摄于 1905 年

和平革新党中央委员会全体成员合影，第二排站立者从左起分别为：A. A. 亚切夫斯基、Э. П. 贝尼格森伯爵、E. M. 杰缅季耶夫、H. H. 科科夫佐夫、П. П. 里亚布申斯基。第一排坐立者从左起分别为：A. C. 维什尼亚科夫、M. A. 斯塔霍维奇、Д. H. 希波夫、П. A. 葛伊甸伯爵、H. Д. 拜达克、И. H. 叶夫列莫夫、H. H. 利沃夫、E. H. 特鲁别茨科伊。摄于 1906 年

第三章 企业家与政权

彼得·阿尔卡季耶维奇·斯托雷平,摄于 20 世纪初

П. П. 里亚布申斯基位于普列坚斯克小巷的宅邸,
建筑师 А. С. 卡明斯基,摄于 19 世纪末

20 世纪初的莫斯科企业家

尤里·彼得罗维奇·古容，摄于 20 世纪初

《大俄罗斯》一书的封皮，1912 年

位于马僮小巷的莫斯科商学院大楼，建筑师 С. У. 索洛维约夫，
摄于 20 世纪 10 年代

织，这将为俄罗斯的整体贸易特别是粮食贸易创造更有利的条件，而减轻我国在世界市场上对外国中介机构的依赖，这才是我们应该走的路。同时我们也感受到时代在变化，因此我可以充满信心地说：'商人来了！'"里亚布申斯基指出，当前企业家已经进入了社会生活中的政治领域，这在此之前是不被允许的："商人们走出后台，与其他阶层一起参与到公共服务中。社会应该给予商人相应的位置并使其成为政府工作中受尊重的一员。"[1]

在 1912 年的这次会议上，当代表国内的企业家阶层充满信心地喊出"商人，前进！"的口号时，П. П. 里亚布申斯基已达到战前政治生涯的巅峰。为筹备第四届国家杜马大选，1912 年 2 月初举行了旧礼仪派信徒的例行代表大会。里亚布申斯基作为当选的会议主席宣布，旧礼仪派信徒应为那些承诺维护自己权利和维护宗教宽容原则的人投票。出席大会的一名警方间

---

[1] ЦИАМ. Ф. 143. Оп. 1. Д. 256. Л. 239–242；Утро России. 1912. 4，10 мая.

谍报告说，如果旧礼仪派信徒投票支持十月党，那么现在"旧礼仪派信徒已经严重左倾"①。

П. П. 里亚布申斯基还在莫斯科成立了一个无党派进步团体，核心成员是与自己走得近的商人和政治家②。在3月17日该团体举行的会议上，П. П. 里亚布申斯基和 В. П. 里亚布申斯基、А. И. 科诺瓦洛夫、С. Н. 特列季亚科夫、С. И. 切特韦里科夫、А. С. 维什尼亚科夫等杜马议员候选人针对即将到来的选举进行了讨论。里亚布申斯基本人在他的报纸上强调，这个团体可以变成一个新的政党，其基础由经济实力不断壮大的商人构成，"它不仅可以而且必须拥有相应的政治影响力"③。

这个莫斯科进步主义者集团的立场与充斥着自由派知识分子的圣彼得堡工商代表大会委员会的立场大不相同。同时，这群莫斯科企业家也努力想把这个无组织的团体建设成为一个强大的"实业界"企业家政党。媒体强调说，莫斯科资本家集团成立无党派进步团体"目的不在于建立一个模糊不清的松散组织，而是建设一个政党；不在于建设一个没有'纲领'的'任务小组'，而是有纲领和非常明确的任务的政党——组织和联合俄罗斯的温和反对派，成立俄罗斯自由主义进步党。这一温和的自由主义反对派可以填补政治上的巨大空白，这样他们既在社会上有自己的位置，也有社会政治基础"④。

可以说，莫斯科的资本家集团不再需要知识分子的指导，而主张建立一个特色鲜明的"商业"政党，其社会基础为具有启蒙精神的企业家团体，其成员的文化程度可与知识分子相提并论。难怪在进步主义兴起的初期（1910），里亚布申斯基在《俄罗斯晨报》中撰文反对将知识分子纳入资产阶级利益集团中，谴责"老派的"（立宪民主党）知识分子是反资产阶级

---

① ГА РФ. Ф 102. （ДП） ОО. 1912. Д. 104. Л. 35，38；4 д – во. 1912. Д. 130. Ч. 42. Л. 2 – 2 об.

② ГА РФ. Ф. 102. （ДП） 4 д – во. 1912. Д. 130. Ч. 42. Л. 1 – 17 об.；Лаверычев В. Я. По ту сторону баррикад，С. 89.

③ утро России. 1912. 4 апр.

④ Цит. по：Вишневски Э. Либеральная оппозиция в России накануне Первой мировой войны. С. 75.

的，他们不想承认自己是任何阶级的一部分，并声称自己是超阶级的。同时他在报纸上强调，新的知识分子充分意识到自己和工商业资产阶级是骨肉相连的，而这样的知识分子"随着阶级斗争的发展自然地从新兴阶级的内部成长起来"[1]。

值得强调的是，进步人士仍大多支持立宪民主党的右翼，在他们看来，立宪民主党是一个与工商业利益无关的政党，拥有明显的反对资产阶级的色彩，代表地主和知识分子的传统主张。如果说《俄罗斯晨报》代表着商人及其历史使命，那么立宪民主党的《言论》就代表着莫斯科资产阶级的"政治冷漠"，暴露了莫斯科资本家的"迟钝与惰性"。里亚布申斯基的报纸在回应中强调，从事"公共服务"的商人不仅对政府失去了信心，而且对立宪民主党一类的不能够保护工商业利益的"资产阶级社会主义代表"也失去了信心，同时莫斯科商人的利益也被视为全民族利益[2]。

1912年4月4日，里亚布申斯基在Г. А. 克列斯托夫尼科夫组织的庆祝新任总理大臣及财政大臣В. Н. 科科夫佐夫上任的晚宴上的讲话引起了自由反对派的强烈不满。他在讲话中强调："工商业阶层的利益总是与温和的、热爱劳动的、富有创造力的特质相关，而不是与反对派相吻合。"但莫斯科证券交易委员会的负责人在对此的回应中抱怨说，由于选举法存在缺陷，实业家无法"批量"进入杜马，因此他们总是毫不客气地呼吁圣彼得堡的权贵们关注工商业的发展，不要把工商业置于农业之后，为工业发展"清除过多的形式主义与人民生活中存在的各种阻碍"。里亚布申斯基在给圣彼得堡的来宾们敬酒时说道："这杯不为政府，而为饱受着苦难并等待真正解放的俄罗斯人民！"[3]

里亚布申斯基的演讲引起了十月党群体的极大不满。"10月17日同盟"

---

[1] Цит. по: Дякин В. С. Самодержавие, буржуазия и дворянство в 1907 – 1911 гг. С. 186.

[2] См.: Дякин В. С. Буржуазия, дворянство и царизм в 1911 – 1914 гг. Разложение третьеиюньской системы. Л., 1988. С. 79.

[3] утро России. 1912. 6 апр.; Коковцов В. Н. Из моего прошлого. Т. II. Париж. 1933. С. 59; Дякин В. С. Буржуазия, дворянство и царизм в 1911 – 1914 гг. С. 77.

领导人的弟弟、莫斯科市市长 Н. И. 古奇科夫在里亚布申斯基演讲的场外愤怒地说道:"巴维尔·里亚布申斯基?是的,这真是个前所未有的无赖和混蛋!是谁允许他在这间房子里、在私人圈子面前去说教大臣会议主席的!?科科夫佐夫之前不就在圣彼得堡说过每个人都要对革命保持警惕嘛?莫斯科商人们甚至没有意识到自己在 1905 年革命中遭到的打击很少,而贵族们遭受的可完全不一样,因此他们是很清醒的。"①

与里亚布申斯基志同道合的人对他"不理智"的表现则有不同看法。Ю. П. 古荣在写给里亚布申斯基的信中说道:"现在,我已经了解到了您对弗拉基米尔·尼古拉耶维奇(科科夫佐夫)的呼吁,您个人所讲的这个问题是站在国家角度上的,而不是站在商人和工业家角度上的……我相信您的榜样作用会吸引追随者,现在是时候了。"② 总的来说,工商界对里亚布申斯基讲话的反应态度是赞许的。警察线人上报说:"他的讲话,在大臣会议主席在场的情况下,引起了很高的公众关注度,也使他更受欢迎。"③

1912 年 4 月发生的勒拿金矿枪击工人事件加速了十月党和进步资产阶级的进一步分裂。警察局在汇报中认为大多数自由派工业家是激进分子。在涉及处理勒拿金矿事件的一系列会议上出现了不可调和的两派:赞成不给罢工工人支付工资、对罢工者处以罚款并解雇抗议工人的十月党团体"克列斯托夫尼科夫党"和里亚布申斯基领导的主张宽容处理的一派。在一次涉及此事件的会议上,里亚布申斯基指出:"不仅不能对勒拿金矿工人的罢工采取强硬措施,与此相反,应在道德上将其作为目前非常可取的政治因素予以支持。"他敦促工业家履行公民职责,不要对工人的罢工日进行工资扣除。警方汇报的起草者焦虑地总结道:"大多数人站在'少壮'激

---

① ЦИАМ. Ф. 1334. Оп. 1. Д. 19. Л. 336 об. –337.

② ГА РФ. Ф. 4047. Оп. 1. Д. 23. Л. 3.

③ ГА РФ. Ф. 63 – Картотека Московского охранного отделения. Агентурная записка агента "Блондинка" от 15. 04. 191.

进派一边。"①

在杜马竞选活动的背景下，里亚布申斯基于1912年5月与 Н. Н. 利沃夫公爵和 Н. В. 达维多夫一起代表进步组织呼吁选民不要让旧阶层复辟并控制新一届杜马。为了消除这种危险，在他们三人的呼吁下成立了一个由无党派人士组成的进步主义者团体，目标是"强化俄罗斯的宪法制度"。警察部门在一份报告中指出："著名的百万富翁 П. П. 里亚布申斯基变得越来越受欢迎，并获得了更多机会……他给古奇科夫主导的十月党团体敲响了警钟。"② 该报告使里亚布申斯基个人开始受到监督。莫斯科公共安全部门负责人表示："绝大多数选民倾向于反对派，这甚至影响到了第一等级的选民，该群体迄今为止一直是十月党的坚实基础，并且第一等级选民在最近明显被新的政治集团——进步主义者所吸引（尤其是通过他们当中的那些工商人士）。"

与此同时，里亚布申斯基虽然是进步力量的领导人，但他明白自己可能无力与亚历山大·古奇科夫公开竞争——十月党领袖的名望仍然太强了。此外，里亚布申斯基的一些过激言论引起了一些温和派企业家的恐慌。警察有理由认为"他的影响力并没有强到可以与古奇科夫竞争。即使在工商界，他们也不喜欢里亚布申斯基，称其为'大嘴巴'和暴发户"③。

莫斯科城市杜马的元老之一 Н. П. 维什尼亚科夫此时已经怀疑自己持自由主义倾向的侄子 А. С. 维什尼亚科夫及其"少壮派"朋友，"П. П. 里亚布申斯基是我侄子的挚友、立宪民主党人、颓废派分子、革命者，另一方面，他也是一位贴现人、百万富翁、吝啬鬼。最令人惊奇的一点在于他和现代俄罗斯文化格格不入"④。这一评价反映了当时工商界的保守观点，尽管这位自由派领导人并非真正的颓废派分子（很明显，维什尼亚科夫将 П. П. 里亚布申斯基与其兄弟尼古拉混淆了，后者是著名的文艺杂志《金羊毛》

---

① ГА РФ. Ф. 102. (ДП) 4 д-во, 1912. Д. 130. Ч. 42. Л. 21 об.，- 22 об.
② ГА РФ. Ф. 102. (ДП) 4 д-во, 1912. Д. 130. Ч. 42. Л. 53 об.; Утро России. 1912. 19 мая.
③ ГА РФ. Ф. 102. (ДП) 4 д-во. 1912. Д. 130. Ч. 42. Л. 63-64，67-67 об.
④ ЦИАМ. Ф. 1334. Оп. 1. Д. 16. Л. 33.

的出版人）①，同时他也不是立宪民主党人或革命者。

在杜马选举前夕，里亚布申斯基这位自由派莫斯科寡头的名字因 А. И. 科诺瓦洛夫庆祝公司成立100周年的活动而再次风靡一时。在1912年9月于莫斯科冬宫饭店举行的宴会上，里亚布申斯基又一次发表了言辞尖锐的演说，据警方称："他的演说是为了给予商人荣耀和羞辱贵族……在宴会上，演说受到了热烈的追捧。他的口号是'与贵族做斗争'，这一口号能够确保他如果想要得到候选人资格，那么他在莫斯科民主（无党派）圈子中就能够取得支持。"

警方线人还报告说，在这次宴会后的一次谈话中，里亚布申斯基明确表示："我们必须努力加快贵族的解体进程，尽最大的努力使贵族失去土地，每个商人朝着这个方向努力无疑将为俄罗斯的进步做出贡献。"里亚布申斯基也开始积极寻求政府的支持，"我们不能沉默，我们要呐喊而不是恳求，要一直努力争取政府对我们的认同"②。

最终，里亚布申斯基和莫斯科的进步派其他领导人如 С. И. 切特韦里科夫和 С. Н. 特列季亚科夫一样——避免在竞选中提名自己的候选人，莫斯科杜马最终迎来了出身第一等级选民的新议员 М. В. 切尔诺科夫——立宪民主党和进步派的共同候选人，进步派相比于自己的商人同行更喜欢这位切尔诺科夫，十月党同样如此。最终进步派实现了"击败古奇科夫"的主要目标，这位十月党的领导人最终失去了莫斯科工商界的信任。《俄罗斯晨报》总结道："我们的商人在1907年渴望获得秩序，这将保证俄罗斯的社会安定。然后，莫斯科的第一等级选民选择了相信古奇科夫，后者承诺其领导下的政党不会发生严重动荡，他将带领该国走上一条平稳的政治改革道路。但是古奇科夫的承诺并未实现。"③

在杜马选举前夕，圣彼得堡召开了进步派自由主义者大会，旨在"团

---

① Об Н. П. Рабушинском см.: Думова Н. Г. Московские меценаты. М., 1992; Петров Ю. А. Династия Рябушинских. М., 1997.
② ГА РФ. Ф. 102. (ДП) ОО. 1912. Д. 27. Ч. 46. Л. 31 – 32 об.
③ Утро России. 1912. 9 окт.

结进步主义者，以应对第四届杜马选举"。参加会议的巴维尔·里亚布申斯基和弗拉基米尔·里亚布申斯基当选为中央委员会莫斯科分部成员。该大会参与者的主要活动目的在于"实行各部大臣对国民代表大会负责的君主立宪制"。他们提出要基于宪法规范改革国家机构：废除关于强化保护社会秩序的法律；限制行政机关的无限权力，并在俄罗斯实行法制；坚持废除1907 年 6 月 3 日关于国家杜马选举和制定新法律的规定；赋予俄罗斯杜马权力等[①]。

进步派设想并讨论的整个俄罗斯社会发展模式的实质是建立起健全的法制和市场经济体系，并实施一系列政治和社会改革，实施积极的外交政策，主要目的是要保护国家利益，这一点是始终如一的[②]。进步派的政治理想可简称为宪政，即主张实行君主立宪制，其基础是三大权力（立法、行政和司法）相互独立，但同时又要构成法制国家的完整体系。进步主义者的纲领不同于立宪民主党，前者从根本上反对普遍选举权，回避民族平等问题并提高了对"保护本国经济利益"问题的关注度[③]。

考虑到成功实施法制和市场经济模式的西欧国家的历史经验，进步主义者提出了自己的国家经济发展方案，并在《俄罗斯晨报》上进行宣传。进步主义理论家认为，在资本主义现代化的条件下，应该从根本上改变经济部门之间、农民和工业家之间的优先次序。基于世界上贵族与资产阶级之间关于政治统治斗争的传统经验，进步主义者强调："整个历史进程证明了一点，一旦出现了地主阶级与工商阶级之间的利益冲突，进步的一方永远不会是地主。"由此得出的实际结论是，"俄国社会所有进步派的主要任务之一应该是与农民和农业意识形态做斗争，贵族和资产阶级不能继续骑在人民头

[①] Сыезд прогрессистов 11，12 и 13 ноября 1912 г. СПБ. 1913. С. 2 – 3，22 – 23；Лаверычев В. Я. По ту сторону баррикад. С. 92 – 93.

[②] 关于进步主义的理论基础，详情可参见 Шелохаев В. В. Идеология и политическая организация российской либеральной буржуазии，1907 – 1914 гг. М.，1991；Вишневски Э. Либеральная оппозишия в России накануне Первой мировой войны. М.，1993.

[③] См.：Дякин В. С. Буржуазя，дворянство и царизм в 1911 – 1914 гг. С. 98.

上——两者其中之一必须离开"①。

里亚布申斯基直到生命的尽头一直秉持进步主义立场,他对俄国人民之前受贵族压迫的历史感到内疚,"俄国的贵族阶级给诗人和作家们创造了享受生活的条件,同时也给俄罗斯人民套上了沉重的枷锁"②。莫斯科其他"少壮派"企业家也继承了里亚布申斯基的反贵族热情及其对工商阶级创造力的信念。切特韦里科夫就此写道:"没有哪个阶层可以像工商阶层那样发挥出如此多的创造力,与贵族阶层相比时,这一点尤其令人惊讶,贵族阶层大多仅活跃在近卫军的军官团体以及'昏庸的'官僚群体中,其中大多数人没有留在人们的感恩记忆中。"③

从本质上讲,进步资产阶级的纲领中提出了新的价值体系,其中要求建立合理的私营商业经济,并通过进步工商业资产阶级中的核心人物来推动社会进步。

《俄罗斯晨报》强调:"没有私营经济活动当然对于促进社会进步无济于事,需要彻底改变现行总体政策特别是经济政策。自身的力量将使他们(俄罗斯企业家阶层)拥有对国家的影响力(与其他国家的工商阶层一样的力量)。在许多国家工业资产阶级是推动国家进步发展的坚强支柱和强大杠杆。"④

首先,有必要使经济摆脱国家的高度严格监控。里亚布申斯基的报纸指出:"国家在俄罗斯社会和经济发展过程中所起的作用是显而易见的,但实际上它应该出现在社会力量缺位的地方。在社会团体有能力自治的领域,国家应该保持不介入。"其次,工商阶级本身应该在工商界建立一个牢固的、

---

① Утро России. 1910. 19 мая, Об антидворянской кампании на страницах – "Утра России" – см. также: Лаверычев В. Я. По ту сторону баррикад, С. 79; Баханов А. Н. Из истории буржуазной печати. 1906 – 1912. С. 276 – 278.

② Обшее дело. Париж, 1921. 24 мая (из речи П. П. Рябушинского на Торгово – промышленном съезде в Париже).

③ Цит. по: Думова Н. Г. Идеологи московской буржуазии и дворянство // Крупные аграрии и промышленная буржуазия России и Германии в конце XIX – начале XX в. Сб. научных трудов. М., 1988, С. 95.

④ Утро России. 1910. 27 мая.

无法被政府当局忽视的政治组织。"若不成立这样有分量的组织,那么在政府眼中工商阶级的地位不会非常重要。"① 可以看出,里亚布申斯基在莫斯科成立的进步党已经成为凝聚企业家阶层的重要自由主义反对派平台。

在俄罗斯国内外文献中,往往将莫斯科进步主义视为商业环境的破坏性因素②。但从另一角度来看,进步党在第一次世界大战前夕的出现,昭示着俄罗斯资产阶级"左"倾的客观过程和新的自由反对派势力的形成。资产阶级建立的这个新政治联盟的主要优势在于其属于莫斯科企业家集团。在革命时期,企业家阶层中部分群体的激进化反映了资产阶级的下一轮政治合并重组,最终形成了一个新的、"进步的"团体,该团体在策略和手段上不仅优于十月党,而且在某些情况下也优于立宪民主党。

波兰历史学家 Э. 维什涅夫斯基在专著中强调,在第一次世界大战前夕,进步主义者为带领俄国走上资产阶级改革之路所做出的努力比其他自由主义者更多——在当时的时代背景下,这是唯一可以阻止俄国爆发革命的方式。同时,维什涅夫斯基的结论认为俄罗斯的"第三阶层"总体上还是保守的,莫斯科进步派人士的主张未能将他们动员起来③。但其没有考虑到后续历史事件的进展,第一次世界大战使莫斯科进步派成为国内资产阶级的绝对领导者。可以说,这一结果的基础是在一战前的历史时期内奠定的。

第一次世界大战前夕进步主义的"无前途"是俄国自由主义的最终归宿这一观点出现在 В. Н. 谢列茨基的专著中。该观点基于 В. И. 列宁为苏联史学界定下的基调,列宁认为随着斯托雷平改革尝试的失败,"在20世纪初俄罗斯的历史条件下,改革道路已经是不可能的"④。列宁秉持这样的观

---

① Утро России. 1910. 12 авг.
② См.: Барышников М. Н. Политика и предприимательство в России, С. 228; Вест Дж. Буржуазия и общественность в предреволюционой России / История СССР. 1992. № 1. С. 194, 198 – 199.
③ Вишневски Э. Либеральная оппозиция в России накануне Первой мировой войны. С. 185 – 187.
④ Селецкий В. Н. Прогрессизм как политическая партия и идейное направление в русском либерализме. М., 1996. С. 238, 346.

点，即进步党没有带来资产阶级的政治巩固，无论是在自由主义反对派内部还是在工商界，里亚布申斯基和科诺瓦洛夫仍然是少数派。本着一种启示性的社会民主主义传统精神，谢列茨基的专著强调了国内企业家的"权力恐惧"、政治软弱等[1]。实际上，这本专著总的来说是意识形态的古董，谢列茨基并没有理解革命前莫斯科的进步主义这一政治思潮。

让我们继续回顾 П. П. 里亚布申斯基的政治生涯。1912 年，他在莫斯科商界的地位升至新的水平。由于 А. И. 科诺瓦洛夫竞选上了科斯特罗马省杜马议员，莫斯科证券交易委员会副主席一职空缺。1912 年 12 月，里亚布申斯基当选为副主席，成为 Г. А. 克列斯托夫尼科夫的左膀右臂，经常作为"著名莫斯科商人"的代表出席各种仪式。因此，他与克列斯托夫尼科夫和 А. Л. 克诺普一起作为代表，在 1913 年 2 月 21 日诺曼诺夫王朝执政 300 周年之际，向沙皇致以最诚挚的祝贺[2]。

第一次世界大战前夕，里亚布申斯基在政治领域的活动与进步主义息息相关。1913 年 1 月，他当选为莫斯科进步委员会主席，该委员会的组织旨在为进步派在杜马内的活动带来更广泛的社会基础。根据里亚布申斯基的想法，商业发达的莫斯科应成为整个自由主义反对派凝聚的中心。1913 年秋，在莫斯科商人协会成立 50 周年之际，《俄罗斯晨报》强调指出："目前已经表现出来且处在全面发展中的那些创造性社会力量的源头仍在莫斯科，这种力量在西方长期以来一直推动国家走向强大，同时也能够推动一国文化的繁荣。"在 50 周年纪念日的宴会上，里亚布申斯基本人指出了当时的紧迫任务——"大、中、小商人进一步全面统一"，"为工商阶层的伟大历史使命而干杯"[3]。

第一次世界大战前夕，里亚布申斯基大声宣称自己是商界的左派政治人

---

[1] Селецкий В. Н. Прогрессизм как политическая партия и идейное направление в русском либерализме. М. , 1996. С. 278.

[2] ЦИАМ. Ф. 143. Оп. 1. Д. 216. Л. 24 – 25，28，30；Д. 335. Л. 28；Д. 374. Л. 10；А. 489. Л. 1 об.

[3] Утро России. 1913. 30 нояб. 1 дек.

物，对执政精英不断做出的反宪法行为感到不满。他在大型商业组织中得到的评价日益提高。1914年5月于圣彼得堡举行的第八届工商代表大会上，莫斯科自由派领导人里亚布申斯基被推选为代表大会副主席，该委员会是俄罗斯最大的企业家联合会，这里集中了各位权威工业家，如Э. Л. 诺贝尔、А. А. 博布林斯基伯爵等。在代表大会上的讲话中，里亚布申斯基继续谴责政府"以幼稚的方式管理国家"，并敦促拥有地位和权力的人"迅速实现国民生活的工业化，否则俄罗斯将落后于其他世界大国"。工商界的一个口号在当时社会上引起了广泛反响——"希望我们这样的大国能够容纳下一个小政府"①。

第一次世界大战暴露了俄罗斯内部的软弱和政府无能，这是进步主义和莫斯科政治活动家进行表现的最佳时刻。面对外部敌人，民族团结的口号暂时缓解了政府与反对派阵营之间的矛盾。但是，1915年春，俄罗斯军队的失败促使自由主义者开始采取行动。里亚布申斯基在战争初期从事前线的卫生用品供应，其间他与土地联盟的领导人及未来的临时政府总理 Г. Е. 利沃夫公爵、莫斯科市市长以及城市联盟的领导人 М. В. 切尔诺科夫打得火热②。里亚布申斯基和他们一起与英国驻俄罗斯大使乔治·布坎南（George Buchanan）取得联系，最终里亚布申斯基成为这位英国外交官与自由主义反对派的知己。1916年，在 М. В. 切尔诺科夫的提名下，布坎南成为莫斯科"光荣公民"，"以示我们对所有光荣英勇的英国人民的钦佩"③。

1915年5月，里亚布申斯基直接从前线回到彼得格勒参加新一届工商代表大会，在会上他发表了热情洋溢的讲话，为军工动员打气。他呼吁大型企业的同行："我们当前尚不能做到每家工厂每天都投入生产——这正是我

---

① ЦИАМ. Ф. 143. Оп. 1. Д. 444а. Л. 290–291, 320–322.
② ЦИАМ. Ф. 143. Оп. 1. Д. 573. Л. 31; Спиридович А. И. Великая война и Февральская революция. Т. 1. Нью-Йорк, 1960. С. 77.
③ Бьюкенен Дж. Моя миссия в России. Воспоминания дипломата, Т. II. Берлин, 1924. С. 10–13; Алексеева И. В. Агония сердечного согласия. Царизм, буржуазия и их союзники по Антанте. 1914–1917. Л. 1990. С. 62.

莫斯科炮弹工厂车间，摄于 1915~1916 年

莫斯科证券与商业协会在前线的汽车营，摄于 1915 年

们所有人都应该考虑突破的极限。"① 这位莫斯科自由人士的讲话取得了巨大的成功——在他的影响下，大会的最初议程发生了变化，首要议题转变为

---

① Новое Время. 1915. 28, 29 Мая.

建立军事工业委员会,作为动员私营企业以满足军需供应的机构,委员会由里亚布申斯基领导,覆盖俄罗斯中部的10个省。成立新组织的目的是团结私营企业并独立于国家机构自主采取行动。该委员会的负责人强调说:"委员会应该是生产的管理者与调节者,而不应向上进行煽动。"① 与此同时,里亚布申斯基还取代 Г. А. 克列斯托夫尼科夫当选为莫斯科证券交易委员会主席,成为莫斯科主要商业代表组织的负责人。

里亚布申斯基的五月演讲之后,媒体报道指出:"莫斯科证券交易委员会将成为正在进行的后方动员工作的组织中心。"在报纸上,关于百万富翁政治家当选为"伊利因卡的第一公民"(伊利因卡大街是莫斯科"中国城"的主干道,也是全市的工商业和金融中心以及证券交易所大楼的所在地)的评论很多,甚至连俄罗斯最有威望的商业报纸——彼得格勒的《证券交易公报》上刊登的 C. 苏丹诺夫的公开信的标题都为"商人,前进!"②

通过回顾里亚布申斯基在战前提出的口号,可以看出"'第三阶层'在俄国所面临的挑战从未如此严峻过"。新闻媒体对这位企业家、证券交易委员会主席的评价是:"П. П. 里亚布申斯基受到了俄罗斯反对派意志的滋养。他是顽固不化的旧礼仪派信徒,有着惊人的勤奋及获取物质财富的强烈愿望,他拥有用于秘密祈祷的古老的圣像并用二指画十字。通过与大地进行的交流不仅塑造了他的品格,而且塑造了他的三观、纯粹的俄罗斯性格以及敢于将商人与人民利益相结合的勇气。"

媒体认为,随着里亚布申斯基当选为证券交易委员会和军事工业委员会主席,俄罗斯资产阶级的历史迎来了一个新时代。可以说商人"来了",这位具有莫斯科旧礼仪派信仰的富豪的个人活动与他所宣称的关于资产阶级在国家事务中所起特殊作用的口号非常一致。《证券交易公报》强调:"里亚布申斯基是一个纯粹的国务活动家,他认为工商阶层是这个国家的核心。同时他也是一个不会自我否定和犹豫的商人,这是商人阶级重要的心理特质。

---

① Цит. по: Лаверычев В. Я. Военный государственно - монополистический капитализм России. М., 1988, С. 90.

② Биржевые ведомости. 1915. 15 июня.

里亚布申斯基还具有出色的组织能力、业务管控能力和与众不同的工作能力。他能够将商业利益与政治要求有机地结合起来。"

与此同时,俄罗斯的政治局势也在日益恶化。随着1915年7月国家杜马会议的开幕,政府与社会的关系日趋紧张。里亚布申斯基作为"莫斯科商人"的领导人公开表示,事件的发展将迫使政府宣称"资产阶级已经离开了沙皇的最高委员会",委员会成员的名单已于8月13日在《俄罗斯晨报》上发布。

尽管里亚布申斯基不是杜马议员,但他利用自己在工商界的政治影响力支持杜马在同一天组建了"进步集团",目的是通过杜马向政府施加压力。他代表莫斯科商业界向尼古拉斯二世发送了电报,提出希望将"享有广泛公众信任的人士(自由主义反对派的代表)纳入政府内阁,前提是他们拥有全部权力"①。

但是,俄国自由派的请愿被扼杀了——1915年9月上旬,国家杜马遭解散,新一届杜马召开的日期也未确定。于是里亚布申斯基计划与利沃夫公爵、切尔诺科夫在一起觐见沙皇时陈述意见。在觐见前夕,由莫斯科资产阶级领导人汇编的向君主提出呼吁的草案制定完成。该文件的主旨依旧是要改变政府的人员组成:"为了取得最终胜利,必须早日改变现有政府(指Б. В. 施秋梅尔内阁)。"最终尼古拉斯二世拒绝了自由派的私人觐见,自由派再一次试图说服独裁者的计划依然没有结果②。

企业家阶层的政治统一仍然存有希望,这是里亚布申斯基长久以来的梦想,他在1916年初付诸实施。在战前,进步主义者仍然未能实现政治统一,即使是工商界的左翼主义者也是如此。因为大多数人仍然对政党持怀疑态度,他们倾向于在自己熟悉的专业组织以及自己认可的框架内运

---

① Труды съездов представителей Военно-промышленных комитетов. 25-27 июля 1915 г. Пг., 1915. С. 35-37; Утро России. 1915. 25 июля, 20 авг.: Буржуазия накануне Февральской революции. Сборник документов под ред. Б. Б. Граве. М.; Л., 1927. С. 20-22; ГА РФ. Ф. 102. (ДП) ОО. 1915. Д. 343зс. Т. 1. Л. 107-109, 161-161 об.

② Буржуазия накануне Февральской революции. С. 58; ГА РФ. Ф. 102 (ДП) ОО. 1915. Д. 343зс. Т. II. Л. 330; Ф. 4047. Оп. 1. Д. 5. Л. 131-132.

作。但是，第一次世界大战成为资产阶级政治统一的催化剂，将这一进程向前推进。

1916年12月，里亚布申斯基召集莫斯科自由派人士举行了一次省级证券交易委员会代表会议。他为与会者安排了两项基本任务：一是建立"合理的工商阶层组织"，使其可以"在战后更积极地参与俄罗斯的经济建设"；二是解决沙皇政府安排的粮食配给问题与国内贸易中重点领域的设备问题，如粮食贸易领域。

据参会者回忆，里亚布申斯基在会上说，"经济活动和贸易陷入瘫痪，政府当局正在把这个国家带向毁灭之路"，并警告自己的阶层同行当前存在"民众愤怒爆发出来"的可能[①]。他的预言在2个月后最终实现了，莫斯科资产阶级领导人里亚布申斯基主要不满于专制政权"压制私人创新精神与自由人格"，认为这得不到俄罗斯社会的支持。

进步主义的商人热情洋溢地迎接了推翻无望"旧政权"的二月革命。虽然商界的领导人并没有忽视革命立即表现出明显的"反资产阶级"倾向这一事实，但他们仍抱有对"自由王国"即将来临的欣喜若狂的幻想。同时企业家和政客们希望通过积极的鼓动和宣传来纠正反资产阶级的群众运动。此外，二月革命之后，商界反对派长期以来的夙愿很快得到实现——1917年3月全俄工商业联盟成立，这是俄罗斯第一个全国规模的企业家政治组织，由 П. П. 里亚布申斯基领导[②]。

里亚布申斯基反复发表公开讲话，核心观点是在俄罗斯推行社会主义为时尚早："我们承认当前的资本主义制度是不可避免的，既然是这样，那么现任政府必须以资产阶级的思想思考并采取行动。"他期望自己不仅会受到大资本家同行的欢迎，而且会被广泛的民主阶层所容纳，他的立场如下："现在还没到让我们的经济生活彻底改变的时候。广大人民必须明白，我们每个人都必须像传统俄罗斯人那样生活，其他国家的生活方式并不适合我

[①] ЦИАМ, ф. 1082. Оп. 1. Д. 602. Л. 18 – 21.
[②] 详情可参见 Лаверычев В. Я. Всероссийский союз торговли и промышленности // Исторические записки. Т. 70. М., 1961. С. 35 – 60。

们。认为我们会发生从一个极端到另一个极端的彻底改变只是一个梦想，这会带来巨大破坏并导致严重的困难。我认为俄罗斯还没有准备好彻底的改变，所以我们仍必须经历私营经济与个人创新的发展阶段。"①

与此同时，工商业联盟决定成立一个政治部门进行宣传（授课、分发小册子等），目的是"对民众进行政治教育；增强的公民责任感和包容性，使人们坚信应支持临时政府打击无政府状态"。6月，该部门出版了《民权》杂志，包括俄国杰出哲学家 H. A. 别尔嘉耶夫在内的大知识分子参与了这项工作。该杂志坚持与里亚布申斯基相同的观点——"每天自发增长的无政府状态会将俄罗斯拉入深渊"，"在俄罗斯没有建立社会主义组织的实际条件"，等等②。但是此时社会底层越来越同情社会主义的口号，"政治教育"部门无法抵制左翼激进分子的鼓动。

为了向大众传播他的思想，里亚布申斯基还试图利用故乡的旧礼仪派信徒群体，他在 1917 年 5 月依据支持临时政府的原则成立了"旧礼仪派信徒协调委员会"③。但是，自由资产阶级的政治鼓动没能产生实际效果。在彼得格勒 7 月事件的发酵下，社会矛盾逐步加剧，这使人们对"政治教育"的方法感到失望。

7 月的危机以及与 А. Ф. 克伦斯基关于立宪民主党和资产阶级代表（C. H. 特列季亚科夫，莫斯科证券交易委员会主席里亚布申斯基的副手）加入新政府的谈判促使工商业联盟召开了会议，同时联盟还在《俄罗斯晨报》上发表了对临时政府的宣言④。内阁因"社会主义政党代表占主导地

---

① Первый Всероссийский торгово - промышленный съезд в Москве 19 - 22 марта 1917 г. Стенографическиотчёт и резолюции. М., 1918. С. 7 - 19.
② ЦИАМ. Ф. 3. Оп. 4. Д. 4671. Л. 42, 44 - 44 об.; Ф. 143. Оп. 1. Д. 630. Л. 13 - 14; Народоправство. 1917, № 1. С. 3, 67.
③ См.: Лаверычев В. Я. По ту сторону баррикад. С. 193.
④ Утро России. 1917. 19 июля. 在同一天，里亚布申斯基给克伦斯基写了私人信件，指出必须依靠企业家阶层解决粮食危机。他写道，由于政府粮食当局的无能，彼得格勒正在受到饥饿的威胁，克伦斯基内阁应当要求工商业者购买粮食并将其运送到分销点，但不应采用强制的粮食专卖价格，而应采用新的更高的价格（参见 Октябрьское вооруженноевосстание. 1917 - йгод в Петрограде. Л., 1967. Кн. 1. С. 429），但里亚布申斯基的提议并未得到答复。

位"而在这份宣言中遭到严厉批评。宣言控告这些"社会主义者部长"将真正的权力移交给了工人和士兵代表委员会——"这完全是随意组成的组织,当中所有人都没有为国家和社会建设做好准备"。宣言还列举了国家日益严重的危机症状——"我们的军队已经溃散,工业陷入了衰败,贸易体系被摧毁,俄罗斯人民正遭受饥饿的威胁"。里亚布申斯基呼吁结束国家双重政权并存的局面:"只有彻底断绝苏维埃专政的权力,才能最终解救俄罗斯。如果不这样做,俄罗斯将走向灭亡,部长人选的重新调整也将无济于事。"

里亚布申斯基对整个社会主义革命阵营毫不妥协并对其展开了严厉批判:"邪恶的根源不仅在于布尔什维克,而且在于那些不能也不想与布尔什维克决裂的社会主义政党,它们自以为是,反对一切爱国主义、一切民族感情和国家意识……它们利用俄罗斯人民来实验自己幻想中的乌托邦是疯狂的、犯罪的行为。"作为工商阶级的领袖,里亚布申斯基提出了自己的政治解决方案,即建立起"坚实、强大的政府来拯救国家,并赋予政府行动的自由和独立性"。

但是,关于С. Н. 特列季亚科夫进入克伦斯基内阁的谈判破产了(总理不同意工商界主张将社会革命党人В. М. 切尔诺夫从政府中撤职的要求),这在一定程度上使П. П. 里亚布申斯基在1917年8月3日第二届全俄工商大会的开幕式上表现悲观。里亚布申斯基在发言中表示,政府不想"吸引有经验的人介入国家管理",因此企业家阶层"目前无法说服任何人或影响领导者"。演讲主要批评临时政府的经济政策,首先是1917年3月25日实行的谷物垄断(此法案将面包的销售以固定价格全盘转让给了政府粮食部门)。私营商业在粮食等国民经济重要部门中的地位遭到了破坏。里亚布申斯基对这种垄断进行了负面评价,认为这种垄断没有创造任何回报且"摧毁了贸易体系"。

伴随着政府对国营经济的热情,私人企业部门的衰弱给俄罗斯带来了严重的负面后果。里亚布申斯基在8月3日的演讲中说:"我们知道,经济发展的规律就是顺其自然,同时不幸的是,它将残酷地惩罚那些违反经济规律的人。"对此俄国社会民主党人针锋相对地指出：不对粮食进行国营会造成饥荒，反对粮食国营生动地说明了俄国资产阶级的反人民本质，他们可以为维持主导地位而进行任何形式的犯罪。

对于粮食垄断政策，各方的理解也不尽相同。总结对临时政府经济政策的看法时，巴维尔·里亚布申斯基说："因此，先生们，我们不得不面对：如果我们不采取行动，那么俄罗斯的金融和经济灾难将不可避免。当每个人都对此心知肚明时，他们就会觉得俄罗斯走的路是错误的。我说的这些是不可避免的，但不幸的是，俄罗斯人民只能通过痛苦的努力来减轻自己的负担，只有这样才能让临时政府的大员们醒悟。"①

里亚布申斯基指出，当政府采取国营经济的做法时，经济的国有化和社会化会毁灭企业家阶层，从而造成灾难性的情况。这种警告被左翼政党解释为在俄罗斯制造饥饿。里亚布申斯基的演讲充满了悲观预感，给与会代表们留下了深刻的印象，"掌声雷动"。工商代表大会的参与者达成了共识："从本质上讲，里亚布申斯基的看法是非常正确的，因为每天局势的发展都越来越清楚地表明，普通俄罗斯人和精英阶层正如他所说——正在失去'国家理性'。里亚布申斯基也饱受好评：讲话透彻、清晰、苛刻、大胆而用语优美。"②

与此同时，革命阵营的代表也意识到了政治对手的公开挑战。斯大林在布尔什维克彼得格勒支部的机关报《工人和士兵》上发表了一篇文章——《资本家想要什么》，文中引用了里亚布申斯基的讲话，并对读者强调说："听到了吗？这将需要'痛苦的努力'，事实证明，里亚布申斯基先生并不反对以俄罗斯的饥饿和贫穷来向临时政府施压。他们也不反对关闭工厂，造成失业和饥饿，以引发工农群众的反政府情绪。"③ 斯大林认为资产阶级正

---

① Экономическое положение России накануне Великой Остябрьской социалистической революции. Дожументы и материалы, Март — октябрь 1917 г. М. ; Л. 1957. Ч. 1. С. 196 – 201（публикация речи П. П. Рябушинского）.
② Окупев Н. П. Дневник москвича（1917 – 1924）. Париж, 1990. С. 254.
③ Рабочий и солдат. 1917. 6 авг.

在努力制造经济灾难,是造成人民苦难的罪魁祸首。

实际上,里亚布申斯基8月份的演讲总体上不是激进的,而是抱有期待的。他敦促听众保持忍耐力和组织能力,"以确保我们的团体在克伦斯基内阁的短期经济政策中处于有利地位"。从本质上讲,他希望社会主义者对日益增长的困难感到恐惧之后,再次主动与资产阶级合作,资产阶级也有足够的理由期待局势向此方向发展。

粮食垄断政策使谷物价格稳定了下来,但并未扩展到其他农业产品。结果,到1917年夏天,一普特面包的价格甚至不及一块马蹄铁,于是农民开始囤积谷物而没有将其投放市场。临时政府从一开始就对商人的自主活动实施了很大的限制。在3月的工商代表大会上,一些有经验的谷物贸易商呼吁利沃夫内阁"放弃实行谷物垄断的危险政策",取而代之的应是"恢复在战争期间遭严重破坏的自由贸易"。然而,考虑到在战争条件下自由市场已经被严重扭曲(价格的"缺位"可能导致其大幅上涨),企业家准备接纳垄断政策,前提是私人贸易机构应参与其中,充当面包采购的主要代理人[①]。

但是,局势的发展越发清楚地表明,在国家危机日益加剧的背景下,不可能将国家垄断与私营企业结合起来。因此,里亚布申斯基对政府粮食政策的结果和前景感到悲观,其政治对手将他的态度解释为想要刻意"制造"饥荒。克伦斯基试图"纠正"垄断所造成的无法挽救的局面。为了更接近工业制成品的价格,面包价格在8月27日上涨了一半,最终导致工业制成品价格出现新的上涨,这在贫困人群中激起了对商人和店主的愤慨。

---

① См.: Первый Всероссийский торгово‐промышленный съезд в Москве 19-22 марта 1917 г. С. 230-231; Лавырычев В. Я. Крупная буржуазия и продовольственный вопрос в 1917 г. // Исторические записки. Т. 99. М., 1977. С. 312-321; Вахромеев В. А. Советы и продовольственный вопрос в 1917 г. (март — октябрь) // Там же. Т. 116. М., 1988. С. 5-42.

А. Ф. 克伦斯基出席莫斯科的国务会议，摄于 1917 年 8 月

П. П. 里亚布申斯基与 M. B. 罗江科在国务会议上，摄于 1917 年 8 月

第三章 企业家与政权

在莫斯科大剧院召开的国务会议，摄于 1917 年 8 月

巴维尔·阿法纳西耶维奇·布雷什金，
摄于 20 世纪 10 年代

谢尔盖·阿列克谢耶维奇·斯米尔诺夫，
摄于 20 世纪 10 年代

巴维尔·里亚布申斯基坚信企业家阶层的创造力，并认为革命前俄罗斯的经济发展真正归功于私人企业，是它们在严重的国家危机时期和人民站在一起承受着剥削者和奸商的劫掠。但此时商界依然受到社会的孤立，相比于

П. А. 布雷什金在沃尔霍卡的宅邸，摄于20世纪初

政府的政策，这对于俄罗斯企业家的命运而言威胁更大，里亚布申斯基一类的商界领导人当然明白这一点。8月国务会议的代表们与克伦斯基在办公室的谈判以失败告终，其中 С. Н. 特列季亚科夫和他的高级官员一样，坚信尽管资产阶级面临社会上的不信任和敌对情绪，但鉴于日益严重的经济危机，政府依然离不开"有生活经验的人"。他坦率地对与会代表说："我们要随时准备拯救祖国，尽管现在我们除了无处不在的敌视以外看不到任何支持。"①

8月中旬在莫斯科举行的国务会议上，粮食部长、孟什维克 С. Н. 普罗科波维奇回应了里亚布申斯基关于将企业家从谷物贸易中排挤出去的说法，他直言不讳地说："法律没有任何阻碍私人企业从事粮食贸易的条款。"同时他解释说，在大多数情况下，各地粮食管理部门之所以不允许私人企业介入，是因为"各地人民对商人阶层极为不信任，甚至直接怀有敌对态度，

---

① Второй Всероссийский торгово - промышленный съезд в Москве, 3 - 5 августа 1917 г. М. 1917. С. 13 - 14.

甚至是仇恨，这种仇恨源于在战争期间，投机倒把的商人趁火打劫，掠夺了人民"。

代表工商阶层的 П. П. 里亚布申斯基坚持捍卫自己阶层的荣誉，他坚称所有不幸的根源在于政府政策："现实表明，无处不在的不信任使我们难以开展贸易活动。但是我要说，我们的政府走错了路，他们本应帮助我们。目前，俄罗斯正在被不切实际的白日梦、无知和巧言惑众之词统治着。"①

自1917年以来，俄罗斯社会上掀起了一股针对无良店主和投机倒把者的不满情绪，因为他们哄抬面包价格，里亚布申斯基在1917年指出："鉴于个别企业家的卑鄙行径给整个工商业阶层蒙上了阴影，应将他们送上法庭，以免使工商业阶层由于个别成员的不当行为而遭受不公正和不合理的指控。"② 尽管如此，资产阶级日益不受欢迎的情况依旧无法令他们忽视。

国内危机的加剧使里亚布申斯基想到了在俄罗斯建立军事独裁的必要性，这也是俄罗斯自由主义者想要抵御反革命政党破坏的唯一途径，即建立"坚强的政权"。

在8月的工商代表大会之后，由 М. В. 罗江科等自由派政治家参与的"社会活动家会议"随即举行。此会的参与者是一群"莫斯科人"（С. Н. 特列季亚科夫、А. И. 科诺瓦洛夫、М. В. 切尔诺科夫等），他们在 П. П. 里亚布申斯基的召集下于7月末开始进行筹划，地点位于里亚布申斯基的宅邸中。里亚布申斯基将此会的任务定为"以救国的名义准备将各行各业、各阶级联合起来"③。

在8月8～10日于莫斯科举行的这次会议上，里亚布申斯基当选为常任理事。近400名参会者共同起草了一份电报发送给了科尔尼洛夫，社会活动家们直率地呼吁军队指挥官和国家行政当局的领导者："在这艰难的时刻，所有人都充满信念地注视着您，上帝会帮助您重建强大的军队并拯救俄罗

---

① Государственное совещание. М. : Л. 1930. С. 25 – 26，76 – 77.
② ОПИГИМ. Ф. 10. Оп. 1. Д 42. Л. 9.
③ Русское слово. 1917. 29，30 июля.

307

斯。"里亚布申斯基与其他大金融家们（А. И. 普梯洛夫、А. И. 维什涅格拉茨基等）一起与参加了莫斯科国务会议的将军们进行了盛大会面，М. В. 罗江科受邀主持了午餐会。在讨论将权力移交给科尔尼洛夫的国务会议结束后，里亚布申斯基在自己的小圈子里表示，"被推迟的事情不会被抛弃"，并表示希望早日建立军事政权[①]。

里亚布申斯基的公开言论越发令公众反感，在8月22日于莫斯科罗戈日斯基墓地开幕的旧礼仪派信徒代表大会上，他努力说服自己的共同信仰者，"为了保护国家只能使用武力"，同时他开始资助军官团体。据А. И. 邓尼金回忆，在社会活动家大会中为数不多的当选代表（包括罗江科、利沃夫公爵、米留可夫）里，里亚布申斯基作为商人和政治家应邀参加了于8月29日举行的关于"政权建设"问题的会议[②]。然而，到了规定的时间叛乱已经全面爆发，会议没有举行。

不知里亚布申斯基在科尔尼洛夫叛乱发生时身处何地，叛乱被镇压后不久，他因涉嫌串谋罪而在克里米亚的别墅被捕，但又在证券交易委员会的同僚 С. Н. 特列季亚科夫和 С. А. 斯米尔诺夫的调解下摆脱了麻烦。他们当时正在彼得格勒就加入克伦斯基内阁的问题进行谈判，在得知里亚布申斯基被捕后，他们立即请求政府首脑鉴于里亚布申斯基的严重肺结核病情对其特批释放。最后两者与临时政府的谈判顺利结束，特列季亚科夫成为经济委员会主席，斯米尔诺夫成为国务监督，但他们两个没能改变任何局面，上任一个月后就都被囚禁在了彼得保罗要塞的监狱中。

在10月之前里亚布申斯基退出了政治活动，10月初，他从自己正

---

① Отчёт о Московском совещалнии общественных деятелей 8 – 10 августа 1917 г. М., 1917. С. 59; Верховский А. М. На Трудном перевале. М. 1959. С. 310, 316.

② СМ.: Утро России. 1917. С. 9, 11, 22 авг; Лаверычев В. Я. Русские монополисты и заговор Корницлона // Вопросы нсторин. 1964. № 4; Деникин А. И. Очерки русской смуты, Борьба генерала Корнилова. Август 1917 – апрель 1918. Берлин, 1922. С. 42. 邓尼金在书中援引了一位里亚斯尼亚恩斯基军官联盟成员在军事叛乱前夕的证词："俄罗斯的公众圈子，特别是立宪民主党人，向我们保证他们会支持我们。米留可夫和里亚布申斯基保证会支持我们的行动并从政府、金钱和媒体方面提供支持。"（Деникин А. И. Очерки русской смуты, Борьба генерала Корнилова. Август 1917 – апрель 1918. Берлин, 1922. С. 33.）

在接受治疗的克里米亚发电报到莫斯科,要求工商业联盟组织"为制宪议会选举做准备"。为了即将举行的选举,他建议商界代表在竞选活动中列出自己阶层的代表名单,如果不可能的话,就"投票给自由人民党的候选人,他们的主张最接近工商联盟"。1917 年 11 月,代表工商业团体的工商联盟领导人的名字出现在选举的候选人名单中。但是,选举结果仅证实了企业家们的不受欢迎:在莫斯科市区,该组织仅获得 0.35% 的选票,而布尔什维克和立宪民主党则分别获得 48% 和 34% 的选票[1]。

当然,里亚布申斯基不可能意识不到,在十月革命之后,组织制宪会议的希望不大,即使在有立宪民主党参与的条件下也是如此。1917 年 11 月,工商联盟的代表向俄罗斯人民发出呼吁,强调布尔什维克夺取政权"将俄罗斯的城市置于饥荒的危险之中,军队暴力和闻所未闻的无政府状态已经使自相残杀的内战蔓延开来……而这一切都是在俄罗斯已经处在制宪会议的前夕,并准备建立真正民主自由的国家的情况下发生的。企业家们被号召'团结起来,对暴徒进行决定性的反击……恢复法律和秩序,确保制宪议会的选举自由'"[2]。

在红军占领克里米亚之后,里亚布申斯基被迫移居法国,在那里他与自己的政治对手列宁同年去世。在流亡期间,他仍然忠于自由主义和民主的思想,成为巴黎工商和金融联盟的创始人之一,其在异国他乡团结了俄罗斯企业家。在苏维埃宣布新经济政策的背景下,他指出"恐怖主义和暴力力量摧毁了一切,共产主义政权在'自然经济法则'的影响下将在内部崩溃"。

之后,在巴黎工商代表大会开幕式上,巴维尔·里亚布申斯基对革命前新兴的耐普曼企业家阶层(苏联新经济政策时期的企业家。——译者注)讲道:"振兴俄罗斯将是一项伟大的职责。而且与过去不同,在现在的俄罗

---

[1] См. Змаменский О. Н. Всероссийское Учредительное собрание. История созыва и политического крушения. Л., 1976. С. 291, 358.

[2] ОПИ ГИМ. Ф. 10. Оп. 1. Д. 41. Л. 148 – 149, 153; Д. 42 Л. 43, 39 – 40.

斯，其他人会来联合我们，过去我们很孤单，俄罗斯知识分子并没有与我们肩并肩，而是疏远了我们，他们活在幻想之中，对我们这些实践者持否定态度……但是我敢肯定俄国知识分子将了解过去的教训并改变他们的态度。"在这次会议的议程上将有一项极其重要的任务——"教育人民尊重私有和国有财产，这样这个国家的每一处财产才会得到保护。"然而，恢复土地所有者对土地的所有权已无可能："过去没有及时解决土地问题，现在，人民已经接受了现行的土地制度，无法重返旧时代了。"①

在П. П. 里亚布申斯基逝世10周年之际，他的亲属和从事经济政治活动的同僚П. А. 布雷什金组织召开了纪念大会。А. И. 科诺瓦洛夫、С. Н. 特列季亚科夫、М. В. 别尔纳茨基、Ю. И. 波普拉夫斯基、Н. Т. 卡什塔诺夫等人参与其中。这次大会总结了里亚布申斯基这位革命前俄国商业界最有才华的代表之一的各方面活动，大会发言者指出，巴维尔·巴甫洛维奇一生都是一个"虔诚的信奉宗教的人，他坚守旧礼仪派信仰并对其十分虔诚"（С. Н. 特列季亚科夫）；"因为自己的出身，他对广大俄国商人、农民怀有敬重之情"（В. П. 里亚布申斯基）；当然，不要忘记他一生中最璀璨的成就——提出了"工商业阶级团结的思想"（В. Б. 埃利亚谢维奇）。

里亚布申斯基的哥哥德米特里·里亚布申斯基成就斐然，他在移民后成为著名的物理学家、法国科学院院士。凭借着科学家的思维广度，他在自己的弟弟和彼得·斯托雷平之间进行了比较，认为"他们俩都清楚地认识到，强大的人民经济活动是国家发展的主要动力来源，这是国家正常运作和发展所必需的"②。这个评价很贴切，但在现实生活中他们两者并没有联手并进——斯托雷平查封了里亚布申斯基的报纸，并对其进行行政迫害。

然而，在两者的比较中可以看出在经济中始终如一地支持私人主动性是里亚布申斯基一个非常重要的特征，这使他更倾向于解散村社。在1905年

---

① Общее дело. Париж. 1921. 24 мая.
② Иллюстрированная Россия. Париж. 1935. № 1. С. 10.

夏天斯托雷平开始在农村进行改革之前，里亚布申斯基就通过研究有关农业问题的文献得出了关于未来俄国的结论，他在给温和进步党的信中写道："只有个人主义才能在最短的时间内给出切实有效的成果，因此从这个角度来看，村社是有害的。"①

里亚布申斯基的理想目标与斯托雷平的"大俄罗斯"构想基本相同，后者采用了西方经济政治模式，但保留了民族宗教身份。当然，革命前俄罗斯私营经济体制的潜力并未被耗尽。资本主义在农业领域具有巨大的发展潜力，是实现社会发展的真正途径，而里亚布申斯基的"进步主义"着眼于满足市场经济和法治国家发展的需求。

在 1920 年俄罗斯移民代表的一次会议上，里亚布申斯基回顾了第一次世界大战和革命事件，解释了资产阶级失败的原因："我们中的许多人预见了如今席卷整个欧洲的灾难，我们理解俄罗斯国家内部崩溃的必然性，但我们在评估事件的严重性及其深度方面是错误的，我们对整个外部环境的认知就是错误的。俄国资产阶级规模有限，不能阻止俄罗斯沿着错误的道路前进……过去的整个局势没有促进我们阶层的统一，最终在决定性时刻，自发的革命浪潮将我们所有人粉碎。"②

正是俄国资产阶级在 1917 年国家危机期间发现自己处于被社会孤立的状态，缺乏社会底层的支持，尽管里亚布申斯基这位自由主义富豪还为自己与底层的良好关系感到自豪。瘫痪了的私营经济和民主的悲惨结局——这些阴影笼罩着莫斯科企业家政治运动的领导人。

第五节　通往政坛之路——亚历山大·科诺瓦洛夫

1912 年秋天，莫斯科举行了"伊万·科诺瓦洛夫与其子"工厂成立 100 周年的纪念仪式，该厂是俄罗斯棉纺织行业最著名的企业之一，固定

---

① ТА РФ. Ф. 4047. Оп. 1. Д. 5. Л. 87 об.

② Совещание русских Торгово-промышленных деятелей в Константинополе // Информационный бюллетень, 1920. Нояб. С. 2.

资本达 700 万卢布，公司在科斯特罗马省基涅什马县的工厂雇用了 6000 名工人。庆祝仪式在莫斯科的冬宫饭店举行，并在此安排了晚宴，之后庆祝活动的参加者们也就是著名的"莫斯科商人"们乘坐特殊的马车来到了北方铁路的维丘加站，在那里他们可以看到这位科斯特罗马工业家的杰出成就。

仪式的组织者是家族企业 37 岁的主人亚历山大·伊万诺维奇·科诺瓦洛夫（1875~1948），他是家族第四代掌门人、工业顾问、莫斯科证券交易委员会主席及国家杜马副主席，他注定要在革命前俄罗斯的社会和政治生活中留下浓墨重彩的一笔。从这位里亚布申斯基圈子成员中唯一的杜马代表的政治生涯中可以看出，当时的俄国资产阶级是如何试图通过和平方式解决 20 世纪初的民族危机的，同时通过他的经历也有助于了解这些尝试失败的原因①。

在 1912 年周年纪念日的晚上，组织者科诺瓦洛夫本着与政治同志 П. П. 里亚布申斯基相同的精神发表了一项政策声明。科诺瓦洛夫强调说："工商阶层不仅必须捍卫自己的利益，而且必须团结起来捍卫俄罗斯的公民权利。商人阶级必须记住历史所赋予的义务，因为这保证了俄罗斯未来的强大、自由和富裕。"② 科诺瓦洛夫家族悠久的历史使他将企业家阶层视为改革后俄罗斯社会进步的主要推动者。

"科诺瓦洛夫家族比俄罗斯还大！"在庆祝活动中演讲者如是说。科诺瓦洛夫回想起 П. И. 梅利尼科夫－佩切尔斯基在小说《在树林中》中设置的一个情节，主人公用这样的方式描述纺织品制造商科诺瓦洛夫家族的历史："例如，在维丘河那片，直到法国入侵之前并没有织布工，而现在这里我们除了编织桌布和餐巾外没有任何事可做。但这一切是如何出现的呢？源于一个聪明人——科诺瓦洛夫，他建立了一家小型纺织厂，我们出于古朴的虔

---

① О ранней биографии Коновалова подробнее см.: Петров Ю. А. А. И. Коновалов // Голитическая история России в партиях и лицах. С. 248 – 270.

② Цит, по: Селецкий В. Н. Прогрессизм как политическая партия и идейное направление в русском либерализме. С. 161.

诚同意与他合作。在他的经营下，人们变得富裕，现在的生活比过去要好。"①

创立科诺瓦洛夫家族业务的"聪明人"是亚历山大·伊万诺维奇的曾祖父——彼得·库兹米奇·科诺瓦洛夫（1781~1846），一位持旧礼仪派信仰的农民和农奴，后来他成为俄罗斯最杰出的工业家之一。他是最早在科斯特罗马发展棉纺织生产的人之一：首先他向当地的农民分发了用于纺织的纱线，然后他在基涅什马县的博尼亚奇卡村建立了自己的公司。直到 45 岁，这位商人都是农奴主 А. П. 赫鲁晓夫的农奴，直到 1827 年他才以 2400 卢布把自己和家人一起赎回②。

彼得的儿子 А. П. 科诺瓦洛夫（1812~1889）将家族企业发展为当地最大的装备了蒸汽机的工厂。在 1882 年的全俄工业展览会上，该公司获得了在产品上印国徽的特权，以表彰其"在优质面料生产、生产规模扩大、技术进步以及业务精进上的努力"。该企业生产的亚麻和服装产品广泛分布于整个俄罗斯，并享有很高的声誉。公司的一个显著特点是对工人福利的重视，公司老板几乎是整个科斯特罗马省的最高职位，当地的军营、医院、教堂、学校、浴室和其他公共设施均由科诺瓦洛夫家族的企业出资兴建。

19 世纪 90 年代初，家族企业的管理交由第三代掌门人——И. А. 科诺瓦洛夫。他对工厂事务漠不关心，导致家族企业濒临破产，为此他被家族委员会免职，并给了他一家体面的旅馆③。1897 年，家族企业改制为股份公司"伊万·科诺瓦洛夫与其子"，固定资本为 500 万卢布。虽然继续以 И. А. 科诺瓦洛夫冠名，但实际上企业领导者是他的儿子亚历山大·伊万诺维奇，他是那个时代新型的企业家。

这位年轻的领导者在进入家族企业之前就接受了良好的教育——他先后就读于波利瓦诺夫中学和科斯特罗马中学，中学毕业后来到莫斯科国立大学

---

① Товарищество мануфактур Ивана Коновалова с сыном. 1812 – 1912，Краткий исторический очерк. М.，1912. С. 21.

② Товарищество мануфактур Ивана Коновалова с сыном. 1812 – 1912，Краткий исторический очерк. М.，1912. С. 7 – 10，19 – 20.

③ См.：Бурышкин П. А Москва Купеческая. С. 185.

物理数学系就读，但是在 1895 年，他被迫离开莫大，这与他即将参加家族企业的管理有关，这需要在国外接受职业教育。他去往米尔豪森（位于阿尔萨斯 - 洛林）的纺纱与织造学院，在那里习得了管理棉纺生产的必要知识和技能。同时，科诺瓦洛夫也改信了东正教（19 世纪中叶，科诺瓦洛夫夫妇从旧礼仪派信徒转为东正教信徒）[1]。

在小科诺瓦洛夫的性格中，父辈的"商人"属性没有得到体现。相反，他以热爱科学和艺术著称。这位工业家将理性的、欧洲化的思维方式与杰出的创造力相结合。根据他的熟人 П. Н. 米留可夫回忆，科诺瓦洛夫拉得一手出色的小提琴[2]。青年时期，他曾师从音乐家 С. В. 拉赫曼尼诺夫，随后又在莫斯科音乐学院的 А. И. 济洛季教授那里学习。拥有音乐品味加之掌握了演奏能力，这位商人家庭的后代经常举办独奏音乐会，但他没有演奏自己最喜欢的阿马蒂小提琴，因为他受老师济洛季的影响很大，后者一生都禁止他演奏最爱的乐器[3]。

在商界，大力改善工人生活条件的广泛举措使科诺瓦洛夫广为人知。同时，他对工人福利的大举投入并没有妨碍技术方面的进步——这位年轻的工业家密切关注技术创新，他在博尼亚奇卡村建立了联合收割机站，同时为邻近的卡缅卡村纺纱织造厂配备了最新的英国的纺纱机和德国的电机。在很短的时间内，他使家族企业摆脱了危机，并再次使科诺瓦洛夫家族企业在科斯特罗马的棉纺企业中居于首位。"在短时间内，他将企业带入了辉煌的状态，并带来了所有最新的技术。"[4]

科诺瓦洛夫的成功在很大程度上与劳工组织领域的改革有关。1898 年 1 月，织布工在工厂进行罢工，要求公司将 21.5 小时的两班制工作日改为 18 小时。当时亚历山大·科诺瓦洛夫刚刚担任总经理一职，他答应了工人的请

---

[1] ЦИАМ Ф. 418. Оп. 308. Д. 489 - О принятии в число студентов Московского университета А. И. Коновалова. Л. 1 - 22.

[2] См.：Милюков П. Н Воспоминания, 1859 - 1917 / Вст. ет. и коммент. Н. Г. Думовой. Т. II. М., 1990. С. 404.

[3] См.：Варенцов Н. А. Слышанное. Виденное. Передуманное. Пережитое. М., 1999. С. 225.

[4] ЦИАМ. Ф. 143. Оп. 1. Д. 298. Л. 48 - 49.

第三章 企业家与政权

亚历山大·彼得罗维奇·科诺瓦洛夫，
摄于19世纪80年代

科诺瓦洛夫家族位于科斯特罗马省博尼亚奇卡村的纺织工厂，摄于20世纪初

20 世纪初的莫斯科企业家

亚历山大·伊万诺维奇·科诺瓦洛夫，
摄于 20 世纪初

"И. А. 科诺瓦洛夫与其子"公司的总经理办公室

"И. А. 科诺瓦洛夫与其子"公司旗下工厂的附属医院

"И. А. 科诺瓦洛夫与其子"公司旗下工厂的叶卡捷琳娜附属幼儿园

求,自此科诺瓦洛夫的工厂成为俄罗斯最早建立9小时工作制的工厂之一(工人前一天工作12小时,第二天工作6个小时)。

但是当科诺瓦洛夫发现工人提出不合理的要求时,他会坚决拒绝。例如,在1903年罢工中部分纺纱厂宣布由于管理部门所发行的原材料质量差而必须提高价格时,该公司董事长回答说,他不允许对产品合同进行任何更改，但他将亲自监控所生产纱线的质量。科诺瓦洛夫并没有因为参加罢工而迫害工人，而认为罢工是劳资关系中的自然形式，同时他尽力不去引起工人的任何不满①。

科诺瓦洛夫提出了具有创新性的资产阶级理念——"工业社会和谐"思想，即企业家与工人之间应该形成家庭式的关系②。"工人阶级应该是国家的支柱，是国家的骨干力量，而不是敌对力量"——科诺瓦洛夫从事企业管理的最初阶段就以此为座右铭③。他将自己的企业作为测试自由派路线的试验场，采取了以牺牲公司利润为代价的措施，为工人提供"健康、舒适的住房"：建立了免费的单身公寓和家庭住宅，建立了两个由独立房屋构成的村庄，分别以自己两个儿子的名字萨申和谢列任命名。在这些房屋中定居满12年并向公司支付了房款的工人，就能成为房屋的所有者。对于那些希望独立建造房屋的工人，公司可以低价向其出租土地。

科诺瓦洛夫的公司还出资为工人子女建设了两年制的学校（亚历山大·科诺瓦洛夫下令取消了工厂的未成年人工作制），为160名儿童提供免费且设施齐全的托儿所，此外公司还建设了养老院、阅览室、免费澡堂、储蓄银行和为工人提供低价商品的专门商店。同时公司旗下的工厂长期以来都有医院和免费提供门诊服务的诊所，1912年在公司成立100周年之际，科诺瓦洛夫对医院进行了改扩建，其中住院部可容纳100张病床，而产科病房则可容纳25张病床，公司每年为医院下拨75000卢布的经费④。

在这样良好的福利之下，工人们格外珍惜给这位年轻老板工作的机会，20世纪初的罢工浪潮通常绕过科诺瓦洛夫的企业。第一次世界大战爆发前不久，当时一直在州杜马工作的亚历山大·伊万诺维奇回访了家乡博尼亚奇

---

① ТА РФ. Ф. 102. （ДП） 4 д-во. Д. 4. Ч. 4. Лит. А. Л. 35 – 37.

② См.：Старцев В. И. Взгляды А. И. Коновалова по рабочему вопросу // Пролетариат России и его положение в эпоху капитализма. Вып. 2. Львов, 1972. С. 159 – 163.

③ См.：Коновалов А. Н. Некоторые соображения о современном рабочем движении и необходимых мерах к его урегулированию, б. . /д. ［1916 г.］ // Красныйархив. Т. 57. 1933. С. 72 – 84.

④ См.：Товарищество мануфактур Ивана Коновалова с сыном. 1812 – 1912. С. 42 – 44，60.

卡，并发现当邻近企业因政治罢工而停工时，他的工厂却照常运转。为了对工人表示感谢，这位了不起的企业家决定奖励工人，将他们的工资提高10%～30%，并拨出了20万卢布修建工人住房。科诺瓦洛夫对工人表示，他对他们的镇定表现感到非常满意，并承诺"一如既往"地满足他们的需求和利益。科斯特罗马工业家对科诺瓦洛夫企业工资的单方面上涨感到愤怒，他们认为这延长了工人的罢工。但是科诺瓦洛夫没有在意他们的抱怨，公开宣称工人的意见对他来说比科科列夫或拉佐廖诺夫的意见都重要得多①。

作为一位有进取心的工业家，科诺瓦洛夫的事业不断进步。他在30岁时成为科斯特罗马工商业委员会的主席。但是，区区一省级委员会已经不再令这位与莫斯科联系密切的商人满足。莫斯科自20世纪初以来已成为他的永久居住地，科诺瓦洛夫将工厂的技术管理移交给了总经理。1905年，科斯特罗马商人科诺瓦洛夫被推选为莫斯科证券交易委员会成员，并成为П. П. 里亚布申斯基领导的"少壮派"企业家团体的一员。

科诺瓦洛夫在政治舞台上的首次亮相是1905年春参加财政大臣В. Н. 科科夫佐夫召集的关于工人问题的会议，以及同年夏季举行的众多商界代表会议，这些会议讨论了国家体制的转变问题和建立全俄统一的政治组织问题。1905年11月，科诺瓦洛夫成为工商党的创始人之一，从1906年开始，他代表莫斯科参加了由圣彼得堡企业家倡议成立的工商代表大会。

1905年进入莫斯科证券交易委员会后，科诺瓦洛夫开始积极准备在俄罗斯建立工商业联合会的计划，旨在统一全国的资产阶级利益代表。尽管由于官僚主义的拖延和各个区域企业家群体的利益冲突（如前文所述），该项目并未得到实施，但作为起草者的科诺瓦洛夫在商业界越来越受到欢迎。后来莫斯科证券交易所成立了棉花委员会，这是一个控制棉花原料质量的特殊机构，科诺瓦洛夫对此做出了贡献。1908年科诺瓦洛夫被推选为莫斯科证券交易委员会副主席，成为Г. А. 克列斯托夫尼科夫的副手，同时他还担任

---

① ГА РФ. Ф. 102.（ДП）ОО. 1914. Д. 73. Лит. Б. Л. 26 - 27.

城市杜马的议员。

当时科诺瓦洛夫还是温和进步党的成员，他于1906年秋与 П. П. 里亚布申斯基一同加入（第一届杜马选举失败后，工商党不复存在）。科诺瓦洛夫与里亚布申斯基不仅在政治领域合作，同样也有业务往来：科诺瓦洛夫是《俄罗斯晨报》编辑委员会的成员，同时他还应邀加盟里亚布申斯基旗下的新企业——莫斯科商业银行和俄罗斯亚麻股份公司（РАЛО，成立于1912年）。科诺瓦洛夫在纺织企业保险集团——俄罗斯商业互保联盟中扮演了关键角色，该联盟成立于1903年，以满足股份制公司对保险产品的需求。作为该联盟理事会的主席，科诺瓦洛夫在提高纺织品生产的防火性和降低保险成本方面做了很多工作。

科诺瓦洛夫与 П. П. 里亚布申斯基一起组织的"经济座谈会"在1908~1912年逐年举办，与会的工业界和科学界代表讨论了该国经济发展的紧迫问题。部分座谈会的举办地位于科诺瓦洛夫在莫斯科大尼基茨基小巷的豪宅中。П. А. 布雷什金回忆说："亚历山大·伊万诺维奇在莫斯科受到爱戴，人们响应了他的邀请，参与了座谈会。"[①] 1910年，当时俄罗斯有声望的企业家和政府圈内的社会活动家均参加了科诺瓦洛夫的35岁生日宴会。

科诺瓦洛夫这位莫斯科商人于1911年获得全俄罗斯的声誉，当时他与 С. И. 切特韦里科夫共同发起了所谓的"66人公开信"运动，这份公开信由商界的66名杰出人士代表签署。自由主义媒体（《莫斯科晨报》和《俄罗斯导报》）在1911年2月公布的这封公开信中强烈抗议沙皇政府对高等教育的镇压政策。1911年初，由于国民教育大臣 Л. А. 卡索在莫斯科大学采取的反动措施逼走了以校长 А. А. 玛努伊洛夫为首的教授们，自由主义者再也无法容忍政府关于教育的新法令，后者禁止在大学建筑内举行任何会议，且一旦有学生聚会发生警方必须立即向政府通报情况。作为回应，大学生进行了一次全俄罢课，同时莫斯科大学的教授以辞职为回应来支持

---

① Бурышкая П. А. Москва купеческая. С. 271.

他们。

П. А. 布雷什金回忆说："在莫斯科的公众圈子里，罢课事件引起了极大的反响，某些团体开始对政府的高校政策做出尖锐批评与反对，同时莫斯科工商阶层对大学问题并非无动于衷。"① 商业界反对官僚专制抗议活动的直接发起者也是 А. И. 科诺瓦洛夫，即"66人公开信"运动的组织者。自由主义企业家强烈谴责了 П. А. 斯托雷平的警察专政，并明确表示这不会受到企业家的支持。

科诺瓦洛夫在公开信中强调说，他们并不同情学生罢课，因为他们"破坏了我们的高等院校"并将大学"变成仇恨之地"，所以这是不可取的。但同时莫斯科的商人们在信中也公开表达了反对政府内阁镇压学生运动的声音，警告当局他们若采取这样的镇压政策将找不到支持者。这封信的结尾意味深长："当前社会为政府和国家造成了不利的局面，当社会处于精神崩溃之时，就无法为国家提供道义上的支持。"②

莫斯科证券交易委员会主席 Г. А. 克列斯托夫尼科夫试图阻止科诺瓦洛夫提出的抗议，前者不愿意支持同僚的反对派言论。科诺瓦洛夫在报纸上刊登出的公开信的 66 位署名者中只有 30 人是证券交易所经纪人，因此，抗议不能被视为整个莫斯科工商界的意见。但政府还是尽了一切努力贬低这 66 名商人的言论，在政治上毫不含糊——1905 年以后，政府习惯于将反对者划分为左派。1911 年 2 月 9 日，В. П. 里亚布申斯基在写给 П. Б. 司徒卢威的信中强调："我们对学生运动事件感到兴奋，并想参与抗议。"③

国内局势的发展将科诺瓦洛夫这位工商界的杰出代表逐步推向政治活动，他决定完全致力于公共服务，并成为进步党（继承于温和进步党）的主要人物之一。在 1910 年第三届国家杜马选举之后温和进步党就开始筹划在自身基础上建立新的政治组织，从那时开始科诺瓦洛夫就一直与 И. Н. 叶

---

① Бурышкая П. А. Москва купеческая. С. 274.
② Утро России. 1911. 11. 14 февр.
③ Цит. по: Дякин В. С. Самодержавие, буржуазия и дворянство в 1907 – 1911 гг. С. 189.

夫列莫夫保持密切联系。在第四届国家杜马竞选活动中，科诺瓦洛夫成为莫斯科无党派进步组织委员会成员，该组织由第三届杜马副主席 H. H. 利沃夫公爵创建，旨在"促进进步主义者的集会，以共同应对第四届国家杜马的选举结果"①。这一时期的进步派人士避免称自己的组织为政党，而更喜欢采用"无党派委员会"的形式，但从本质上讲，它是一个有计划与管理机构的政党，最初的领导人也是莫斯科自由派企业家。

如上所述，进步主义已经体现出企业家阶层对十月党人过于忠于沙皇政府反动路线的不满，可以说进步主义已成为君主立宪政治力量联合的旗帜。十月党和立宪民主党均已偏向右翼。1912 年底，科诺瓦洛夫被推选为进步党中央委员会委员，该党的理念是"建立起大臣对国民代表负责的君主立宪制"。

在第四届国家杜马的选举中，科诺瓦洛夫被提名为科斯特罗马省第一等级选民的代表。在莫斯科，科诺瓦洛夫没有参加选举，因为他没有参加第一等级选举的资格，而第二等级的选举更加强调民主，对"富商"持消极态度，因此他在第二等级选举中也没有成功的机会②。最后在第四届选举中成功当选的杜马进步派议员是 И. Н. 叶夫列莫夫，他是一位新手政治家，与俄罗斯议员建立了紧密的合作关系，这大大丰富了他的政治履历。科诺瓦洛夫成为杜马中数个专门委员会（工人委员会、金融委员会、工商委员会）的成员，在这些委员会中，他是处理此类问题不可或缺的专家。

从一开始，科诺瓦洛夫就在杜马中联合了主张效仿西欧自由社会发展模式的支持者。这些莫斯科自由派政治家于 1912 年底在杜马发表的第一轮演讲中，就提出了改革政治制度以实现经济进步的总口号："只有吸收其他国家固有的最先进的公民社会形式，才能够使我们沿着文明国家的精神和物质发展道路前进。"③ 在讨论国家预算草案时，科诺瓦洛夫公开表明了资产阶

---

① ГА РФ. Ф. 102. （ДП）4 д - во. 1912. Д. 130. Ч. 42. Л. 17 – 17 об.；Сыезд прогрессистов 11，12 и 13 января 1912 г. C. 2 – 3.

② См.：Дякин В. С. Буржуазия, дворянство и царизм в 1911 – 1914 гг. C. 45.

③ Цит, по：Аврех А. R. Царизм и IV Дума. 1912 – 1914 гг. M.，1981. C. 42.

级对专制政权日益增长的不满："在警察专制的框架内，经济繁荣是无法实现的。"他还强调，经济发展取决于行政的"自由程度"，专制政权在发展过程中既没有提供个人主动性，也没有提供动力与资本，商业萧条会使俄罗斯的财富枯竭，因此发展会陷入枯萎①。

被左翼知识分子、莫斯科"少壮派"企业家的进步代表及与其志趣相投者认可的发展模式能否实现，直接取决于对法律制度是否认可。但在1905年，法制并没有融入俄罗斯的现实生活。于是他们首先寻求建立对杜马负责的政府（在这方面，进步主义者比立宪民主党更加"左倾"，后者将自己局限于"信任政府"的口号），即先进行宪法改革，然后将俄罗斯转变为类似于欧洲先进国家的法制社会。科诺瓦洛夫还认为经济发展的需求与社会的政治进步是可以相互促进的，他在公司成立100周年庆典上说："为了工业发展，我们需要平稳的政治局面，要确保财产和个人利益不受任意侵犯，我们需要坚强的法律、法制和在全国范围内普及的国民教育。因此，先生们，工业化符合整个俄罗斯社会的直接利益与崇高愿望……"②

科诺瓦洛夫认为，俄罗斯的经济复苏需要宪法制度以及不受国家过度干预的自由市场竞争原则。他认为，政府经济政策的主要目标应是推动国家生产力的发展、稳固并扩大国内市场，这些目标可以通过一系列旨在促进工业和农业发展的措施来实现。科诺瓦洛夫这位自由派杜马议员还认为，在俄罗斯，经济发展的利益总是牺牲于帝国主义的政治野心，"过去我们的整个经济都在为警察专制服务"。

在1913年3月29日的演讲中，科诺瓦洛夫以最激烈的方式表达了他对财政部门的态度。他指出："在俄罗斯，国家的经济职能存在某种形式的过度膨胀，巨额资金被用于国外，从而削弱了生产潜力。"他反对扩大"国家财政储备"。一战前的工业热潮中政府在经济实践中明显加强了这

---

① ОПИ ГИМ. Ф. 10. Оп. 1. Д. 72 – Фракция прогресстов в IV Государственной Думе. Сессия I. 1912 – 1913 гг. Вып. 1. Спб. 1913.

② Цит. по: Бурышкин. П. А. Москва Купеческая. С 281.

种政策①，科诺瓦洛夫认为这是不可接受的，"从发展国家生产力的角度出发，任何政府经济实力的增强都将导致其政治权力的增强，这在根本上是不可取的"②。

科诺瓦洛夫在经济与工人议题上是最受尊敬的发言人之一，他对这些领域十分熟悉，并试图通过杜马法案改善工人的生活条件。1913年6月，进步党成员提出了关于劳工问题的自由主义法律草案，其中规定了妇女和未成年人的劳动保障、住房建设、残障和老年工人保险等方面的措施，其中一些得到实施。

自由派政治家、活动家的主要目标是在宪法和君主制基础上对政治制度进行和平改革，最终实现将政治权力真正转移给自由反对派。他们希望联合杜马所有的反对派集团，阻止社会革命的爆发，一战前夕他们很明显地感受到了革命的临近。在被选为杜马议员后不久，科诺瓦洛夫在接受报纸采访时谈到了组建"大型跨阶级自由主义政党"的必要性。为了反映进步派的立场，他提议不仅要建立包括立宪民主党和十月党的左翼多数派，还要建立一个强大的自由派集团，"我们将开始实施渐进式改革，并带领俄罗斯沿着进化道路前进"③。作为进步党的实际领导人，1913年11月，科诺瓦洛夫当选为杜马副主席，成为杜马主席 М. В. 罗江科的副手。

的确，即使是左右分裂的十月党人，以及没有采取"孤立政府"策略的立宪民主党人，都明显表现出建立杜马反对派联盟的愿望。在1912年11月第四届国家杜马开幕前夕，在立宪民主党中央委员会的一次会议上，П. Н. 米留可夫强调说："工商业团体的利益是具有确定性的，科瓦诺洛夫、波斯尼科夫（圣彼得堡工业学院院长）等人做得不错，他们组织起了自己的组织并为其利益奋斗，我当然愿意通过立宪民主党这个组织实现自己的利

---

① См.: Власть и реформы. От самодержавной к советской России / Отв. ред. Б. В. Ананьиу. СПБ. 1996. С. 560 – 562; Шацилло К. Ф. Государство и монополиив военной промышленности России. Конец XIX в. – 1914 г. М., 1992. С. 24 – 51.

② Цит. по: Шелохаев В. В. Либеральная модель переустройства России. С. 120.

③ См.: Вишневски Э. Либеральная оппозиция в России накануне Первой мировойвойны. С. 115 – 116.

益，同时立宪民主党也能够对社会做出贡献。"①

立宪民主党中央委员会与科诺瓦洛夫的关系相当密切。1912 年秋，立宪民主党人 П. Б. 司徒卢威、A. B. 特尔科夫等反对 П. Н. 米留可夫者在科诺瓦洛夫的资助下决定出版新的"无党派"报纸《俄罗斯之声》，其与米留可夫创办的《言论》是对立的。显然，科诺瓦洛夫对新出版物有自己的看法，该报旨在将对米留可夫路线不满的立宪民主党人推向进步派。

A. M. 科柳巴金在 1912 年 12 月的立宪民主党会议上强调说："科诺瓦洛夫办报并没有获得什么收入，不难看出他们是想通过报纸支持工商界的主张。" A. B. 特尔科夫则解释说，没有什么组织比立宪民主党更能给报纸投入金钱，同时 A. A. 科尔尼洛夫坚称《俄罗斯之声》将是明显的进步媒体。最终科诺瓦洛夫无偿为这份报纸的出版提供了资金，从 1912 年 12 月开始努力至 1913 年 8 月，这份"立宪民主党中进步主义者"的报纸问世了。立宪民主党的领导层后来对这次办报经历给予了积极的总体评价，认为这是发出"非党派"声音的一种手段。科柳巴金认为，聚集在科诺瓦洛夫身边的立宪民主党人"可能成为民族自由运动的核心，不仅不应该干涉，甚至应该帮助建立这样一个有益的团体"②。

但是，科诺瓦洛夫与杜马中的立宪民主党一派未能成功结盟。1913 年末至 1914 年初，在科诺瓦洛夫的倡议下进行的谈判未能取得理想的结果，杜马的中左翼联合的问题没有解决③。第二次关于联合的会议是由十月党人左翼、进步主义者和立宪民主党右翼代表参加的，于 1914 年 1 月在科诺瓦洛夫圣彼得堡的宅邸举行。当时 B. H. 科科夫佐夫已经辞职，他们决定基于"适度、可接受的条件"创建一个左翼集团，以阻止政府政策的右倾。但

---

① Протоколы Центрального комитета Конституционно－демократическойпартии. Т. 2：1912－1914 гг. / В. В. Шелохаев（рук. проекта）. М.，1997，С. 128.
② В. В. Шелохаев（рук. проекта）. М.，1997，С. 144，147，264；Аврех А. R. Шаризм и IV Дума. 1912－1914 гг. С. 207.
③ См.：Дякин В. С. Буржуазия，дворянство и царизм в 1911－1914 гг. С 133－177；Вишневски Э. Либеральная оппозиция в России накануне Первой мировой войны. С. 152－167.

325

是，十月党人不同意协议中的此类条款，立宪民主党人对自己在该联盟中的角色不满意，因此左翼集团还是没有成立①。

在1914年2月9日立宪民主党中央委员会成员的会议上，П. Н. 米留可夫回顾了这些谈判的过程和结果，这位自由人民党的领导人原则上没有否认与进步党结盟的可能性，并指出"科诺瓦洛夫真诚地与自由人民党联系，强调必须采取正确的步骤"，进步主义者并没有影响立宪民主党，相反，立宪民主党影响了进步主义者。显然，这是立宪民主党对莫斯科进步党的主动态度反应冷淡的主要原因。

据米留可夫称，在科诺瓦洛夫召开的会议上，他呼吁"在目前具有决定性的时刻，进步集团要通过自身活动来提高人民心中国家杜马的威望"。为此，他们决定"在杜马建立多数派，进行统一斗争"。但是，事实证明只获得多数立宪民主党人的支持是不够的，没有十月党人就不可能做到，进步党将谈判争取重点从立宪民主党转向了十月党。但是，进步党的预想没有成功，因为十月党议员因对戈列梅津抱有幻想而宣布自己不接受任何形式的结盟②。1914年5月，由于与十月党多数派发生冲突，科诺瓦洛夫辞去了杜马副主席一职。

科诺瓦洛夫一生中与杜马相关的两个事件意义重大但价值不等。他的名字可在1912年成立的共济会组织——"俄罗斯人民的伟大东方"的花名册中找到，他加入的是俄罗斯"政治共济会"，其成员包括立宪民主党人（Н. В. 涅克拉索夫）、劳动派（1906~1917年国家杜马中由农民和民粹派知识分子代表组成的小资产阶级民主主义者派别。——译者注）人士（А. Ф. 克伦斯基）和社会民主党人（Н. С. 齐赫泽、Н. Д. 索科洛夫）。临时政府记载了他们当中某些人与共济会存在紧密联系的证据，其中包括克伦斯基、涅克拉索夫、科诺瓦洛夫、捷列先科等人，这些人之间因政治往来而关系紧密。米留可夫暗示，他们这个团体是因共济会而团结在一起的③。Н.

---

① См.: Дякин В. С. Буржуазия, дворянство и царизм в 1911-1914 гг. С. 208.
② Протоколы Центрального комитета Конституционно - демократическойпартии. Т. 2. С. 261-262, 265.
③ См.: Малоков П. Н. Воспоминания, 1859-1917. Т. II. М., 1990. С. 285-286.

别尔别罗娃在所著的《共济会词典》中也提到了科诺瓦洛夫，但该书承认，尽管一些流亡者认识他并试图与他讨论共济会的问题，但仍旧无法确定科诺瓦洛夫在其中的具体活动①。

关于科诺瓦洛夫参与共济会组织的信息可以追溯到前立宪民主党人 H. B. 涅克拉索夫的证词，他是 1939 年被国家政治保安总局调查时说出这些的，并以此作为苏联学术界研究共济会的参考②。但在最近的出版物中，国家政治保安总局调查出的信息的可靠性受到了质疑③。值得强调的是，在调查人员的压力下，尽管涅克拉索夫说在 2 月的筹备中共济会起了"阴谋中心"的作用，但他强调指出，革命后"少数知识分子无法发挥重要作用，并在利益冲突之中走向崩溃"④。

不幸的是，当前学术界缺乏关于那些秘密组织活动的信息，这些秘密组织的领导者广泛地代表了之后二月革命的领导人，这是有关俄罗斯政治发展史的重要史实⑤。俄罗斯有共济会的分支机构，但是这个神秘宗教团体在俄罗斯的活动是什么、其是不是二月革命领导人和临时政府的"孵化器"，在这些问题上史学界还没有得出足够有说服力的答案⑥。

---

① См.: Берберова Н. Курсив мой. Автобиография. Мюнхен, 1972. С. 360 – 363.
② См.: Rковлев Н. Н. 1 августа 1914 года. М., 1974.
③ См.: Из слелственных дел Н. В. Некрасова 1921, 1931 и 1939 годов / Вст ст. В. В. Поликарпова у/ Вопросы истории. 1998. No 11 – 12. С. 10 – 48.
④ См.: Из слелственных дел Н. В. Некрасова 1921, 1931 и 1939 годов / Вст ст. В. В. Поликарпова у/ Вопросы истории. 1998. No 11 – 12. С. 38.
⑤ 此处考证的是严谨的学术文献，而不是最近出现的大量神话般的汇编。在大多数文献中共济会都被认为是俄国革命前的"deus ex machina"，其主要特征就是渗透在社会生活的方方面面。据称，共济会是整个自由主义反对派的领导者，其"反国家活动"干扰了统治秩序（例如，参见 Платонов О. А. Терновый венец России. Тайная история масонства 1731 – 1996. М., 1996）。拥护君主专制的作品往往擅长将"恐共济会"的公众意识神话化，从而使读者无法更接近历史真相。
⑥ 大致可以参考 А. Я. 阿夫列赫的结论，他认为俄罗斯共济会的政治影响力微不足道，在二月革命的历史中不存在共济会问题（Аврех А. Я. Масоны и революция. М., 1990. С. 343）。同时值得注意的是，1905 ~ 1907 年革命后俄罗斯共济会运动的复兴仍然与政治因素有关，苏联意识形态中将共济会分会在 1912 年出现的原因归结为"改革的失败所造成的失望情绪以及一场新的大革命的到来"（Аврех А. Я. Масоны и революция. М., 1990. С. 187）。

在当代研究中，俄罗斯共济会也受到了关于"冒牌共济会"的合理质疑①。科诺瓦洛夫所属的"共济会杜马分支"可能只是在政治上协调十月党左派的组织。这个杜马组织的成员，社会民主党人 Б. И. 尼古拉耶夫斯基（最早的杜马问题研究者之一）革命后在接受 А. Я. 哈尔彭的采访时说："杜马集团努力团结左翼反对派，协调左派不同团体之间的各种冲突和摩擦，并促进他们采取联合行动。"②

这个目标似乎只是一个美好的愿望，20 世纪初流行的神秘组织在国家政治生活中的作用不应该被夸大。另一位孟什维克的共济会成员 Н. С. 齐赫泽公开地描述了"共济会杜马分支"的实际情况："不过就是在阴暗角落里的意见和信息交换，没有提出任何解决方案……当我们谈到解决方案时，分歧便不可避免……在这样的条件下，这个组织当然不可能进行共同活动……"③

通过官方途径联合自由主义力量显然不现实，而在共济会象征主义的帮助下，杜马同样无法实现自由派的统一，这促使科诺瓦洛夫采取措施加强了院外活动。当时他在一次报纸采访中说："在俄罗斯国内政策的未来方向上起决定性作用的不是国家杜马，而是人民。"④ 1914 年 3 月，在他的倡议下，左翼自由党和革命党的代表会议在莫斯科召开。在包括立宪民主党人、十月党左翼、社会民主党人（孟什维克和布尔什维克）、社会革命党人（人民社会主义者）等代表的大会开幕式上，组织者告知听众，他不久前曾试图组建一个左派联盟，以实现在杜马中反对右派，但没有成功。科诺瓦洛夫承认，他对杜马反对派的协调失败感到失望，而且对杜马本身的效力感到失

---

① См.: Карпачев С. П. Российские масоны в общественно - политической и культурной жизни страны конца XIX - начала XX веков. Автореф. дис... докт. ист. Наук. М., 1998. С. 33 - 35.

② См.: Русское политическое масонство 1906 - 1918 гг. Документы из архива Гуверовского института войны, революции и мира / Вст. ст. и коммент. В. И. Старцева // История СССР. 1990. № 1. С. 143.

③ История СССР. 1989. № 6. С. 125.

④ Цит. по: Дякин В. С. Буржуазия, дворянство и царизм в 1911 - 1914 гг. С. 210.

望，他们反抗右翼无能为力。他提出了一项新计划——巩固杜马以外的反对派人士，以对戈列梅津内阁施加压力①。

科诺瓦洛夫大声疾呼，对专制政权的顽固态度感到恼火，"政府高高在上地拒绝社会各界的建议，可以说，这个国家睡着了。但是一旦出现两三起具有革命性质的过激行为，政府将立即表现出极度的胆怯和困惑"。进步党在杜马以外几乎没有组织，同时自由派政治家寻求与各类政党的结盟在民众中产生了一定影响。

科诺瓦洛夫积极寻求左翼盟友，"反对派应团结起来，向政府施压并迫使它做出让步"。科诺瓦洛夫的计划包括组织工人、动员农民、凝聚资产阶级、通过分发传单为竞选活动造势等。科诺瓦洛夫希望，这样一个前所未有的联盟将成为自由主义者和革命者团结起来反对独裁政权的工具。他强调说："在这样一个组织里，立宪民主党、十月党、社会民主党、社会革命党和所有其他国家政治团体都能够遗忘分歧。"

按科诺瓦洛夫的构想，组成这个大联盟的每股政治力量都将以自己擅长的方式行事——社会民主党将组织罢工、社会革命党将在农村进行动员、工商业界将发表公共演讲、知识分子将举行示威集会，同时反对派控制的新闻媒体将一致支持他们。科诺瓦洛夫向可能的盟友保证："问题在于，我们需要以一种有组织的方式同时展开行动，就像分工协作一样，给外界留下深刻的印象……组织如此良好的运动，尽管方式上千差万别，但一旦开启，应该就能给政府留下深刻的印象！这样的行动并不过分，毕竟政府都能做出像判处连斯基死刑这样的愚蠢行为。"

为了保持各反对派组织之间的联系，科诺瓦洛夫提议建立一个由所有反对派政党和团体组成的信息委员会，该委员会可以成为组织协调机构。尽管科诺瓦洛夫的提议只处于设想阶段，但警察立即通过情报网络知晓了大尼基茨基小巷中的讨论，最终该计划并没有成为专制政权的"意外惊喜"。

值得一提的是，科诺瓦洛夫本人长期以来一直处在警察的监视之下，莫

---

① ГА РФ. Ф. 102. （ДП） ОО. 1914. Д. 73. Лит. Б, Л. 1–2（выступление Коновалова）.

斯科的秘密警察一直监视着他在大尼基茨基小巷 57 号的房子，对其暗称为"螃蟹"①。在科诺瓦洛夫这次的"聚会"之后，警察部门立即发出通知，指示各地警察局在发现"反政府倡议"后立即阻止犯罪分子的活动②。但是，不仅是因为当局的反对，总的来说科诺瓦洛夫联合左翼力量的想法注定要失败。

事实上，革命者并不会为杜马反对派"火中取栗"。布尔什维克代表斯克沃尔佐夫－斯捷潘诺夫明确表示"我们有不同的道路"③。孟什维克左翼激进分子参加科诺瓦洛夫会议的主要动机是获得富裕的进步派人士提供的资金补助，同时正在筹备第六次党代会的布尔什维克也缺乏资金，他们希望在科诺瓦洛夫的帮助下解决问题。В. И. 列宁从国外给斯克沃尔佐夫－斯捷潘诺夫的信中写道："我们是否能从合作中获得收入这非常关键，如果少于 1 万卢布那就没必要参加了。"④

列宁务实的指示使布尔什维克的代表处在尴尬的境地，因为他长期与科诺瓦洛夫结识，且彼此惺惺相惜。在致列宁的回信中，斯克沃尔佐夫－斯捷潘诺夫介绍了 3 年前与科诺瓦洛夫第一次会面时的情景："我们整个晚上都在与他交谈，谈论纺织和重工业、农民问题等。他给我留下了深刻的印象：头脑清晰，视野相当开阔，对阶级利益的嗅觉非常敏锐……"

在那场私下谈话中，科诺瓦洛夫与新认识的斯克沃尔佐夫－斯捷潘诺夫分享了资产阶级和无产阶级在社会斗争舞台上的关系的想法："过去，当做出'越界'的决定时（指 1905~1907 年的革命），我的同僚们犯了一个大错误：他们被一支鲜为人知的活跃力量（指的是工人运动）吓到了。我向你保证，若'越界'的决定再次做出，我们不会排斥工人运动。"⑤

自由主义资产阶级承认 1905 年的失误，当时他们在 П. П. 里亚布申斯

---

① ГА РФ. Ф. 63. Оп. 28. Д. 5897，1914.
② ГА РФ. Ф. 102. (ДП) ОО. 1914. Д. 73. Лит. Б. Л. 11－11 об.
③ ГА РФ. Ф. 102. (ДП) ОО. 1914. Д. 5. ч. 46. Лит. Б. Пр. 1（2）. Л. 94－95.
④ Ленин В. И. Полн. собр. соч. Т. 48. С. 276；Ответ В. И. Ленина на письмо И. И. Скворцова－Степанова（март 1914 г.）. Публикация А. М. Володарской и М. В. Стешовой // Исторический архив. 1959. № 2. С. 13－14.
⑤ Исторический архив. 1959. № 2. С. 14－17.

基的领导下"帮助旧政权镇压了人民革命"。在预料到新的动荡之际,自由派在反对专制主义的共同斗争中向左派盟友伸出了援助之手。但是,统一的自由革命阵线不过是一种幻想。尽管几乎没有任何理由怀疑科诺瓦洛夫想要联合的诚意,但会议的其他参与者各怀鬼胎。例如,斯克沃尔佐夫-斯捷潘诺夫尽管与进步主义者有个人私交,但在写给列宁的信中却表示自己因参与这种"肮脏的生意"而感到懊悔。革命者的真正目标不是与自由主义者结盟,而是为了"探究"他们的反政府程度并获得资金援助①。

科诺瓦洛夫组织的会议上,成立了由 И. И. 斯克沃尔佐夫-斯捷潘诺夫、С. Н. 普罗科波维奇、В. Н. 马良托维奇、А. М. 尼基京等人组成的信息委员会,但其存在没有持续多久。杜马的进步派不支持科诺瓦洛夫的倡议。最终,立宪民主党人和十月党人都拒绝了旨在建立一个杜马外协调中心的计划。1914年4月,在杜马关于议会言论自由法律草案发生的冲突中,左派公开反对总理大臣 И. Л. 戈列梅津,而进步主义党和其他自由主义党派则拒绝和他们站在一边。如前所述,这之后科诺瓦洛夫辞去了杜马副主席一职,并离开了俄罗斯。

然而,布尔什维克在科诺瓦洛夫离开前夕仍设法获得了他所承诺的2万卢布的资助。布尔什维克的杜马成员 Г. И. 彼得罗夫斯基和斯克沃尔佐夫-斯捷潘诺夫代表列宁与科诺瓦洛夫进行了直接谈判②。科诺瓦洛夫对他们说道:"关于资助的问题还未最终确定。"与此同时,科诺瓦洛夫提醒布尔什维克,他已经通过间谍罗曼·马利诺夫斯基合法转交给他们2000卢布,同时他还委托布尔什维克杜马代表彼得罗夫斯基通过叶连娜·罗兹米洛维奇将3000卢布转交给列宁本人③。

值得注意的是,科诺瓦洛夫的社会关系不一般。1914年9月,俄罗斯

---

① 关于"科诺瓦洛夫企图"的详情可参见 Лаверычев В. Я. По ту сторону баррикад. С. 103 - 104;Розенмаль И. С. Русскийлиберализм накануне Первой мировой войны и тактика большевиков // История СССР. 1971. № 6. С. 52 - 70。
② СМ: Исторический архив. 1959. № 2. С 18.
③ ГА РФ. Ф. 102.(ДП)ОО. 1914. Оп. 15. Д. 73. Лит. Б. Л. 20 - 20 об.

与德国正式爆发战争。警察部门了解到布尔什维克的杜马代表 H. P. 沙戈夫是科斯特罗马省的一名职业工人，曾在克拉西利希科夫纺织厂工作，因工作表现突出而被推举为第四届杜马议员，之后他一直与进步党保持联系。据警察部门调查，科诺瓦洛夫定期与沙戈夫见面交谈。

1914年秋天，沙戈夫回到科斯特罗马并在当地的社会民主党人（其中一位是警察线人）中表示科诺瓦洛夫与俄国社会民主工党代表的关系最为密切。根据这位工人代表的说法，他们长期以来一直接受科诺瓦洛夫的捐款，就像莫罗佐夫在1905年将资产的一部分用于党的事务一样。如果沙戈夫所言其实，那么可以说科诺瓦洛夫并没有在原则上反对工人运动，而是要等待时机，因为当时他没有闲置资金——他将所有资金投资于企业以及公司为工人建造的房屋①。

这位布尔什维克代表在1914年秋天被警察逮捕并流放，尽管他的证词夸大了科诺瓦洛夫对其政党的影响，但也进一步阐明了科诺瓦洛夫这位工业政治家与工人之间的关系，他的确期望社会民主党联合起来。还有一点值得指出的是，因参加罢工和社会民主党组织而被其他企业解雇的工人很容易被科诺瓦洛夫的工厂接纳。

在一战期间，科诺瓦洛夫也没有放弃缔结"工人与资本家"政治联盟的愿望。1915年1月，在杜马新一次会议开幕前夕，科诺瓦洛夫代表自由主义坚决表示支持新一届杜马会议开幕，如果政府不允许举行杜马会议，那他们将以明确的方式召开只有左派（社会民主党、劳动派、进步党和立宪民主党）参加的杜马会议。1915年夏天成为自由主义反对派与专制政权关系的转折点。在军事失败的影响下，俄罗斯国内的不满情绪在增加，"负责任的政府"这一口号正逐渐成为现实。

7月杜马会议开幕，政府不愿做出任何妥协，政府的这种顽固不化导致自由主义反对派的活动达到了高潮。已经当选为 А. И. 古奇科夫领导下新成立的中央军事工业委员会副主席的科诺瓦洛夫，又成为杜马进步联盟的发起

---

① ГА РФ. Ф. 102. （ДП）ОО. 1914. Оп. 15. Д. 5. Ч. 35. Л. 5.

人之一，该组织由 П. Н. 米留可夫领导，其诞生基于立宪民主党建立在杜马多数派共识之上的纲领——"有公信力的内阁"。

为了团结各路反对派，8 月初这位领导者在莫斯科召集了一次自由主义者会议，这次会议由"工会委员会"负责组织①。组织者还包括科诺瓦洛夫最亲密的政治盟友 П. П. 里亚布申斯基、两位社会组织的领导人 Г. Е. 利沃夫公爵（土地联盟）和 М. В. 切尔诺科夫（城市联盟）。沙皇希望在会议中能有人选来代表自己，此前其曾指示科诺瓦洛夫"发出皇村的声音"。沙皇的希望之所以如此出乎意料，就是意识到了"最高权力机构将更靠近人民"。这种情况下一旦遭到拒绝，反对派就扬言要停止向当局提供所有帮助。

在科诺瓦洛夫的会议召开一周之后，进步主义者就公开发布了宣言，主要内容是对政府的要求，即要求其赢得"公众信任"。但是，他们递交给戈列梅津政府的请愿书并未被采纳。科诺瓦洛夫本人在反对派8月的一次会议上表示："申请更换大臣的主张是徒劳的。"考虑到米留可夫提出的口号"负责任的政府"下不来台，于是科诺瓦洛夫坚持让进步主义者群体提出了"负责任政府部门"的要求，以确保各个部门有能力组织国防并迅速动员工业。杜马于9月初开始呼吁"不要屈服于政府的排挤政策，国家杜马将会继续履行自己的职责并与人民站在一起"。

其他杜马议员普遍较为谨慎，他们担心引发更大的社会骚乱，因此没有回应左派的呼吁。科诺瓦洛夫的左派取向保卫了与立宪民主党人的联盟，同时他继续努力地与广大民主团体和革命政党结盟。激进政治势力的许多代表于 1915 年秋天造访了科诺瓦洛夫在彼得格勒富尔什塔茨基大街上的公寓。11 月，他在莫斯科召集了包括社会民主党在内的社会团体代表会议（其中还有未来临时政府的总理 А. Ф. 克伦斯基）。科诺瓦洛夫在演讲中表示，自由主义者再也不能容忍了，应该出于"让政府对战败负责"的理由建立无党派组织的联合委员会，来"遏制政府的无限权力"②。

---

① ГА РФ. Ф. 102. （ДП）4 д - во. 1915. Д. 42. Т. 9. Л. 61 - 62；Ф. 102. （ДП）ОО. 1915. Д 343зс. Л. 128 - 128 об.

② ГА РФ. Ф. 102. （ДП）ОО. Оп. 245. Д, 345/15. Л. 194，250.

1916年2月，科诺瓦洛夫主持的第二次军事工业委员会代表大会在彼得格勒开幕，他代表国会宣读了国家杜马主席 M. B. 罗先科的电报："国家杜马相信依靠国内所有活跃力量的支持，杜马将在这个极其重要的历史时刻建立负责任的部门，以取得战争胜利。"① 同时杜马还宣布与国内有组织的进步政治力量实现团结与合作，以求建立反专制社会力量的广泛联盟——联合全俄罗斯的工商业者、工人、合作社和农民。

在随后的军事工业委员会代表大会和城乡代表大会上，科诺瓦洛夫及其支持者提出了一项计划，根据该计划，非杜马反对派的社会基础应得到扩大。1916年4月，科诺瓦洛夫在给古奇科夫的信中清楚地表达了通过杜马对政权施加压力做法的失望："这个杜马对于施秋梅尔政府来说是相当安全的。"为了解决粮食分配问题，科诺瓦洛夫计划建立覆盖社会各个群体的总协调机构。的确，由于不同群体之间的对抗日益增强，于1916年4月成立的粮食委员会已无法实现分配协调的职能②。

科诺瓦洛夫还试图利用协约国盟友来影响专制政府，1916年5月，他计划在巴黎或伦敦发布法语或英语公报，目的是使英国、法国和美国的公众从俄罗斯的国内政治事件中了解最新信息，尤其是资产阶级反对派的观点。科诺瓦洛夫认为，杜马议员和政府内阁成员"对俄罗斯自由主义与政府之间斗争性质的理解非常模糊"。自由主义反对派打算游说盟国向俄罗斯政府提供贷款，但前提是俄罗斯政府必须向杜马和"社会组织"做出让步。为此，应该向西方政客通报"反动政府与社会渴望解放之间的矛盾"，目的是要彰显自由主义者比施秋梅尔内阁更加进步。科诺瓦洛夫保证为出版时事通讯提供资金，但出于各种原因，该项目只停留在纸面计划当中③。

为实现计划，科诺瓦洛夫试图于1916年4月在莫斯科举行的一次非公

---

① ГА РФ. Ф. 102. （ДП） ОО. Оп. 264. 1916. Д 59. Ч. 46. Лит. Б. Л. 13.
② См.：Дякин В. С. Русская буржуазии и царизм в годы Первой мировой войны （1914 – 1917），Л.，1967. С 191 – 192, 202.
③ См.：Буржуазя накануне Февральской революции. С. 119 – 120.

开会议上组织一个工商业联盟。被邀请参加了这些聚会的 200 人中，秘密警察确定了其中 25~30 人的身份。著名书籍出版商 И. Д. 瑟京被邀请后拒绝参加这次会议，并对其表示怀疑。他说，这个计划只是一个噱头，不能指望它得到广大公众的支持。城乡联盟、知识分子和政治理论家无意追随工商业联盟。在战争期间，"每个人都有相同的政治任务，政治理论家与工人和革命者联合在一起，而工商阶级则不包括在内"[1]。

科诺瓦洛夫和莫斯科"少壮派"工业政治家所处的立场不同，因此，他与民主知识分子结成联盟是比较现实的，可以共同反对专制政权。科诺瓦洛夫一再呼吁："在立宪民主党人、左派的社会民主党人、劳动派之间建立一座桥梁。"1916 年 10 月，科诺瓦洛夫在自己位于莫斯科的宅邸召开了一系列会议，来自莫斯科的立宪民主党人、莫斯科市杜马议员、城乡联盟左派代表、自由派知识分子、新闻工作者共计 30~40 人参加。其中最"左倾"的是以 С. Н. 普罗科波维奇和 Е. Д. 库斯科夫为首的无党派社会活动家和一群社会民主党的知识分子。

会议组织者提出了"资产阶级自由主义者和民主人士之间和解"的问题。刚刚上任的十月党人内政大臣 А. Д. 普罗托波波夫将其视为对政权的妥协，这等同于 1905 年 10 月 17 日的宣言。在战争期间，由莫斯科商人政治家组成的进步党所采取的立场甚至比在战前被视为左翼分子的立宪民主党更为激进。科诺瓦洛夫谴责了立宪民主党人对民主的疏远甚至恐惧，并努力促成统一，在他看来，"也许几个月后，我们将迎来米留可夫和申加廖夫内阁"[2]。这个预言果然实现了，但这并不是由于自由主义者对政府的猛烈攻击，而是由于革命，且自由主义者本身根本就不想这么做。由于政党之间的分歧十分严重，科诺瓦洛夫成立政治力量联盟的想法还没落实就与 1914 年的信息委员会一样胎死腹中。

在军事工业委员会主导下建立非政治性工人组织的尝试也是徒劳的。

---

[1] См.: Буржуазия накануне Февральской революции. С. 164－165, 189－190.

[2] ГА РФ. Ф. 102. （ДП）ОО. 1916. Д. 27. Ч. 46. Лит. Б. Л. 7－10, Буржуазия накануне Февральской революции. С. 141－142.

20 世纪初的莫斯科企业家

巴维尔·尼古拉耶维奇·米留可夫,摄于 20 世纪初

А. И 古奇科夫与 А. А. 布鲁西洛夫在前线

第三章　企业家与政权

1916年2月10日版的《中央军事工业委员会通报》

格里高利·叶甫盖尼耶维奇·利沃夫公爵

损害于克里姆林宫射击之下的莫斯科城市杜马大楼，摄于 1917 年 11 月

科诺瓦洛夫清楚地意识到革命的发酵来自底层，为了维持社会稳定，重要的是将工人运动纳入合法框架，以防止其走上反国家与无政府主义的道路。他提出了关于劳资关系领域的法律改革草案。他坚持要求给予工人组织完全自由、结束对工人媒体的镇压、建立和解机构工厂看管所、组织劳资沟通、调整工资等，希望通过此计划抵制革命运动并减少罢工次数[1]。

科诺瓦洛夫说服了他的同僚们，使他们认为有必要采取拟议的措施，他描绘了工人运动和战后血腥革命的阴暗景象，指出为了防止陷入革命，应该支持工人建立自己的组织，工人和企业家之间的对抗只会使政府受益。他在1916年秋天的一次会议上预言了可能的"未来景象"："我们将开始一场血腥的内战，这将带来无政府状态、叛乱、受苦群众的可怕爆发……若想要阻止这一切，一方面要动员企业家组织，另一方面要动员工人。政府是指望不上的，我们不得不直接面对工人——他们的力量是强大到无可争辩的。难道

---

[1] См.：Красный архив. Т. 2.（57）. 1933. С. 83.

双方达成协议不是最好的解决方式吗？"①

二月革命吸引了科诺瓦洛夫，他开始为全俄工人代表大会做准备，该大会基于"运行中的军事工业委员会"，"以工人代表委员会为最高权力机构"。正如这个新组织的领导者所说，"无产阶级的军队"旨在防止革命的爆发，他们将成为对专制力量施加强大压力的杠杆，而自由派则没有足够的力量承担这一角色②。

中央军事工业委员会副主席在 1916 年秋起草的题为《对现代工人运动的一些思考和必要措施》的声明中表示："当局必须满足工人的基本需求。"这是当前社会立法中最重要的要求，从法律层面根本改变工人阶级的处境，摒弃对他们的不信任和行政上的任意裁决，以免激化工人的不满情绪③。

1916 年秋天，在科诺瓦洛夫的倡议下，进步党离开了杜马进步集团，因为该集团不接受其口号"建立负责任的政府"。进步党在杜马内部和媒体上坚持认为，政府内阁应该立即辞职，因为他们的执政是"对祖国的刑事犯罪"。科诺瓦洛夫及其政治同僚认为，只有建立起对杜马负责的政府才"可以解除俄罗斯人民的束缚，动员起国家的所有力量，振奋民族精神，以应对压迫我们祖国的种种困难"④。

1916 年 12 月中旬，科诺瓦洛夫在杜马发表讲话，与 П. Н. 米留可夫一起谴责当时的政府，他指出现在整个俄罗斯都意识到："在现政权的统治下，取得战争胜利是不可能的，战胜外部敌人的主要前提是先战胜内部的敌人。"⑤ 从 1917 年 1 月开始，科诺瓦洛大发山倡议举办了 次立宪民主党和进步主义者的会议，米留可夫在会议上对"社会所预期的未来负责任的领

---

① ГА РФ. Ф. 102. （ДП） ОО. 1916. Д. 343зс. Т. Ⅲ. Л. 241 – 241 об.；Буржуазия накануне Февральской революции. С. 139 – 140；Дякин В. С. Русская буржуазия и царизм в годы Первой мировой войны. С. 195.
② См.：Буржуазия накануне Февральской революции. С. 95.
③ Красный архив. Т. 2 （57）. 1933. С. 72 – 84.
④ Дякин В. С. Русская буржуазия и царизм в годы Первой мировой войны，С. 241.
⑤ Цит. по：Шелохаев В. В. Либеральная модель переустройства России. С. 248，252 – 253.

导人的形象"进行了描述。尽管如此，立宪民主党人仍然只寄希望于通过杜马对政府施加压力，进步党的领导人认为这些策略注定要失败①。

　　二月革命前夕，科诺瓦洛夫支持 А. М. 高尔基的主张，创办了《光线报》作为新成立的激进民主党的机关报，该党旨在"服务于立宪民主党左派和社会主义政党右派群体的社会政治利益"。关于报纸出版的事宜，高尔基首先与 И. Д. 瑟京进行了合作谈判，但由于对"知识分子"缺乏信心，瑟京最终拒绝了合作。而科诺瓦洛夫则立即答应了高尔基提出的赞助要求，并与西伯利亚贸易银行行长 Э. К. 格鲁别一起为建立印刷厂提供了必要的资金。发起人的目的是使报纸成为左翼政治力量——由资产阶级反对派左翼、激进的无党派主义者和社会主义知识分子组成的联盟的喉舌，该组织是由科诺瓦洛夫及其莫斯科政治集团推动成立的。

　　高尔基与里亚布申斯基圈子的进步工业家联合起来，想要阻止"邪恶力量"（愚民政策和反动的法院）对"站在立宪民主党人与社会民主党之间的无组织的人民"的负面影响。他的目标与科诺瓦洛夫的计划相吻合，后者旨在使工商界摆脱忠于沙皇政权的彼得格勒工业家和银行家的影响，这些人受到 А. Д. 普罗托波波夫的报纸《俄罗斯意志》的无条件支持。尽管在二月革命之前《光线报》最终没有出版（高尔基随后放弃了这个计划，转而支持社会主义报纸《新生活》），但这一构建广泛政治联合的计划也揭示了当时科诺瓦洛夫有着统一自由民主反对派的想法②。

　　1917 年 2 月 14 日，在新一届杜马举行的会议上，进步主义者计划进行"对官僚主义的最后一次攻击"。尽管通过杜马影响专制主义的方法屡次失败，但科诺瓦洛夫仍然希望杜马能够通过向政府发出最后通牒并"不再满足其要求"来推动建立"负责任的政府部门"。随着俄罗斯政治局势的日趋

---

① См. : Дякин В. С. Русская буржуазия и царизм в годы Первой мировой войны. С. 290 - 291.
② См. : Майер Л "Русская воля" и "луч": А. Д. Протопопов и Максим Горький в борьбе за буржуазную общественность накануне Февральской революции // Отечественная история. 1996. №1. С. 29 - 52.

紧张，立宪民主党仅通过杜马救国的方法不再能满足当下的需求。1916年秋，进步党不满多数立宪民主党人所支持的"合法杜马反对派"的概念，他们离开了杜马进步集团，但在二月革命前夕，他们又试图动员杜马的其他派系。1917年1月上旬，科诺瓦洛夫在会议上敦促立宪民主党采取果断行动，他说："不惜一切代价保护杜马就等于损害了我们的理想。"① 他代表进步党提议要求立即成立对杜马负责的部委，但进步集团的立宪民主党人和十月党人并不支持这一倡议，这对他们来说太激进了。

1916年12月，科诺瓦洛夫呼吁反对派政治力量："在这经历磨难的可怕时刻，必须制止造成了无数灾难的政治制度。同时为了取得成功，杜马必须召集所有阶层的人民团结起来。"国家杜马应"将呼吁民主作为当前最主要的任务，即建立一个新国家，仅此一项就可以使俄罗斯摆脱所处的僵局"②。他希望利用新的公共协会，如工会，在杜马外对专制政权施加压力。

12月底，科诺瓦洛夫在莫斯科与政治同僚 П. П. 里亚布申斯基商讨了政府解散杜马的应对举措。他们准备若杜马被解散就继续在莫斯科的一所私人住宅（显然是里亚布申斯基或科诺瓦洛夫的宅邸）开会，并向民众呼吁政府应领导俄罗斯击败德国并与其单独缔结和约，同时政府也须履行1905年10月17日的宣言③。

然而，杜马并没有解散，只是新一届会议的开始时间被推迟到2月14日。但是，政府却先发制人，他们并不打算在杜马召开会议前夕改变压制社会的方式。在这次杜马会议上，警察逮捕了中央军事工业委员会下的"工人小组"，其成员由出身工人的孟什维克 K. A. 格沃兹杰沃领导，他们被指控准备发动政变④。

---

① ГА РФ. Ф. 102. （ДП） ОО. 1917. Д. 27, Ч. 46. Л. 1 – 2.
② Цит. по: Селецкий В. Н. Прогрессизм как политическая партия и идейное направление в русском либерализме. С. 327.
③ См. : дякин В. С. Русская буржуазия и царизм в годы Первой мировой войны. С. 289.
④ 关于中央军事工业委员会下"工人小组"的详情可参见 Лаверычев В. Я. По ту сторону баррикад, С. 139 – 140; Дякин В. С. Русская буржуазияи царизм в годы Первой мировой войны. С. 158 – 162, 195 – 200; Старцев В. И. Русская буржуазия и самодержавие в 1905 – 1917 гг. С, 196 и сл.

科诺瓦洛夫1917年2月17日在杜马讲台上说:"产生吸引工人代表直接参加军事工业委员会的想法是因为我们认识到必须以国防意识团结各阶层人民,同时中央军事工业委员会下的'工人小组'本身正逐步成为抵抗工人群众中危险潮流的堡垒,然而政府摧毁了这个堡垒……对这个工人团体的打击震惊了整个俄罗斯社会,这是多么的无情和冷酷。"[1] 事已至此,与旧政权的妥协已不再可能,几天后的二月革命引起了科诺瓦洛夫对国家命运的忧虑,与此同时俄罗斯也经历了一段所谓"自由时光"的精神繁荣[2]。

2月27日,科诺瓦洛夫当选为国家杜马临时委员会委员,然后参加了1917年3月3日举行的历史性会议,当时米哈伊尔·亚历山德罗维奇大公拒绝了其兄长尼古拉二世想要转交给他的皇位。很快,科诺瓦洛夫这位科斯特罗马省的杜马代表成为临时政府第一任内阁的工商部长。自1915年以来,因具有自由主义者候选人资格,他被认为是填补这一职位的唯一人选,同时也源于他与杜马同事 П. Н. 米留可夫和 А. И. 古奇科夫、第一总理大臣 Г. Е. 利沃夫公爵的老交情——在战争期间科诺瓦洛夫与他们一直积极合作。

自由主义反对派终于掌握了一直梦寐以求的权力,但是不断深化的革命使临时政府的真正立场受到质疑。新的工商部长认为维持国内社会稳定是最重要的任务。在向媒体发表的演讲中,科诺瓦洛夫向工人保证,他将尽一切努力解决工人问题。他拒绝立即采用8小时工作制,因为这种措施会"摧毁前线的对敌防御"。同时,科诺瓦洛夫提倡制定一项关于"工作时间"的法案,人们已经意识到战争结束后制定这一法案具有积极意义。为缓减社会冲突,科诺瓦洛夫提出了诸如设立工会与和解机构,废除对罢工人员的刑事

---

① ЦИАМ. Ф 143. Оп. 1. Д. 447. Л. 28 – 34;ОПИГИМ. Ф. 10. Оп. 1. Д. 36. Л. 99 – 115.

② 历史文献中记录了里亚布申斯基在1916年底参与了 А. И. 古奇科夫谋划的政变准备活动(Ловерычев В. Я. По ту сторонубаррикад. С. 166 и сл),但直到1917年2月该计划仍停留在纸面上。科诺瓦洛夫真正参与的政变准备活动显然仅限于与中央军事工业委员会同事进行的一般会谈。关于古奇科夫的政变计划和资产阶级二月"阴谋"的史学观点可参见 Мельгунов С. П. На путях к дворцовому перевороту. Парж,1931;Дякин В. С. Русская буржуазия и царизм в годы Первой мировой войны. С. 298 – 312;Черменский Е. Д. Государственная Дума и свержение царизма в России. М.,1976. С. 238 – 245;Сенин А. С. Александр Иванович Гучков. С. 93 – 100。

处罚，推动劳务交流组织和工人保险的发展，"限制"企业家对利润的占有等措施①。

"维护国家内部的社会稳定以击败敌人"——科诺瓦洛夫这位自由主义部长的信条就是这样的，他在劳动群众及社会主义领导人中越来越不被理解，他们开始认为科诺瓦洛夫"控制工人的想法开始占据第一位"，这让公众和工商界的民主人士感到不满意。科诺瓦洛夫当时正如他之前组织工厂委员会那样，非常关注"革命时期未授权组织"的活动，但是每天发生的情况都超出了他的控制范围。

这位新任的工商部长坚信"如果企业所有者不是合法的所有者，那么企业将无法正常运转，经济陷入僵局也是不可避免的"。这位部长呼吁"工人和士兵委员会的主要代表不要煽动阶级斗争"②。"工人和资本家"的社会对立不应该导致暴力。科诺瓦洛夫真诚地认为，与工人的关系问题可以使用谈判的方式解决，坚决反对任何形式的暴力冲突。

А. И. 古奇科夫在回忆录中记录了一个有趣的情节，在"四月危机"发生时，示威群众喊着"打倒古奇科夫和米留可夫！"的口号沿彼得格勒的大街前进，自己在临时政府会议上提到是否要进行武装镇压的问题后，在与会者的沉默中，科诺瓦洛夫从座位上站起来，向战争部长大喊道："亚历山大·伊万诺维奇！（古奇科夫的名字和父称），我警告你，一旦发生流血，我就辞职！"此时他的态度也传达给了内阁其他成员，为此古奇科夫不敢采取极端的措施，只能把米留可夫逐出内阁③。

一个月后，科诺瓦洛夫也辞去了职务，原因是他与立宪民主党农业部长А. И. 申加廖夫和孟什维克劳工部长 М. Д. 斯科别列夫之间关于国家经济发展问题的意见不合。科诺瓦洛夫曾在自己的圈子中揭示了辞职的主要原因：

---

① От министра торговли промышленностиктрудящимся // Торгово - промышленная газета. 1917. 8（21）；17（30）марта.
② Цит. по: Валобуев П. В. Экономическая политика Временного правительства. М., 1962. С. 69.
③ Александр Иванович Гучков рассказывает. Воспоминания председателя Государственной Думы и военного министра Временного правительства. М., 1993. С. 76.

"对在这种情况下临时政府的执行力缺乏信心。"他认为二月革命以后形成的双重政权越来越具有苏维埃独裁的特征。1917年5月8日科诺瓦洛夫在写给Г. Е. 利沃夫的一封私人信件中表示："地方自治机构和中央政府被消灭将是必然的"①。

辞职的前几天,科诺瓦洛夫于1917年5月16日在莫斯科军事工业委员会代表大会上发表讲话,向同僚们描述了惨淡的局势："临时政府正在寻求缓和当前紧张劳资关系的方案。"但科诺瓦洛夫强调,他的努力遭到了具有"社会主义倾向"的各党派的强烈反对:"他们具有反国家倾向,通过麻痹群众的口号下掩饰自己的真实意图,这将导致俄罗斯走向巨大的灾难……他们富有煽动性的口号在工人群众中激起了人的黑暗本能,带来了无政府状态以及对公共生活和国家政治的破坏……使人们想要推翻旧政权。我们坚信在自由的条件下俄罗斯才会迎来生产力的大发展,但目前对生产力发展的讨论还不是那么多,我们必须竭尽全力挽救那些将会陷入黑暗的工业力量,防止现政权的彻底失败。"②

由于对即将到来的暴风骤雨感到无能为力,科诺瓦洛夫选择离开政治舞台,以免对自己无法阻止的事件负责。但是,他并未完全放弃政治活动,他于1917年7月正式加入了自己在杜马期间曾紧密合作的立宪民主党,并当选为自由人民党中央委员会委员。10月初,他在即将举行的制宪议会选举中被提名为立宪民主党的候选人。当时的进步党实际上已经瓦解,部分加入了由Д. Н. 鲁斯基领导的二月革命后成立的激进民主党,大多数进步党员加入了全俄最团结、组织最严密的自由人民党③。

在立宪民主党内部,科诺瓦洛夫支持与德国立即缔结和平条约,他指出俄国面临两难选择,"一个理性的世界或列宁的必然胜利",并坚持认为

---

① См.: Владимирова В. Хроника Октябрьской революции. Т. 11. М., 1923. С. 125, 172.
② Вестник Временного правительства. 1917, 18 (31) мая.
③ Су.: Селецкий В. Н. Прогрессизм как политическая партия и идейное направление в русском либерализме. С. 339; Протоколы Центрального комитетаКонституционно - демократической партии. 1915 - 1920 гг. Т. 3. М., 1998. С. 406.

"能够设法给俄罗斯带来和平的政府将获得巨大的声望,并且将会变得非常强大"①。科诺瓦洛夫还参加了 8 月 8~10 日在莫斯科科尔尼洛夫将军那里举行的自由派公众人士会议,他的名字也出现在几天后举行的国务会议发言人名单中。

9 月底,出乎许多人意料的是,科诺瓦洛夫重新加入了克伦斯基内阁,并再次担任工商部长。B. Д. 纳博科夫回忆说,科诺瓦洛夫比其他人更清楚地看到了经济动荡,明白局势将会继续恶化,尽管如此,他还是出于"爱国考虑"同意了克伦斯基的邀请②。当然,一直到十月革命爆发他也无能为力改善局面,尽管他兼任了副总理一职,实际上后来的临时政府是克伦斯基离开首都来到加特契纳后领导的抵抗布尔什维克的组织,不过科诺瓦洛夫已经无法为这种抵抗提供任何实质性帮助了。

科诺瓦洛夫还在冬宫参加了临时政府的最后一次会议,他于 10 月 25 日晚从那儿向大本营发送了一封电报:"彼得格勒苏维埃宣布解散政府,他们控制了彼得保罗要塞和阿芙乐尔号巡洋舰,以炮轰冬宫为威胁要求交出政权,政府只能将权力移交给制宪议会,但政府决定不放弃,而要继续保护人民和军队,请求赶紧派出军队支援。"③

10 月 25~26 日晚上,临时政府没有等来支援,内阁成员全部被捕。科诺瓦洛夫和同僚们被监禁在彼得保罗要塞的特鲁别茨科伊堡垒中,一个月后,他成功通过签署"公文"从监狱脱身——所有部长都签署了这一公文,将所有权力都移交给了制宪议会的代表。同时临时政府的部长们要求出席全俄立宪大会,以全面汇报其作为政府成员的主张④。当然,布尔什维克的计

---

① Думова Н. Г. Кадетская партия в годы Первой мировой войны. М. , 1988. С. 216 – 217.
② Набоков В. Д. Временное правительство // Архив русской революции, Т. 1. Берлин, 1922. С. 52 – 33.
③ Цит, по: Октябрьское вооруженное восстание. 1917 год в Петрограде. Кн. 2. Л. , 1967. С. 348.
④ См. : Последние часы Временного правительства / Исторический архив. 1960. № 5 – 6; Любимов И. Н. Революция 1917 года. Хроника событий. Т. VI. Октябрь – декабрь М. ; Л. , 1930. С. 471.

划里并不包括给"资本主义部长"提供一个在人民面前为自己辩护的机会，直到制宪议会解散为止，所有被捕者都处于被监禁状态。

在监狱里，科诺瓦洛夫这位前部长的身体状况欠佳，于是他后来被送往医院。1918 年初，科诺瓦洛夫被释放并离开了俄罗斯[1]。随后他开始了传奇般的 30 年移民生涯，直到 1948 年去世。在法国定居后，科诺瓦洛夫在政治活动中仍然忠于资产阶级民主方向。他对国外干涉武装力量企图终结布尔什维克的尝试表示怀疑，认为俄罗斯应该更多地依靠从立宪民主党人到右翼社会主义革命者的政治力量联盟。白军失败后，他坚持继续与共产主义专政做斗争，但不是借助武装手段，而是借助"三月革命中形成的俄罗斯统一民主"[2]。

1920 年 4 月，他参加了一次立宪民主党关于讨论 П. Н. 弗兰格尔问题以及 П. Н. 米留可夫提出的针对转变苏联政权的"新路线"主张的会议。1921 年，他加入了共和 - 民主小组，该小组首次联合了右翼的社会革命者和立宪民主党人，支持米留可夫的"新路线"。这位前企业家 1921 年在巴黎成为工商 - 金融联盟的创始人之一，负责管理其中的纺织业分会。科诺瓦洛夫自 1924 年开始还担任公共组织委员会主席，团结了 33 个左翼（立宪民主党、右翼社会革命党人等）的俄国移民组织。

和立宪民主党的领导人一起，科诺瓦洛夫与大部分俄罗斯移民的生活联系了起来。从 1924 年开始到 1940 年纳粹占领法国之前，巴黎的《最新新闻》报纸编辑委员会在科诺瓦洛夫的领导下，成为俄罗斯移民中最受欢迎的出版物。尼娜·别尔别罗娃回忆起 20 世纪 20 ~ 30 年代她经常在《最新新闻》编辑部见到这个男人，他外向但不活跃，长着一张似乎从来没有被微笑照亮过的冷脸[3]。亚历山大·伊凡诺维奇看上去总是比他的实际年龄大，

---

[1] ОПИГИМ. Ф. 10. Д. 49. Л. 105—Осведомительное бюро московских торгово - промышленных органтзаций "Центросвязь". Боллетень. № 17. 1917，22 дек.

[2] См.：Думова Н. Г. Кадетская контрреволюция и её разгром. 1917 - 1920，М.，1982. C. 338.

[3] См.：Берберова Н. Курсив мой. Автобиографя. C. 363 - 364.

他为俄罗斯移民做了很多工作，尤其是在将俄罗斯难民安置在异国他乡方面表现出旺盛的精力。

第二次世界大战之前，科诺瓦洛夫起初与 Г. Е. 利沃夫公爵一起领导俄罗斯城乡联盟，后者于 1926 年去世后，他继续与社会革命党人 Н. Д. 阿夫克森齐耶夫继续领导这一组织，该联盟延续了革命前非政府组织的传统，为成千上万来自俄罗斯的难民提供了援助，并帮助他们在一个新的国家（地区）获得工作，为他们的子女开办能够教授母语和外语的学校。同时科诺瓦洛夫在过去的爱好——音乐的驱动下参与建立了巴黎俄罗斯音乐协会和协会所属的俄罗斯音乐学院[1]。

1940 年 6 月，在德国法西斯军队占领巴黎前夕，科诺瓦洛夫前往美国，在那里度过了第二次世界大战期间的岁月。1947 年，他回到法国，并在一年后去世。他的儿子谢尔盖·亚历山德罗维奇·科诺瓦洛夫（1899～1978）跟随父亲一起移民，后来成为著名的历史学家、剑桥大学教授，并撰写了有关俄罗斯历史和俄英关系的著作。他还发表过关于俄罗斯文学的演讲，并出版了关于斯拉夫学研究的学术期刊[2]。小科诺瓦洛夫去世前不久造访了他的故乡基涅什马、维丘加、博尼亚奇卡，那里仍然有他父亲建造的工厂大楼、医院和学校，这些也一直保存在几代科斯特罗马织布工人的记忆中。

科诺瓦洛夫这位莫斯科企业界杰出公众人物的政治生涯恰好驳斥了国内学界认为资产阶级短视和落后、缺乏真正的社会发展计划即俄国资产阶级政治家"对更广泛的阶级利益不感兴趣"的观点[3]。实际上，像科诺瓦洛夫这样的企业家为维护国内和平所做的努力已经证明，资产阶级也有自己的社会改造计划，只是不包括革命动乱和内战的环节，这是由于资产阶级自由派政治家出于严峻的国内政治局势而未能实施他们当中左翼激进分子的主张。

---

[1] См.: Ковалевский П. Е. Зарубежная Россия. История и кудьтурно - просветительная работа русского зарубежья за полвека (1920 - 1970). Париж, 1971. С. 23, 25, 225.

[2] См.: Ковалевский П. Е. Зарубежная Россия. История и кудьтурно - просветительная работа русского зарубежья за полвека (1920 - 1970). Париж, 1971. С. 167.

[3] Гиндин И. Ф. Русская буржуазия в период капитализма, её развитие и особенности // История СССР. 1963. № 3. С. 69.

结　语

在 19 与 20 世纪之交，经济的集约化发展使莫斯科人口结构中企业家的数量显著增加。当时莫斯科约有 5% 的人口是所得税纳税人，这是俄罗斯平均水平的 10 倍，这主要源于企业家阶层较高的收入水平，同时他们也是构成莫斯科纳税人规模的基础。

在企业家阶层中，规模相对较小但影响力较强的大资产阶级群体占主导地位，他们手中掌握了大部分财富。从遗嘱资料中可以发现，大资本家队伍中超过一半的人留下的遗产总额超过 100 万卢布，这证明了当时商界较高的资本积累水平，继承者们主要将资产投资于证券（尤其是国家基金）和城市房地产。尽管这刺激了食利者数量的增长，但直到 1917 年，活跃于工商界和金融界的企业家阶层仍占据着商业领域的主导地位。城市化进程也催生了新的社会群体——房产所有者，他们从公寓的租金中获利。

从各省流入莫斯科的工商业者以及积极从事工商业的进城农民们（当中许多人通过商业成就改变了自己的阶层所属）增加了莫斯科城市人口中企业家所占的比例。资产阶级内部的社会流动性一直较高，到 20 世纪初，莫斯科城市杜马的企业家议员中有 1/3 是"新来的"，即出生在莫斯科以外的地方。另外，由于社会底层也积极参与商业活动，中小企业家的规模也扩大了。

在那时的莫斯科，一个由出身商人、农民和市民的企业家所组成的资产阶级团体越来越多地将城市的前主人——有公职和爵位的贵族推入了幕后。

根据现存的资料可以看出，19 与 20 世纪之交莫斯科城市房产所有者中 60% 以上属于商人和世袭"光荣公民"，他们是城市企业家中的上层人物。"莫斯科商人"的代表在城市杜马上也占据了优势地位——在第一次世界大战前夕，大约有 2/3 的城市杜马议员是企业家中的积极分子。

同时，企业家阶层内部也发生了重大变化。传统阶层结构的变化和公共生活专业化程度的提高降低了传统商人的地位，提高了接受过职业教育的城市商业精英的威望。同时，资产阶级作为一个整体，通过被授予世袭"光荣公民"、"工业顾问"与"商业顾问"称号以及政府对工商界杰出人物的封爵机制，俨然融入了官阶体系。

20 世纪初，莫斯科的上层大资产阶级在代际上呈现明显的二元对立：一方面是没有受过专业教育并且较为保守的老一代资本家，另一方面是受过高等教育的"少壮派"资本家。20 世纪初，后者在代表组织和国家政治舞台上发挥着越来越重要的作用。资产阶级上层的变化反映出了"少壮派"资产阶级通过意识形态和组织人格化对本阶层进行重新整合的过程。

莫斯科工商界的企业家活动也表现出了鲜明的区域和行业特征，两大因素构成了以莫斯科为首的中部地区企业家活动的基本特征：首先，这里的纺织工业基础雄厚，不需要政府的大力干预和大量的外国投资；其次，家族企业的性质催生了资本与生产融资相结合的特殊经营形式。

总体而言，俄罗斯中部地区的企业家活动是一种以轻工业为主的市场经济模式，其重点是扩大国内市场并将大部分农民转变为工厂工人。在古老的外壳下莫斯科企业家们探索出了一条能够满足融资需求、生产要求并保持家族企业传统的最优经营道路（股份公司作为股份化的形式、自我融资系统、很少在证券市场上市）。这种现象在其他欧洲国家也出现过，即不同的工业化条件催生了特定的商业模式，如德国的有限责任公司。

莫斯科企业家的商业惯例遭到了圣彼得堡政府部门的误解，后者试图在莫斯科推行"经典"的匿名股份制公司模式，还将家族合伙企业视为"股份制业务的畸形发展"。但是，引领莫斯科地区工业崛起的纺织企业与其通过银行融资来壮大自身（莫斯科地区形成了以纺织业为主导的产业结构，即使是在农民改革后），还不如通过对企业合伙人来说相对安全的方式来进行融资。这也源于国家无法为莫斯科提供必要的有关企业家活动的法律规范（特别是未能解决企业的债券问题），这在商界引起了不满并打击了企业家的积极性。

莫斯科的企业家阶层是整个俄国资产阶级的典型代表，其组成不仅涵盖了大、中、小资产阶级，而且涵盖了俄罗斯帝国的各主要民族。在莫斯科，不同民族宗教集团的企业家类型反映了中部地区商业界多民族的构成——大俄罗斯企业家（分为东正教徒和旧礼仪派信徒）、外国企业家（"莫斯科德意志人"）和帝国境内少数民族企业家（如犹太人），不同民族宗教所属的企业家群体各自占据了自己的经济"战壕"，经营方法各有不同。20世纪初，莫斯科各类企业家的经营活动达到了全国规模。值得强调的是，莫斯科企业家阶层的经营方式影响了革命前整个俄罗斯各民族的企业家。

在以莫斯科为首的中央工业区，许多"经济农民"、东正教徒和旧礼仪派信徒纷纷通过商业成就从农民和小镇居民转变为工厂主和银行家，其中有人还获得了贵族头衔。他们为大众市场服务，对政府和外国投资的依赖较弱，这也加强了他们对专制政权的抵触情绪。到20世纪初，弗托洛夫家族、里亚布申斯基家族等强大的金融和工业集团的出现证明了莫斯科的纺织工业在保留其特色的同时进入了现代化企业经营活动阶段，并因此成功地占据了国内和国外（远东）市场。取得这些成就的主要为莫斯科资产阶级的最上层精英，而中小资产阶级则具有俄罗斯普遍存在的守旧习气。

"莫斯科德意志人"和来自其他西欧国家的移民充当了莫斯科工厂主与外国设备和原材料供应商之间的中介。他们的活动极大地促进了中央工业区工业企业的现代化。他们将外贸业务的利润投资于俄罗斯企业，并逐渐融入俄罗斯商业界直到20世纪初。外国企业家成为莫斯科影响力第二强的商业集团。尽管他们是外国人，但这些"人力资本输出"的代表应被视为俄罗斯国内资产阶级的组成部分。

莫斯科专门从事银行业务和证券市场博弈的犹太商人是俄罗斯帝国少数族裔企业家的代表。他们的融资方式与莫斯科纺织工业集团存在差异，毕竟后者在组成上以工厂主和贸易商为主。莫斯科商界并不认为这座城市是当地最大的银行家 Л. С. 波利亚科夫的"地盘",因为他的银行主要的经营领域不在中部地区(而在谷物出口贸易、中东市场等),其经营方式也主要是股票投资,并不能满足莫斯科纺织业的资本需求。尽管在 20 世纪初,犹太人在莫斯科商人群体的组成中占主导地位,但与"莫斯科德意志人"不同的是,在莫斯科城市杜马和证券管理机构中没有一位犹太人。

通过对 1905 ~ 1917 年"莫斯科商人"领导人的政治活动分析可以看出,苏联史学中有关莫斯科资产阶级政治冷漠、缺乏解决 20 世纪初民族危机实际方案的广泛论断并不符实。另外,国外史学关于莫斯科资产阶级存在反自由主义政治倾向和分离主义倾向的观点也未得到具体史料的证实。

20 世纪初,新一代的莫斯科企业家,也就是那些纺织业家族第二或第三代的代表进入了社会政治舞台。这些受过欧洲教育且秉持西方自由主义理想的企业家们与农民改革后初期的前辈们并不一样。像 П. П. 里亚布申斯基和 А. И. 科诺瓦洛夫这样的莫斯科商人政治家中的"少壮派"领导者是国内资产阶级真正的理论家,他们在自由主义框架内提出了以市场经济和宪政 - 法制为核心的国家发展模式。

1905 年,莫斯科资产阶级第一次参与政治舞台的尝试以失败而告终,于是这个新的社会阶层开始在众多经济组织(工业家和贸易商的代表大会)和政治组织中寻求政治表达。这些互动使他们积累了一定的经验,尝试了联合战略和参加议会斗争的方式。但是,就莫斯科资产阶级的阶级构成、计划内容、阶级意识和精英式的政治活动方式而言,他们无法使俄罗斯在 20 世纪初的社会条件下实现向改革与现代化的和平过渡,也无力阻止国家和社会的疏离。

这一结果是由许多主客观因素共同决定的,包括公民社会(这也是俄国政治中心化的支柱)的不完善、俄罗斯大多数人口的反资产阶级心态、资产阶级及其领导人缺乏政治经验。同时,1905 ~ 1907 年的事件也揭示了企业家阶层具有快速进行政治自我教育的能力以及从失败中吸取教训的能力。

1907～1916年俄国资产阶级各派别的领导人为成为全俄政治人物以及临时政府的部长做好了准备。在革命时期，资产阶级"少壮派"的领导人制定了一项真正的改革计划，旨在建立法制并推广市场经济。这一模式是在进步党的推动下制定的，进步党出现在第一次世界大战前夕，由莫斯科自由派企业家所组成。

进步党的计划是真正适合"追赶型"国家的发展模式，能够使俄罗斯成为与许多欧洲国家一样工业发达的民主国家。进步党为了在俄罗斯推行该计划做了很多工作，主要包括与自由知识分子的"经济座谈会"以及在《俄罗斯晨报》上进行的宣传，П. П. 里亚布申斯基为该报纸的发行做出了很大牺牲，尽管频频遭到警察的骚扰，但该报还是成为有影响力的权威出版物。但最终，资产阶级进步主义者一直到二月革命胜利后才有机会在世界大战的极端条件下实施他们的计划。

莫斯科的自由派企业家成功地将资产阶级统一在进步主义的大旗之下，并实现了与其他左翼、右翼反对派力量的合作。他们影响力的象征是战争期间成立的军事工业委员会，以及二月革命后由 П. П. 里亚布申斯基发起成立的全俄工商业联盟，其是在政治上团结俄罗斯企业家阶层的重要组织。同时，也有许多工商业者仍然站在保守派的立场，这削弱了莫斯科自由主义者对商界和整个社会的影响。

二月革命表明，以临时政府部长 А. П. 科诺瓦洛夫为代表的莫斯科资产阶级"少壮派"领导人已经为公共行政事业做好了准备，他提出了一个有希望的构想，以寻求政治妥协来渡过国家危机。但俄国资产阶级最终在1917年10月遭受了历史性的失败，这不是因为领导人的政治不成熟，而是受俄罗斯历史发展的文明条件所限（公民社会不完善、"中产阶级"弱势、该国大部分人口有反资产阶级心理等）。在世界大战的极端条件下与全国性的政治危机中，资产阶级注定要被孤立，这表明俄罗斯资产阶级最杰出的代表也未能使该国走上和平、进步的发展道路。

图书在版编目(CIP)数据

20世纪初的莫斯科企业家/(俄罗斯)彼得罗夫·尤里·亚历山德罗维奇著；张广翔，师成译. -- 北京：社会科学文献出版社，2021.1
（俄国史译丛）
ISBN 978 - 7 - 5201 - 7595 - 1

Ⅰ.①2… Ⅱ.①彼… ②张… ③师… Ⅲ.①企业家-研究-莫斯科-20世纪 Ⅳ.①F279.512

中国版本图书馆CIP数据核字（2020）第221110号

俄国史译丛
20世纪初的莫斯科企业家

著　　者 /［俄］彼得罗夫·尤里·亚历山德罗维奇
译　　者 /张广翔　师　成

出 版 人 /王利民
组稿编辑 /恽　薇
责任编辑 /颜林柯

出　　版 /社会科学文献出版社·经济与管理分社（010）59367226
　　　　　地址：北京市北三环中路甲29号院华龙大厦　邮编：100029
　　　　　网址：www.ssap.com.cn

发　　行 /市场营销中心（010）59367081　59367083
印　　装 /三河市东方印刷有限公司

规　　格 /开　本：787mm×1092mm　1/16
　　　　　印　张：23　字　数：348千字
版　　次 /2021年1月第1版　2021年1月第1次印刷
书　　号 /ISBN 978 - 7 - 5201 - 7595 - 1
著作权合同
登 记 号 /图字01 - 2020 - 7029号
定　　价 /138.00元

本书如有印装质量问题，请与读者服务中心（010 - 59367028）联系

▲ 版权所有 翻印必究